上海文化发展基金图书专项出版基金资助项目

上海文化发展基金图书专项出版基金资助项目

农村银行可持续发展长效机制研究

——基于流程银行建设视角

宋良荣 著

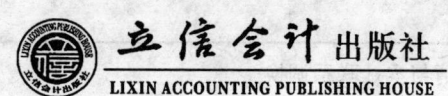

立信会计出版社
LIXIN ACCOUNTING PUBLISHING HOUSE

图书在版编目(CIP)数据

农村银行可持续发展长效机制研究:基于流程银行建设视角/宋良荣著. —上海:立信会计出版社,2015.1

ISBN 978-7-5429-4454-2

Ⅰ.①农… Ⅱ.①宋… Ⅲ.①农村金融—商业银行—可持续性发展—研究—中国 Ⅳ.①F832.35

中国版本图书馆 CIP 数据核字(2015)第014711号

策划编辑　戎其玉
责任编辑　黄成艮
封面设计　周崇文

农村银行可持续发展长效机制研究——基于流程银行建设视角

出版发行	立信会计出版社
地　　址	上海市中山西路2230号　邮政编码　200235
电　　话	(021)64411389　传　真　(021)64411325
网　　址	www.lixinaph.com　电子邮箱　lxaph@sh163.net
网上书店	www.shlx.net　电　话　(021)64411071
经　　销	各地新华书店
印　　刷	浙江省临安市曙光印务有限公司
开　　本	787毫米×1092毫米　1/16
印　　张	22.5　插　页　1
字　　数	426千字
版　　次	2015年1月第1版
印　　次	2015年1月第1次
印　　数	1—3 100
书　　号	ISBN 978-7-5429-4454-2/F
定　　价	43.00元

如有印订差错,请与本社联系调换

前　言

　　我国经济发展的战略目标是实现可持续协调发展,这是我国经济健康稳定增长的重要保证。众所周知,金融是现代国民经济的核心,金融的可持续发展是经济可持续发展的基础和前提,是促进经济可持续发展的重要力量。我国是农业大国,实现经济可持续发展存在一个根本性问题:"三农"! 这是特大难题之一。辩证地说,可持续发展既是"三农"难题的一个组成部分,又是化解"三农"难题的一把"金钥匙"。

　　在我国,农村银行是农村金融服务体系的主要组成部分,包括农村商业银行、农村合作银行、村镇银行和农村信用合作联社等,其营业网点主要分布在县及县以下农村地区,是致力于促进"三农"发展和向个体工商户、中小企业提供金融服务的"农民银行""社区银行",是我国农村金融的主力军。农村银行的可持续发展,对增加农村有效金融供给,优化农村金融资源配置,促进农业市场化和"三农"产业升级,帮助农民增产增收和多元发展,缩小城乡差距,推动农村经济社会持续、健康、全面、协调发展具有重要意义。然而,我国农村银行的发展面临着诸多困境。诸如功能定位不准确导致农村银行"商业性"功能和"政策性"功能重叠,城乡"二元经济"结构导致农村资金大量被用于城市工业化建设,再加上农村银行金融创新不足,信息不对称带来的高交易成本,农业弱质性带来的高经营风险,制约了农村银行的发展。

　　有鉴于此,作者受上海市一流学科项目(编号 S1201YLXK)、沪江基金(编号 A14006)、上海文化发展基金图书专项出版基金的资助,探讨了基于流程银行建设视角的农村银行实现可持续发展之路。农村银行要走上可持续发展之路必须将可持续发展理念升华到战略高度,作为指导思想,融入农村银行发展的各个层次与各个阶段的战略计划,通过科学制定发展战略并在实现可持续发展和农村银行整体价值最大化战略目标导向下优化、再造流程和组织架构,建设相应的全面风险管理机制、资源配置机制、"风险—收益"平衡的绩效薪酬体系和信息科技支撑体系,为农村银行实现可持续发展提供保障。希望本书提供的思想方法,对农村银行通过实施流程银行建设实现可持续发展提供一点帮助。

限于篇幅,本书不可能对当前农村银行可持续发展的所有问题作——详述,仅限于从流程银行建设视角展开讨论,遗漏之处在所难免。加之时间仓促,可能还存在不妥或不当之处,希望广大读者能批评指正,并请方便时把意见发往电子邮箱:liangrong1966@163.com,本作者一定会虚心接受。同时,此书在编撰过程中,参考了部分作者的资料,特此说明并表示真诚的感谢!

宋良荣
2015年1月于上海

目　　录

第1章　导　论 ·· 1
1.1　可持续发展的本质 ·· 2
1.2　农村银行可持续发展的内涵与要素 ··· 4
1.3　农村银行可持续发展的必要性与原则 ·· 7
1.4　农村银行可持续发展的影响因素 ·· 10
1.5　农村银行可持续发展长效机制建设的途径 ···································· 13

第2章　发展战略：农村银行可持续发展的关键 ······························· 17
2.1　农村银行发展战略概述 ·· 18
2.2　价值导向农村银行发展战略的内涵 ··· 21
2.3　农村银行发展战略的制定 ··· 25
2.4　农村银行发展战略的实施 ··· 52
2.5　农村银行发展战略的编写要求及注意事项 ···································· 56
2.6　BSC与农村银行战略管理 ··· 58

第3章　优化、再造流程与架构 ··· 65
3.1　ISO标准化管理与流程银行建设 ·· 66
3.2　OHSAS18001标准在流程安全评价中的应用 ······························· 87
3.3　农村银行流程的特殊性与存在的缺陷 ·· 98
3.4　农村银行流程体系的建设与管理 ·· 101
3.5　组织架构的优化调整 ··· 116

第4章 全面风险管理机制建设(上):组织框架 ……131
4.1 风险治理与组织分工 ……132
4.2 风险经理制建设 ……139
4.3 风险管理文化建设 ……161

第5章 全面风险管理机制建设(下):业务层面 ……181
5.1 信用风险管理机制 ……182
5.2 市场风险管理机制 ……194
5.3 操作风险管理机制 ……201
5.4 流动性风险管理机制 ……211
5.5 声誉风险管理机制 ……224

第6章 战略导向的资源配置机制建设 ……233
6.1 全面预算体系 ……234
6.2 风险限额管理 ……283
6.3 经济资本管理 ……294

第7章 "风险—收益"平衡的绩效考核与薪酬激励体系建设 ……299
7.1 "风险—收益"平衡的绩效薪酬体系概述 ……300
7.2 岗位职责体系与岗位价值评估 ……304
7.3 "风险—收益"平衡考核的薪酬制度设计 ……326

第8章 信息科技支撑体系建设 ……337
8.1 农村银行信息科技的现状与发展趋势 ……338
8.2 农村银行集成管理信息系统框架 ……342
8.3 农村银行GRC管控平台 ……347

参考文献 ……353

第 1 章

导 论

- 可持续发展的本质
- 农村银行可持续发展的内涵与要素
- 农村银行可持续发展的必要性与原则
- 农村银行可持续发展的影响因素
- 农村银行可持续发展长效机制建设的途径

"三农"问题是我国的根本性问题之一,也是特大难题之一,是历届政府工作的重中之重。而农村金融的改革与可持续发展既是"三农"难题的一个组成部分,又是化解"三农"难题的一把"金钥匙"。在我国,农村银行是农村金融服务体系的主要组成部分,包括农村商业银行、农村合作银行、村镇银行和农村信用合作联社等,其营业网点主要分布在县及县以下农村地区,是致力促进"三农"发展和向个体工商户、中小企业提供金融服务的"农民银行"、"社区银行",是我国农村金融的主力军。农村银行的可持续发展,对增加农村有效金融供给,优化农村金融资源配置,促进农业市场化和"三农"产业升级,帮助农民增产增收和多元发展,缩小城乡差距,推动农村经济社会持续、健康、全面、协调发展具有重要意义。

1.1 可持续发展的本质

1972年5~16日,联合国在瑞典首都斯德哥尔摩举行人类环境会议,来自113个国家的1 300多名代表共同讨论当代环境问题,探讨保护全球环境战略。会议通过了《联合国人类环境会议宣言》(简称《人类环境宣言》),这是人类对于环境与发展问题里程碑式的反思,可以说是可持续发展思想的最早萌芽。《人类环境宣言》提出了"只有一个地球"的口号,要求人类采取大规模的行动保护环境、保护地球;地球既是现代人类的生存家园,也是我们子孙后代的生活乐园。《人类环境宣言》已经闪烁着可持续发展的思想火花,提出了社会经济发展与生态环境保护相协调的理念。

可持续发展的概念是20世纪80年代从生态学中引用过来的,在国际文件中最早出自1980年国际自然保护同盟(IUCN)颁布的《世界自然保护大纲》(The World Conservation Strategy,简称 WCS)。此后,虽然不同专家学者分别从各自学科的角度来定义可持续发展,导致了一些不同的认识和理解,但目前得到国际社会广泛接受和认可的关于可持续发展的定义是世界环境与发展委员会(WCED)于1987年在《我们共同的未来》报告中阐述的,并在1992年6月联合国"环境与发展"大会所通过的《全球21世纪议程》中成为共识并得到强化,更注重了将可持续发展的理念规划成为具体的行动方案。WCED在报告中定义"可持续发展"为"能满足当代的需要,同时不损及未来世代满足其需要之发展"(WCED,1987)。其中有两大要点,一是要发展,二是发展要有限度,不能损害子孙的发展。可见,可持续发展是一个复合系统,它必须是经济、社会、人口、资源和环境等各方面的协调发展。可持续发展复合系统如图1-1所示。

自联合国环境与发展组织首次提出可持续发展概念后,作为一种新的发展观,可持续发展引起了国际社会的普遍关注,各国学术界在不同的领域、从不同的角度

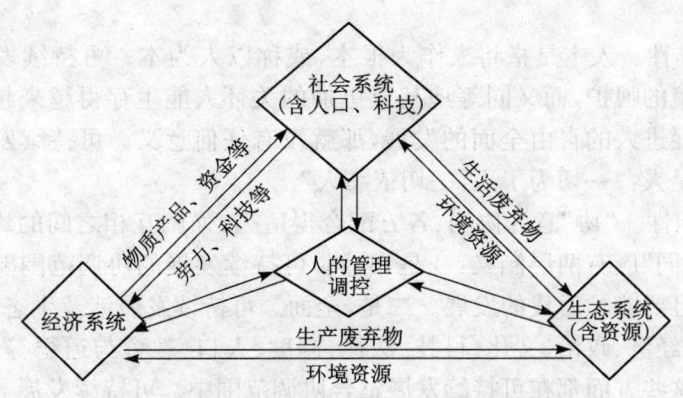

图 1-1　可持续发展复合系统示意图

对其进行了研究。可持续发展的内涵极为丰富,其核心是正确处理人与人、人与自然之间的关系,但由于不同的研究者对其理解不尽一致,强调的侧重点不同,有的侧重于自然属性、有的侧重于经济属性、有的侧重于社会属性、有的侧重于科技属性、有的侧重于综合定义。一般认为,可持续发展理念不管应用于何种领域,对其定义时应揭示如下 5 个方面的本质特性。

(1) 进步性。可持续发展必须是进步的。只有进步的发展,才能消除贫困、提高生活水平,才能为解决生态危机供应资金、技术等物质基础,才能最终打破贫困加剧与环境破坏的恶性循环。止步或退步是绝对不可取的。

(2) 和谐性。可持续发展的和谐性体现在四个层面:一是,人与自然和谐。首先要确立人与自然共存共生的生态关系;人类对自然的索取,须按生态规律有所节制,人类社会的发展要与生态系统的涵容能力相适应。二是,个人身心和谐。这要求个人的生理与心理、机体与精神、主观与客观必须协调发展。三是,人与人和谐。提倡拉近人际间的距离,崇尚亲情与爱意、理解与信赖、交往与关怀;反对功利化、经济化与商品化的人际异化;要以诚信与爱心为基础,构筑和谐的人际关系。四是,人与社会和谐。强调人与社会的互动关系;人应促进社会的健康、和谐与稳定;社会亦应促进人的全面自由的发展。

(3) 公正性。公正本指处理事情不偏袒哪一方面,合情合理。也更多意味着权利与责任义务的对称。可从两个层次理解。第一,人与自然间要公正。非人类存在也是物竞天择的结果,具有系统价值,人应尊重维护它们,给非人类存在合理的地位,善待人类外的自然事物。第二,人际间要公正。从两方面理解:一是,代际公正。强调当代人的发展、消费不应损害后代人发展的能力,应留给后代人同等的发展机会。二是,代内公正。指同一代内,个体人与一些人的发展不应损坏其他人的利益。

(4) 人本性。人本是指将人作为根本,或称以人为本。可持续发展的着眼点是对自然环境的呵护,而又同等地甚至更加的关怀人能生存得越来越好。可持续发展如不能促进人的自由全面的发展,那就没有任何意义。可持续发展的受益者和践行者都是人:"一切为了人,一切依靠人"。

(5) 协同性。"协"意为协调、各方配合得适当;强调互相之间的均衡、适应、融合与促进。"同"应有两层涵义:一是,共同,可持续发展的协调范围要涵盖全球各国、各地区;且要兼顾后代的发展。二是,全面。可持续发展涉及生态环境保护、自然资源利用、经济、政治、文化、科技、法律、制度、人口、教育与道德等各方面、各领域、各层次,这些方面都在可持续发展整合协调范围中。可持续发展寻求的正是一条"经济一定要发展、社会一定要公正、生态一定要平衡"的发展道路。

1.2 农村银行可持续发展的内涵与要素

从图 1-1 可知,经济系统是可持续发展复合系统中三大系统之一,金融是现代经济的核心组成部分,在经济全球化、经济金融化、金融全球化和金融自由化不断加快、加深的背景下,金融可持续发展是经济可持续发展的必然要求,对整个可持续发展复合系统必将发挥重要的积极作用。农村银行作为农村金融的主力军,是经济系统的一个子系统,也是可持续发展复合系统的构成内容。

1.2.1 农村银行可持续发展的内涵

1991 年联合国粮农组织在荷兰召开的国际农业与环境会议,通过了著名的《关于农业和农村发展的登博斯宣言和行动纲领》(简称《登博斯宣言》),提出了比较权威的"持续农业"定义:持续农业是"采取某种管理和保护自然资源基础的方式,以及实行技术变革和体制性改革,以确保当代人及其后代对农产品的需求得到满足,这种持久的发展(包括农业、林业和渔业),能维护土地、水、动植物遗传资源,并不造成环境退化;同时,这种发展在技术上是适当的,在经济上是能维持下去的,并能够为社会接受的"。这一定义比较全面地概括了持续农业的本质。"采取某种管理和保护自然资源基础的方式"和"实行技术变革和体制性改革"指明了持续农业的基本途径;"能维护土地、水、动植物遗传资源"和"不造成环境退化"是持续农业的基本特征;"技术上适当、经济上可行、社会可接受"则是持续农业的基本要求。可见,《登博斯宣言》阐明了农业、农村可持续发展的理念,即在不损害后代利益的前提下,保证当代人对农产品的需求,维持资源的供需平衡和环境的良性循环,其核心是科学化,方式是产业化,过程是生态化,结果是价值最大化。

农村银行可持续发展的内涵,首先要符合可持续发展的核心理念:一要发展,二要发展有度,即以资源与环境最大承载力为限;其次要考虑时间、空间因素;第三要结合农村银行自身实际,要与农业、农村可持续发展相联系。有鉴于此,农村银行可持续发展可以进行如下界定:所谓农村银行可持续发展是指农村银行在促进农业与农村经济可持续发展的前提下,集约使用金融资源,始终保持适当的发展速度、规模和效益,同时不断提升发展的质量、层次和效率,实现自身与经济社会的互动协调发展。

农村银行可持续发展必须以农业及农村经济可持续发展为基础,农村银行可持续发展概念的核心在于正确处理和把握好管理与发展、质量与速度、长远利益和短期利益的关系问题,使农村银行资金、财务、信贷、人力、机构等资源的配置作用得以良性循环和永续利用。

1.2.2 农村银行可持续发展的要素

农村银行可持续发展是对传统粗放式发展模式进行深刻反思的成果,尽管目前国内外对农村银行可持续发展还处于初步研究阶段,尚未有确切、权威的定义。但我们认为,农村银行可持续发展至少应包括如下 6 个要素。

(1) 发展。发展始终是可持续发展的核心,失去了发展,一切将无从谈起。科学发展是硬道理,是第一要务,只有发展才能解决前进中的一切问题,才能巩固和强化应有的市场地位,才能让广大员工更好地享受利益成果。失去发展,银行可持续也就无从谈起。但这种发展绝不同于单纯的"速度型"增长模式,更不是大起大落的发展,需要遵循银行发展和农村银行自身发展的客观规律,适应经济社会发展环境的不断变化,具有健全的经营管理体制、内部运行机制,具有较强的盈利能力、风险控制能力和创新能力,具有良好的企业文化和金融服务水平,且人、财、物等各类资源都能得到合理有效地配置和利用,从而实现全面、协调、稳定、可持续的发展。

(2) 结构。这是可持续发展的重点。农村银行可持续发展的内在要求是经营结构的调整和优化。比如,在业务结构上,由以批发业务为主向批发与零售业务并重转变,由单一传统的存、贷、汇业务向投行、基金、租赁、保险等新兴业务和综合经营扩展。在客户结构上,要预防"垒大户"现象,逐步形成均衡良好的客户结构。在资产结构上,以经济资本为导向配置风险资产,尽可能降低贷款风险权重,大力拓展轻型资本业务。在负债结构上,实施主动负债管理,全力争揽低成本核心存款。在收入结构上,由以利差收入为主向利差与非利息收入协调发展转变。

(3) 效益。效益是可持续发展的目标,也是农村银行生存发展的保证。农村银行可持续发展的最终目标是要实现可持续的盈利增长,因此,要坚持以效益为中心,真正将效益观念贯穿于经营管理的全过程。一切经营活动都要围绕效益展开,在资源有限的情况下,积极增加高效的业务,尽量减少低效的业务,严格限制无效的业务。要围绕"提质增效"的目标,一方面,通过优化结构和加强管理,挖掘效益增长的空间,使发展经得起市场和时间的检验,从而获取较高的风险回报。另一方面,大力倡导厉行节约、勤俭办行,通过降低成本增加银行效益。与此同时,在经营管理实践中,既要考虑短期利益,又要追求长远利益;既要获取自身效益,也要注重社会效益,实现长期和短期、自身和社会效益的有机统一。

（4）创新。加快提高金融创新能力,更快更好地满足客户需求是农村银行加快发展、保持市场竞争力的关键。面对日益复杂的宏观经济金融环境和日趋激烈的农村金融市场竞争格局,农村银行要实现可持续发展,就必须加快金融创新步伐,提高金融创新能力,增强自身核心竞争力。要确立以客户为中心的创新理念,不断满足、培育和挖掘客户的金融需求;要加强创新的统一组织和规划,提高创新效率;要建立科学的创新跟踪分析机制,及时掌握创新的最新动态,学习借鉴国内外同业的创新成果;要在推进产品创新的同时,致力于管理和技术创新。从逻辑关系上讲,管理创新是产品创新的保障,技术创新是产品创新的支撑。

（5）规范。这是可持续发展的前提。农村银行的经营活动必须与法律、规则和准则相一致,遵循与银行经营业务相关的法律、规则及标准。银行风险的客观性、隐蔽性、持久性、关联性,决定控制好风险是银行可持续发展的生命线。因此,要将风险管理渗透到各项业务之中,渗透到各个层面、环节和领域,将各种风险控制在可承受范围内,确保发展质量;要动态抓好政策规章、操作规程、业务流程等管理制度的建立和完善,不断健全内部控制和约束机制,使一切业务和管理活动开展都有章可循;要注重合规文化建设,真正让合规成为银行员工的价值观和行为标准。

（6）责任。农村银行应秉持风险管理底线,审慎经营,通过负责任的经营行为和金融资源的合理配置,防范环境与社会风险,保证农村金融安全,推动社会可持续发展。农村银行履行社会责任的途径主要有两条:一是以优质的银行服务履行社会责任;二是灵活运用信贷杠杆实现社会责任。农村银行通过不断改进服务、推动金融创新,为客户提供有价值的金融产品,帮助客户适时捕捉商机,创造价值。同时,不断提高金融服务的可获得性,保护金融消费者的利益。另一方面,农村银行在信贷资源配置中,应紧紧围绕社会经济发展的需要,积极支持"三农"、中小微企业、科技创新企业、环保型和低能耗型企业,严格控制低效益、环境污染严重、低水平重复建设项目的信贷投放。

1.3 农村银行可持续发展的必要性与原则

1.3.1 农村银行可持续发展的必要性

大多数农村银行的资产规模较小,与其他商业银行相比,在资本金规模、业务竞争能力、市场份额、信息技术、产品创新能力、人员素质等方面存在较大的差距。为了获得足够的生存空间,农村银行急需提升自身各方面的竞争能力,但这并不意味着农村银行要不顾现实情况,一味地通过加大投入取得自身经营实力的快速增长,而是应该实施可持续发展战略,走一条更加科学的发展道路。可持续发展是不以牺牲后期发展资源为代价的一种良性发展方式,实质就是稳定健康发展。

(1) 农村银行发展现状决定必须走可持续发展之路。毋庸讳言,由于历史原因和体制问题,作为中国金融业的一员,农村银行处于中国金融链条中的一个十分脆弱的一环,农村银行问题也是中国金融业的"软肋"。这两年来,农村银行的改革虽然给农村银行带来较快的发展,但大多数农村银行其实还是积重难返,生存和发展面临多重困难:历史包袱沉重,潜在风险较大;资产质量较差,增资扩股困难;法人治理结构不完善,商业化经营较难实现;管理基础十分薄弱,缺乏灵活的经营机制和严密的内控机制;外部经营环境不理想,加重了经营风险和业务拓展难度;等等。同时随着改革的深入,一些关系全局的深层次矛盾将不断触及。虽然政府对农村银行出台了有利发展的改革措施,并配套了一些优惠政策,但一是完全落实政策有困难,二是改革措施和优惠政策毕竟属于外部因素,而且是有时效性的,只能解决发展中的某些突出问题。农村银行要真正突破发展瓶颈,解决上述面临的困难,必须在外力的扶持下靠自身的努力切实转换经营机制,为此需要运用金融可持续发展理论,按照可持续发展思路推出解决问题的有针对性的一揽子方案,避免走入"改革—失败—再改革"的怪圈。

(2) 农村银行支持城乡经济统筹发展客观上要求以自身可持续发展作为基础。近些年来,为了促进农村和城市社会经济全面、快速、协调发展,国家把统筹城乡经济发展作为重要的经济方针政策。在这个方针指引下,农村城市化、城乡一体化发展进程加快,"三农"已不再局限于传统意义上的农业、农村和农民,农村银行同样不能再停留在以往的支农层次,必须适应城乡统筹发展的格局,要强化对城乡统筹发展中金融需求日益扩大的涉农领域的长期而持续的支持,必须以可持续发展作为基础,实现对城乡经济统筹发展中各市场主体的有效支持,加快城乡统筹发展的进程。

(3) 经济与金融的辩证关系客观上要求农村银行与所服务的经济环境统筹协

调发展。经济决定金融,金融反作用于经济。这个规律客观上要求金融与经济必须统筹协调发展,20世纪及21世纪初发生的一系列金融危机敲响了金融与经济不协调发展的警钟。但在我国一些地方,由于经济发展是地方政府的主要任务,而金融业属于"条管",因此在发展经济与发展金融方面常常产生矛盾,更多的是以牺牲金融企业的利益来取得经济的发展,经济虽得到一时的发展,但给金融业和经济的可持续发展埋下了隐患,如果处理不好,就会演变成影响经济发展和社会稳定的灾难性因素。当前,我国正以科学发展观统领经济发展,这给农村银行实现可持续发展创造了很好的外部条件,可以有效解决地方经济发展与农村金融发展之间的矛盾,既支持社会经济特别是"三农"经济的发展,又确保农村金融稳定,避免出现人为因素造成的不必要的农村金融风险。因此,农村银行应该抓住当前的有利条件,积极实施科学发展观,实现自身的可持续发展。

(4) 农村金融体制的改革客观上要求农村银行实行可持续发展战略。目前,我国已初步形成了以农业发展银行为政策金融、以农业银行为商业金融、以农村信用社为合作金融的农村金融体系,然而三者间的分工有时仍有冲突,出现很多难以协调的矛盾。农业发展银行尚未成为实质上的政策性银行。由于资金不足,业务单一,它的政策性支农作用很难充分发挥。近年来,随着金融体制的改革,农村银行面向农村的基层营业网点不断撤并,逐渐淡出农村市场,农村银行的支农作用逐渐减弱,偏离了为"三农"服务的宗旨。农村信用社形式单一、资产质量低、支农作用小。另外,农业保险、农业信托等其他新型农村金融机构较少。只有对农村金融体制进行大刀阔斧的改革,走可持续发展之路,才能形成政策性、商业性、合作性金融分工协作、各守其职的农村金融体系。

(5) 实行可持续发展是应对金融全球化挑战的有效途径。进入21世纪以来,金融全球化速度明显加快。中国加入WTO后,中国金融业已自然而然地融入到世界金融体系。金融全球化挑战不可抗拒地已从世界各地辐射到我国。中国金融业不管规模大小,不管在城市还是农村,不管愿不愿意参与竞争,无一例外地要面对着国际金融市场的竞争。在这种背景下,农村银行这样的中小金融机构虽然以农村金融市场为主要阵地,但迟早要不可避免地面临着国内、国际银行业激烈竞争的巨大压力和严峻考验。一是随着农村社会经济的发展、环境的改善和国家对农村金融体系的重构,国内商业银行和股份制金融机构对农村金融市场这块巨大的蛋糕不可能长期坐视不理,农村金融市场的竞争态势只会加剧,不会减弱。二是随着城乡一体化和中国国际地位的提高,外资金融机构迟早也会将发展触角从城市伸向农村。在今后漫长的发展过程中,农村银行要始终占据农村金融市场,使之成为赖以生存和发展的根据地,同时向城市拓展业务空间,做到在激烈的市场竞争中立于不败之地,就必须要有应对同业竞争和全球化挑战的经营和管理方略。经过分析,我们不难发现,这个方略就是:顺应时代潮流,坚定不移地走可持续发展之路。当前农村银行应该抓住改革契机,未雨绸缪,以可持续发展理论为指导及早规划发展蓝图,并推出相应的产品和服务,制定服务措施和管理策略,确保在激烈的竞争中立于不败之地。

1.3.2 农村银行可持续发展的原则

(1)量的增长与质的提高相结合。为了真正达到可持续发展的目标,农村银行必须做到量的增长与质的提高有机结合,这两个方面缺一不可、相辅相成、相互促进。量的增长是质的提高的前提和基础,质的提高为量的增长提供保证和优化。企业"大"不等于企业就"强",企业"强"也不等于企业就"大"。所有发展首先表现为量的增长,也就是说银行规模上的不断扩大,对农村银行来说,是指资产数量的不断增加、金融产品的不断创新发展等;质的提高是指在发展质量上的演进、提升,是企业能力的增强,与量的增长相比,具有更丰富、更深刻的内涵。就农村银行而言,主要包含经营发展同趋稳定、风险防范强而有力、内外环境和谐有序、服务效率不断提升、资源配置效率日益提高、资产可替代性加强、市场范围更加广阔、对经济的渗透加深和贡献度提高等。因此,农村银行要实现可持续发展,必须坚定不移地走质量效益型的发展路子,协调好做大与做强、速度与效率间的矛盾关系,在保持适当的发展速度时更要注重内在质量和经营效益的提高,增强发展的理性。坚决反对各种不顾风险、不计成本的非理性竞争行为。

(2)加快发展与防范风险相并重。企业可持续发展包括两层含义:一是指谋求企业发展而不是维持生存;二是要求企业决策者处理好眼前利益与未来发展的辩证关系。就农村银行而言,要做到这两点关键是如何正确处理加快发展与防范风险的关系。作为金融企业在资金运用上要力求安全性、流动性和效益性的统一,保证资金安全是前提,但为了追求百分之百的安全,而放弃有利可图的机会也是不可取的。所以加快发展应该始终是目的,而防范风险只是为这个目的服务的必要手段。农村银行要实现可持续发展,必须坚持加快发展与防范风险的统一,使发展建立在有效防范风险基础之上。具体而言:一是必须以加快发展、实现可持续发展作为根本出发点。目前,农村银行金融总量小,市场份额少,抗风险能力弱。加快有效发展,增强金融实力,提升竞争优势,始终是农村银行最紧迫、最重要的任务。二是必须始终坚持以创新作为发展的动力。农村银行必须顺应市场经济发展的大势,遵循金融机构自身成长规律,全面创新管理理念,创新经营机制,创新管理方法,以机制创新带动业务创新和手段创新,把人的积极性激发出来,不断增强核心竞争力,最终实现自身的可持续发展。三是必须始终把控制和防范系统性风险作为加快发展的关键环节。金融风险相伴于金融活动,在加快发展的同时防范风险尤其重要，没有有力的风险防范措施，发展的成果可能会化为乌有。为此，必须牢固树立理性、稳健和审慎的风险管控理念，将业务发展和内控管理、风险防范紧密结合起来，使发展的速度必须与资金实力、资本实力及风险控制能力相适应，使发展速度与管理水平同步提高。

（3）经济效益与社会效益相统一。可持续发展理论提示：任何一个企业，都不能仅仅追求自身经济效益，而忽视对社会经济的贡献或维护。农村银行作为农村金融主力军，要实现可持续发展，必须兼顾经济效益与社会效益，使两者协调统一，不断探索综合价值最大化的发展模式。一方面，要坚持商业化经营，追求股东和社员等利益相关者价值的最大化，在稳健经营中实现业务发展，在业务发展中提高自身经济效益。另一方面，农村银行在追求自身经济效益过程中，必须兼顾社会效益，切实维护金融稳定，维护服务对象的利益，支持地方经济发展，使提高自身效益与实现社会效益有机统一起来。这也是农村银行作为地方金融企业必须承担的责任和义务。

1.4 农村银行可持续发展的影响因素

从上文的分析可知，农村银行可持续发展既要求农村银行内部的良性循环和持续发展，也要求农村银行与外部经济社会环境和谐共处，从而达到持续、有效、稳定、协调地发展。因此，影响农村银行可持续发展的因素主要包括农村银行所拥有的金融资源因素、整合金融资源的各种能力因素以及外部环境政策因素。

1.4.1 资源因素

金融可持续发展理论认为金融是一种资源，这一属性决定了金融同样具有稀缺性。可持续发展一贯强调正确有效地使用各种资源，尤其是一些异质性资源。农村银行内部的有形与无形资源及员工所累积的知识技能，在银行间存在差异，资源差异产生收益差异，资源优势产生竞争优势，高价值的、稀缺的、不可替代的金融资源是农村银行获得长期竞争优势以及持续发展的关键因素。在我国，农村银行拥有农村金融体系的绝大部分金融资源，科学的利用、配置金融资源，实现金融资源的良性循环，不管是对农村银行自己的可持续发展抑或是对金融系统的可持续发展都意义深远。按照资源存在形态的不同，可以把农村银行拥有的资源分为物质资源、人力资源和无形资产。

（1）物质资源。物质资源是指农村银行所拥有的资金、机构场所和信息技术设备。农村银行的资本、资产、机构、ATM、POS机等都属于物质资源，此类资源是农村银行开展经营活动的最基本条件，也是农村银行开展竞争和可持续发展的载

体。具体包括资产规模、机构设备等。

(2) 人力资源。人力资源是农村银行所拥有的可以为银行创造价值和为社会提供产品和服务的经营者和劳动者。银行的技术优势和业务优势通常要凝聚在人力资源上,同时人力资源又可以将这种优势提升和传递出去,因此,人力资源是农村银行最重要的竞争要素之一。现代化的银行需要由具有现代知识的高素质人才管理,从业人员和管理人员的受教育程度、业务能力、责任心和实践经验在农村银行的稳定发展过程中发挥着至关重要的作用。银行是否能够不断适应经营环境的变化,应对现代技术发展的挑战,在很大程度上取决于银行吸引、培养和留住人才的能力。

(3) 无形资产。无形资产是指农村银行所拥有的不具有实物形态的非货币性的能够为银行创造财富、为社会提供产品和服务的资源的总和。无形资产主要包括银行拥有的企业战略、企业文化、品牌商誉等。无形资产几乎看不见,竞争对手难以掌握和模仿,它们是银行形成核心竞争优势的可靠来源,也是农村银行可持续发展的重要保证。

1.4.2 能力因素

农村银行的一系列能力是在长期经营中积累和培育起来的,其不仅是农村银行运用各种资源效率的表现,更体现了农村银行在未来实现持续发展的潜力。影响农村银行可持续发展的能力因素主要包括盈利能力、流动性管理能力、发展能力、创新能力、风险控制能力、经营管理能力。这些能力的有机融合,带动了一系列的价值创造活动,形成了农村银行的竞争优势。

(1) 盈利能力。盈利能力是指农村银行在其经营活动中获取利润的能力。农村银行作为自负盈亏、自担风险的市场主体,追求经济效益是其经营的核心目标,利润的稳定实现和逐步提高是增加农村银行整体价值的重要基础,也是农村银行经营的内在动力。盈利水平的稳步提高有利于农村银行充实资本,扩大经营规模,从而赚取更多的利润;另外,较高的赢利水平,能增强农村银行的实力,提高农村银行对客户的吸引力,有利于提升银行声誉,促进可持续发展。

(2) 流动性管理能力。农村银行的流动性是其效益性与安全性之间的平衡杠杆,由于农村银行面对众多的市场主体,并且是负债经营,在国家宏观形势恶化或银行经营情况不好时很容易出现客户挤兑,此时,如果流动性过低,就会使银行面临信用危机甚至倒闭。但是,过高的流动性也会使农村银行丧失盈利机会甚至亏损。因此,掌握适度的流动性是农村银行经营的关键环节,流动性管理能力的高低对农村银行可持续发展具有重要影响。

(3) 发展能力。农村银行参与市场竞争不仅需要现实的竞争实力,更需要竞争优势的持续保持乃至扩大。发展能力体现了农村银行可持续发展的持续性特征要求。发展能力包括业务拓展能力和资源扩展能力,业务拓展能力是银行经营和发展的基础,银行只有提供符合市场需要的金融产品和服务,才能在激烈的市场竞争中立足。资源扩展能力是银行成长和长远发展的物质基础,如果没有对资本、资产等资源的扩充能力,银行的业务发展就只能是空中楼阁,所谓的可持续发展也只是无源之水和无本之木。

(4)创新能力。创新能力是农村银行不断适应经营环境的变化,对其管理、技术、产品和服务各个环节推陈出新的能力。创新涉及农村银行经营的方方面面,已经成为推动农村银行可持续发展的重要因素之一。在竞争日益激烈的农村金融市场,只有具备比竞争对手更强的创新精神和创新能力,不断进行管理创新、技术创新、业务创新以及它们之间的组合创新,才能把握市场先机,在竞争中立于不败之地。

(5)风险控制能力。银行是经营和管理风险的企业,具有与生俱来的风险脆弱性,经营中各种不确定的因素,都可能给银行带来经济损失。农村银行必须具备运用先进技术和科学方法进行风险识别、风险估计和风险管理的能力,才能够为可持续发展提供重要保障。另外,银行是各种风险的集中地,在市场化条件下,风险具有传递性,银行可能将自身的风险,或者来自国民经济其他部门的风险扩大并传递到整个金融市场,甚至国民经济各个部门,因此,要求银行必须在内部建立和实施一套系统的自我调节、自我约束的内部控制制度,以控制风险。风险控制能力体现了银行可持续发展的稳定性特征要求。

(6)经营管理能力。农村银行的经营管理能力包括公司治理能力、资产配置能力、内部管理能力等,反映了农村银行运营效率的高低、成本费用的控制和资源配置整合的水平。农村银行经营管理能力的好坏直接关系其竞争力,体现了农村银行可持续发展的有效性特征要求。

1.4.3 环境因素

环境因素是指存在于农村银行外部,不为其控制,不在其决策范围之内的影响农村银行可持续发展的各种要素的综合。作为一类个体,农村银行是成长在一定环境下的,只有与外部环境相协调才可得以生存和发展。影响农村银行可持续发展的外部因素很多,大体上可以划分为宏观、中观与微观等环境因素。

(1)宏观政策环境。国家宏观政策对农村银行可持续发展的影响直接而显著,国家宏观政策主要包括货币政策、财政政策、产业政策、分配政策等,这些都在不同程度上对农村银行的可持续发展水平产生影响。宏观政策对农村银行可持续发展水平的影响有短期和长期两个阶段,通过影响市场中的相关中间变量,如物价、利率、汇率等,从而影响农村银行的经营效益与利润水平,短期内影响着农村银行的效益水平。

长期内,这些中间变量会通过各种渠道传导影响农村银行生产策略与发展战略,从而改变银行发展目标与途径,最终影响农村银行的长期效益水平。

(2) 宏观信用环境。信用是市场经济正常运行与持续健康发展的基础。一切市场失信行为,都会对市场的正常运行与良性发展带来恶性干扰,等价交换与市场规律都会失效,恶性连锁反应随即会发生。因此,市场经济客观上要有一种良性信用环境作保证,以此促进经济的可持续发展。银行经营的实质正是在经营信用,它来自市场主体在交易过程中产生的资金融通与借贷需求,这种市场行为是建立在双方守信用的基础上,良好的宏观信用环境有利于银行的可持续健康发展,反之,银行业的持续健康发展,又促进了信用环境的优化与完善。

(3) 行业文化环境。行业文化环境包括行业意识、行业思维、行业习惯等要素,会对一个金融主体的经营战略与可持续发展产生持久的影响。在行业实践过程中逐步形成行业意识,进而形成行业思维,长期内积累为行业习惯,最后升华为行业知识。因此,要重视行业文化环境的地位,它可以在长期内很大程度上提高银行资源的利用效率,深刻影响着农村银行的可持续发展水平。反之,恶性的行业文化环境会抑制农村银行的可持续发展。

(4) 行业监管环境。市场经济有其内在的不稳定性,有盲目性、滞后性等自身缺陷,易给银行业带来很大的风险,所以各国都在某种程度上加强了对银行业的监管。市场中的竞争机制,一方面有利于激发银行业不断提高经营管理水平,优化资源效率,提高利润水平,另一方面也可能引发行业风险和行业危机,破坏健康的市场秩序,并最终导致行业资源的浪费。所以,良好的监管环境长期内有利于农村银行的可持续发展,而监管的缺失则可能引发行业系统危机。

(5) 国际环境。在经济一体化、金融全球化的国际背景下,一国银行业不可能脱离国际金融大环境而独立发展,尤其在当前,国际环境深刻而持久地影响着一国银行的可持续发展。当经济发展到一定高度的时候,需要一个世界各国银行业共同遵守的监管准则与法律框架,而这种监管准则与法律框架都会对一国银行业的市场行为产生影响,进而对其可持续发展产生影响。

有利的外部环境,会促进农村银行的可持续发展,相反,不利的外部环境,会抑制其可持续发展。所以,根据外部环境的变化,银行应制定富有弹性的发展战略、业务流程、经营手段,积极发挥自己的主观能动性,去改善环境,合理利用环境,使外部环境朝着有利于自己的方向发展。

1.5 农村银行可持续发展长效机制建设的途径

为指导和引领农村商业银行和农村合作银行(统称农村银行)以客户为中心、

以市场为导向对业务、管理、支持流程及其组织架构和运作机制进行持续优化和再造,显著改善质量、效率、成本、风险等方面绩效,推动农村银行加快转变发展方式,有效防范金融风险,持续提升核心竞争力,2012年7月6日中国银监会办公厅发布了《农村商业银行和农村合作银行推进流程银行建设的指导意见》(以下简称《农村银行推进流程银行建设的指导意见》)。

1.5.1 流程银行的内涵

《农村银行推进流程银行建设的指导意见》指出,农村银行改制于农村信用社,部门银行体制特征明显:缺乏市场导向理念,责、权、利不清,缺乏有效激励约束,流程运行不顺畅,经营效率相对低下,风险管控不到位,案件频发,信息割裂、无法实现共享,难以适应农村金融竞争、市场环境变化和外部监管要求。推进流程银行建设,是建设全面风险管理体系的有效途径,是推动农村银行发展转型的重要举措,是建设现代农村银行制度的内在要求。这项工作对于农村银行制定发展战略,优化组织结构和业务、管理、支持流程,强化资源有效配置,提高核心竞争力,实现持续稳健发展具有重大意义。为此,必须切实增强对流程银行建设重要性和迫切性的认识,将其作为农村银行当前和今后一个时期的重点工作,结合实际情况,坚定不移地持续深入推进。

从以上简要分析可知,流程银行是指农村银行以发展战略为导向,以客户为中心,以风险管理为基础,以信息技术为支撑,持续优化与再造业务流程、管理流程和支持流程,动态适应市场竞争和环境变化,实现持续稳健发展的一种现代银行经营管理模式。可见,推进流程银行建设是农村银行可持续发展长效机制建设的有效途径。

1.5.2 流程银行建设的总体目标与基本原则

《农村银行推进流程银行建设的指导意见》指出,农村银行应结合自身业务特点,积极稳妥推进流程银行建设,加快建成前台营销服务职能完善、中台风险控制严密、后台保障支持有力的业务运行机制,全面提升风险管控能力、价值创造能力、可持续发展能力和市场竞争力。流程银行建设的总体目标是:

(1) 确立以客户为中心的经营理念。农村银行应以市场为导向,在制定战略、细化客户的基础上确定目标客户,设计提供个性化、综合化、多样化的服务和产品,有效满足"三农"客户及其不断变化的需求。

(2) 建立灵活顺畅的业务流程。农村银行应在平衡绩效、风险和成本的前提下,针对不同客户和产品需求设计、改造业务流程,相关流程环节应有清晰的作业规则和标准,各环节之间有机联系、无缝衔接,形成标准化、工序化的作业方式。

(3) 搭建稳健高效的组织架构。根据组织架构服务于业务流程的要求，以满足客户需求和保证业务流程顺利实施为出发点，对管理层次进行纵向压缩，对营销、风险和运营职能进行横向集成，形成扁平化、垂直化、专业化的组织架构。

(4) 构建科学合理的运行机制。在职责分工明晰的基础上，建立严密的内控机制、严格的问责机制和科学的绩效考核体系，形成激励到位、约束有效的内部运行机制，以及与风险相匹配的薪酬延期支付机制。

(5) 打造灵活强大的科技支撑。充分运用先进的信息技术搭建统一技术平台，再造并固化业务、管理、支持流程和组织架构，有力支持农村银行平稳运营，不断推动业务转型和金融创新。

同时，在《农村银行推进流程银行建设的指导意见》又指出，农村银行建设流程银行应当遵循以下原则：

(1) 服务"三农"原则。始终坚持服务"三农"市场定位，充分发挥人缘和地缘优势，组建专门服务团队，研发特色金融产品，建立风险可控、高效的业务流程，提供专业化农村金融服务，形成具有自身特色的核心竞争力。

(2) 流程主导原则。以满足客户需求和保证业务流程顺利实施为出发点，以有利于质量、效率、成本、风险和银行价值等方面绩效持续改进作为判断依据，科学再造管理流程和组织架构。

(3) 兼顾效率与风险原则。流程银行建设应处理好业务发展与风险管理之间的关系，兼顾提高流程效率、满足客户需求、风险管理和行业自律要求。

(4) 前瞻性与适用性相结合原则。流程银行建设应积极吸收、借鉴国内外同业的领先实践，充分考虑农村银行自身市场定位、人员素质、业务规模、管理基础、运营成本等实际情况。

(5) 整体规划与循序渐进相结合原则。流程银行建设是一项系统性、长期性的内部改革过程，应统筹考虑、整体规划、持续推进、不断优化各项流程和组织结构。

1.5.3 农村银行可持续发展长效机制建设的核心内容

根据《农村银行推进流程银行建设的指导意见》，流程银行建设的内容包括全面科学制定发展战略、优化再造业务流程和架构、优化再造管理流程和架构、优化再造支持流程和架构、建设强有力的信息科技支撑等。基于流程银行建设视角的农村银行可持续发展长效机制建设的核心内容包括：

(1) 战略澄清。流程再造是针对农村银行目前战略发展目标不明晰等关键问题所作出的战略性决策。农村银行要走上可持续发展之路就必须将可持续发展理念升华到战略高度，作为指导思想，融入农村银行发展的各个层次与各个阶段的战略计划,通过科学制定发展战略并组织实施,推进发展转型,实现农村银行质量、规模、效益协调发展。

(2)优化、再造流程与组织架构。在确定发展战略目标的前提下,农村银行在实施流程再造过程中,必须基于客户细分划分产品线和业务条线,并以客户需求为导向进行流程梳理和设计,包括对所有业务、管理和支持流程进行梳理,在此基础上,对前、中、后台关键流程进行优化和再造,最终建立起适应外部经济金融环境快速变化、充分满足客户需求和有利于风险管理及内部控制的业务流程体系、管理流程体系和支持流程体系以及与流程体系相配套的组织架构。

(3)全面风险管理机制建设。农村银行应以发展战略和愿景为基础,明确相应的风险管理战略和政策,建设与自身业务性质、规模和复杂程度相适应的、完善可靠的全面风险管理体系;建立覆盖信用风险、市场风险、操作风险、流动性风险等所有风险的识别、评估、计量、控制、缓释、监测和报告的管理流程,根据不同业务风险特点,灵活采取多种风险管控模式,对业务流程进行有效管理控制;建立分工明确、职责清晰、相互制衡、运行高效的全面风险管理组织架构,为农村银行的可持续发展保驾护航。

(4)战略导向的资源配置机制建设。影响农村银行可持续发展的资源因素包括财务资源、人力资源、信息资源、组织制度资源、技术资源和关系资源等。在资源有限的约束条件下,如何提高资源配置效率、建立与经营发展战略相协调的科学配置机制、充分发挥有限资源的保障和激励功能、持续提升自身价值,是农村银行一直以来在日常经营活动中不断探索和实践的一项重要课题。

(5)"风险—收益"平衡的绩效考核与薪酬激励机制建设。农村银行应建立健全以价值为导向的业绩评价体系,通过资金成本、管理成本、风险成本、税收成本和经济资本成本的合理分摊,科学评价业务条线、地区、产品、行业、机构、客户经理的绩效;健全以价值为核心、兼顾短期利益与长期利益、公正透明的绩效考核体系,逐步推行经济增加值、经济资本回报率等关键业绩指标,合理平衡风险和收益;基于岗位价值、内部公平性和外部竞争性,确定薪酬差异范围,确保薪酬既能反映出各岗位对农村银行整体业绩的价值贡献,又能确保农村银行薪酬水平保持动态竞争力,实现即期激励与远期激励的有机结合,形成科学合理的薪酬体系。

(6)集成管理信息系统保障机制建设。农村银行应根据发展战略和业务需求,建立健全信息科技治理架构,制定信息科技发展规划,加大信息科技投入,提高信息科技水平,实现管理信息的系统集成,利用信息技术手段,推动流程银行建设,促进业务创新和改善内部管理,不断提升管理与服务水平,朝着现代农村银行的功能转型。

第 2 章

发展战略:农村银行可持续发展的关键

- 农村银行发展战略概述
- 价值导向农村银行发展战略的内涵
- 农村银行发展战略的制定
- 农村银行发展战略的实施
- 农村银行发展战略的编写要求及注意事项
- BSC 与农村银行战略管理

什么都可以出错,战略不能出错;什么都可以失败,战略不能失败。战略的失败是最彻底的失败!无论是一个国家、一个地区和一个行业,还是一个微观组织,都面临发展战略管理的问题。对农村银行来说,战略是维持其健康生存的重要手段,也是帮助农村银行表明其意图、目标和未来的行动方案。战略实施的重要手段是全面预算管理,其首要功能是计划,即提供战略计划和经营计划。战略计划通常要考虑未来3~5年的情况,而经营计划一般只考虑1年的情况。农村银行通常的做法是以战略计划作为计划周期的开始,因为它是经营计划的基本导向。

2.1 农村银行发展战略概述

发展战略是企业在对现实状况和未来趋势进行综合分析和科学预测的基础上,制定并实施的中长期发展目标与战略规划①。发展战略可以为企业找准市场定位,是企业执行层的行动指南,为企业的内部控制设定了最高目标。

资料 2-1

中国银监会办公厅
《农村商业银行和农村合作银行推进流程银行建设的指导意见》摘录

三、全面科学制定发展战略

农村银行应借鉴先进银行的流程银行建设实践,结合自身特点,开展差距分析,制定明确的经营发展战略,并在定期评价基础上不断完善;建立差异化特色化的业务模式,确保持续稳健发展,不断提高服务水平。

(一)发展战略总体要求。农村银行应全面分析外部环境和内部条件,充分考虑自身服务网络、产品、服务、专业人才和其他资源优势,确定愿景、使命和价值观,按照服务"三农"和中小企业、服务县域、服务社区的市场定位,制定清晰、科学的发展战略,作为流程银行建设的基础和全行一致行动的指南。

(二)发展战略主要内容。农村银行发展战略应至少包括:宏观经济、监管政策和同业竞争等外部环境及内部资源与能力分析;本行愿景、使命和战略目标以及说明;市场细分、市场定位及"三农"业务和小微企业金融服务的业务模式;与发展战略相适应的中长期资本规划和短期资本管理计划;支持发展战略目标实现所需要的关键能力;实现发展战略目标的安排部署和行动计划等。

---

① 财政部、证监会、银监会等联合发布的《企业内部控制应用指引第2号——发展战略》第二条。

第2章 发展战略：农村银行可持续发展的关键

> （三）差异化特色化业务模式。在制定发展战略中，农村银行应在保持"三农"市场定位不变的前提下，适应农村金融市场变化，结合农村客户偏好和需求变化，细分市场、客户和产品，完善金融产品和服务创新机制，丰富健全网络渠道，积极开展主动营销，从客户、产品、渠道和营销等多维度，探索建立差异化特色化的业务发展模式。
>
> （四）发展战略评价机制。农村银行应建立发展战略评价机制，根据外部环境和内部条件变化，定期对发展战略进行评价，及时调整和优化发展战略，建立长期竞争优势。

全球经济跌宕起伏，中国经济正面临艰难转型。国内资本市场资本约束的压力、保险市场的快速发展、利率全面市场化的提速、金融脱媒深化以及互联网金融的冲击，商业银行传统的经营模式正在受到挤压，如果固守传统、坐吃利差，未来可能将面临生存危机。这就迫使农村银行改变原有的竞争方式。对自身发展战略进行重新审视和调整，重新梳理银行经营转型的思路和方向，确定战略转型目标，才能在日后新的竞争环境中获得新的、持久的、可持续的竞争优势，才能在激烈的竞争中立于不败之地。因此，全面科学制定发展战略是农村银行可持续发展的关键。其中如何发挥自身优势，加快转型升级，走可持续发展之路是农村银行核心的战略性问题。

2.1.1 农村银行发展战略转型面临的挑战

1. 外部驱动因素

（1）国家经济发展方式的转变。宏观的经济发展方式转变，必定会影响到农村银行的运营方式。农村银行需要转变经营发展方式，积极适应、支持和推动国家经济发展方式转变，才能在经济结构调整中把握更多的发展机会。

（2）监管部门监管方式的转变。银监会根据巴塞尔Ⅲ的要求，对农村银行资本充足率、动态拨备、杠杆率、流动性等四大监管工具也提出了新的更高要求。这将对农村银行的资本管理、风险资产扩张、盈利能力、流动性产生深远的影响。

（3）货币"虚增"背后隐藏着大量资金在金融系统内部空转的风险。银行同业、理财、票据、衍生品等杠杆业务领域迅猛发展，包括信用风险、市场风险、操作风险、流动性风险、信息系统风险等在内的各类潜在风险都可能积累增大，而其中所逐渐累积的风险敞口又是通常被农村银行所忽略的。因此，农村银行必须重视正在发生深刻变化的银行业风险特征，高度警惕、严密布防，全面提高风险防控能力。

（4）银行与非银行金融机构的业务边界越来越模糊。特别是在信贷规模管制的背景下,银行、信托、保险、证券、基金等机构相互合作、互借通道,以非标融资为核心的业务和工具创新如雨后春笋,社会融资规模不断创出天量。由于金融产品的复杂性和分业监管的局限,这种隐含监管套利的创新合作在不断推高规模的同时,也拉长了金融风险链条,增加了金融系统的风险。

(5) 随着我国经济的发展,个人家庭财富积累和收入水平逐渐提高。客户的金融意识日益增强,传统的存取款业务已经无法满足个人客户的需求,要求农村银行必须提供更多种类的金融服务来吸引更多的客户。

(6) 以网络金融、移动金融为代表的"新金融"的出现,将颠覆客户金融消费模式和银行服务方式,挑战传统竞争优势。互联网企业利用所掌握的海量用户数据,开始逐步将服务由支付渗透到转账汇款、小额信贷、现金管理、资产管理、供应链金融、基金和保险代销等领域。这些都是农村银行未来的核心业务领域或转型重点领域,面临严峻的挑战。

2. 内部存在问题

(1) 业务转型存在一定的阻力。农村银行简单扩大信贷规模赚取利差的方式获取稳定的收益而大力发展中间业务的经营环境受到社会环境的制约,导致业务转型内生动力不足。同时,由于面临信息不对称、贷款难担保和业务成本高等现实困难,农村银行小微企业信贷业务发展并不多。

(2) 传统盈利模式急需变革。随着利率市场化改革的不断推进,企业通过债券和股市直接融资增加,对信贷的需求会越来越少。"金融脱媒"现象冲击着农村银行传统的经营模式,长期以来依靠存贷款利差和同业市场的盈利模式面临着不可持续的风险。

(3) 大多数农村银行已经建立了一套具有较强科学性和严密性的内部控制制度,初步形成了相互制约、相互监督的内部控制机制,但是内控效果不甚理想。公司治理依然存在缺陷,内部架构不够合理,经营、管理理念不够完善,良好的内控文化尚未形成,获取信息的渠道单一,风险控制存在不足,稽核体制尚未理顺,工作规范化程度较差。

2.1.2 农村银行战略转型升级的模式与实施路径

转型升级是一项复杂的系统工程,需要从各个方面进行深入改革,农村银行战略转型升级的模式可以归纳为以下四种。

(1) 向上发展,积极重组并购,成为超级区域型银行,进而发展成为全国性银行。一是,开拓城市与农村交接地带,扩大服务范围;二是,跨区域收购国有商业银行撤并的机构和网点,并购周边信用社等,充分实现资源的合理配置,在更大范围树立品牌形象;三是,行业之间进行业务联合,实现互利共赢;四是,进行综合化经

第2章 发展战略：农村银行可持续发展的关键

营,增加金融租赁业务等,实现不同行业、不同产品的联动,扩展营销深度,扩大价值增值空间,从而分散经营风险,降低风险系数。

(2) 向下扎根,成为社区"特色、精品、专业、专注"的银行。这一战略关键的成功因素是差异化竞争,需要农村银行在各方面做深做细。首先,根据自身优势,选择一个与众不同的战略定位,展示自身经营的特色;再细分市场向纵深发展,为不同的目标客户群体设计一系列特色的产品和优质服务,打造精品银行;在正确的市场细分和市场定位的基础上,要坚决避免陷于与大银行拼机构、拼大客户、拼网络,走自己的专业化道路;其次,做好客户关系管理,发挥从事关系型贷款的优势,发展关系型业务,将现有客户作为新客户和新业务的源泉,树立专注于为客户全心全意服务的良好形象。

(3) 合纵连横,搭建中小银行互助平台。农村银行应积极地与相邻的城市和地区的银行建立沟通、协调和合作机制,构建全方位、多层次的战略合作框架,从而实现资源共享、优势互补、互惠多赢的成果,实现普惠金融。

(4) 利用科学技术,构建智慧银行。建设智慧银行,需要实现一点接入、全程响应的渠道服务,建设协同互动、高效便捷的客户服务平台,构建反应灵敏、富有弹性的创新机制。在改善客户体验和提高服务智能化水平上取得实质性进展,增强自身的核心竞争力,促进信息科技与业务发展的深度融合,实现有效的客户管理和高效的营销绩效,打造全新的服务模式,实现规模经济,提升运营效率和降低运营成本,增强可持续发展能力。

农村银行战略转型升级的实施路径归纳起来主要包括:服务对象转型,服务理念转型,服务方式转型,组织架构转型,业务结构转型,盈利模式转型,风险管理转型和公司治理机制优化等。

可见,农村银行的战略转型是一项任重道远的战略工程,这需要有科学的发展战略、明确的发展路径、有效的体制机制和强大的人才和技术保障等。农村银行需要从组织构架的变革开始,不断推进运营体制、盈利模式、营销模式的变革,不断推进业务结构、操作流程的优化,不断推进管理机制、考核机制的创新,不断推进风险管控、服务功能的提升,以及加强人才的引进和培养,构建高层次的人才队伍,才能在转型中赢得发展先机。

2.2 价值导向农村银行发展战略的内涵

在农村银行,发展战略是其生存的关键。我们知道,在海上航行的轮船,如果方向舵失灵,它就会随波逐流。对于一家农村银行来说,发展战略就好比是方向舵,发挥的是"导航"作用。

2.2.1 农村银行战略导向的基本类型

农村银行从小变大、从弱变强的发展过程中,每个阶段的战略导向因风险偏好的不同而存在差异,归纳起来主要有三种基本类型。

1. 规模最大化导向

农村银行在规模成长阶段,为了促进业务发展,提高市场占有率,获得更大的生存空间和发展基础,在这个阶段的战略导向主要是引导业务发展和规模扩张,因此绩效考核的关键指标是存贷规模及其增长率。农村银行应追求适度规模,因为规模最大化导向存在以下弊端:

(1) 没有考虑规模成长的成本(包括机会成本)。

(2) 没有考虑规模成长承担的风险因素。

2. 利润最大化导向

经营获利,是农村银行生存和发展的必要条件;如果农村银行长期出现亏损,势必会导致资不抵债,而陷入破产、倒闭。以利润最大化作为农村银行的战略导向,有其科学成分。这是因为,农村银行追求利润最大化,就必须讲求经济核算、加强管理、改进技术,提高劳动生产率,降低成本,这些措施都有利于资源的合理配置,有利于经济效益的提高。因此,利润最大化导向的农村银行,其绩效考核的关键指标是会计利润。但是,以利润最大化作为战略导向仍存在如下缺点:

(1) 没有考虑资本消耗量和资本的机会成本,即没有考虑资本的时间价值。

(2) 没有考虑获取利润和所承担风险的大小,即没有考虑风险因素和风险敞口。

(3) 利润最大化往往会使农村银行财务决策带有短期行为的倾向,即只顾实现目前的最大利润,而不顾农村银行的长远发展。例如,忽视科技开发、产品开发、人才开发、生产安全、履行社会责任等,甚至降低信用标准发放贷款等。利润最大化导向造成的经营上的短期行为还可能引发道德风险,因为基于权责发生制的会计利润容易被人为操纵,甚至会计造假;另外,公允价值会计计量受资产价格泡沫影响,在放大利润的同时、隐瞒了风险程度。

应该看到,利润最大化的提法,只是对经济效益的浅层次的认识,存在一定的片面性。所以,现代财务管理理论认为,利润最大化不是财务管理的最优目标。

3. 价值最大化导向

投资者建立企业的重要目的,在于创造尽可能多的财富。这种财富首先表现为企业的价值,即企业本身值多少钱。财富最大化是通过企业的合理经营,采取最优的财务政策,在考虑货币的时间价值和风险报酬的情况下不断增加企业财富,使企业总价值达到最大。

对农村银行而言,在对其整体价值评价时,看重的不是农村银行已经获得的利润水平,而是其潜在的获利能力。因此,农村银行的整体价值不是账面资产的总价值,而是其全部财产(包括账面资产和非账面资产)的市场价值,它反映了农村银行潜在或预期的获利能力。可见,农村银行的价值在于它能给所有者带来未来报酬,包括获得股利和出售其股权换取现金。如同商品的价值一样,农村银行的价值只有投入市场才能通过价格表现出来。

不过,最典型、最能说明问题的还是股份制银行,尤其是上市银行。股东的财富由其所拥有的股票数量和股票市场价格两方面来决定,当股票价格达到最高时,则股东财富也达到最大,这样,上市银行总价值最大与股东财富最大是一致的。股价的高低,代表了投资者对上市银行价值的客观评价:反映了资本和获利之间的关系,反映了每股盈余的大小和取得的时间,也反映了每股盈余的风险。当然,以银行整体价值最大化作为战略导向也存在一些问题:

(1) 对于上市银行,虽可以通过股票价格的变动揭示其价值,但是股价是受多种因素影响的结果,特别在即期市场上的股价不一定能够直接揭示银行的获利能力,只有长期趋势才能做到这一点。

(2) 为了控股或稳定购销关系,现代企业不少采用环形持股的方式,相互持股。法人股东对股票市价的敏感程度远不及个人股东,对股价最大化目标没有足够的兴趣。

(3) 对于非上市银行,只有对银行进行专门的评估才能真正确定其价值,而在评估银行的资产时,由于受评估标准和评估方法的影响,这种估价不易做到客观和准确,这也导致了银行价值确定的困难。

坚持整体价值最大化战略导向的农村银行,其绩效考核的关键指标是经济增加值(EVA),并辅以平衡计分卡(BSC)各个维度的指标。

2.2.2 农村银行的价值维度

平衡计分卡的权威研究者 Kaplan 和 Norton 在最初的企业平衡计分卡实践中发现,平衡计分卡能够传递公司的战略。他们认为平衡计分卡不仅是公司绩效考核的工具,更为重要的是它还是一个公司战略管理的工具。我们认为,平衡计分卡是一个价值驱动计分卡,根据平衡计分卡的四个维度(财务、顾客、内部业务流程、学习与成长),可以把农村银行的整体价值简单地视为由四个核心维度构成:

农村银行整体价值=财务资本价值+人力资本价值+流程与制度资本价值+客户资本价值±σ(误差)。

财务资本与人力资本是通过流程与制度资本联结起来的,其中:人力资本、流程与制度资本和客户资本是可再生资本。农村银行整体价值的四个维度与平衡计分卡四个维度之间的对应关系是：
(1) 财务维度→财务资本价值。
(2) 顾客维度→客户资本价值。
(3) 内部业务流程维度→流程与制度资本价值。
(4) 员工学习与成长维度→人力资本价值。

2.2.3 农村银行价值最大化的本质

农村银行"价值最大化"目标的确立，存在的最大问题是其整体价值如何计算，即农村银行经济价值应选择何种计价标准；其经济价值由什么因素决定；应建立怎样的计价模式。这些问题若不能得到很好解决，则所确定的"价值最大化"战略目标导向就缺乏现实意义。

在众多的企业经济价值计量方法中，我们选择了公认的内在价值法。所谓内在价值，是指企业未来现金流量净额在一定的风险贴现率下的现值，它反映的是企业未来的获利能力。农村银行经济价值的计算应以其内在价值为计价标准。理由是：

(1) 内在价值是指在企业经营期间对另一公司或个人所值的价钱，该价值是对公司未来获利能力的评估价值。

(2) 在企业经济价值的计算过程中考虑了风险和收益以及收益回收时间对企业价值的影响问题。而内在价值的计算原理是对企业未来各期预计现金流量贴现的求和，这种方法本身就是运用了资金时间价值原理，充分考虑了收益和风险均衡问题。这一方法与"价值最大化"战略目标导向的要求相吻合。

农村银行的经济价值是未来现金流量在特定的风险贴现率下的现值，与农村银行未来的自由现金流量、包含个体风险附加的贴现率以及农村银行的经济寿命之间存在直接的因果联系，这种因果关系可以运用数学模型表达如下：

$$PV = \sum_{t=1}^{n} \frac{F_t}{(1+i)^t} \qquad (式1.1)$$

其中，

F_t：农村银行未来每年赚取的现金流量净额；

i：折现率＝系统性风险因子＋农村银行个体风险附加因子；

$t=1, 2, \cdots, n$ 是农村银行持续经营的时间（即农村银行的经济寿命）。

由于：

F_t＝当年不发生现金支出的费用＋利润；

i＝系统性风险因子＋个体风险附加因子。

第2章　发展战略:农村银行可持续发展的关键

而当年不发生现金支出的费用和系统性风险因子这两个因素在特定期间是个常数,农村银行无法控制。因此,在农村银行整体价值计量公式中:F_t 代表"收益(利润)";i 代表"风险(个体风险附加因子)";$\sum (t=1,2,\cdots,n)$ 代表"发展(持续经营的时间)"。

农村银行整体价值最大化,意味着在特定状态下实现:"收益(利润)最大化、风险最小化、持续经营时间(发展)最长化"。因此,农村银行价值最大化的本质是实现"收益(利润)、风险、持续经营时间(发展)的最佳均衡状态"。

财政部发布于 2007 年 1 月 1 日起实施的《金融企业财务规则》第三条指出,金融企业应当防范和化解财务风险,实现持续经营和价值最大化。

银监会办公厅 2012 年 7 月 9 日发布的《农村商业银行和农村合作银行推进流程银行建设的指导意见》在流程银行建设"总体目标"中提到:农村银行应结合自身业务特点,积极稳妥推进流程银行建设,加快建成前台营销服务职能完善、中台风险控制严密、后台保障支持有力的业务运行机制,全面提升风险管控能力、价值创造能力、可持续发展能力和市场竞争力。

可见,农村银行的战略目标导向应确定为整体价值最大化。

2.3 农村银行发展战略的制定

发展战略的制定过程因下列因素的不同而不同:管理风格、机构规模、规划的急需程度、可获得的数据资料、职员的支持以及对规划的熟悉程度等。尽管发展战略的形式各不相同,但包括的内容和编制的基本步骤基本相同。一般包括:①完成对形势的分析;②起草展望与任务声明;③确定工作目标;④确认战略计划,以实现预先设定的目标;⑤确定实施各种规划的行动与步骤;⑥指派职员执行所提出的行动方案;⑦确定完成各类规划的最后期限;⑧监督、评估、修改发展战略的内容。

资料 2-2

财政部、证监会、银监会等
《企业内部控制应用指引第 2 号——发展战略》部分条款

第二章　发展战略的制定

第四条　企业应当在充分调查研究、科学分析预测和广泛征求意见的基础上制定发展目标。企业在制定发展目标过程中,应当综合考虑宏观经济政策、国内外市场需求变化、技术发展趋势、可利用资源水平和自身优势等情况。

> 第五条 企业应当根据发展目标制定战略规划。战略规划应当明确发展的阶段性和发展程度,确定每个发展阶段的具体目标和工作任务。
>
> 第六条 企业应当在董事会下设立战略委员会,同时指定相关机构负责具体工作,履行相应职责。
>
> 企业应当制定战略委员会的议事规则和决策程序,对战略委员会会议的召开程序、表决方式、提案审议、保密要求和会议记录等作出规定,确保议事过程规范透明、决策程序科学民主。企业战略委员会应当对发展目标和战略规划进行可行性研究和科学论证,形成发展战略建议方案;也可以借助中介机构和外部专家的力量为其履行职责提供专业咨询意见。
>
> 战略委员会成员应当具有较强的综合素质和实践经验,其任职资格和选任程序应当符合有关法律、法规和企业章程的规定。
>
> 第七条 企业董事会应当严格审议战略委员会提交的发展战略建议方案,重点关注其可行性。董事会在审议方案中如果发现重大问题,应当责成战略委员会进行调整。
>
> 企业的发展目标和战略规划方案经董事会审议通过后,报经股东(大)会批准实施。

2.3.1 形势分析

形势分析常用的方法有 SWOT 分析和 PEST 分析。SWOT 分析方法用来确定企业本身的竞争优势,竞争劣势,机会和威胁。优势及劣势分析主要是着眼于企业自身的实力及其与竞争对手的比较,而机会与威胁分析将注意力放在外部环境的变化及对企业的可能影响上,从而将企业的战略与企业内部资源、外部环境有机结合。因此,明确企业的资源优势和缺陷,了解企业所面临的机会和挑战,对于制定企业未来的发展战略有着至关重要的意义。PEST 分析是指在战略实践中,专用于分析外部宏观环境的一种方法。在此,宏观环境具体是指影响一切企业和行业的各种宏观力量。不同的企业所面对的宏观环境不同,影响企业的宏观环境的因素也不同,不同的企业和行业根据其自身特点及经营需要,分析的具体内容就会产生不同,不过,一般来讲都应对政治因素、经济因素、技术因素和社会因素这四个主要影响企业的宏观环境因素进行分析。具体来讲,政治因素主要从企业所面临的政治环境,政局的稳定性,政策的持续性等方面分析,对于政权交替过于频繁的国家,政治环境分析就显得十分重要;经济因素指的是宏观经济的具体情况,从经济的稳定状况,财政货币政策松紧状况进行分析;技术因素指的是企业的生产技术的发达程度、产品技术水平等;社会因素主要从人民生活消费水平,居民的收支状况及人们的观念等方面分析。

可见,PEST 分析注重的是 SWOT 分析的机会、威胁等外部因素,可以视为 SWOT 外部因素分析的专门方法。对于银行的优势、劣势、面临的机会及受到的威胁(SWOT)进行全面、深刻的分析,是制定发展战略最为重要的内容。通过形势分析获得的信息和得出的结论,可以使农村银行充分把握实现战略目标的可能性。形势分析有助于农村银行对自身的目标、对象、战略、行为等加以确认。通过优势、劣势、机会与威胁(SWOT)分析可以使农村银行的实力最大限度地发挥出来,从而有助于发展战略的实施,或者放弃那些无法实现的战略。

1. 形势分析的原则

不重视甚至忽视形势分析是一个严重的错误。假如农村银行的管理当局自视过高,通常会使他们无法确定发展战略的方向。然而,自负并不是阻碍农村银行在编制发展战略之前进行全面形势分析的主要原因。在大多数情况下,其主要原因在于:高级管理人员害怕发现自己工作中的失误而不敢进行自我评估。形势分析通过逐步深入的方法展开,并最终针对核心问题。这样,农村银行的功过成败将一览无遗。有时候,农村银行的高级管理人员会受到来自他人不合理的建议、貌似谦虚的竞争对手以及不专业的董事会的困扰。形势分析可以帮助你找准存在的缺点,使你能够正视和改正它。不管怎样,在进行形势分析之前,了解以下原则可以提高编制发展战略的效率与质量。

(1) 保持对战略规划的控制。尽管对员工记录和产品与服务记录的分析有一定的价值,但是发展战略更注重对农村银行有一个宏观的了解。一旦农村银行的整体规划确定下来,具体的工作执行起来就相当容易了。

(2) 制定一个时间进度表。规划的第一步是确定进行形势分析的时间。一般情况下,详细的形势分析可以在 30 天内完成,最多不超过 60 天。根据这一时间限制,应对与形式分析相关的各个项目制定具体时间表,并注明负责人。时间限定不清就会造成工作拖延。

(3) 保持形势分析的相关性。调查研究应为战略规划提供必要的信息。与最终决定无关的数据资料没有必要进行收集和分析。

(4) 确定有待分析的内容及人员。应当对农村银行各职能部门及部门经理的优、缺点进行客观评价。

(5) 预先设定搜集信息的方式。在信息搜集的过程开始之前,部门经理应预先确定适当的信息搜集方式,这种预先设定的信息搜集方式可以扩展形势分析的思路。并且,如果所确定的方式可以给下属和具体从事数据搜集的人员提供指导,那么收集信息的工作就会变得相当容易。

形势分析通常包括内部形势分析和外部形势分析两个方面,具体表现为机构规模、市场环境、竞争状况、业务结构等。许多农村银行则经常把形势分析分为管理与组织分析、市场分析、财务分析等方面。

2. 内部形势分析

在 SWOT 分析框架下,通常运用"骆驼评级体系"(CAMEL)的原理与技术等手段,对企业内部因素进行分析评价,归纳出企业存在的竞争优势(S)因素和竞争劣势(W)因素。以下主要以农村银行为例,对其管理与组织、财务问题、焦点问题和非财务问题等内部因素进行分析评价,以展示农村银行当前的状况与实力。

(1) 管理与组织分析。形势分析的第一步是评审农村银行的组织结构图和岗位描述。如果还没有制定岗位描述,就应该着手编制。因为这对于考评工作业绩、履行义务和责任都相当重要。这些图表反映的是职能部门之间,以及个人之间的工作流程。组织结构图可以反映机构内部应如何沟通。如果组织结构图不够准确,那么就应把更新信息作为制定发展战略的一部分。

对农村银行组织结构进行分析,通常会揭示出它在管理上的缺点与不足。比如,下属的失职、职能部门经理没有发挥出他们的潜力,或者前几年留下来的管理者继任问题等。此外,书面的组织结构可能与机构的实际状况不符。对组织结构与管理方向的评审将有助于发现需要修改的职能与部门方面的问题。

接下来就是要提出问题,以及具有指导性的主题,这些问题和主题通常是用问卷调查的形式列出。对职能部门进行分析时,可以从两个角度进行:第一,职能部门的部门经理的自我评价,包括对管理能力、社区参与、业务开发活动、管理者继任规则、培训与职员发展、职能部门的工作效率以及沟通的有效性等的自我分析;第二,董事长对职能部门及部门经理的评价,包括对管理能力、社区参与、业务开发活动、管理者继任规则、培训与职员发展、职能部门的工作效率、沟通和管理的有效性、规划未来的能力、对战略目标的了解范围等进行分析评价,并总结各职能部门的优势与不足。这些分析项目应与农村银行内部的突出问题以及各职能部门的目标相一致。

此外,问卷调查还应包括如下一些问题:管理状况、工作效率及农村银行内部各个职能部门的工作成果。在形势分析中,保持与客户、商业合作伙伴和股东的沟通与接触同样重要。其他应该分析的关键领域还有董事会、营销与广告的有效性、高级管理人员的总体领导水平、董事会的结构以及农村银行内没有正式命名的部门。

农村银行自行组织的形势分析问卷一般不会得到公正的评估。因此,必要时可以利用外部的咨询机构来提高可信度,并鼓励管理人员和部门经理履行全面监督的职责。外部咨询可以减少组织内部的行政与人事冲突,不会在机构内部制造事端。问卷调查应为受访者保密,否则他们不会说出本部门和银行内部其他部门的优点与不足。另外,还可以通过问卷调查和见面会全面了解银行的整体情况。

通过见面会对某些问题达成共识后,农村银行内部的、潜在的优点与缺点都会暴露出来。这些都要在最终的形势分析中加以确认。在形势分析过程中,对各部门经理、主管的优点与不足也要加以分析。各部门负责人不仅要对自己的优、缺点有所认识,而且应对其他部门的负责人、高级管理人员甚至董事会做出评价。

对管理和组织的分析应写成书面报告,具体指出农村银行内每一职能部门的优点与不足,并做出详细的评价,以便扬长避短。这些评价应以目标、对象、战略和行动方案的形式作为战略计划内容的一部分。

(2) 财务问题分析。在形势分析中,财务分析与管理和组织分析所用的方法大体相同。它通常由财务总监或计划财务部门经理负责。财务分析应列出财务工作中的优点与不足,并给予简要的说明。财务分析应以农村银行过去3～5年间的财务工作记录为依据,并对农村银行的发展方向与该行业的发展趋势做出比较。利用统一的银行业务报告或储蓄机构业务报告的形式,对本银行和竞争对手的业务做出比较,也非常重要。有时,尽管财务分析显示本银行的业务状况良好,但并不一定就意味着比业内其他银行做得更好。当然,同业比较分析不是万能药,但它可以作为评价一个农村银行质量和发展趋势的基准。除此之外,还应进行其他分析,如咨询公司的研究报告、监管当局的公告等。

财务分析问题主要包括:贷款需求、营业费用、贷款损失、盈利资产、贷款与存款的增长、资产与负债管理、存款构成、资本来源、净利息收入、费用与收入比、投资业绩、总体盈利性、资产收益率(ROA)、权益资本收益率(ROE)、工资与奖金支出、投资价值、贷款损失准备金、其他自有不动产等。

把农村银行现存的优点与不足统统罗列出来,虽然会让战略编制者感到不安,但在编制战略过程中却能快速、平稳、客观地进行。如果管理层和员工能够了解和享受来自形势分析的益处,那么员工会做出乐观的预期并勇于接受挑战,从而为农村银行的成功打下坚实的基础。

(3) 焦点问题分析。每个农村银行都会存在一些一直没有解决的"痼疾",对于这些问题应直言不讳,这样才能准确地判断农村银行的优势与劣势,并抓住发展机遇。例如,如果一名不称职的员工是董事长的亲戚,那么是否还要留用他?农村银行董事会中是否有不称职的、年纪大的董事?

在形势分析中,还应花一些时间考虑农村银行所面临的热点问题。对于这些问题,外部人士的建议会很有帮助。可以找出一些敏感性问题,并交由董事会和高级管理层讨论,这样可以消除个人之间的冲突,并把注意力集中在可能对农村银行产生不利影响的问题上。

对形势分析中的热点问题进行讨论,会使你不至于偏离分析的目标。热点问题的讨论旨在解决战略行动方案中的关键问题,从而改善农村银行的整体经营状况。回避农村银行面临的关键问题将是发展战略制定的重大失误。

(4) 非财务问题分析。内部形势分析的最后一部分,是进行非财务性因素的分析。尽管所分析的问题会明显带来财务后果,但其实质是非财务性的。以下是非财务性分析中应讨论和分析的典型问题:是作为独立的农村银行持续经营,还是出售变卖;是与其他银行合并,还是兼并其他银行、储蓄机构或其分支机构;是否新建分支机构;对新金融产品和服务的评审;改进营销理念;加强职员培训;提高管理水平;提高董事的素质;更新计算机办公系统;内部开发还是外包;新增固定设施,包括新建办公楼、操作中心及其他;为新增业务(新产品、新服务)招聘职员;形成银行或储蓄机构控股公司;储蓄机构、银行及其控股公司被批准经营的非金融性业务;其他可选择的交付系统;服务的技术改进程度;竞争的影响;政府管制等。

当然,以上这些因素还不是全部的非财务性因素。每个农村银行都有自己的优势服务项目和不同的业务范围。因此,有些问题可能与你所在的银行有关,有些则可能无关。对于每个问题,均应从优势、劣势等方面加以分析。对于财务方面的其他问题,也应从这些方面分析。农村银行要面对的问题不一定都是财务性的。因此,非财务性问题也应成为今后3年发展战略的一部分。

无论是哪个农村银行的规划,形势分析都是最难完成的。尽管人们往往倾向于掩盖分析过程中暴露出来的缺点与不足,但是全面的、公正的评估通常会对农村银行的成功与失败均进行披露。不管怎样,出色地完成形势分析是制定全面、适用的发展战略的关键所在。在收集和评估数据资料的时候,应保持客观的态度,否则将无法保证规划的准确性和真实性。

【案例2-1】

西部古都农商银行内部形势分析[①]

运用"骆驼评级体系"(CAMEL)的原理与技术等手段,通过对西部古都农商银行内部因素进行评价分析,归纳了西部古都农商银行存在的竞争优势(S)因素和竞争劣势(W)因素。

一、西部古都农商银行的竞争优势

(一) 贷款规模处于相对领先地位,涉农贷款在本区内占据绝对市场份额

西部古都农商银行贷款规模在本区内银行业金融机构中居于首位,主要原

---

① 本案例来自作者2012年在陕西省某农商银行研发的课题《某农商银行三年(2013—2015)战略规划》,因受合约限制,个别内容做了适当的技术处理。

因是由于其他银行机构存贷比相对比较低,而西部古都农商银行则较好的利用了自身的金融资源。当然,这也说明了西部古都农商银行进一步放贷的空间有限,需要通过不断拓展市场,广泛吸纳各方资金,才能获得更大的发展。西部古都农商银行的贷款规模在本区占据一定优势,尤其在农业贷款方面,截至2011年年底占到区内金融机构农业贷款总额的98.58%,这除了得益于西部古都农商银行自身的努力外,或与其在当地广泛的客户基础有关。作为本地的银行机构,西部古都农商银行与其他银行相比有着先天的优势。

(二)网点分布具有竞争优势

西部古都农商银行在本区内拥有21家营业网点,在本区内各银行机构中拥有网点数最多,且覆盖了区内主要区域。这是西部古都农商银行未来发展的重要基础,网点优势在竞争中必将为西部古都农商银行带来更大的规模扩张能力。另外,2009年4月银监会发布了《关于中小商业银行分支机构市场准入政策的调整意见(试行)》,规定符合条件的中小商业银行在相关地域范围下设分支机构,不再受数量指标控制,并进一步简化审批程序,将省内分支机构审批权限下放给各省银监局。从农信社改制为农商行后,这些政策的支持无疑为西部古都农商银行分支机构的进一步扩张提供了良好的发展机遇。

(三)资产质量不断改善,重大经营风险已逐步消除

近年来,西部古都农商银行的不良贷款余额和不良贷款率呈现"双降"趋势,资产质量不断改善。不良贷款率从2006年的高达40%下降到目前的1.27%,达到了我国银行业的平均水平。良好的资产质量无疑会降低西部古都农商银行经营的风险,为其进一步发展打下坚实的基础。

(四)立足本地发展,具有广泛的客户基础,地缘优势明显

作为本地的银行机构,西部古都农商银行与其他银行在区内设立的分支机构相比有着先天的优势。由于长期以来扎根于本土,西部古都农商银行在当地已积累了广泛的客户基础,具有较高的品牌知名度和影响力,这必将会为其在业务的拓展中提供便利。同时,也为西部古都农商银行继续加强品牌建设,开发具有本土特色的金融产品与服务,着力打造真正的"居民银行",不断扩大市场份额,并逐步向区外发展奠定了基础。

(五)与地方政府关系密切,容易获得业务与政策支持

由于本区国资在西部古都农商银行中居于大股东地位,为促进西部古都农商银行的发展,当地政府必然会在业务与政策上给予其大力支持。随着农业高新技术产业示范区和"关中—天水经济区"的建设与发展,在当地政府的推动下,西部古都农商银行本身所具有的在"三农"领域的优势将会得到进一步发挥,并不断开拓新的业务领域,实现更好更快发展。

二、西部古都农商银行的竞争劣势

（一）资产规模相对较小，业务扩张能力不足

截止2012年11月，西部古都农商银行总资产规模为21.5亿元，明显偏小，或者说还存在较大的发展空间，而目前难以产生有效的规模效应，导致其业务扩张能力不足。资产规模小间接地反映了西部古都农商银行的客户数量较少或是客户质量不高。对于银行而言，拥有庞大客户群不仅在存款、贷款业务上有优势，而且能够得到更大的非利息收入来源，包括信用卡收费、金融产品（证券、保险、信托等）的经营与交叉销售，从而使得一家商业银行拥有范围经济的收益。

（二）内部控制体系不完善，风险管理能力较差

从西部古都农商银行的组织结构来看，部门设置不尽合理和完备，部门职责划分不够明确，这将导致内控体系存在较大的漏洞。由于西部古都农商银行尚未建立起现代化的公司治理机制，这使得其在上至管理层权力的约束与监督、业务的授权与审批，下至普通员工职责的分离、信息的交流与反馈等方面，均存在一定问题。风险管理方面，西部古都农商银行仅有的风险管理部门还不足以应对其在经营管理过程中出现的各种风险问题。

（三）资本充足率较低，未达到监管标准

截止2012年11月，西部古都农商银行的资本充足率为7.85%，未达到国际银行业8%的标准，与我国银监会对中小商业银行10%的监管标准更是相差甚远。虽然西部古都农商银行资本充足率从2010年的6.34%提高到了目前的7.85%，已经有了长足的进步，但仍然偏低，需要进一步提高，以满足监管要求。资本充足率作为银行抵御风险的最后屏障，其作用和意义重大。只有不断充实资本，才能为西部古都农商银行进一步扩大资产规模创造有利的条件。

（四）员工素质较低，人才储备不足

西部古都农商银行目前拥有从业人员共191名，其中大学本科学历39名，专科学历85名，中专及高中以下学历67名，分别占总人数的20.42%、44.5%和35.08%，从事金融工作平均年限为16年。这样的一支员工队伍可能存在的问题在于：一是，队伍整体的现代商业银行经营意识不够强烈，开拓与服务的预见性、主动性和创造性严重不足，应对外部信息的反应迟钝，行动呆滞，难以适应不断加快的改革与发展。二是，队伍存在老化、弱化问题，队伍培养和人才开发机制与激励机制尚未真正建立健全。三是，目前在这支队伍里，还缺乏复合型的人才，条线和网点的不少业务人员可以说既不懂业务，又不懂经营管理，很难开拓新领域，取得新成就。这些问题将会明显影响服务质

量和服务效益。因此,要认清形势,加快人才队伍的培养,把高层次人才和复合型人才作为赢得未来的制高点。

(五) 业务种类单一,产品创新不足

目前,西部古都农商银行的业务种类主要为存贷款业务,存款的来源和贷款的去向也同样主要涉及农业领域。近期新开办的代理结算业务,仍处于起步阶段。从西部古都农商银行被准予办理的业务来看,包括存款、贷款、票据贴现、国内结算业务、个人储蓄业务、代理其他银行的金融业务、代理收付款项及受委托代办保险业务、买卖政府债券、代理发行兑付和承销政府债券、提供保险箱业务等。而在实际中,受制于自身软硬件实力的限制,目前主要是办理存贷款等传统业务,这一方面说明其创新能力不足,另一方面也说明了西部古都农商银行还有很大的业务拓展空间。

(六) 收入结构不合理,盈利能力较差

由于西部古都农商银行目前主要办理存贷款业务,导致其经营收入主要来源于净息差,中间业务等带来的非利息收入少之又少,使得西部古都农商银行的盈利能力较差。在这种情况下,一旦西部古都农商银行的贷款业务发生不利的变化,将会直接影响其盈利水平,甚至产生亏损。

三、评价结论

(一) 西部古都农商银行现状的 CAMEL 评价结论[①]

西部古都农商银行的 CAMEL 评价表现为"一般",即:一是表现为规模较小,抗风险能力较差和成本分摊能力较弱;二是表现为盈利能力不强,相对来说,由于贷款价格上浮较高,小银行的利差收入要高于大银行,资产收益率应该较高,但是西部古都农商银行资产盈利能力一般;三是不良资产历史欠账较高,造成拨备压力较大;四是经营区域受限,扩张能力有限。

(二) 西部古都农商银行的内部因素评价矩阵(IFE 矩阵)评价结论[②]

通过对西部古都农商银行内部因素的分析评价,得出表 2-1 所示的内部因素评价矩阵。

[①] 这一结论是参考"骆驼评级体系"(CAMEL),对西部古都农商银行的规模、成长性、业务结构、效率、质量、盈利能力等六类指标实施评价后得到的,限于篇幅,评价分析过程省略。

[②] 内部因素评价矩阵(Internal Factor Evaluation Matrix,IFE 矩阵),是一种对内部因素进行分析的工具,其做法是从优势和劣势两个方面找出影响企业未来发展的关键因素,根据各个因素影响程度的大小确定权数,再按企业对各关键因素的有效反应程度对各关键因素进行评分,最后算出企业的总加权分数。通过 IFE 分析评价,企业就可以把自己所面临的优势与劣势汇总,来刻画出企业的全部内部吸引力。限于篇幅,IFE 的分析评价过程省略。

表 2-1　　　　　西部古都农商银行内部因素评价矩阵

	内部关键因素	权重	评分	加权分数
优势	资产质量不断改善,重大经营风险已逐步消除	0.1	3	0.3
	贷款规模处于相对领先地位,涉农贷款在区内占据绝对市场份额	0.1	4	0.4
	网点分布较广泛,覆盖了区内主要区域	0.05	3	0.15
	立足本地发展,具有广泛的客户基础,地缘优势明显	0.08	3	0.24
	与地方政府关系密切,容易获得业务和政策支持	0.1	4	0.4
	合　计	0.43		1.49
劣势	内控体系不完善,风险管理能力较差	0.1	2	0.2
	资本充足率较低,未达到监管标准	0.1	1	0.1
	资产规模相对较小,业务扩张能力不足	0.05	2	0.1
	业务种类单一,创新不足	0.08	1	0.08
	收入结构不合理,盈利能力较差	0.1	1	0.1
	股权过于分散,容易形成利益输送,并增加决策成本	0.08	1	0.08
	员工素质较低,人才储备不足	0.06	1	0.06
	合　计	0.57		0.72
	总　计	1		2.21

结论:从表 2-1 可以看出,西部古都农商银行存在相当多的内部经营管理问题,内部因素评价总得分仅为 2.21,低于平均分 2.5,说明其内部状况处于弱势。这需要引起西部古都农商银行管理层的高度重视,在今后的发展过程中针对相关问题逐一解决,实现西部古都农商银行的稳定健康发展。

3. 外部形势分析

农村银行在受到内部因素影响的同时,也会受到外部因素的影响。因此,对于影响农村银行未来发展的外部因素的分析,也是形势分析的重要组成部分。下面分析农村银行与其他金融机构之间在金融服务、技术服务、市场调研及营销理念方面的竞争,以及可能对社区银行产生影响的外部因素、外生变量、区域因素和财务因素等。不管银行内部的管理如何完善,如果它不能有效地参与市场竞争,那么它的发展潜力就是有限的。因此,对于影响农村银行生存能力的外部因素进行详细分析,是决定农村银行未来发展的关键。

(1) 技术分析。技术的不断发展一直影响着农村银行的发展。然而,营销的

第2章 发展战略：农村银行可持续发展的关键

先决条件并不在于技术的进步，更多的是受其战略地位和占有的市场份额的影响。

技术可以使营销人员提高工作效率。今天，最有价值的技术进步或许体现在搜集、储存、复制和获取数据资料方面。这些技术与各个农村银行的经营习惯、生产能力和盈利能力相联系。当农村银行获得更多的关于顾客消费习惯的信息时，它就可以进行更有效的营销定位。

有效的经营和销售战略已经受到了银行业技术进步的影响。技术越来越适应特定产品的需要，使得农村银行可以向顾客提供带有附加值的服务。这一点通过基本活期存款账户的发展便可以看出来。借记卡、自动提款机、电话支付和透支信用的出现使得活期存款账户更有价值。由于技术应用成本的降低，农村银行便可以降低经营成本。与之相联系的是支票处理过程的简化、销售点终端的计算机化以及自动提款机价格的降低。除此之外，技术的革新也可以为农村银行提供重新配置人力资源、提高生产力的机会，如直销。

决定农村银行目前地位的因素主要是：该银行采用的技术与其竞争者技术利用状况的对比。然而，如果一个农村银行对于全部的技术进步都加以利用的话，其成本无疑是巨大的。因此，在向顾客提供一项新的交付系统时，银行或储蓄机构应考虑其自身的能力（内部技能与充足的人力资源）。

(2) 市场分析。市场调查是制定发展战略的一个很有价值的工具，它可以确定顾客的需要与产品的类型，以及客户和社区对其现有服务与产品的评价。外部调查不必每年都进行，但一般每隔3年就应该聘请外部机构对本银行或储蓄机构在本社区的运作状况进行评价。除此之外，开发新金融产品与服务以及保留原有产品和服务时，不但要依据农村银行本身确定的客户需求，还要考虑对现有客户和潜在客户的真正需求所作的市场调查。这种市场调查、研究和分析会有利于农村银行和储蓄机构在一段时间内了解其优势、劣势及市场机遇。

市场分析的目的是了解社区对农村银行的认知度。作为发展战略分析的一部分，外部市场调研是一个有价值的工具。通过调研可以看出农村银行或储蓄机构的经营状况、公众的评价以及如何才能成为一个更优秀的农村银行。

(3) 人口、环境分析。通过对特定市场进行人口、经济和财务上的统计分析，可以判断行业的未来发展趋势与增长速度。如居民构成类型与变化趋势、人均收入水平、行业发展和社区工作状况等都是银行发展、增强盈利能力以及提高市场地位的主要影响因素。对于制定适宜的财务性与非财务性工作目标来说，农村银行确有必要了解市场发展趋势以及农村银行自身的发展实力和发展水平。

表2-2概括了各种经济、人口、财务统计以及其他影响发展战略的外部因素。由于市场环境各不相同，在大中城市中，获取信息相当容易，但在一些乡村市场则相对困难一些。不管这些信息有没有多大的价值，他们或多或少可以提供一些对

经济、人口数据资料的分析,从而有助于为农村银行的未来发展制定适宜的发展战略。

表 2-2　　　　　　　　经济和人口统计分析因素

人口增长趋势
市场内人口的年龄段
居民构成
居民年龄、婚姻状况及每户人口的详细分类
家庭人均收入
个人人均收入
市场零售价格
机器制造业的统计资料
新注册公司的数量
个人财务破产
公司破产与倒闭

(4)竞争分析。一家农村银行如果没有与市场内其他竞争对手在财务状况和经营状况方面的对比,那么其优势与劣势的分析就无法完成。因此,在金融市场中确定竞争对手十分必要。竞争分析的焦点应集中在农村银行和储蓄机构在资产、存款、贷款、资金方面与市场内竞争者的比较。通过比较可以告诉我们:农村银行发展是快还是慢?是不是农村银行发展停滞,而其他银行在向前发展?比较应建立在重要的财务比率基础上,比如平均资本收益率、资本总额收益率、资本增长率、资产负债比率等。

在进行农村银行间比较时,通常可以向银行监管机构或私营信息服务公司收集有关农村银行上报的监管报告以及收益和股利报表,监管报告不仅可以为总量分析(资产增长、储蓄规模等)提供必要的信息,而且还可以掌握顾客每个阶段贷款的变化、商业贷款的数量、非利息费用的变化等。通过与业内竞争对手的比较,可以检查农村银行的经营状况。

另外,还可以通过一些比率来判断农村银行在金融市场中的生存能力。比如,每家银行的职员数量、每家银行营业网点人员的数量、每家银行的储蓄总额、每家银行营业网点的储蓄额等诸多比率。

政府管制也是一个十分重要的外部因素,这个因素相对比较透明、稳定,农村银行容易把握。总之,外部因素分析有助于确定有效竞争、农村银行在财务状况和经营状况方面受到的经济、财务压力,以及农村银行如何通过改善自身的经营来缓解压力。

【案例 2-2】
西部古都农商银行外部形势分析[①]

运用 PEST 分析等技术手段,对西部古都农商银行外部环境进行评价分析,归纳了西部古都农商银行面临的竞争机会(O)与竞争威胁(T)因素。

一、西部古都农商银行的竞争机会

(一)农业高新技术产业迅速发展

目前,进入本区的企业 1 300 多家,其中已认定高新技术企业 159 家,境内上市企业 9 家,境外上市企业 3 家。初步形成了四大特色产业,分别是以绿方疫苗、郝其军制药、亨通光华等为代表的一批拥有自主知识产权的生物医药企业;以果汁、肉制品、蔬菜加工等为主的绿色食品产业;以巨川富万家、博迪森农化等为代表的环保农资企业;以及年交易总额达 12 亿元、辐射西北 5 省区的农牧良种市场。

(二)农业科技成果转化率高、产生了显著的直接经济效益

为整合资源,充分发挥本区的农科教优势,1999 年 9 月,国务院批准将区内原有的 10 所农业高校与科研单位合并,组建了两所农科类高校。示范区原始创新能力明显增强,形成了各类科研成果 5 000 余项,获省部级以上科技成果 239 项,其中国家级 18 项。取得了一批具有国际国内先进水平的重大科研成果。科技成果转化率由 32%提高到 47%,科技成果转化创造的直接经济效益显著。

(三)对中小金融机构差别监管、存贷比可能扩大

由于我国经济结构复杂,金融机构数量众多,单一的监管和调控政策往往会损害广大中小商业银行的利益,进一步激化中小企业的融资矛盾。因此有理由认为,央行的货币政策和银监部门的监管政策将更加差异化,对中小金融机构将给予更为宽松的发展环境,例如给予较高的存贷比,较低的经济资本占用系数,较高的定价权限等。2009 年 12 月,银监会下发的《关于银行建立小企业金融服务专营机构的指导意见》中就已给出明确的宣示。

为落实中央扩内需、促增长各项措施,2009 年 1 月 1 日银监会印发《关于调整部分信贷监管政策促进经济稳健发展的通知》。在一定条件下中小银行可以突破 75%的存贷比限制,鼓励银行加大信贷投放。这对于主要依靠利息收入的中小银行来说,无疑是一次机遇。

(四)外资战略投资者进入态度积极

全面加入 WTO 是我国商业银行对外开放的基本制度基础,中国金融服

---

① 承案例 2-1,因受合约限制,个别内容做了适当的技术处理。

市场巨大的潜力,以及人民币资产升值的巨大空间,都吸引着国外众多金融机构和投资机构进入中国市场,众多国外投资机构和金融机构开始通过战略投资的方式与我国商业银行展开合作。农村银行机构也不例外,这些战略投资者为中国银行业带来的不仅仅是一定的资本,更带来了国外先进的技术、文化、产品和经营管理的经验。

（五）政府积极引导、信用环境逐渐改善

本区最近几年一直在提倡建立社会信用体系,在政府相关文件中明确指出,"加强信用体系建设,建立和完善个人征信体系。"要求狠抓信用体系建设,建立一套全面的综合管理制度和动态考核机制,努力建设诚信企业、诚信政府、诚信社会,有计划、分步骤地推进社会信用体系建设,为金融事业加快发展创造良好的社会条件;同时要求强化担保体系建设,通过组建担保公司,充分发挥担保机构在为中小企业融资中的放大助力作用。

（六）本区进入"二次创业"时期、有较强的融资需求

本区以农业高新技术产业为主的经济,近年来发展势头良好,尤其是第二产业和第三产业。高新技术农业产业对第二产业的快速增长贡献巨大,对经济的带动作用明显。农业示范区已进入"二次创业"的重要时期。在未来十年内,本区将建设成为西安—宝鸡之间的区域性中心城市,成为"关中—天水经济区"中特色鲜明的重要节点城市。未来三至五年,是示范区"二次创业"的关键时期,全区正在实施和即将实施的各类项目有数百个。因此,在未来的十年内,本区的建设需要强大的金融支持,有较强的融资需求。

（七）示范区经济较为发达、农民收入较高

建区以来,本区经济发展迅速,经济总量与建区时相比,已经达到了相当的水平。由科技部、商务部、农业部等17个国家部委主办、本省政府承办的中国本区农业高新技术成果博览会已成为国内外知名农业科技会展品牌和全国四大知名科技展会之一,是国内外农业科技交流与合作的重要平台,对展示农业高新科技成果,促进成果转化及产业化,传播普及科技知识,起到了积极的推动作用,产生了显著的经济效益和社会效益。本区通过了ISO14001环境管理体系国际、国内认证,获得国家生态示范区、国家卫生区和国家农业旅游示范区称号,城市化水平较高。本区农业产业化取得一定发展,农民收入水平高于本省和全国平均水平。

（八）宏观调控定位于扩大消费、拉动内需

中国经济发展模式是典型的以劳动密集型产业为主的"东亚模式"。回顾整个东亚地区发展历史可以发现,与这种经济发展模式相对应的货币政策普遍是"释放充沛流动性为主"的"货币驱动投资模式"。这种模式最终的结果是,多年

累积超发的货币造成了资产价格的泡沫和较为严重的通胀压力累积。在这样的情况下,"货币驱动投资模式"将在经济发展到一定水平后退出,取而代之的将是以拉动内需为主的"消费驱动模式"。

(九)"关中—天水经济区"建设进入实质阶段

在国务院批准的《关中—天水经济区发展规划》中,示范区被定位为仅次于西安(咸阳)核心城市的次核心城市,并在战略定位中提出要"以本区国家级农业高新技术产业示范区为依托,发展新型农业生产方式,建设现代农业推广服务平台"。目前,示范区设立地市级城市的工作已经启动,有望成为"关中—天水经济区"中最具发展潜力的增长点和亮点。关中—天水经济区是《国家西部大开发"十一五"规划》中提出的西部大开发三大重点经济区之一,规划面积7.98万平方公里。示范区处于关中—天水经济区中心区位,距经济区最大的两个城市西安82公里、宝鸡86公里,距西安咸阳国际机场70公里,地处经济区"一核、一轴、三辐射"①中"一轴"的中间重要部位,是关中天水城市群的重要节点。

二、西部古都农商银行的竞争威胁

(一)国内货币政策由"适度宽松"转向"稳健"

发达国家启动的新一轮宽松货币政策的实施,将激发发达国家过剩流动性涌入新兴经济体,导致美元贬值,世界大宗商品价格飞涨,形成输入性通货膨胀压力,使得包括中国在内的主要新兴市场国家被迫采取紧缩型货币政策。作为原因之一,存款准备金率将长期处于高位,货币发行量收缩,信贷规模将受到较严控制,商业银行的资产膨胀速度将会显著下降;同时,存款规模将会由于派生存款减少而增长困难,存款大战将会一触即发。

(二)信贷规模增长速度将会中期内显著下降、存款准备金率将长期维持高位

由于商业银行的信贷投放过程实际上是央行货币发行过程的主要环节,所以收缩流动性的货币政策企图必将通过商业银行的信贷收缩来完成。在这样的背景下,可以合理地预见商业银行的信贷规模增长速度将会显著下降,并且在中期内维持这样的态势。

(三)传统的盈利模式"存贷差"模式将面临挑战

中国商业银行特别是小型商业银行,一直以来的主要盈利模式是传统的"存贷差"模式。由于经济增长对信贷的依赖性正在变弱,传统的"存贷差"模式将表现出严重的局限性。在这种主要依靠贷款规模扩张获取盈利的发展模式下,贷

---

① "一核"指西安,"一轴"包括宝鸡、铜川、渭南、商洛、杨凌和天水等次核心城市,"三辐射"是核心城市和次核心城市向外放射的交通干线。

款规模扩张会给商业银行带来盈利的增加,同时也会带来资本补充的压力,直接导致银行资本充足率的下降,对银行后续的信贷扩张造成制约。在这种情况下,商业银行陷入"规模扩张→资本充足率下降→再融资→资本充足率上升→规模再扩张"的循环就成为逻辑必然。显然,走这种依靠高资本消耗的信贷扩张之路很难实现商业银行的长期可持续发展。

(四)利率将长期维持在较高的水平,长短期利差将会缩小

由于刘易斯拐点在中国已经逐渐显现,中央银行的货币政策必然会从"促进经济发展"转变为"抑制通货膨胀"。可以预期到的利率将维持在较高的水平,一年定期存款利率超过3.25%在相当长的时期将是一个常态化数据;同时,利率的非对称性将更加显著,短期利率将会明显走高,长期利率将会温和走高,即长短期利差将会减小。

(五)同业竞争加剧,大银行开始高度关注中小企业市场

中小企业业务将成为各家商业银行竞争的新领域。由于施行差异化的监管政策,银监部门将鼓励对中小企业的金融服务,将会导致中小企业业务的竞争加剧,大型国有和股份制商业银行将会积极参与中小企业金融服务相关业务,进而蚕食小型商业银行传统的市场范围。

(六)城镇居民收入低于全国水平且增长放缓

本区农民收入水平较高,说明本区发展农村金融市场空间较大。但相比较而言,本区城镇人均净收入较低,虽然高于本省的平均水平却低于全国平均水平,且增长放缓。

(七)信息技术进步加快、信息建设成本增大

目前,农村银行的IT基础设施比较完备,网络基础设施、综合业务系统、中间业务系统比以前有很大的发展。大多数农村银行的主机与网络基础设施的建设已经具备一定规模。农村银行近几年对综合业务系统的升级改造发展迅猛,大多数农村银行都已经建成或在建中。但要开发一套行之有效的数据管理与分析系统,很好地把客户、产品、流程、绩效、风险五个关键支撑点都能联系在一起,使整个银行能够非常和谐地运转,同时能够快速地响应各个市场的变化,将花费比以前更加昂贵的代价。

三、评价结论

(一)西部古都农商银行PEST评价结论①

结论1:目前的政策环境对农村商业银行的发展极为有利。国家支持"三

---

① PEST分析法是指宏观环境的分析,包括政治P、经济E、社会S及技术T四个方面。限于篇幅,PEST的分析评价过程进行了简化。

农"发展的政策、支持农村金融机构发展的政策、对农村金融机构税收优惠的政策等,都在极力鼓励农村金融的快速发展。

结论2:"关中—天水经济带"国家战略对本区域经济发展和西部古都农商银行的发展极为有利。

结论3:国家政策明确支持农业高新技术示范区中西部古都农商银行的金融创新。

结论4:本区产业结构以高新技术农业为主,发展较快;农业产业一体化取得了一定的发展。但总体来看,本区规模工商企业发展不足,地方经济总量较小,经济实力不足。

结论5:本区农民人均收入水平高于本省平均水平,但区域内居民整体收入水平不高。

(二)西部古都农商银行外部因素评价矩阵(EFE矩阵)评价结论①

通过对西部古都农商银行外部因素的分析评价,得出表2-3所示的外部因素评价矩阵。

表2-3　　　　西部古都农商银行外部因素评价矩阵

	外部关键因素	权重	评分	加权分数
机会	农业高新技术产业迅速发展	0.12	3	0.36
	科技成果转化率高、产生直接经济效益	0.08	4	0.32
	对中小金融机构差别监管、存贷比可能扩大	0.08	2	0.16
	外资战略投资人进入态度积极	0.02	3	0.06
	宏观调控定位于扩大消费、拉动内需	0.08	3	0.24
	信用环境改善	0.02	3	0.06
	示范区经济较为发达、农民收入较高	0.08	3	0.24
	"关中—天水经济带"建设进入实质阶段	0.04	2	0.08
	进入"二次创业"时期、有较强融资需求	0.08	2	0.16
	合计	0.6		1.68

① 外部因素评价矩阵(External Factor Evaluation Matrix,EFE矩阵),是一种对外进行分析的工具,其做法是从机会和威胁两个方面找出影响企业未来发展的关键因素,根据各个因素影响程度的大小确定权数,再按企业对各关键因素的有效反应程度对各关键因素进行评分,最后算出企业加权分数。通过EFE,企业就可以把自己所面临的机会与威胁汇总,来刻画出企业的全部吸引力。限于篇幅,EFE的分析评价过程省略。

(续表)

	外部关键因素	权重	评分	加权分数
威胁	货币政策由"适度宽松"转向"稳健"	0.09	3	0.27
	信贷规模增长速度将下降、存款准备金率将长期维持高位	0.07	2	0.14
	主要盈利模式"存贷差模式"将面临挑战	0.07	3	0.21
	利率将始终维持在较高的水平,长短期利差将会减小	0.07	3	0.21
	同业竞争加剧,大银行开始高度关注中小企业市场	0.04	3	0.12
	城镇居民收入低于全国水平且增长放缓	0.04	3	0.12
	信息技术进步加快、信息建设成本增大	0.02	2	0.04
	合 计	0.4		1.11
	总 计	1.0		2.79

结论:西部古都农商银行对外关键因素反应的有效性评分为2.79分,高于反应平均水平2.5,说明西部古都农商银行的业务处于一个相当有吸引力的市场,面对外部机会、威胁有一定的反应能力,西部古都农商银行对市场有一定的适应性。但是由于西部古都农商银行在中间业务收入、产品创新、经营管理效率等方面存在一定的缺陷,所以其对外界机会与威胁的反应水平还不是非常有弹性,这是今后提高核心竞争力需要改进的地方。

4. 形势分析与战略矩阵

一个全面的发展战略应该能够反映出农村银行在运作过程中受到的内部和外部影响。通过内、外部因素相结合的全面的形势分析,形成战略矩阵,可以为农村银行编制发展战略提供一些事实依据,这将有助于农村银行制定合理的战略目标,以及实现这些目标的行动方案。

【案例2-3】

西部古都农商银行战略矩阵[①]

基于对西部古都农商银行存在的竞争优势(S)与劣势(W),面临的竞争机会(O)与威胁(T),西部古都农商银行的战略矩阵如表2-4所示。

---

① 承案例2-1和案例2-2,因受篇幅限制,分析过程省略。

表 2-4　西部古都农商银行战略矩阵

优势(S)与劣势(W)　机会(O)与威胁(T)	优势(Strength) S₁: 贷款规模处于相对领先地位，涉农贷款在区内占据绝对市场份额； S₂: 网点分布覆盖了区内主要区域； S₃: 资产质量不断改善，重大经营风险已逐步消除； S₄: 立足本地发展，具有广泛的客户基础，地缘优势明显； S₅: 与地方政府关系密切，容易获得业务和政策支持。	劣势(Weak) W₁: 资产规模相对较小，业务扩张能力不足； W₂: 内控体系不完善，风险管理能力较差； W₃: 资本充足率较低，未达到监管标准； W₄: 员工素质较低，人才储备不足； W₅: 业务种类单一，创新不足； W₆: 收入结构不合理，盈利能力较差。
机会(Opportunity) O₁: 农业高新技术产业迅速发展； O₂: 科技成果转化率高、产生显著的直接经济效益； O₃: 对中小金融机构差别监管，存贷比可能扩大； O₄: 外资战略投资者进入态度积极； O₅: 信用环境改善； O₆: 本区进入"二次创业"时期，有较强融资需求； O₇: 示范区经济较为发达、农民收入较高； O₈: 宏观调控定位于扩大消费、拉动内需； O₉: "关中—天水经济区"建设进入实质阶段。	SO战略(增长型战略) SO₁: 围绕龙头企业创新农户贷款产品； SO₂: 引进国际先进农商银行股东，引进国际先进小额贷款技术； SO₃: 积极参与区域经济建设，争取政府建设资金存款； SO₄: 争取提早跨区经营，进入本省其他区域市场。	WO战略(扭转型战略) WO₁: 争取农业部和科技部支持，参股组建高科技农业担保公司； WO₂: 拓展票据业务，调整收入结构和资产配置结构； WO₃: 引进关键经营人才； WO₄: 争取国家政策支持，建立长效资本补充机制。

(续表)

威胁(Threat)	ST 战略(调整型战略)	WT 战略(防御型战略)
T_1:货币政策由"适度宽松"转向"稳健"； T_2:信贷规模增长速度将下降、存款准备金率将长期维持高位； T_3:传统盈利模式"存贷差模式"将面临挑战； T_4:利率将长期维持在较高的水平,长短期利差将会减小； T_5:同业竞争加剧,大银行开始高度关注中小企业市场； T_6:城镇居民收入低于全国水平且增长放缓； T_7:信息技术进步加快、信息建设成本增大。	ST_1:进一步细分市场,牢牢占据涉农客户； ST_2:通过信用共同体建设,优化当地信用环境,争取联保贷款风险管理突破； ST_3:建立最适合的客户经理体制,增加客户经理数量； ST_4:与同业合作共建信息系统和业务系统。	WT_1:适当提高存贷比,严防扩张中的信贷风险； WT_2:通过中间业务增加收入来源； WT_3:引进小额贷款技术,强化人员培训,既要扩大小额贷款比重,又要严控信贷风险。

2.3.2 展望及任务声明的制定

通过内部与外部形势的分析,明确了农村银行的优势、劣势、面临的机遇与受到的威胁(SWOT)。发展战略中的农村银行展望与任务声明,是农村银行未来规划与经营哲学的体现,即使是在现任董事会成员离职后银行展望仍能继续为银行服务。任务声明书则是一种公关性的文件,应为全体职员、客户、股东和所在社区所了解,它是农村银行定位的官方公开说明。

1. 银行展望的制定

对农村银行的未来发展方向形成一个明确的构思,是制定发展战略不可缺少的一步。发展战略是一个前瞻性的、全方位的思考过程,其正式编制是从银行展望开始。书面形式的银行展望绝不仅仅是任务声明或短期的银行发展方向。这种展望是对农村银行长远发展的预见,对农村银行今后的发展道路以及发展方向作出明确的规定。发展战略的目标是构成银行展望的一部分。

在展望的形成过程中,必须考虑农村银行未来要如何面对以下问题:①在未来的一定时期,该银行的规模要扩大到何种程度?②该银行要设立多少个部门?

③准备提供何种金融产品与服务项目？④在提供金融产品与服务时使用何种技术？⑤该银行是要继续经营还是准备将其变卖？⑥如果该银行是一家股份制农村银行，股东是否想将持有的股票变现，这些股票是否能被银行或银行控股公司、储蓄机构或储蓄机构控股公司所收购？在决定农村银行的未来发展进程时，董事会要考虑许多问题。以上仅列出了其中的一部分，但其中的每一个问题都会对机构、整个行业和竞争力产生影响。

无论是农村银行、储蓄机构还是其他存款或非存款性金融机构，也无论机构规模的大小，都应制定展望。但真正重要的是，你的银行展望应该与你的银行以及所在的社区相适应。也就是说，各家机构的展望可以各不相同，但每个展望都要与每家银行的具体情况相适应。你的展望不应只是另一家银行展望的翻版。

另外，还需要注意的是，机构的展望也不要定得太具体。那种认为展望要包括未来 20 年所有的期望与抱负的观点其实是一种误解。许多因素会对规划活动产生影响，因而展望应该每年进行一次调整。银行展望应有一个书面形式，但不必把它出示给股东、储户、债权人、借款人和社区内其他成员。展望是用来帮助你确定规划方向，指导你如何到达该方向，以及分析你的竞争对手和并购对象的状况的一种长期规划。银行展望必须在任务声明确定之前完成。

2. 任务声明的制定

如前所述，农村银行展望应作为董事会内部及高级管理人员的秘密，它应该以书面形式完成并且每年修改一次。相对而言，任务声明更应该定位于公共关系。任务声明可以只是一个短语，如"优良服务"或"全国金融业冠军"等，也可以制定得有相当的深度，此时可能需要几页的篇幅。通常，会有一两段的文字概括经营理念。任务声明可以通过财务报表、信头、年度报告及业务通讯的方式通知股东和银行的顾客。这些文件也要让员工知悉，使其成为农村银行文化的一部分。员工应该理解银行的任务声明，并能向客户、股东及社区成员作出恰当的解释。事实上，任务声明是一个向公众解释说明的过程，并且是一门银行的经营哲学，因为它与社区、股东、客户及全体员工都有着密切的关系。

(1) 农村银行的基本任务。农村银行的任务声明一般应包括以下几个部分：财务目标、股东权益收益率、同行业间的竞争、所服务的社区、提供的金融产品与服务项目、继续经营还是准备出售等。

(2) 银行任务声明的正确定位。在发达国家，20 世纪 70 年代以来，咨询行业已将协助社区银行和储蓄机构制定发展战略作为其工作的主要组成部分。任务声明已经成为发展战略制定程序的核心问题。在发展战略制定完成后，董事会和高级管理层需要用两天的时间讨论任务声明的措辞。一个只要两段文字的规划报告往往要花费 10~12 小时的激烈讨论。请记住,虽然农村银行的经营哲学应简洁地表述出来,要为大多数人所接受,且不容易被遗忘,但它并不需要像学术论文一样精雕细琢。

3. 银行任务声明书范例

【案例 2-4】

任务声明①

> 西部古都农商银行的任务是:坚持"高起点、大思路、大视野"的原则,以"提高效率"为中心,以"拓展市场、防范风险、提升管理、激发活力"为重点,牢牢把握服务"三农"和中小企业的市场定位,强化风险管理,努力实现各项业务的稳健发展,回报股东,充分实现员工价值;打造具有核心竞争力的中国最具特色的农业产业精品社区银行;现代农业科技银行、现代农业产业银行、现代农村建设银行、现代农民致富银行。

值得一提的是,应为银行展望及任务声明的确定制定一个时间表,并且不要超过既定的期限。下一年进行战略计划回顾时,展望与工作规划会提供翔实的记录。事实上,下一年度由于市场环境的变化,新产品与新服务项目的开发及政府相关法规对银行的影响,任务声明书往往要作出相应的调整和修改。但不管怎样,保持战略计划的平衡性(如,财务性与非财务性目标的制定与实施),远比银行展望与任务声明重要。

2.3.3 战略目标的确定

目标(objectives)与目的(goals)这两个术语经常替换使用。它们的含义是表示没有达到的条件与工作状况。

1. 设定战略目标的基本要求

毫无疑问,发展战略中最重要的部分是具体的财务性与非财务性目标。设定的战略目标应该满足以下基本要求:①可以达到的;②现实的;③实用的;④以历史记录与现实条件为基础;⑤与农村银行的基本经营理念相一致;⑥每年进行一次评估、审议和重新确定。

例如,如果农村银行现有的平均资产收益率为 0.65%,而下一年的目标定在 1.75%,那么这基本上是不现实的、不实用的,甚至可以说是无法实现的。然而,如果下年度的目标是 0.75%,那么这就可能是一个现实的、可实现的目标。没有明

---

① 承案例 2-1、案例 2-2 和案例 2-3,因受篇幅限制,分析过程省略。

第2章　发展战略：农村银行可持续发展的关键

确向上的目标,可能会使管理层连续几年经营失败。为实现长期的目标,进行小幅度的年度调整也许更具现实性。

董事会在对战略目标进行定期调整的同时,还面临着商业文化的挑战。比如,如果机构的平均资产收益率为1.55%,而同业其他机构的平均资产收益率为1.15%,那么把目标定在1.65%~1.75%就是不适宜的。明智的方法是把收益率定在1.55%,或者采取分阶段调整的方式,每年把盈利率定在1.55%稍多一点。如果银行的资本比率为12%,而同业其他机构的资本比率为8.5%,那么最好把资本比率的目标定在10%稍多一点。这样,资本充足性同样可以得到保证。不要认为这些目标每年必须有所提高,特别是你所在机构的资本比率已明显超出平均水平的时候。

战略目标的制定,应以过去的工作业绩和农村银行的财务状况为基础,可以有所改进,也可以维持现状,但必须与农村银行的经营理念相一致。例如,若农村银行的商业贷款资金不充足,而且商业贷款的经验与技术也比较有限,却草率地把商业贷款作为机构的工作目标,那么这将是一个严重的错误。应正确确定银行的经营理念,并且确保战略目标与之相一致。

战略目标应在适当的时期内进行调整,这一点很重要。当银行业条件发生变化时,工作目标也会因此发生相应的变化。当业内竞争状况发生变化时,目标也应随之改变。当机构的财务状况改善时,目标会相对集中而且更有价值。因此,有必要对确定的目标进行分析,肯定其正确之处,修改其不足之处。如果每年进行一次这样的检验,那么,战略目标就可以保持现实的可行性,并且能够和机构的未来运作保持一种相关性。

战略目标应分成财务性的与非财务性的两种。财务性目标应包括具体的增长率、业绩水准和要达到的财务比率。非财务性目标则通常是指有关竞争力、管理能力、行业状况和机构所面临的所有其他问题的总和。非财务性目标的实现会产生直接的或间接的经营成本(但有望增加经营收入)。这种成本将体现在现在及将来的实施阶段(例如,新金融产品与新服务项目的开发)。这些产品与服务的开发与经营开始会增加费用支出,然而,一段时间后,会增加收入。因此,非财务性目标产生的财务性影响应成为制定财务性目标的重要考虑因素。

2. 财务性目标

每年应确定规划范围内的财务目标。财务性目标的建立,应以过去的财务状况与现在的财务条件为基础。财务性目标的建立,还应基于董事会及高级管理层的意愿。表2-5是建立财务性目标的参考格式。

表 2-5　　　　　　　　　　　财务性目标

	财务性目标	20×7 年	20×8 年	20×9 年
规模指标	1. 资产总规模			
	其中：短期贷款			
	中长期贷款			
	逾期贷款			
	核销贷款			
	……			
	2. 负债总规模			
	其中：短期存款			
	短期储蓄存款			
	长期存款			
	长期储蓄存款			
	……			
	3. 净资产总规模			
	4. 营业收入			
	其中：利息收入			
	手续费收入			
	……			
	5. 营业支出			
	其中：利息支出			
	手续费支出			
	营业费用			
	……			
	6. 净利润			
结构指标与比率指标	1. 流动性指标			
	存贷款比率			
	中长期贷款比率			
	流动性比率			

(续表)

	财务性目标	20×7年	20×8年	20×9年
结构指标与比率指标	利息回收率			
	现金流量充分性比率			
	存款稳定率			
	……			
	2. 安全性指标			
	资本充足率			
	核心资本充足率			
	风险权重资产比率			
	固定资本比率			
	次级类贷款比率			
	可疑类贷款比率			
	损失类贷款比率			
	单一客户贷款比率			
	最大十家客户贷款比率			
	……			
	3. 盈利能力指标			
	营业收入利润率			
	净资产收益率			
	平均资产收益率			
	利差率			
	每股盈余			
	股利支付率			
	盈利资产与非盈利资产比率			
	贷款与总资产的比率			
	营业费用比率			
	……			

当然,表2-5所列示的财务性目标并不是每个农村银行或储蓄机构都要建立

的,可以根据实际情况增删。这些财务性目标是战略计划的重要内容,对编制战略期内每年的全面预算具有重要的指导性和说明性意义。

3. 非财务性目标

由于每家农村银行和储蓄机构都有各自不同的需要和要求,并且面临着不同的竞争环境。因此,将农村银行需要研究的各种非财务性目标逐项加以分类和罗列是不可能的,况且每家银行的优势与劣势各不相同。农村银行应该对面临的非财务性问题按优先级别排序,发展战略考虑的问题是重要的非财务性问题。表2-6是某农村银行在编制发展战略时考虑的非财务性目标。

表 2-6　　　　　　　　　　非财务性目标

非财务性目标	20×7 年	20×8 年	20×9 年
组织结构(组织章程)			
管理层的继任			
管理层的更换			
管理层的改革			
需要新的高级管理人员			
董事的连任			
董事的更换(调离或辞职)			
新董事的加入			
员工的教育与培训			
董事会成员的教育与培训			
开发新金融产品与新服务项目			
技术: 　封闭式与信息共享式的计算机办公系统 　局域网和广域网快捷系统 　内部计算机联网 　家庭银行业务:采用电话或计算机 　虚拟技术 　网上进行申请与合约签订的贷款业务 　自动提款机业务			
调整后的政策和程序手册(管理当局所要求的)			
服务时间: 　总行营业大厅 　支行营业大厅			

表 2-6 所列的非财务性目标并不是对每家农村银行和储蓄机构都适用,但不管怎样,每年都应在发展战略指导下制定下一年度规划范围内的非财务性目标。不同的农村银行的状况均不尽相同,一家银行的重要问题对另一家银行来说,或许根本不重要。这样,在制定战略目标的过程中,保持适度的灵活性便是首要的要求了。

【案例 2-5】

战略目标[①]

西部古都农商银行(2013—2015)的战略目标是:

(一)财务性指标

(1)存贷款规模稳步上升

项目	2013 年	2014 年	2015 年
存款(亿元)	26	28	36
贷款(亿元)	19	20	25
存贷比例	<75%	<75%	<75%

(2)营业收入稳步增长,结构逐步优化

项目	2013 年	2014 年	2015 年
利息收入(万元)	14 500	15 800	19 000
非利息收入(万元)	1 000	1 200	1 800
合计(万元)	15 500	17 000	20 800

(3)盈利能力不断增强

项目	2013 年	2014 年	2015 年
净利润(万元)	2 700	3 000	3 800
每股收益(元)	0.23	0.25	0.28

(4)不良贷款比例逐年下降,抗风险能力持续增强

---

① 承案例 2-1、案例 2-2、案例 2-3 和案例 2-4,因受篇幅限制,分析过程省略。

项目	2013年	2014年	2015年
不良贷款占比	<3.2%	<3.0%	<2.6%
贷款损失准备充足率	>100%	>120%	>150%
资本充足率	>12%	>12%	>12%
核心资本充足率	>8.0%	>8.0%	>8.0%

(二)非财务性指标

2015年监管评级达到3A级优良银行标准。

2.4 农村银行发展战略的实施

财务性和非财务性战略目标的实现,对于发展战略整体至关重要。制定正式的战略行动方案的目的是全面实现战略目标。很显然,如果没有具体的行动方案,就无法实现战略目标。农村银行的战略行动方案应由管理层提出,并报董事会批准通过。

资料 2-3

财政部、证监会、银监会等
《企业内部控制应用指引第2号——发展战略》部分条款

第三章 发展战略的实施

第八条 企业应当根据发展战略,制定年度工作计划,编制全面预算,将发展战略分解、落实到产销水平、资产负债规模、收入及利润增长幅度、投资回报要求、技术创新、品牌建设、人才建设、制度建设、企业文化、社会责任等各个方面,确保发展战略的有效实施。

第九条 企业应当重视发展战略的宣传工作,采取教育培训等有效方式,将发展战略及其分解落实情况传递到内部各管理层级和全体员工。

第十条 企业战略委员会及相关机构应当加强对发展战略实施情况的监控,定期收集和分析相关信息,对于明显偏离发展战略的情况,应当及时进行内部报告;由于经济形势、产业政策、行业状况以及不可抗力等因素发生重大变化,确需对发展战略作出调整的,应当按照规定程序调整发展战略。

2.4.1 战略行动方案的制定

在制定战略行动方案时,必须考虑三个问题:优先权、现实可行性、责任制。

(1) 优先权。这种优先权的建立是董事会和高级管理层的责任。因为有限的资源限制了在某一预算年度里完成所有行动方案的可能性。当宣布下一年战略计划的行动方案时,应对战略目标进行重新定位。去年第六位的目标今年可能升至第一位或降至第八位,具体应随环境的变化而变化。在评审下一预算年度战略行动方案时,所有的目标都应公开,并对其进行排序。

(2) 现实可行性。在下一预算年度究竟制定多少项行动方案,应以现实的可能性为标准。经验告诉我们,每年管理层和员工拟定实施的行动方案越多,真正能够完成的可能越少。如果这样,发展战略就失去了应有的效力。太多的优先权会影响管理层和员工在完成当前工作时能力的发挥。

(3) 责任制。为了便于具体行动方案的实施,应分派给每个管理者不同的任务。如果分派的任务没有完成,那么个人就应承担相应的责任。使管理层负起责任的最有效方法是:建立起事后评审机制,以确保管理者个人或团队能够按制定的规划行事。

表 2-7 是战略行动方案项目排序的基本格式。值得注意的是,在今后三年中,每一年应优先解决的问题都列在表格的左边,其中还包括实施规划的日期以及实施过程中的个人职责。

表 2-7　　某农村银行(20×7—20×9)发展战略行动方案

20×7 年度优先			
解决的问题	战略行动方案	实施的最后期限	个人职责
1.			
2.			
3.			
4.			
5.			
20×8 年度优先			
解决的问题	战略行动方案	实施的最后期限	个人职责
1.			
2.			

(续表)

20×8 年度优先

解决的问题	战略行动方案	实施的最后期限	个人职责
3.			
4.			
5.			

20×9 年度优先

解决的问题	战略行动方案	实施的最后期限	个人职责
1.			
2.			
3.			
4.			
5.			

源于发展战略的财务性和非财务性目标,只有通过现实可行的战略行动方案的先后排序才能实现。管理层应对行动方案负责,战略行动方案必须确定优先顺序,以便使机构目标实现的可能性达到最大。由于实际情况会发生变化,每年对战略行动方案均应进行有根据的调整或重新进行优先权的排序。

2.4.2 发展战略的执行

对于农村银行来说,书面的发展战略是必不可少的。有时,银行监管部门也要求要有书面形式的发展战略,并且董事会成员和高级管理层应对发展战略加以利用,以便了解农村银行的未来发展方向。一般情况下,使用三年期的发展战略比较合适。例如,20×6 年制定的规划应包括 20×7、20×8、20×9 三个年度。为了保持连续性,如果规划中没有包括制定规划当期,就应顺延 1 年。发展战略应该每年公布一次,而不是 3 年公布一次,即发展战略应该是"滚动式的战略计划"。

1. 年度评审的意义

发展战略的分析与评审应至少每年进行一次,少数银行每季度都对其发展战略进行一次检查。但对于大多数农村银行来说,并不需要这样做。

对发展战略一定要进行年度评审。只有对规划的成功、失败之处进行开诚布公的讨论,规划才有意义。并且,这也是农村银行未来发展所必需的。如果目前的状况被粉饰,那么,发展战略就毫无价值。发展战略应作为一个工具,借以从过去的错误中吸取教训。同时,促使农村银行从长期的角度出发思考问题,因为发展战略不仅包括当年的活动,而且还包括农村银行为了生存发展将来要做的事。正在实施的综合性发展战略表明:本银行正在尽最大努力做好工作。

发展战略的年度评审为董事会考核管理层的工作绩效提供了一个途径。作为书面规划的一部分,某些目标是为当年活动而建立的,其中一些已经分派给了高级管理人员,对于完成目标的人员应给予嘉奖。如果年度评审表明,某些任务没有完成,那么,就应追究没有完成任务的原因。高级管理人员应承担起责任,他们对工作目标的完成情况应在管理人员考核中有所体现。如果允许管理层对工作敷衍了事,或者没有对规划适时地进行评审和分析,那么目标就难以实现。最终,董事会还是难辞其咎。

2. 规划任务的重新排序

当发展战略已初步完成,对于某些需要优先实施的战略行动方案就应制定具体的时间框架。当进入发展战略的制定阶段后,应达成这样的共识:任何事都应拿出来研究、讨论,并且在必要时更改。这有助于第二年对战略行动方案进行重新定位。例如,某家银行设在市区边界附近,前几年没有机会从事跨境业务和设立市际分支机构,而现在跨越市界的业务已成为可能。设立分支机构选定地址是一件非常重要的事,因为新机遇带来新选择,设立分支机构的机会应综合考虑,其中包括越境的区位选择问题,盲目跟从以前的决定是一种草率的商业行为。

3. 目标的修改

值得注意的是,对发展战略进行年度评审的目的在于:确定是否需要修改以前制定的财务性和非财务性目标。如果评估表明这些财务性和非财务性的工作目标不需要修改,那么就应保留。另一方面,银行应保持足够的灵活性,它的某些财务性和非财务性的目标及其优先顺序应随着机构内部和整体行业状况的变化而变化。

4. 修改后的目标的实施

当财务性的目标修改完成之后,就应着手制定新的战略行动方案。对原有的战略行动方案应重新进行考虑,甚至有可能予以淘汰。新的一年,应确定新的战略行动方案和新的应优先解决的问题。新问题和新实施方案会给管理者带来新的工作。

5. 对管理层的评估

董事会最棘手的工作之一就是如何对管理层的能力及绩效进行评估。绝大部分农村银行的管理当局,对银行的管理人员的评估仅仅停留在定性分析上,而不是定量分析。在农村银行,董事会对管理层的工作技能和工作业绩的判断中,战略的年度评审是定期评审的可靠信息来源。

书面的发展战略是管理层和全体员工的工作指导。每年年度规划结束时,它

可以使董事会更准确地对管理层的工作做出评价。规划中还应包括设定的财务性和非财务性的工作目标,并对管理层应该完成的具体任务加以强调。规划的具体实施者应密切关注其规划,并提供评估其工作绩效的相关信息。

当然,有时会因种种原因使得某些规划无法完成,而有时管理层可能会比预期更出色地完成工作。如果没有充分的理由,那么就应按照书面战略计划去做,而不要擅作主张。经理的业绩越好,说明其越称职。如果经理没有完成指定的任务,那么就不要再给他增加额外的管理工作。甚至可以由更能胜任该工作的经理来接替该经理。

6. 战略计划的长期性

很多时候,年复一年的发展战略通常会顺理成章地变成下一年度的业务规划。所以,董事会和高级管理人员必须时刻牢记规划的长期性。当一项发展战略草拟完成之后,要由管理层提交给董事会。对规划进行评估之后,董事会成员通常会提出一些新的建议。对于每一个问题,他们最常问的问题是:"第2年和第3年的规划在哪里?"

这个规划实际上是为期一年的规划。高级管理人员要花很长的时间说明:他们制定的年度规划是把一项长期规划浓缩于该年规划中。当今的世界变化虽然很快,然而,我们仍然要记住战略计划应着重考虑未来3年的活动。

2.5 农村银行发展战略的编写要求及注意事项

在战略导向全面预算管理条件下,发展战略是全面预算管理的基础。发展战略是长期的,是针对农村银行的生存问题和前瞻性问题。农村银行管理当局应认同规划,这样才能够采取必要的行动去实现目标。在编制发展战略时应符合下列要求,并注意相关事项。

2.5.1 战略计划的编写要求

发展战略是广泛处理所面临问题的高层行动指南,目标要适当,资产回报率应确定在适当的范围内。3～5年的发展战略一般包括:

(1)序言和首席执行官的观点。着重阐述银行的任务和特许业务是什么,例如:①说明发展战略代表着什么;②说明发展战略与短期经营计划的关系;③描述发展战略的内容;④阐述发展战略的重要性;⑤论述已确定的主要问题及其含义。

(2)前言。主要介绍发展战略涵盖的业务范围和战略计划的时间范围。

(3)农村银行的全面任务和特许业务。内容有:①明确宣布本银行的任务;②为说明任务重申本银行的特许业务;③确立本银行对人力资源、质量、增长及其他经营因素的基本信念。

(4) 本银行状况的主要问题。要求：①分析本银行当前所处的位置和面临的主要问题；②认清本银行的优势、劣势、机会和威胁，强调主要能力，评价与本银行相关的环境因素；③相关的经济假设；④考虑监管规定和法律事务，如存款保险、跨区经营、放松管制、税制改革和资本充足性；⑤分析每一业务领域的竞争；⑥关于客户和产品驱动力的分析；⑦强调迎合市场需求等。

(5) 银行目标的说明。包括：①说明未来战略目标和方向；②预测具体比率范围和在一定时间内应达到的其他量化结果，主要的比率有资产回报率、权益回报率、杠杆比率、资产增长率、核心存款占存款总额之比、贷款占资产之比等；③列示达到目标的行动步骤；④阐明每个战略业务部门的目标。

(6) 银行战略及设想。内容一般有：①说明本银行未来计划做什么和怎么做；②列示本银行和每个战略业务部门取得成绩的必要步骤，并列示未来3～5年本银行和其战略业务部门的最高财务目标；③概述资产负债管理、资本充足率、人员发展、银行生存和创优方式、收入、费用等项目的长期和短期战略。

2.5.2 编制战略计划应注意的事项

在编制发展战略时，应注意以下事项：

(1) 要有见贤思齐的学习态度。在制定发展战略的过程中，除了与其他优秀金融机构相比较外，还应考察金融服务业以外的管理卓著企业。在考察它们的管理时，不要考虑其行业区别，要弄清它们是如何成为优秀企业的，并借鉴和吸收人家好的经验和优秀的企业文化。

(2) 要有客户至上的市场理念。只有注重与各阶层客户的关系，重视所有产品和服务的企业才能保持较高的品质，即使不与客户接触的工作也应强调客户的重要性。

(3) 要有稳健经营的风险意识。对风险作出预案，演练如何在通货膨胀风险、利率风险、汇率风险、信贷风险、国家(政治和经济方面)风险、行业风险、客户风险、流动性风险、受托人风险、营业风险、资本风险等风险项目中减少收入损失。

灵活的计划可使金融机构远离上述风险。要保持高标准，坚持政策基准，防止只图眼前利益而违背原则的行为发生，确保长期稳定的利润。谨慎小心，不冒险踏进不熟悉的领域，审慎开展多样化经营。

提供贷款时，不可图短期收益而牺牲贷款质量，对信贷质量要保持强有力的集中控制。要激励和奖赏注重贷款质量的人员，反对奖励单纯注重增加贷款数量、手续费和风险性收益的人员。许多金融机构因为贪婪，突破风险警界，形成错误决定并陷入困境，它们往往失去了衡量是非的标准。

(4)要有全面计划的系统思维。比如:①建立可考核结果的责任制;②以过去为基础,着眼于未来,寻找未来的机会;③注重市场潜力;④保持发展战略的简洁、可行和实用;⑤促使发展战略发挥应有作用。

2.6　BSC与农村银行战略管理

平衡计分卡(Balanced Score Card,简称BSC),简单地说就是根据农村银行的战略目标和战略要求而精心设计的绩效考评控制指标体系、目标体系及实现目标的措施方案体系,是农村银行发展战略导向的具体化,它既是绩效考评控制系统,也是战略管理系统。

2.6.1　平衡计分卡的特点

平衡计分卡(BSC)最初只是一种新的业绩评价工具或模式,但后来的发展超越了发明者最初的想法,被用作了新的战略管理体系框架。BSC把组织的战略目标与实现的过程联系起来,把企业当前的业绩与未来的获利能力联系起来,通过评价体系使企业的组织行为与企业的战略目标保持一致。BSC系统具有如下特点:

1. 多维性

BSC体系由财务、顾客、内部业务流程,员工学习与成长等相互联系的多个维度的指标构成。

(1)财务维度。从财务角度衡量农村银行的指标。财务指标是反映企业经营效益的指标,它包括收益增长率、经济增加值等。

(2)顾客维度。从顾客角度衡量农村银行的指标。这类指标主要有顾客满意度、顾客忠诚度、市场份额、市场占有率等。

(3)内部业务流程维度。从农村银行内部业务流程角度衡量企业的指标。这类指标主要有流程的有效性、流程效率、周期、成本、适应性等。

(4)员工学习与成长维度。从员工学习与成长维度衡量农村银行的指标。包括高学历员工的比例、员工生产能力、员工满意度、员工建议、培训时间、开发能力等。

2. 平衡性

传统企业绩效考评控制仅采用财务指标。财务指标虽然是重要的绩效考评控制指标,但它是一个滞后的指标,只能反映农村银行历史行为的结果,不能揭示其未来的发展潜能,而且单纯以财务指标来评价还可能造成经营上的短期行为。平衡计分卡则将农村银行的绩效考评控制指标拓展为上述多个维度,较好地平衡了财务绩效指标与非财务绩效指标、滞后绩效指标与前置绩效指标以及农村银行内外群体之间的关系,使农村银行绩效得到全面的评价。

3. 因果性

平衡计分卡多个维度的指标之间具有很强的因果关系。以上述四个维度的指标为例,员工学习与成长维度指标支撑内部业务流程维度指标,内部业务流程维度指标支撑顾客维度指标,而顾客维度指标又支撑财务维度指标。最后,财务维度指标的持续增长又为员工的学习与成长、内部业务流程的改善提供经济保障。一环扣一环,最终使农村银行步入良性发展的轨道。

4. 战略性

平衡计分卡的战略性表现在:一是,平衡计分卡的绩效评价指标体系的制定以农村银行的长远发展为导向;第二,它既注重对结果指标的衡量,又注重对农村银行未来长远发展情况的衡量;第三,战略管理的关键在于培养农村银行的核心竞争力,而在知识经济时代,农村银行核心竞争力主要表现在员工的学习与成长以及内部业务流程的不断革新方面,平衡计分卡恰好突出了这个方面。

发展战略是农村银行最高的控制目标,战略控制目标的确定为什么要运用BSC工具?主要原因是农村银行的战略目标具有很强的概括性,而BSC可以使农村银行远景和战略具体化,各项控制措施如果符合和支持BSC指标的目标和措施方案,则最终将对农村银行的战略目标和战略的实现产生积极作用。

2.6.2 平衡计分卡的架构

平衡计分卡从四个方面构建企业的绩效考评控制体系:财务方面、客户方面、内部业务流程、学习与成长方面。这四个方面分别用一系列的指标来描述,四个方面的指标通过因果关系,构成了一个完整的评价考核控制体系,如图2-1所示。

战略是一系列关于因果的假设,评价指标系统应该使不同方向的目标关系明确,以使这些关系能被用于管理并产生效果。因果关系链应该遍及BSC的四个方面,例如资本报酬率可以作为财务方面的一个评价指标,这个财务指标的动因是现有客户的重复和扩大的销售及现有客户忠诚的结果,因此客户忠诚也被包括在BSC里(在客户方面),因为预计它将对资本报酬率产生较大的影响,但是如何才能产生较高的客户忠诚度?对客户偏好的分析结果可能会显示,客户很注重产品的按时交付,所以,改善按时交付可以产生较高的客户忠诚,进而可以促进财务目标的实现,因此,客户忠诚和按时交付被纳入到BSC的客户方面。为了达到按时交付,可能要求企业缩短内部业务流程时间和提高产品(服务)的质量,于是在BSC的内部业务过程中设置这两个指标。那么企业如何提高其内部业务过程的质量和缩短其周期呢?这就可能要求企业对雇员进行新技能的培训,这一指标将被纳入学习与成长方面。从这个例子我们可以看到,BSC成为战略管理有效工具的关键在于如何建立一条完整的因果关系链条,使之贯穿BSC的四个方面。

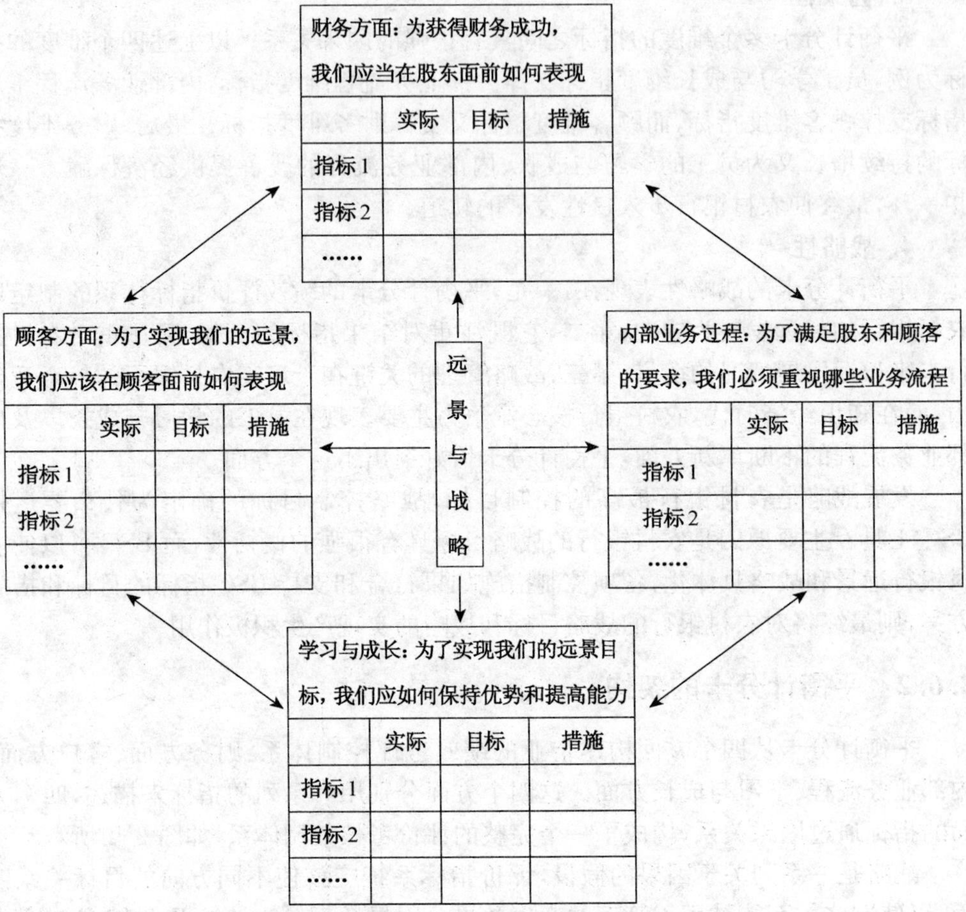

图 2-1 以战略为导向的 BSC 绩效考评控制体系①

2.6.3 平衡计分卡用于战略管理控制工具②

应用 BSC 使企业引入了四个新的管理程序：确定远景与战略；沟通与联系；经营规划；战略反馈与学习。这些程序有助于企业把长期战略目标与短期行动联系起来，由此 BSC 超越了单一绩效考评控制工具的范畴，可应用为新的战略管理控制体系。

---

① 该框架图来源于《哈佛商业评论》1996 年 1/2 月号，Robert S. Kaplan & David P. Norton 文：Using the Balanced Scorecard as a strategic management system.

② 王琳，林鸿，郑孝和. 西方银行战略计划[M]. 北京：企业管理出版社，2009：151-174.

在 BSC 系统中,战略被发展为一系列具有因果关系联结的指标体系,通过为这些指标设立短期目标,可不断获取战略实施各阶段的反馈信息,根据这些反馈信息,可对发展战略的有效性及其实施质量进行评价,对战略假设进行检验,并决定是否对战略或其实施计划进行调整。

BSC 的起点是已经制定好的发展战略,它主要是一种战略实施机制。BSC 制度应用为新的战略管理体系,将企业的远景和战略转化为一系列可执行的目标和评价指标,从而成功地将企业的长期战略目标同短期行为联系起来。BSC 不存在一种适合于所有企业或整个行业的标准统一的模块,不同的市场地位、产品战略和竞争环境,要求不同的平衡计分卡。各企业应当设计出各有特色的平衡计分卡,以便与自己的使命、战略、技术和文化相符。

【案例 2-6】
运用 BSC 工具设计战略控制目标

一、背景

本行是一家小型农村商业银行,于 2×05 年首次发行股票,并于 2×06 年 2 月 16 日开业。注册地点为某县级市的传统商业区。

为了开办 A 市分支机构,本行于 2×07 年第二次发行股票。该分支机构于 2×07 年 7 月 18 日在 A 市中心正式挂牌营业。2×08 年 10 月 22 日,B 分支机构开业。2×09 年 8 月 8 日 C 分支机构开业。为了实现快速增长,本行于 2×12 年第三次发行股票。D 分支机构于 2×13 年 1 月 6 日开业。而 E 市某卫星城分支机构也于 2×14 年春季投入运营。

在本行刚开业时,共有 185 位原始股东。目前,已增加到 320 名股东,并且每位股东的持股数量均不超过总股本的 10%。

(一) 银行展望

5 年后,本行将发展成为一家业绩卓越的独立银行,资产规模将达到 36 亿元人民币。届时,我们将通过外购的产品和服务大力发挥本行核心技术的优势。银行将同客户保持灵活的业务关系。尽管我们的许多产品和服务由其他公司提供,但客户会认为所有产品和服务均是由本行提供的。到那时,本行将已具备一流的交付系统,能够提供各种各样的服务:从以 PC、电话、电视为平台的家庭银行,到最先进的交付系统。

本行将具备相当高的收益能力,年产权资本收益率(annual return on equity)将达到 22%,全职职员将增加至 300 人。

到 2×16 年年底,经营效率将比以往大幅度提高,这是本行成功过程中必不可少的一环。金融服务业的竞争相当激烈,只有那些高效的交付系统才能适应客户的需求。这就要求我们必须推行严格的管理措施,否则将无法实现高效率。

由于我们制定有明确的目标(即使本行成为一家高收益、资本充足率良好的银行),并且一直为此而努力,本行必将能够圆满地实现这一目标。

(二)任务声明

本行的任务是:回报股东,服务客户,提供就业机会,提高金融便利性。

为了完成这些任务,我们必须生存、盈利并成长。很显然,如果银行无法生存,就谈不上盈利。

(三)银行的独立性

本行的政策是,继续保持自身的独立性,除非董事会认为并购符合本行及股东的最高利益。本行的目标并不是要不计代价地保持独立性。相反,如果需要的话,会由董事会选定具体的时间、价格以及条件将其出售(即寻求股东价值最大化)。

(四)银行的市场

(1)A市。在过去的40年间,A市从一个偏远的农村地区发展成为一个工商业中心,其客户群在日益壮大。

A市位于某省的中心地带,距离某中央直辖市70公里。

A市是某地级市的政府所在地,同时也是该地区的最大城市,其商业区(方圆五公里)拥有45万人口。过去10年间,该市人口一直呈上升趋势。

制造业是A市的支柱产业。在该区域,最大单位是汇宏轻工(集团)公司(拥有1 200名员工)和江口实业公司(拥有700名员工)。对于A市而言,大约有51%的当地收入来自制造业,31%来自非制造业,还有10%来自农业。

考虑到经济和历史因素,A市无疑将成为理想的居住场所,该市的经济呈多元化,并且非常稳定。

(2)B市。B市的主要商业区(方圆5公里)拥有16万人口。B市位于A市西部11公里。作为某县的政府所在地,B市是本地区公立大学的所在地。该大学拥有教职工800人,学生9 000人。某著名软件公司设在B市的一家工厂拥有员工1 100人。目前,该工厂仍在拓展当中。

其他主要的单位有:市立医院(拥有700名员工),威威公司(拥有600名员工),物流公司(拥有500名员工),以及国家环境保护局B市研究所(拥有150名员工)。

B市的户均收入在全国位居第二位,其失业率无论在全省,还是全国,均属最低水平。

(3)C市、D市和E市(略)。

二、实施概要

为了确保战略规划的质量,管理层和董事会已投入大量的时间和精力对银行的内外部环境进行 SWOT 分析。在这一过程中,他们尤其重视银行的财务业绩、企业文化以及营销机会。该过程由下述几部分组成:

(1) 董事会召开研讨会,以便明确银行的经营目标。

(2) 执行委员会和高级管理层从 25 个核心业务问题出发,逐一分析银行的优势、劣势及面临的机会与受到的威胁。

(3) 评估以下各方面:①法律、法规环境;②宏观经济环境;③竞争环境;④社会经济环境;⑤客户需求与期望。

(4) 选出有利于银行抓住最大机会的战略。

(5) 制定出专门支持银行战略的行动方案。

三、具体的战略目标及考评控制指标

董事会研讨认为,在战略计划中(2×15—2×17),最重要的战略目标和考评控制指标如表 2-8 所示。

表 2-8 战略控制指标体系

战略目标	考评控制指标	
	绩效结果考评指标	绩效动因指标
财务: 　满足股东期望 　扩大资产规模 　提高经营业绩 　实现利润增长 　降低股东风险	净资产收益率 贷款增长率 盈利资产占比% 利润增长率 授信集中度	资产收购 加大营销力度 注重现有客户的交叉销售
顾客: 　让客户满意	获得新客户/保持老客户	客户满意度调查
内部业务流程: 　开发目标市场 　流程标准化 　改革业绩与薪酬管理	业务范围与规模 服务质量优化 员工积极性	业务发展(与计划相比) 服务交付流程评估与完善 有效激励
员工学习与成长: 　提高员工业务水平	员工工作效率与质量	员工培训时间和培训内容

第 3 章

优化、再造流程与架构

- ISO 标准化管理与流程银行建设
- OHSAS18001 标准在流程安全评价中的应用
- 农村银行流程的特殊性与存在的缺陷
- 农村银行流程体系的建设与管理
- 组织架构的优化调整

随着银行业改革的不断深入,我国农村银行市场竞争将不断充分,农村银行正在探索由"部门银行"向"流程银行"过渡,以不断提升自身的市场竞争力。银行流程重塑是"银行为了获取在成本、质量、反应速度等绩效方面的巨大改变,以流程为核心进行的根本性的再思考和彻底的再设计",经由此种"根本性"和"彻底性"重构而成的银行才可以称作流程银行。依照此标准国内商业银行在建设流程银行的实践中只有少数几家银行通过事业部制进行了类似的实践,对于大多数商业银行来说,大规模的事业部制改革在操作上存在种种难度①。因此,大多数商业银行一般选择通过流程再造建立一套标准化流程体系为突破口推进流程银行建设,农村银行尤其应如此。

3.1 ISO 标准化管理与流程银行建设

2008版ISO 9000标准的颁布,丰富了国际质量管理的理论内涵,也给服务行业的质量管理工作提供了操作性很强的质量管理模式。农村银行流程银行建设的基本原则与2008版ISO 9000标准的八大质量管理原则是一致的,这是加强农村银行质量管理,提高农村银行管理水平的基本前提。

3.1.1 ISO 9000 标准化质量管理体系概述②

银行业是一个经营货币这类特殊商品的行业,按ISO 9000标准划分,其产品归属于服务类。从银行本身的特点以及其服务范畴来看,其产品具有无形性、连续性、广泛性、时效性、安全性、保密性等主要特性。

1. 2008版ISO 9000标准的八项质量管理原则

原则一:以顾客为关注焦点

标准含义:组织依存于顾客。因此,组织应当理解顾客当前和未来的需求,满足顾客要求并争取超越顾客期望。贯彻这一原则,应重点把握以下六个方面:

一是,全行上下要树立顾客第一的观念。顾客是银行赖以生存和发展的基础。银行要时刻关注顾客,坚持顾客第一,顾客是上帝的观念。确保全行的一切经营和管理活动都坚持以顾客满意为出发点和归宿点。

二是,全面了解顾客的需求和期望。银行要想顺利地卖出自己的产品,首先要

---

① 陶艳艳.以IT推动流程银行建设:评SOA系统在商业银行的应用[J].银行家,2010(1):86-87.

② 孙跃兰.ISO 9000族质量管理标准理论与实务[M].北京:机械工业出版社,2011:13-36.

了解自己的产品能否满足顾客的需要,要想满足顾客的需要,就必须首先了解顾客的需求和期望。为此,银行要通过主动走访顾客、公布沟通联系方式、征求意见、组织调查等多种形式多方调查、广泛了解顾客的需求和期望,并以此作为银行服务品种创新的根本依据。

三是,不断满足顾客的需求和期望。银行要通过改进服务手段、增加服务种类、拓展服务功能、提高服务质量、优化服务环境等多种措施来不断满足不同顾客的多种金融服务需求。特别是要经常性地推出个性化、特色化服务的服务品种,来满足顾客需求和期望多元化的需求。

四是,确保银行的目标与顾客的需求和期望相结合。银行在建立质量目标时考虑和体现顾客的具体要求。

五是,确保顾客需求和期望在整个银行内部得以有效沟通。把了解到的顾客需求和期望在全行上下进行沟通,确保全行了解顾客需求和期望,并采取有效措施进行运作以满足其需求和期望。

六是,测量顾客的满意程度,并采取相应的措施提高其满意程度。为了评价顾客需求的满足程度,银行要采取相应的多种措施定期测量顾客的意见,以明确需要进一步改进的措施。并通过系统地管理好与客户的关系,从而达到经常地稳定老客户,不断地吸引新客户的目的。

原则二:领导作用

标准含义:领导者确立组织统一的宗旨及方向。他们应当创造并保持使员工能充分参与实现组织目标的内部环境。

任何行业,无论是业务的经营,还是质量的管理,领导作用的发挥都是一个重要而又关键的因素。银行业的领导具体在质量管理方面首先应做到以下五点:

一是,抓全员质量教育实施,要采取会议、文件、信息、网站等多种形式,经常性地教育全行树立"大质量"观念,切实抓好"服务质量、资产质量、业务质量和管理质量"的提高。

二是,抓全行的质量管理基础工作落实,通过人员的培训、设备的增加、科技的投入等确保质量管理工作的顺利进行。

三是,抓所有业务的质量标准制订,确保全行管理活动、资源提供活动、服务提供活动和检查稽核活动等都能做到依标准行事。特别是要完善存款的操作标准、贷款的发放标准、中间业务的开办标准以及业务检查标准等。

四是,抓质量标准的执行和持续改进。通过主管部门检查、监管部门检查、事中事后监督、内部审核、管理评审和纠正预防措施以及数据分析的利用等,确保全行所有管理活动和业务操作活动标准的严格执行和持续改进。

五是,抓质量方面的信息利用和成本管理。通过对全行质量管理活动有关信息的收集、整理、分析和利用,促进全行管理活动的持续改进和经营成本的不断下降,最终促使经营效益的逐步提高。

同时,强调领导作用还应体现在以下四个方面:

一是,只有领导者才能站在全行的角度,理解并满足银行现有及潜在的顾客和所有相关方的当前和未来的需求和期望,并加以科学管理。

二是,只有领导者才能为银行的发展建立未来蓝图,确定远景规划,并转化为银行的质量方针和富有挑战性的目标。

三是,只有领导者才能引导和培育出具有银行特色的公平、公正的人性化管理文化。

四是,只有领导者才能为员工提供出所需的资源和培训,并赋予其职责范围内的自主权。通过经常性的培训、提供适宜的资源、创造适宜的工作条件和环境、建立公正的激励考核评价机制,来调动全行员工的积极性、发挥员工的能动性。

原则三:全员参与

标准含义:各级人员都是组织之本,只有他们的充分参与,才能使他们的才干为组织带来收益。

人是管理活动的主体,又是管理活动的客体。银行的质量管理是通过各级人员参与金融服务的实现过程和支持过程来实现的。不管银行的内部职责如何划分,对外都要有一个统一的目标。因此,必须牢固树立全局观念,整体意识,全员参与,有效配合。银行要运用好这个原则,可从四个方面去实施:

一是,让大家知道全行每一个员工都对服务质量产生影响。银行要明确每一位员工的职责、权限和相互关系,并规定其工作的目标、内容以及达到目标的要求、方法。特别要了解自身工作的重要性及其在银行全局工作中的角色。不仅是直接对外接待客户的一线员工的言行影响服务质量的提高,而且后台支持人员的劣质服务会因为影响一线员工的情绪,从而最终影响到向顾客提供服务的质量。2008版 ISO 9000 标准更加深化了顾客的含义,认为"每个人都是顾客",将顾客分为内部顾客和外部顾客,这对银行业来讲也是十分重要的。虽然银行业面向顾客的多是一线员工,但金融服务质量的好坏,又不仅仅是他们能够左右的,各级银行管理者必须本着为员工服务的思想,上级行要切实为下级行排忧解难,以在全行形成一种全员为客户服务的工作氛围。

二是,要让全行员工增强主人翁责任感、积极主动参与质量管理全过程。全行管理活动的提高有待于领导者和全行员工的共同参与。只有全行员工坚持树立责任感、积极主动地发挥潜能、出谋划策、参与管理,才能真正提高全行的服务质量。

三是,要让每位员工的绩效得到公正评价。坚持自我评价和组织评价相结合,在教育员工明确目标、经常总结、发扬成绩、改进不足的基础上,银行要公正地开展

员工绩效考核评价活动。通过工作检查、目标考核、内部审核、管理评审等多种措施评价所有员工的工作绩效,激励其工作的积极性。

四是,要让每位员工得到培训、锻炼和提高。牢固树立"以人为本"的人才观,注重人员的教育、培训、技能和经验。银行应坚持"人才立行"的发展战略,注意员工的综合素质的提高。关注员工的文化教育程度,鼓励员工参加学历教育;关注员工的岗位培训程度,硬性规定员工培训时间;关注员工业务技能的提高,经常性地开展岗位练兵活动;对影响服务质量的重要岗位,应规定服务人员的相应工作经历、教育程度、培训情况和技能要求,提高其独立胜任工作的能力。

原则四:过程方法

标准含义:将活动和相关的资源作为过程进行管理,可以更高效地得到期望的结果。

2008版ISO 9000标准十分强调对过程的管理。它把"一组将输入转化为输出的相互关联或相互作用的活动"定义为"过程"。就是说,任何过程都是由一组活动组合而来的。标准对"过程方法"的定义是:系统地识别和管理组织所应用的过程,特别是这些过程之间的相互作用。体现"事事皆过程"的管理思想。银行服务同样是由许多相关过程组合而来的,如:贷款业务的调查、审查、审批、贷后检查以及不良贷款的认定和管理;存款业务的设计、营销、服务和考核;中间业务的设计、开发、推进和办理等。把握好"过程方法"原则,将有助于提高银行业的经营管理水平。这一原则要求银行做到以下四个方面:

一是,系统地识别银行服务所涉及的所有相关过程即活动。银行对外提供金融服务,在大的方面需要管理活动、资源提供活动、服务提供活动和监测改进活动。具体而言,每一项银行服务都是由一件或一件以上的具体活动来承载的,这些活动也就是标准中所讲的"过程"。采用过程方法就是要求银行在控制金融服务时,首先要识别所有的过程,通过每一具体过程的控制,来实现整个金融服务的控制。

二是,识别银行服务的重要和关键过程。银行服务的提供需要大量的过程来实现。但是每个过程所起的作用是不同的。银行要对照顾客关心的项目以及金融服务的安全性要求,根据这些活动与金融服务质量的关联程度,确定影响顾客满意和金融安全的关键性过程和重要过程,明确受控范围,制定操作文件,加以从严控制,有效防范风险,保持顾客满意。

三是,要重点管理好这些重要和关键过程。重要和关键过程识别出来之后,采取明确银行各部门/岗位的质量管理职责/权限、定期检查、检测和分析等手段不断提高这些过程的运行效果和运行效率。例如,贷款发放过程等,就是银行的一个重要而又关键的过程,它直接决定了银行服务质量的优劣和银行经营效益的高低。应把这类过程作为银行服务过程的关键性活动来控制,要检测、分析和评判关键性活动的操作人员的素质、作风、技能、效率和效果,使关键性活动时刻处于严谨、高效和受控状态。同时,识别各过程之间的接口,并加强沟通,使所有过程得以顺利运行。

四是,要提供确保过程有效运行的资源、方法和标准。银行要根据顾客反馈信息的要求和适用法律、法规的要求,确定银行服务过程正常运行所需的质量因素,包括人员、设施、设备、操作方法、执行标准等,从而确保所有过程在受控状态下运行。

原则五:管理的系统方法

标准含义:将相互关联的过程作为系统加以识别、理解和管理,有助于组织提高实现组织目标的有效性和效率。

银行的各级管理者要想成功地领导和经营银行,就必须采用一种系统和透明的方式进行管理。建立符合本行实际的质量管理体系,把构成体系的各种过程作为一个整体来运作,又要把构成体系的过程区别开来,增强过程之间的协调程度,促使各大管理环节有机结合,克服管理环节过多、部门扯皮严重、办事效率低下等现象,科学运作,有序管理,高效服务,最大限度实现预期的质量目标。采用"管理的系统方法"原则,要求银行要采取以下五项措施:

一是,建立一个银行质量管理体系。按照 ISO 9000 标准中 4.1 和 4.2 要求,对银行的管理活动、资源配置、服务提供和测量改进过程予以规定,并把职责落实到相应部门和岗位中去,建立一个符合银行业实际的、文件化的、过程有序、职责分明的高效的质量管理体系。

二是,理解体系过程之间的相互关系。管理体系是由一组关联过程及其相互作用构成的。一个大过程可能会包括许多小过程,一个过程的输出可能是下一个过程的输入。如贷款过程会包括调查过程、审查过程、审批过程和贷后检查过程等,而贷款调查过程又可分为客户申请过程、银行受理过程、实施调查过程和撰写报告过程等,整个构成了一个过程网。

三是,明确体系中每个岗位和人员的目标。全行的总目标建立后,要在相关的职能和层次上进行分解。通过细化目标,明确职能,确定责权,适时沟通,充分理解本岗位目标实现对全行目标实现的意义,以及岗位和个人目标实现在实现全行目标中的地位和作用,减少和消除由于职能交叉或职责不清所导致的管理障碍,提高全行的运行效率。

四是,明确服务实现过程与后台支持过程的关系。在人力资源、设备资源、工作环境和信息资源调配时,要兼顾服务实现的前台与后台支持部门的需要,确保协调运作。

五是,确保整个体系的正常运转和持续改进。系统方法是指把银行经营视为

一个系统,通过提前策划过程的结果及所达到的要求的标准,规定过程运作的方式,如何进行监视、测量和分析,如何提供资源,如何进行利用分析结果和采取何种纠正、预防措施加以改进,并持续提高等确保整个体系的政策运转和不断改进。

原则六:持续改进

标准含义:持续改进总体业绩应当是组织的一个永恒目标。

事物是不断发展的,银行客户对银行服务过程的结果要求也是不断变化的。因此,银行要想生存也应建立一种自我完善机制,不断地识别顾客的需求,加快金融创新的步伐,以适应顾客的这种变化和需求,通过发现问题,解决问题,不断完善,持续改进,提高银行的竞争能力和整体业绩,让所有相关方满意。英国一项权威调查表明:如果出现1个不满意顾客,这个不满意顾客将会把不满意事实告诉给其他9个人,更为严重的是,有13%的不满意顾客,会把他们的不满意事实告诉给其他20个人。为此,银行要比以前多支付5倍的费用来开辟新的客源。可见,持续改进应该是任何组织的永恒目标。ISO 9000标准对持续改进的定义是:"增强满足要求的能力的循环活动。"银行持续改进的对象,可以是本行的质量管理体系,可以是银行服务过程和服务品种。银行在应用"持续改进"原则时,应采取以下四个方面的措施:

一是,在本行范围内,使用一致的方法持续改进本行业绩。"一致的方法"是指:基于本行的质量方针和质量目标,通过内部审核和管理评审评价本行的质量管理体系存在的不合格项,当然也可以通过数据分析方法,提供质量管理体系、服务过程和服务品种的各种有价值的信息,最终采取纠正和预防措施而达到持续改进的目的,以取得预期效果。

二是,为员工提供有关持续改进的方法和手段的培训。持续改进是一个制定改进目标,寻求改进机会,制定改进措施,实施改进方案,实现改进目标的循环过程。过程活动的实现必须采用合适的方法和手段,例如质量管理体系审核,使用统计技术进行数据分析等。对银行员工来说,这些方法的真正掌握,应通过相应的培训才能实现。

三是,将本行的服务品种、服务过程和质量管理体系的持续改进作为每个员工的目标。持续改进的最终目的是保持本行质量管理体系的有效性,改进本行服务过程的能力,提高本行的服务质量。而对于这些,都是每个员工日常工作中所涉及的。因此应将持续改进作为每个员工职责的一部分,对其从事的每项工作的结果都要进行评审,发现问题,采取措施,消除原因,实现改进。

四是,建立目标,指导、测评和跟踪持续改进。持续改进是一个循环活动,每一轮改进活动都应事先建立相应的改进目标,以指导和评估改进的结果。例如,管理评审的实施正是这一要求的具体体现。

原则七:基于事实的决策方法

标准含义:有效决策是建立在数据和信息分析的基础上的。

成功的结果取决于活动实施之前的精心策划和正确决策。决策是一个在行动之前选择最佳行动方案的过程。决策作为一个过程,其输入是数据和信息,其输出是决策方案。方案是否理想,取决于数据和信息的足够与可靠程度以及决策者本身的水平,当然也包括依据数据和信息进行逻辑分析的逻辑思维方法和统计技术工具的应用。利用这种思路和过程形成的决策应是可行或最佳的决策,因此也被认为是基于事实的有效的决策方法。银行管理者应用"基于事实的决策方法"原则时,应采取下述四个方面的活动:

一是,确保决策依据数据和信息的准确性与可靠性。通过加强记录的管理、顾客沟通和内部沟通的有效实施,以及监测设备的控制等,确保能为决策提供准确可靠的数据和信息,为正确决策提供条件。

二是,确保决策者能获得足够的数据和信息。通过记录的有效管理,内外沟通的有效实施,疏通沟通渠道,建立信息反馈系统,收集反馈信息,使决策者能获得相关的数据和信息。

三是,使用正确的方法,特别是运用科学的统计技术,分析相关的决策数据和信息。

四是,基于事实,权衡经验,感理结合,全面分析,做出决策,有效实施。将数据和信息分析所得到的结果与经验和直觉进行比较,由表及里,去伪存真,进一步判断和确认结果的可靠性,采取有效措施,加以实施,获得满意的结果。

原则八:与供方互利的关系

标准含义:组织与供方是相互依存的,互利的关系可增强双方创造价值的能力。

随着生产社会化的不断发展,生产/服务活动的分工越来越细,专业化程度越来越高,多个组织之间的分工协作在产品/服务实现中发挥着越来越重要的作用。任何组织都有自己的供方或合作伙伴。ISO 9000 标准中"供方"的定义为"提供产品/服务的组织或个人"。"相关方"的定义为"与组织的业绩或成就有利益关系的个人或团体"。随着银行服务专业化、科技化、国际化、精细化步伐的加快,全球金融服务业为了节约成本和实现战略目标,都把越来越多的业务活动从自行承担转向由专业外包服务商负责。特别是 IT 开发、网上银行、电子货币、银行卡制作、金库看守与押运等,都由相关专业部门来承担。因此,讲求"与供方的互利合作"是十分重要的,银行与这些供方或合作方的良好合作交流最终能促使组织与供方或合作伙伴都能增强创造价值的能力,优化成本和资源,对市场或顾客的要求联合起来做出灵活快速的反应并最终使双方都获得效益。

贯彻"与供方的互利关系"原则,银行应采取以下五个方面的措施:

一是,正确处理与供方或合作伙伴的关系。银行存在着众多的供方或合作伙伴。他们之间既有合作,又有各自的利益关系;既是合作伙伴又是服务对象,同时也可能是竞争对手。银行与供方或合作伙伴要在合作和竞争中建立伙伴和联盟关系;既要考虑短期的利益,也要考虑长期合作所带来的收益。

二是,与供方或合作伙伴共享专门技术和资源。随着金融竞争的加剧和顾客要求的提高,银行业务的竞争不仅仅取决于单个银行的能力,很大程度上取决于银行与其合作伙伴是否均有专门的技术和资源。银行管理者要与合作伙伴共同发挥双方的技术和资源优势。银行可以利用供方的专门技术,也可以让供方享有自身的专门技术。这不仅可以扩大银行的业务范围,加强与合作伙伴的发展联盟,还可以降低银行的经营成本,加强与合作伙伴的利益联盟。

三是,识别和选择银行关键性的合作伙伴。银行有许多附属业务和服务或非专业性的业务可以外包出去进行,如营销推广、安保、保洁、守库、押运、印刷、装修、IT技术、程序开发等除了银行核心业务以外都可以外包。银行存在着众多的供方或合作伙伴。银行要时时考虑自身的能力和外界发展趋势,识别和选择对自己发展相关联的关键性合作伙伴,加强合作,谋求共同发展的道路。同时,银行要用数据分析的方法提供有关供方的信息,以供评价和选择。

四是,加强与合作伙伴之间的质量沟通。银行与合作伙伴之间的有效沟通,是确保银行服务最终满足顾客要求的重要环节。双方的沟通应保持准确、及时、有效、全面,减少漏损。及时有效的沟通既可以使双方及时获得相关信息,做出响应,减少损失,最大限度获利,又可以促进合作的稳定性,开辟更广阔的合作空间。

五是,对合作伙伴所做出的改进和取得的成果进行评价并予以鼓励。实施这一活动,将会进一步促进银行与供方或合作伙伴的密切合作关系,增进供方与合作伙伴改进产品或服务的积极性,增强双方创造价值的能力,共同取得顾客的满意。

资料 3-1

GB/T 19000—2008
《质量管理体系 基础和术语》摘录

"本标准提出的八项质量管理原则被确定为最高管理者用于领导组织进行业绩改进的指导原则。

a) 以顾客为关注焦点

组织依存于顾客。因此,组织应当理解顾客当前和未来的需求,满足顾客要求并争取超越顾客期望。

b) 领导作用

领导者应确保组织的目的与方向的一致。他们应当创造并保持良好的内部环境,使员工能充分参与实现组织目标的活动。

c) 全员参与

各级人员都是组织之本,唯有其充分参与,才能使他们为组织的利益发挥其才干。

d) 过程方法

将活动和相关的资源作为过程进行管理,可以更高效地得到期望的结果。

e) 管理的系统方法

将相互关联的过程作为体系来看待、理解和管理,有助于组织提高实现目标的有效性和效率。

f) 持续改进

持续改进总体业绩应当是组织的一个永恒目标。

g) 基于事实的决策方法

有效决策建立在数据和信息分析的基础上。

h) 与供方互利的关系

组织与供方相互依存,互利的关系可增强双方创造价值的能力。

上述八项质量管理原则形成了 GB/T 19000 族质量管理体系标准的基础。"

2. ISO 9001 标准的总体要求

ISO 9001 标准是 ISO 9000 族标准之一,该质量体系认证是指第三方(认证机构)对企业的质量体系进行审核、评定和注册活动,其目的在于通过审核、评定和事后监督来证明企业的质量体系符合 ISO 9001 标准,对符合标准要求者授予合格证书并予以注册的全部活动。ISO 9001 标准的总体要求,具体强调了以下四个方面:

(1) ISO 9001 标准是针对一个组织而言的。标准中的组织绝非一般性组织,该组织应该在"以顾客为关注焦点,增强顾客满意"和"依法合规经营"等方面有较强的监管机制,是一个在质量管理工作中能持续改进、有所作为的组织。该组织可以是一个单位、一个公司、一个部门等,但它们必须重视顾客要求和法律、法规要求,重视质量管理工作。重视服务质量管理的银行,可以将自己的单项业务导入 ISO 9000 标准,也可以将自己的多项业务导入 ISO 9000 标准,还可以将全行工作整体导入 ISO 9000 标准。

(2) ISO 9001 标准是 ISO 9000:2008 族标准中唯一的一个认证标准,具体为质量管理体系的建立提供一个组织框架,它具有通用性,是一套质量管理体系的国际性要求。

导入本标准,将会受到比广告更为可信的证实效应。因为有质量方面的权威认证机构,按照国际标准进行质量管理体系认证,颁发认证证书,以此向广大顾客声明:本组织已经按照国际质量管理体系标准进行管理。当然,标准强调了两个字眼,即:"有能力"、"稳定地"提供质量好的产品/服务。所谓"质量好的产品/服务",是指满足"顾客要求"和"适用的法律、法规要求"两方面要求的产品/服务。当然,对于这两方面的要求,我们必须二者兼顾:法律、法规要求是最基本的要求,是组织得以生存的保证;顾客的要求是最现实的要求,是组织得以发展的关键。如果说,一个组织在提供产品/服务时,仅仅只能满足适用的法律、法规要求,那么,其产品/服务要想获得较高的市场份额是极为困难的;反过来,如果一个组织视法律、法规要求于不顾,一味追求顾客的要求,可想而知,这样的组织也只能是昙花一现。可见,只有在满足适用的法律、法规要求的前提下,千方百计满足顾客要求,这样的组织才会有市场,才会有强大的生命力。

(3) 导入本标准的目的是增强顾客满意。ISO 9001 标准的中心思想是"以顾客为关注焦点"。那么,怎样增强顾客满意呢? ISO 9001 标准只是在质量管理方面为增强顾客满意提供了一个国际性的操作框架。它要求在本框架的支撑下,结合不同组织的生产经营及服务提供特点,形成各自的质量管理体系。然后通过两个最为有效的途径,来增强顾客满意。一是,关注需求,即关注顾客要求和法律、法规要求,并将这两方面的要求统一起来,来实现顾客满意。二是,持续改进,即银行必须对其服务所包含的各大过程进行不断改进,通过提高过程质量来增强顾客满意;同时,也包含了"导入的非认证性",也就是说,银行业都可以按照这套国际质量管理体系标准去实施,但不一定实施了该标准,就一定得接受认证。

(4) 标准声明,标准中所提及的产品是指预期产品。所谓"预期产品",是指计划产品,或者叫主产品。ISO 9000 中的产品包括了四大类:硬件、软件、流程性材料、服务。就银行业来说,银行的产品就是标准中所讲的服务,它是一种金融服务,是一种以钞票、凭证、银行卡、咨询以及银行的知识产权等有形、无形产品为载体的综合性服务。

3.1.2 标准化流程操作手册的基本内容[①]

流程是直接或间接为客户创造价值,进而提升农村银行自身整体价值的一系

---

① 赵祖明等.多体系文件整合方略——ISO 9000 等标准与企业标准应用融合论[M].北京:中国质检出版社,2013:25-45.

列活动的有序集合,包括业务流程、管理流程和支持流程。遵循 2008 版 ISO 9000 质量管理体系标准,农村银行应通过持续识别和细分的目标客户及其需求,关注目标细分客户的差异化、特色化需求,根据需求设计和确定业务产品,定制相应的服务实现和控制流程,并在保持与农村银行发展战略导向一致的前提下,根据"组织为流程而定"的要求,落实支持流程、管理流程服务业务流程的原则,做到"一项业务一个流程、一项管理一个流程、一个流程一套制度、一套制度一本手册"。流程操作手册是流程的载体,其编制是流程银行建设、实现农村银行标准化管理的基础性工作。

1.《流程操作手册》的设计要求及其作用

随着各种管理新理念、新技术、新方法的不断涌现,企业管理已逐步从职能管理转向流程管理。海尔集团曾请麦肯锡团队以 5 000 美元一个流程的价格为海尔再造 2 000 个流程;麦当劳的员工从入职到独立上岗仅需 6 小时,最重要的原因就是麦当劳将所有的工作都规范地做成了简单实用的流程;万科公司的员工即使是新人,也能够很快地掌握工作要求,并把工作做好,原因也在于万科拥有一套标准、完善的工作流程……①。

借鉴流程管理的成功经验,根据银监会办公厅《农村商业银行和农村合作银行推进流程银行建设的指导意见》,逐步运用流程手段实现农村银行标准化管理,持续推动流程管理成为农村银行价值增值的主要工具。为便于运用流程管理手段,农村银行各类流程牵头建设部门应根据流程设计的结果,对作业流程的具体操作环节及相关输入/输出要求、操作岗责、合规要求、风险识别与提示、服务、成本及效率要求、记录要求等进行详尽描述,编制流程操作手册。因此,流程操作手册的编制必须规范化、标准化、实用化。流程操作手册的内容发生变化时,流程牵头建设部门必须及时更新手册版本,确保全体员工使用的是最新版本的流程操作手册。

流程操作手册是农村银行员工从事业务活动、管理活动和支持保障活动的工具书,是实现合规管理目标、控制操作风险的重要手段之一,在农村银行管理中发挥的作用具体表现为:

(1)对员工培训的作用。造物之前先造人,造人必定有流程。一套好流程,可以帮助农村银行培养人、训练人、改造人,建议把各类流程手册作为新员工或员工轮岗的培训教材。正如华为总裁任正非说过的一句话:"一个新员工,看懂模板,会按模板来做,就已经标准化、职业化了。你三个月就掌握的东西,是前人摸索几年、几十年才形成的,你不必再去摸索。"这句话道出了流程管理和标准化管理的好处。这也是那些重视流程管理的企业变得更加卓越优秀的原因。

---

① 石真语.管理就是走流程——没有规范流程,管理一切为零[M].北京:人民邮电出版社,2013:1-22.

(2)"正确做事"的操作标准。真正为农村银行各业务条线、管理条线和支持保障条线提供"正确做事"的操作标准,通过流程管理实现农村银行管理的标准化,当然前提是流程要正确。科学、适宜的流程管理应能够将管理者从烦琐的事务当中解放出来,有助于员工在具体的执行过程中更加明确、清楚地知道自己什么时候该做什么事,应该先干什么,后干什么,做事情要达到怎样的标准,从而打造一线完美执行力,彻底解放管理者。

(3)提高执行力的工具。让流程管理成为提升农村银行执行力和员工执行力的有效工具,实现战略目标的有效途径,促进流程更好地在服从战略的同时更好地服务战略。运用一套流程管理系统,确保制度清晰、责任到位,做到"人人有事做、事事有人管,不错位、不越位、不缺位",通过规范化、标准化、流程化的管理,有效提升员工的执行力,实现全员高效。业界有一句话:"执行就是走流程。"按流程执行是提升农村银行和个人执行力的最佳"药方",确保优秀的战略落地。

(4)合规管理的手段,操作风险评估分析的工具。充分发挥流程对合规管理的作用。流程手册为农村银行各条线员工提供了一套业务操作的合规标准,根据流程标准实施常规性合规检查,可以真正实现各条线合规检查标准、违规扣分标准的统一。运用流程标准规范员工操作行为,增强执行力等。违规扣分区间根据流程操作环节风险点的风险等级统一设定。

农村银行各条线部门拟定的违规问题处罚意见都应按照流程操作要求和相应风险等级违规扣分区间,根据违规的性质和严重程度,经合规管理部门进行审查后,才能向违规责任人下发处罚意见书。实行违规积分统一管理,由合规管理部门建立违规积分管理台账,统一登记员工的违规积分,在登记违规积分台账时应记录违规所在的流程操作环节,为调整风险等级积累数据,并定期向高级管理层提交全行违规积分情况。合规管理部门对各项检查中发现的违规问题进行跟踪管理,联合相关职能部门共同剖析问题成因,提出切实可行的整改意见,督促问题从根本上予以整改,并对流程本身是否有效进行评价。

(5)为农村银行信息化提供依据。流程手册为经常运行的流程,根据成本效益原则计划实现办公自动化提供文本依据和系统需求信息;为已经实现自动化的流程提供有效性检验的依据;为不经常运行的流程(如几年才运行一次)根据成本效益原则,实施办公自动化不经济的流程,只能手工操作的流程提供"办事"的依据。

(6)为 ISO 9001 质量管理体系认证奠定基础。为追求管理创新、提升管理品质,持续推进农村银行安全、高效、稳健发展,有条件的农村银行可能启动 ISO 9001 标准化管理体系认证工作,一套标准化的流程手册是通过认证工作的必备条件。

2.《流程操作手册》的内容

根据 ISO 9001、ISO14001 和 OHSAS18001 对管理文件编制的要求,流程操作手册由封面、目录、编写修改记录、目的与适用范围、定义与缩写、职责与权限、原则与基本规定、流程描述图、流程操作与风险控制要求及违规扣分区间、风险识别与评估调查表、内外规相关文件、检查与监督、附录、记录表单等组成。流程操作手册的核心内容是其中的"一图两表",包括:流程描述图、流程操作与风险控制要求及违规扣分区间、风险识别与评估调查表。

(1)封面。流程操作手册的封面内容主要包括:流程名称,按照最细分的流程名称;流程档案归类信息,包括本流程所属的流程类别(业务流程、或管理流程、或支持流程)、所属的一级、二级、三级、四级等流程;流程编号、发布日期、生效日期等。

根据中国银监会办公厅《农村商业银行和农村合作银行推进流程银行建设的指导意见》(银监办发[2012]205号),农村银行的流程分为:业务流程、管理流程、支持流程。在实际工作中农村银行可以根据中国银监会办公厅《农村商业银行和农村合作银行推进流程银行建设的指导意见》(银监办发[2012]205号)的基本要求,结合本行流程管理的需要,对流程进行分类分级,研究提出第一级流程、第二级流程和第三级流程,如有必要在第三级流程下还可设置第四级流程。各级流程可以根据实际工作需要进行增删和修改。

(2)目录。《流程操作手册》目录内容统一为表3-1所示。

表3-1 《流程操作手册》目录列表

目 录
0 编写修改记录
1 目的与适用范围
1.1 目的
1.2 适用范围
2 定义与缩写
2.1 定义
2.2 缩写
3 职责与权限
4 原则与基本规定
4.1 原则
4.2 基本规定
5 流程描述图
6 流程操作与风险控制要求及违规扣分区间
7 风险识别与评估调查表
8 内外规相关文件
9 检查与监督
10 附录
11 记录表单

第3章 优化、再造流程与架构

（3）编写修改记录。用于记录流程版本编号、流程主管部门、编制/修改负责人、审核人、批准人、编制/修改原因、编制/修改日期、生效日期等信息的列表，每个流程版本单独记录一行，格式如表3-2所示。

表 3-2 　　　　　　　　　　编写修改记录列表

版本编号	流程主管部门	编制/修改负责人	审核人	批准人	编制/修改原因	编制/修改日期	生效日期
A/0	……	……	……	……	……	……	……
……	……	……	……	……	……	……	……

（4）目的与适用范围。①目的：说明编制本流程操作手册的目的；②适用范围：说明本流程操作手册适用的范围。

（5）定义与缩写。①定义：本流程操作手册涉及的专业术语权威定义描述；②缩写：本流程操作手册涉及的名词缩写，通常应是行业认同的缩写。

（6）职责与权限。对本流程操作手册涉及的部门岗位职责与权限、不相容岗位用列表的形式表达，格式如表3-3所示。

表 3-3 　　　　　　　　　　职责与权限列表

部门/岗位	职责与权限	不相容职责
A部门/甲岗位	……	……
……	……	……

（7）原则与基本规定。①原则：描述本流程操作手册制定遵循的原则；②基本规定：描述本流程操作手册涉及的不相容岗位如何实现有效的分离、牵制。

（8）流程描述图。《流程操作手册》采用流程图与文字说明相结合的设计思路。流程描述图的绘制借鉴 ISO 9001:2008 版标准，采取制图符号，按具体业务/管理/支持保障种类进行绘制。从业务/管理/支持保障受理环节开始，至整个业务/管理/支持保障处理结束。

流程描述图的功能：描述某项业务/管理/支持保障活动"由谁来做？做什么？怎么做？"，一般按照表3-4的格式绘制。

表 3-4　　　　　　　　　　流程描述图绘制框架

操作环节↓做什么？	→由谁来做？
	怎么做？

（9）流程操作与风险控制要求及违规扣分区间。这部分内容是用表格的形式来表达，主要内容包括：①操作环节：与流程图对应，表明业务/管理/支持处理环节；②部门/岗位代码及名称：即操作环节的每项"操作要求"负责完成的部门/岗位代码及名称；③操作要求：与操作环节对应，详细说明具体操作规范；④办结时间：每项操作要求、每个环节、每个流程的办结时间（单位：天，或小时，或分钟）；⑤风险点提示：与操作环节对应，揭示操作环节的主要风险；⑥风险等级：根据《风险识别与评估调查表》评估的情况确定；⑦控制措施：针对各业务/管理/支持环节的风险点及评估等级的情况，列出主要风险控制措施；⑧违规扣分区间：根据风险等级，对违反操作要求的行为设定违规扣分标准区间。以上内容的表达格式如表 3-5 所示。

表 3-5　　　　流程操作与风险控制要求及违规扣分区间列表

环节	操作及办结时间要求			风险控制要求				违规扣分区间
	部门/岗位代码及名称	操作要求	办结时间	风险点号	风险提示	风险等级	控制措施	

（10）风险识别与评估调查表。具体内容见"3.2 OHSAS18001 系列标准在流程安全评价中的应用"。

（11）内外规相关文件。描述《流程操作手册》涉及的外部法律、法规和行业监管文件，以及涉及的内部规章文件。

（12）检查与监督。明确《流程操作手册》检查监督的部门、检查内容、检查频次、报告路线等，如表 3-6 所示。

表 3-6　　　　　　　　流程检查与监督要求列表

牵头检查部门	检查内容	检查频次	报告路线	监督部门

（13）附录与记录表单。《流程操作手册》正文的内容有必要进一步说明的内容，可以在"附录"中描述；《流程操作手册》在实施过程中涉及的表单，在"记录表单"中列出。

【案例3-1】
东海岸农商银行标准化流程手册范本

 东海岸农商银行 流程管理体系文件

柜员信息修改流程

流程类别：支持流程		
流程级别	流程编号	流程名称
一级流程	Z01000000	会计服务流程
二级流程	Z01010000	机构与柜员管理流程
三级流程	Z01010200	柜员管理流程
四级流程	Z01010202	柜员信息修改流程

流程编号：Z01010202
发布日期：2014年12月01日
生效日期：2015年01月01日

目 录

0 编写修改记录………………………………
1 目的与适用范围……………………………
　1.1 目的……………………………………
　1.2 适用范围………………………………
2 定义与缩写…………………………………
　2.1 定义……………………………………
　2.2 缩写……………………………………
3 职责与权限…………………………………
4 原则与基本规定……………………………
　4.1 原则……………………………………
　4.2 基本规定………………………………
5 流程描述图…………………………………
6 流程操作与风险控制要求及违规扣分区间……

7 风险识别与评估调查表 ……………………………………………………
   8 ELC 数值统计 ………………………………………………………………
   9 内外规相关文件 ……………………………………………………………
     9.1 外部依据文件 …………………………………………………………
     9.2 内部依据文件 …………………………………………………………
   10 检查与监督 …………………………………………………………………
   11 附录 …………………………………………………………………………
   12 记录表单 ……………………………………………………………………

0　编写修改记录

版本编号	流程主管部门	编制/修改负责人	审核人	批准人	编制/修改原因	编制/修改日期	生效日期
A/0	运营管理部	……	……	……	流程批量建设	20141201	20150101

1　目的与适用范围

1.1　目的

本流程操作手册规定了东海岸农商银行（以下简称本行）柜员信息修改操作流程，目的是为了促进本行柜员信息修改规范化操作，加强柜员信息修改操作流程的合规管理、内部控制与风险管理。

1.2　适用范围

本流程操作手册适用于本行柜员信息修改业务的日常操作管理。

2　定义与缩写

2.1　定义

柜员信息修改：是指在综合业务系统中，针对某一柜员，进行岗位编号、姓名、身份证号码、柜员级别、现金和凭证库箱标志、客户经理标志、登陆方式等信息的修改，包含对该柜员操作额度和授权额度的修改。

2.2　缩写

无

3　职责与权限

部门/岗位	职责与权限	不相容职责
支行/会计主管	支行会计主管填写"数据修改申请表"，将所需修改内容一一罗列，并将相关信息表以附件形式提交运行中心。	无

(续表)

部门/岗位	职责与权限	不相容职责
运营管理部/总经理、科技信息部/总经理	审核"数据修改申请表"内容并批复。	无
运行中心/参数维护人员	(1) 审核提交资料的正确性、完整性和有效性,是否经有权人员审批。 (2) [7141]交易操作柜员信息修改。 (3) [7142]交易操作柜员操作额度和授权额度的修改。 (4) 及时操作[7340]交易更新柜员信息。	无

4 原则与基本规定

4.1 原则

(1) 柜员信息修改的办理,由所在单位的会计主管人员根据实际工作需要填写"数据修改申请表"并通过办公网上报,经运营管理部门与科技信息部门审批后,由运行中心维护人员在核心系统操作。

(2) 每个支行应建立本辖内柜员表清单,与核心系统的柜员信息核对,每月不得少于一次。若有差异应查实原因并及时调整。

4.2 基本规定

(1) 修改柜员相关信息,申请单位详细填写"数据修改申请表",通过办公网上传,经运营管理部门和科技信息部门审批后,到运行中心。

(2) 运行中心柜员管理人员核对提供的"数据修改申请表"及相关附件无误后,启动"[7141]柜员信息维护"交易,办理柜员维护业务。

(3) 经授权交易成功后,在非账务凭证上打印柜员新增或删除信息,非账务凭证填写栏内注明"详见附件",打印提交的相关资料及"数据修改申请表"作附件。

(4) 运行中心管理人员审查非账务凭证打印信息与"数据修改申请表"信息一致后,第二联加盖数据修改章后作当日传票交后督中心;第一联加盖数据修改章后专夹保管。

(5) 若需增加或删除柜员操作额度和授权额度,运行中心管理人员审查"数据修改申请表"相关附表无误后,启动"[7142]柜员额度维护"交易,根据附表相关要求,新增或删除柜员的额度,后续操作同上面第(3)、(4)点操作要求。

(6) 柜员管理人员启动"[7340]前台数据实时更新—02柜员"交易,更新柜员信息。

5 流程描述图

柜员信息修改的基本程序为:提交申请→审批→维护,其流程描述如下图所示:

柜员信息修改流程图

环节	支行/会计主管	运营管理部/总经理、科技信息部/总经理	运行中心/参数维护人员
提出申请	通过办公网数据修改表进行申请		
审核	否 / 否	运营管理部总经理审核 → 是 → 科技信息部总经理审核 → 是	
维护	否		运行中心参数维护人员审核 → 是 → 录入信息 → 打印单证 → 核对信息 → 资料保存 → 资料归档

6 流程操作与风险控制要求及违规扣分区间

环节	部门/岗位	操作及办结时间要求		风险控制要求				违规扣分区间
		操作要求	办结时间	风险点号	风险提示	风险等级	控制措施	
一、提出申请	支行/会计主管	1. 通过办公网提出申请表 根据本行实际情况,通过办公网填写"数据修改申请表";同时将柜员信息表、额度表等柜员具体信息以附件形式提交运行中心管理人员。		1.1	填写的柜员修改信息有误。		严格按柜员所需操作权限填写柜员的相关信息,包括岗位编号、姓名、身份证号码、柜员级别、现金和凭证库箱标志、客户经理标志等。	
二、审核	运营管理部/总经理	1. 运营管理部总经理审核信息 运营管理部审核填写内容的完整性、真实性、正确性,据实审批。		2.1	未审核填写内容的完整性、真实性、正确性。		对填写内容仔细审核,避免差错。	
	科技信息部/总经理	2. 科技信息部总经理审核信息 科技信息部审核填写内容的完整性、真实性、正确性,据实审批。		2.2	未审核填写内容的完整性、真实性、正确性。		对填写内容仔细审核,避免差错。	
三、维护	运行中心/参数维护人员	1. 运行中心管理人员审核、维护柜员信息 运行中心柜员管理人员核对提供的"综合柜员增(删)申请表"及相关附件无误后,启动"[7141]柜员信息维护"交易,办理柜员维护业务。		3.1	未审核出提交的柜员信息有误;未按填写内容进行维护,维护错误。		对填写内容仔细审核,避免差错;严格按填写内容操作。	

(续表)

环节	部门/岗位	操作要求	办结时间	风险点号	风险提示	风险等级	控制措施	违规扣分区间
三、维护	运行中心/参数维护人员	2. 运行中心管理人员审核、维护柜员额度信息 运行中心管理人员审查"数据修改申请表"相关附表无误后，启动"[7142]柜员额度维护"交易，根据附表相关要求，新增或删除柜员的额度。		3.2	未审核出提交的柜员信息有误；未按填写内容进行维护，维护错误。		对填写内容仔细审核，避免差错；严格按填写内容操作。	
	运行中心/参数维护人员	3. 打印、核对凭证，资料保存与归档 经授权交易成功后，在"非账务凭证"上打印相关信息。审查非账务凭证打印信息与OA提交的相关信息表信息一致后，第二联加盖数据修改章后作当日传票，打印出的"数据修改申请表"及相关附件表格作附件，第一联加盖数据修改章后专夹保管。		3.3	资料遗失。		通过OCR事后监督控制交易相关凭证不遗失。	
	运行中心/参数维护人员	4. 柜员信息更新 柜员管理人员启动"[7340]前台数据实时更新—02柜员"交易，更新柜员信息。		3.4	未实时更新柜员信息。		及时更新柜员信息。	

7　风险识别与评估调查表(略)
8　ELC 数值统计(略)
9　内外规相关文件(略)
9.1　外部依据文件
9.2　内部依据文件
10　检查与监督(略)
11　附录(略)
12　记录表单(略)

3.2　OHSAS18001 标准在流程安全评价中的应用

在《流程操作手册》中有一项非常重要的内容是对流程中每个操作环节的风险点如何识别与评估，通常的做法是参照 OHSAS18000 系列中有关风险识别与评估的标准。

OHSAS18000 系列标准及由此产生的职业健康安全管理体系认证制度是近几年风靡全球的管理体系标准认证制度之一。OHSAS18000 系列标准由英国标准协会(BSI)、挪威船级社(DNV)等 13 个组织于 1999 年联合推出，在 ISO 尚未制定的情况下，它起到了准国际标准的作用。其中 OHSAS18001 标准是认证性标准，它是组织(企业)建立职业健康安全管理体系的基础，也是企业进行内审和认证机构实施认证审核的主要依据。中国已于 2000 年 11 月 12 日转化为国标：GB/T 28001—2001 idtOHSAS18001：1999《职业健康安全管理体系规范》，同年 12 月 20 日原国家经贸委推出了《职业安全健康管理体系审核规范》并在中国开展起职业健康安全管理体系认证制度。2011 年，国家质量监督检验检疫总局和国家标准化管理委员会发布了 GB/T 28001—2011《职业健康安全管理体系要求》国家标准，以代替 GB/T 28001—2001 国家标准。该标准的制定考虑了与 GB/T 19001—2008《质量管理体系要求》、GB/T 24001—2004《环境管理体系要求及使用指南》的兼容性，有利于组织整合质量、环境和职业健康安全管理体系这三大管理体系，等同采用 OHSAS18001：2007 新版标准(英文版)翻译，并于 2012 年 2 月 1 日实施①。

3.2.1　OHSAS18001 简介及相关应用

众所周知，在人们的工作活动或工作环境中，总是存在这样那样潜在的危险

---

①　上海质量管理科学研究院. GB/T 28001—2011：职业健康安全管理体系内审员教程[M]. 北京：中国质检出版社、中国标准出版社，2013：1-7.

源,可能会损坏财物、危害环境、影响人体健康,甚至造成伤害事故。这些危险源有化学的、物理的、生物的、人体工效和其他种类。人们将某一或某些危险引发事故的可能性和其可能造成的后果称之为风险①。风险可用发生几率、危害范围、损失大小等指标来评定。现代职业安全卫生管理的对象就是职业安全卫生风险,在银行业金融机构这类风险则主要表现为操作风险。

1. 危害辨识、风险评价和风险控制策划

职业健康安全管理体系采用系统安全管理方法。先全面辨识、评价企业存在的危险因素,然后根据评价出的重要风险,特别是不可接受的风险,制定组织的职业健康安全方针、目标和管理方案。通过运行控制、应急准备和响应等手段,控制与危险源有关的运行活动及潜在的紧急情况,使这些活动在规定的条件下进行,并通过监视和测量评价体系的实施效果,为组织建立一套完整的风险防范机制,从而能最大限度地避免或减少生产事故和职业病的产生,维护广大劳动者的利益,提高员工的生命质量。可见,职业健康安全管理体系是组织建立风险防范机制的重要内容。

(1)标准条款内容。标准条款内容如下方框:

资料3-2

"OHSAS18001"条款摘录

危害辨识、风险评价和风险控制的策划
用人单位应建立和保持危害辨识、风险评价和实施必要控制措施的程序。
程序应包括:
——常规和非常规的活动;
——所有进入作业场所人员的活动;
——所有作业场所内的设施。
用人单位所采用的危害辨识和风险评价方法应该符合下述条件:
——依据用人单位的范围、性质和时限进行确定,以保证该方法是主动的而不是被动的;
——确定风险级别;
——与运行经验和所采取风险控制措施的能力相适应;
——为确定设备要求,明确培训需求和建立运行控制,提供相应信息;

---

① 在此,对风险的理解仅局限于操作风险,操作风险具有普遍性和非盈利性的特征。

第3章 优化、再造流程与架构

——对所需控制活动的检测提供信息,以保证实施的有效性和及时性。

风险评估的结果应形成文件,作为建立和保持职业安全健康管理体系中各项决策的基础,并为持续改进用人单位的职业安全健康管理绩效提供衡量基准。用人单位所制定的风险控制计划应有助于保护员工的安全健康。

用人单位应定期或及时评审和更新危害辨识、风险评价和控制措施的信息。

(2) 标准条款的理解。主要包括:

第一,关于"活动程序"。用人单位应对危害辨识、风险评价和实施必要控制措施三方面的活动建立并保持程序,程序应包括:①常规和非常规的活动,常规活动指日常的活动,如正常的生产、开机、停机等;非常规活动指出现事故,如设备出现故障的抢修,紧急状态(如火灾、洪水)等情况。②所有进入作业场所的人员,这些人员主要有以下几类:用人单位的员工,包括正式工和临时工;访问者,包括外审员、政府或主管部门人员、其他组织的参观人员;合同方,包括供方、承包商、监测机构人员、副产品或废物处理人员。③所有作业场所内的设施,包括:用人单位自有的建筑物、设备、车辆、物资等;租赁、外界提供服务的建筑物、设备、车辆等。

第二,关于"用人单位所采用的危害辨识和风险评价的方法要求"。主要体现在以下几个方面:

一是,危害辨识和风险评价过程。这是主动的活动而不是被动的活动,该方法是依据用人单位的范围、风险的性质和时限进行。危害辨识应考虑以下方面:①三种状态:正常状态(如生产)、异常状态(如停机检修)和紧急(如火灾)状态。②三种时态:过去时态,过去出现一直持续到现在的(如由于技术、资源不足仍未解决的或停止不用但其危害依然存在);现在时态,现在可能出现的;将来时态,将来可能出现的危害情况应进行辨识。③七种风险因素:机械能可能对人造成的伤害;电能可能对人造成的伤害;热能可能对人造成的伤害;化学能可能对人造成的伤害;放射能可能对人造成的伤害;生物因素可能对人造成的伤害;人机工程因素(生理、心理)可能对人造成的伤害。

二是,对风险进行分级,确定可承受风险和不可承受风险。首先制定风险级别的判定标准,该标准应考虑行业特点,法律、法规要求,造成事故的大小、风险的程度等因素;其次,依据评价标准,对辨识的危害因素进行评价,划分等级;最后,确定哪些是可承受风险,哪些是不可承受风险,为风险控制提供输入。

三是,风险评价方法应与组织以往运行的经验和所采取的风险控制措施能力相适应。风险评价具有鲜明的行业特点,不同行业各不相同,有的行业可能只需简单的定性评价就可以了,而有的行业可能需要大量的复杂的定量分析。用人单位应根据其实际情况选择适合自己的风险评价方法。

四是,为策划各类风险控制措施提供相应的输入。例如,设备采购、租赁要求,培训的需求以及建立运行控制措施的信息等。

五是,为所需控制活动的检测提供信息。

第三,关于"管理要求"。包括以下几个方面:

一是,风险评价的结果应形成文件。这是建立和保持体系中各项决策的基础,为持续改进用人单位的职业健康安全绩效提供衡量基准。

二是,对风险评价的结果应制定风险控制计划。风险控制计划是指根据风险评价的结果提出并实施风险控制方案。风险控制计划应以保护员工的职业健康安全为首要任务,而不能将风险控制计划的重点放在保护财产的角度。其中:①对于不可承受的风险,需采取相应的风险控制措施以消除或降低风险,使其达到可承受的程度。②对于可承受的风险,进行相应的管理,并不断监视,以确保该风险持续可承受。

三是,危害因素是动态产生的,其危险级别也可能会发生变化,故对危害辨识、风险评价和控制措施信息应定期(或及时)评审与更新,使用人单位活动所涉及的所有危害因素始终处在受控的状态下。出现以下情况时应及时评审:①新用工制度、引入新工艺、新操作程序等组织内部发生的变化;②国家法律、法规及行业标准的修订;③机构的变更、员工的流动;④职业安全健康知识和技术的新发展等外部因素引起的组织变化。

第四,有关"术语与定义"。包括:①危害:可能造成人员伤亡、疾病、财产损失、工作环境破坏的根源或状态,是一种客观、具体的概念,也可称为危险源(或危害源)。②危害辨识:识别危害的存在并确定其性质的过程。③风险:特定危害事件发生的可能性与后果的结合。④风险评价:评价风险程度并确定其是否在可承受范围内的全过程。⑤可承受风险:根据用人单位的法律义务和职业安全健康方针,已降至用人单位可接受的风险。⑥安全:免遭不可接受风险的伤害。

(3) 危害辨识、风险评价的实施。其基本步骤是:划分作业活动单元→辨识危害→确定危害可能导致的事故→量化风险→确定风险是否可接受。

按生产过程危险和有害因素,危害可以分为人的因素、物的因素、环境因素和管理因素,危害源的辨识方法常用的有问卷调查法、现场观察法、安全检查表等。风险评价的方法主要包括安全检查表(SCL)、事故树分析(FTA)和事件树分析(ETA)、半定量评价方法。其中,半定量评价方法相对比较客观、易于操作。

半定量评价方法是用与系统风险率有关的三种因素指标值之积来评价系统人员伤亡风险大小。这三种因素是:①发生事故的可能性大小(L);②人体暴露在这种危险环境中的频繁程度(E);③一旦发生事故会造成的损失后果(C)。可采取半定量计值法,给三种因素的不同等级分别设定不同的分数值,再以三个分数值的乘积 D(风险值)来评价危险性的大小,风险值 D=LEC。D 值大,说明该系统危险值大,需要增加安全措施,或改变事故的可能性,或减少人体暴露于危险环境中的频繁程度,或减轻事故损失,直至调整到允许范围。具体分数值设定如表 3-7、表 3-8、表 3-9 所示①。

表 3-7　　　　　　　发生事故的可能性分数值设定(L)

分数值	事故发生的可能性	分数值	事故发生的可能性
10	完全可能预料	0.5	很不可能,可以设想
6	相当可能	0.2	极不可能
3	可能,但不经常	0.1	实际不可能
1	可能性小,完全意外		

在表 3-7 中,当用概率表示事故发生可能性大小(L)时,绝对不可能发生的事故概率为 0;而必然发生的事故概率为 1。然而,从系统安全角度考虑,绝对不发生事故是不可能的,所以人为地将发生事故可能性极小的分数定为 0.1,而必然要发生的事故的分数定为 10,介于这两种情况之间的情况指定为若干中间值。

表 3-8　　　　　　暴露于危险环境的频繁程度分数值设定(E)

分数值	频繁程度	分数值	频繁程度
10	连续暴露	2	每月一次暴露
6	每天工作时间内暴露	1	每年几次暴露
3	每周一次,或偶然暴露	0.5	非常罕见地暴露

在表 3-8 中,当确定暴露于危险环境的频繁程度(E)时,人员出现在危险环境中的时间越多,则危险性越大,规定连续出现在危险环境的情况定为 10,而非常罕见地出现在危险环境中定为 0.5,介于两者之间的各种情况规定若干个中间值。

---

① 上海质量管理科学研究院. GB/T 28001—2011:职业健康安全管理体系内审员教程[M].北京:中国质检出版社、中国标准出版社,2013:45-48.

表 3-9　　　　发生事故产生的后果分数值设定（C）

分数值	后果	分数值	后果
100	大灾难,许多人死亡	7	严重,重伤
40	灾难,数人死亡	3	重大,致残
15	非常严重,一人死亡	1	引人注目,需要救护

在表3-9中,由于事故造成的人身伤害变化范围很大,因此把发生事故产生的后果(C)的分数值规定为1～100,把需要救护的轻微损伤的分数规定为1,把造成多人死亡的可能性分数规定为100,其他情况的分数值在1与100之间。

风险值 D=LEC。求出 D 值后,关键是如何确定风险级别的界限值,而这个界限值并不是长期固定不变,在不同时期,组织应根据其具体情况来确定风险级别的界限值,以符合持续改进的思想。确定风险级别界限值及其相应的风险控制措施可参考表3-10所示。

表 3-10　　　　　　　　风险等级划分

D值	危险程度及控制措施	风险等级
>320	极其危险,不能继续作业	5
>160～320	高度危险,要立即整改	4
>70～160	显著危险,需要整改	3
>20～70	一般危险,需要注意	2
<20	稍有危险,可以接受	1

组织应根据风险等级确定相应作业活动单元的风险控制:①对于风险程度超过可容许风险标准(即3级以上,含3级)的危险源,要对危险源增加控制措施,使之风险程度降低到可容许程度,在体系中可通过目标、管理方案来实现。②对于风险程度已经在容许范围内(即2级以下,含2级)的危险源,在考虑其他因素的基础上,如不对危险源增加措施,就需加强对危险源原有控制措施的监测和维护。③对于一些不需采取任何措施,其风险程度就可以处于可忽略状态的危险源,可暂不考虑对其的控制要求。

2. 危害辨识、风险评价在银行业风险识别与评估的理解与应用

(1) 危害辨识、风险评价与银行业风险识别和评估的关系。表现在以下几个方面:

第一,思路相同。OHSAS18001标准中"危害辨识、风险评价和风险控制"与中国银监会《内部控制评价试行办法》中"风险识别与评估"有着共同的思路,都是将危险源或风险点识别出来,并予以量化,计算风险等级,以确定风险是否可接受,采取相应的风险控制措施的过程。

第二,对象相同。研究的对象都是风险,即可能造成的人员伤亡或可能发生的财产损失和资金损失。

第三,关注点相同。危害辨识、风险评价与银行业的风险识别与评估关注的都是人的活动。前者关注的对象是出入作业场所的人员的作业和工作环境,后者关注的对象是银行人员的业务和管理活动。

第四,影响因素相同。表现在:①活动发生的频次,活动或业务发生的越频繁,发生风险的概率越大。②风险发生的可能性,风险发生的可能性越大,造成的损失越大。③事故造成的后果,事故造成的后果越严重,风险程度越高,越不可接受。

(2) 危害辨识、风险评价在银行业风险识别与评估的理解。主要内容包括:

第一,关于"活动程序"和"所有进入工作场所的人员"。银行应对风险识别、风险评价和实施必要控制措施三方面的活动建立并保持程序,程序应包括:①常规业务和管理活动,是指日常的业务和管理活动,如正常的业务办理、正常的人事或科技管理。②非常规业务和管理活动,是指出现事故,设备、系统故障情况,紧急状态如抢劫、挤兑、火灾等情况。

所有进入工作场所的人员,即对银行可能造成风险的有关人员,主要有以下几类:①银行的员工,包括银行正式员工和临时工(如保洁员等)。②外部人员,包括客户、科技开发人员、监管部门现场检查人员、外审员、合同供方等。

第二,银行所采用的风险识别和风险评价的方法要求。包括以下几个方面:

一是,风险识别和风险评价过程。这是主动的活动而不是被动的活动,该方法是依据银行的组织架构、业务流程和范围、风险的性质和时限及时进行。风险识别与评价应考虑以下方面:①两种状态,包括正常状态,即正常的业务经营和管理活动;非正常状态,区分异常(如系统出现故障)状态和紧急(如抢劫)状态两种情况。②五种风险来源,主要从银行内部和外部两个方面研究风险产生的根源,具体表现为商业关系(各主体利益)、法律、法规失控、人员行为和道德、自然事件、科学和技术等五个方面。③七种风险类型,银监会在《内部控制评价试行办法》中主要列举和分类为信用风险、市场风险(含利率风险)、操作风险、国家和转移风险、流动性风险、法律风险和声誉风险等七种。但也不限于此,巴塞尔委员会按照风险诱发的原因区分为信用风险、市场风险、操作风险、流动性风险、声誉风险、国别风险、法律风险、战略风险等八类。

二是,对风险进行分级,确定可接受风险和不可接受风险。首先,制定风险级别的判定标准,该标准应考虑行业特点,法律、法规要求,造成事故的大小、风险的程度等因素;具体还要考虑本银行的规模、组织架构、业务流程复杂程度等诸多因素。其次,依据评价标准,对识别的风险因素进行评价,划分等级。最后,确定哪些是可接受风险,哪些是不可接受风险,为风险控制提供输入。

三是,风险评价方法的要求。应与银行以往运行的经验和所采取的风险控制措施能力相适应。还要考虑本行最高管理层的风险偏好及人员素质高低。

四是,为策划各类风险控制措施提供相应的输入。例如,数据信息资料收集的要求、建立数学模型的要求、组织架构和流程再造的要求,培训的需求以及建立运行控制措施的信息等。

五是,为所需控制活动的监测提供信息。

第三,关于"管理要求"。包括:①风险评价的结果应形成文件,即《风险清单》,作为建立和保持体系中各项决策的基础,为持续改进银行的风险管理水平提供衡量基准。②对于不可接受的风险,应制定内部控制方案,采取相应的风险控制措施以消除或降低风险,使其达到可接受的程度。③对于可接受的风险,应不断监视并定期评审,以确保该风险持续可接受。④风险是动态产生的,其风险级别也可能会发生变化,故对风险识别、风险评价和控制措施信息应定期(或及时)评审与更新,使银行所有业务和管理活动涉及的所有风险点始终处在受控的状态下。

当出现以下情况时应及时评审:①业务流程、系统发生变化。②组织机构发生变更、员工的流动。③国家法律、法规及监管部门的规章制度发生变化。④经济形势的波动、行业变动趋势等。

3.2.2　OHSAS18001 与 BASEL Ⅱ 的结合

风险识别与评估是建立内部控制体系文件的前提,是做好内部控制的基础,风险识别与评估是否准确决定了风险管理及内部控制的效果,从而决定了流程本身的有效性。在商业银行,识别与评估风险在遵循 OHSAS18001 标准的同时,必须结合巴塞尔系列协议对风险管理的要求,尤其是 BASEL Ⅱ 对操作风险管理的要求。

OHSAS18001 标准与 BASEL Ⅱ 的结合主要体现在《流程操作手册》的"风险识别与评估调查表"中,如表 3-11 所示。

表 3-11　　　　　　　　风险识别与评估调查表

环节	风险点号	风险点	种类	来源	状态	风险发生可能性分数值(L)	业务发生频次分数值(E)	可能导致后果分数值(C)	D值 D=LEC	风险等级

1. 操作风险的种类与来源

在表3-11中,"种类"是指操作风险的种类,根据 BASEL Ⅱ,操作风险的种类包括:

(1) 人员因素。主要是指商业银行员工发生内部欺诈、失职违规,以及因员工的知识/技能匮乏、核心员工流失、违反用工法等造成损失或不良影响而引起的风险。

(2) 内部流程因素。引起的操作风险是指由于商业银行业务流程缺失、设计不完善,或者没有被严格执行而造成的损失,主要包括财务/会计错误、文件/合同缺陷、产品设计缺陷、错误监控/报告、结算/支付错误、交易/定价错误六个方面。

(3) 系统缺陷。引发的操作风险是指由于信息科技部门或服务供应商提供的计算机系统或设备发生故障或其他原因,导致商业银行不能正常提供全部/部分服务或业务中断而造成的损失。

(4) 外部事件。可能是内部控制失败或内部控制薄弱环节,也可能是外部因素对商业银行运作或声誉造成的"威胁"。

来源是指某种类操作风险的成因来源。

(1) "人员因素"操作风险来源,主要有:①内部欺诈是指故意骗取、盗用财产或违反监管规章、法律或公司政策导致的损失,此类事件至少涉及内部一方,但不包括歧视及差别待遇事件。②失职违规,即商业银行内部员工因过失没有按照雇佣合同、内部员工守则、相关业务及管理规定操作或者办理业务造成的风险,主要包括过失、未经授权的业务以及超越授权的活动。③知识/技能匮乏,即员工在工作中,由于知识/技能匮乏所造成的操作风险。④核心雇员流失,核心雇员流失造成的风险体现为商业银行对关键人员(如交易员、高级客户经理)过度依赖的风险,包括缺乏足够的后备人员、关键信息缺乏共享和文档记录、缺乏岗位轮换机制等。⑤违反用工法,商业银行因违反劳动合同法、就业、健康或安全方面的法规或协议等,造成个人工伤赔付或因歧视及差别待遇事件导致的损失。

(2) "内部流程"操作风险来源,主要有:①财务/会计错误是指商业银行内部在财务管理和会计账务处理方面存在流程错误,主要原因是财会制度不完善、管理流程不清晰、财会系统建设存在缺陷等。②文件/合同缺陷也称文件/合同瑕疵,是指各类文件档案的制定、管理不善,包括不合适的或不健全的文档结构、协议中出现错误或缺乏协议等。③产品设计缺陷是指商业银行为公司、个人、金融机构等客户提供的产品在业务管理框架、权利义务结构、风险管理要求等方面存在不完善、不健全等问题。④错误监控/报告是指商业银行监控/报告流程不明确、混乱,负责监控/报告的部门职责不清晰,相关数据/信息不全面、不及时、不准确,未履行必要的汇报义务或对外部汇报不准确(造成损失)。⑤结算/支付错误是指商业银行结算支付系统失灵或延迟(如现金未及时送达营业网点或交易对方等)。⑥交易/定价错误是指在交易过程中,因未遵循操作规定导致交易和定价出现错误。

(3)"系统缺陷"操作风险来源,主要有:①数据/信息质量,商业银行对数据/信息质量管理主要是防止各类文件档案的制定、管理不善,业务操作中的数据出现差错(如金额、币别等输入错误)。②违反系统安全规定,具体表现在:突破存储限制、系统信息传递/修改信息传送失败、第三方界面失败、系统无法完成任务、数据崩溃、系统崩溃重新存储、请求批处理失败、对账错误等。③系统设计/开发的战略风险,商业银行应当对信息系统的项目立项、开发、验收、运行和维护实施有效管理,不能片面追求快速见效、贪心求全、超越本行业务的现实需求,要在战略高度评估经营管理的切实需要,慎重对待系统设计、开发的全过程。④系统的稳定性、兼容性、适宜性,信息技术部门应当与业务部门互相协调,确保全行系统的稳定运行、核心业务系统与相关系统有效兼容、保持业务和管理需求的适宜性。

(4)"外部事件"操作风险来源,主要有:①外部欺诈,指第三方故意骗取、盗用财产或逃避法律。②洗钱,指违法分子通过各种手段将非法所得合法化的行为。③政治风险,政治风险是指由于战争、征用、罢工和政府行为、公共利益集团或极端分子活动而给商业银行造成的损失。④监管规定,指商业银行未遵守金融监管当局的规定而可能造成的损失。⑤业务外包,由于外部供应商的过错而导致服务或供应中断或撤销而造成的损失。⑥自然灾害,由于自然因素造成商业银行的财产损失,包括火灾、洪水、地震等。⑦恐怖威胁,由于人为因素造成商业银行的财产损失,包括恐怖活动、绑架和爆炸等。

2. 风险值 D 的计算

在表 3-11 中,D 值的计算遵循 OHSAS18001 标准。

(1)风险发生的概率(可能性)。风险识别与评估小组根据以往的实际和经验对业务、或管理、或支持活动发生风险的可能性做出判断。如表 3-12 所示。

表 3-12　　　　　风险发生的概率(可能性)赋分表

代号	风险发生的可能性	分数值
L7	完全可以预料要发生	10
L6	相对可能要发生	6
L5	可能发生,但不经常	3
L4	可能性小,完全意外	1
L3	很不可能,可以设想	0.5
L2	极不可能	0.2
L1	完全不可能	0.1

(2) 业务、或管理、或支持活动发生的频次。风险识别与评估小组一般应依据前三年的业务量统计数据和以往的管理经验,首先分别确定出:几年发生一次、每年发生一次、每月发生一次、每周发生一次、每日发生一次和每日发生多次等的业务、或管理、或支持活动,然后分别设定0.5,1,2,3,6和10为参数或分数值。如表3-13所示。

表3-13　　　　　　　　　发生频次赋分表

代号	发生频次	分数值
E6	多次/日	10
E5	一次/日	6
E4	一次/周	3
E3	一次/月	2
E2	一次/年	1
E1	一次/几年	0.5

(3) 发生事故可能导致的后果。风险发生事故可能导致的后果范围很大,可从很小的资金损失,到超过资本金的损失或人员伤亡。由于范围广阔,所以规定分值为1~100,很小的资金损失分值为1,把造成超过本行资本金以上的损失或10人以上的死亡的可能性分值规定为100,其他情况的分数值在1与100之间。如表3-14所示。

表3-14　　　　　　　发生事故可能导致后果赋分

代号	风险发生事故可能导致的后果	分数值
C6	损失大于注册资本的100%或10人以上的死亡	100
C5	损失在注册资本的50%~100%或2~10人死亡	40
C4	损失在注册资本的10%~50%或1人死亡	15
C3	损失在注册资本的1%~10%	7
C2	损失在注册资本的0.1%~1%	3
C1	损失在注册资本的0.1%以下	1

3. 确定风险等级及风险是否可接受

(1) 确定风险等级。风险等级分为1,2,3,4,5级。根据计算公式D=LEC,可以计算出风险程度,进而确定风险等级,其中风险等级的风险值在LEC法中用字母"D"表示。风险识别与评估小组按照表3-15所示的方法进行风险等级的划分,但应注意风险等级的划分是凭经验判断,难免有局限性,不能认为是普遍适用的,应同时需要根据实际情况予以修正。

表 3-15　　　　　　　　　　风险等级表

D 值	风险程度	风险等级
>320	特大风险	5
>160~320	重大风险	4
>70~160	严重风险	3
>20~70	一般风险	2
<20	稍有风险	1

(2) 判断风险是否可接受。根据风险等级判断风险是否可接受,属于 4 级和 5 级的为不可接受风险,3 级(含)以下的为可接受风险,但这不是绝对的,还要考虑商业银行的风险偏好。根据重要性原则,性质问题永远重要,凡具备下列条件之一的均应判定为不可接受的风险:①不符合适用法律、法规和监管要求的;②金融诈骗、盗窃、抢劫、爆炸,造成重大影响或损失;③发生挤提事件;④业务系统故障,造成重大影响或损失;⑤曾经发生事故,且未采取有效防范和控制措施的;⑥直接意识到可能导致风险的发生,且无适当控制措施的;⑦没有根据本行实际需要重点控制的。

3.3　农村银行流程的特殊性与存在的缺陷

从本质上看,商业银行提供产品或服务的过程,即是承担风险、消耗资源使价值从一个流程转移到下一个流程的过程,最终的产品或服务既是全部流程的集合,也是全部资源、全部风险的集合。可以说,商业银行的全面风险管理就是对各类风险在各个流程上的集成化管理。农村银行生存和发展的内外部环境以及客户需求总在不断地变化,对其业务营销、信贷服务等业务流程,计划财务、风险管理、审计监督等管理流程以及会计服务、运营管理、人力资源、信息科技等支持流程不断提出新的需求和挑战。当原有的流程无论进行怎样的修补都不可能承载和化解这些变化或问题时,农村银行就必须根据市场变化和客户需求对各项流程进行再造,重新设计自身的流程体系,以减少不必要的资源浪费,迅速满足客户需求,从而大幅度提高市场应变能力和风险管控能力。近些年来,国内少数农村银行加快了以流程再造为核心的"流程银行"建设,通过流程的不断优化或再造提高了风险管理的专业化水平、改进了经营管理效率,积累了许多成功的、值得推广的经验。

3.3.1 农村银行流程的特殊性

农村银行是实行独立核算、自主经营、自我管理、自负盈亏、自担风险,以整体价值最大化为经营目标,以货币信用业务为经营对象,主要在农村金融领域运行并具有多功能性质的金融服务企业,其流程既有一般企业的共性又有不同于一般企业的特殊性。

1. 目标性

农村银行都是有一定规模的独立法人,相对于一般企业,其经营目标比较严谨和具体,专业化程度较高。在经营过程中,既要考虑自身的资金安全及其流动性,又要兼顾客户的实际需要以及为客户提供服务所带来的实际或潜在的效益,反映在流程中就是每一个流程都有明确的目标或任务。

2. 内在性

农村银行每一项经营管理活动及其相关的细分事件或行为都有其内在统一的系统性和规范性。例如,什么部门或经营单位或业务条线输入什么资源,输出什么结果,中间经历怎样一系列的活动,以及输出为谁(目标客户)创造了怎样的价值(价值判定),近期及远期的效果如何等,都有具体明确的操作规范和操作标准及管理要求,整个流程运作存在着必然的内在规律或范式。

3. 整体性

农村银行各项业务及其配套的管理活动都是一个整体的运作过程,一项具体业务或专业服务往往需要许多环节(或部门)共同协作完成,这些协同的活动形成特有的结构或关系,使金融服务得到"流转",形成有效的服务链。也就是说,农村银行的各项流程都存在相互制约、相互影响的关系,所有业务操作及管理活动本身就是一个独立完整的流程,各经营单位和部门所从事的活动只是这个完整流程中的一部分,不能因为个别经营单位或部门利益而将流程进行分离。

4. 动态性

农村银行各项业务流程都是动态发展并在业务发展过程中得到不断的完善和规范,而其相应的管理流程、支持流程也随着业务流程的需要及其发展得以建立和健全。同时,随着流程化管理、集约化管理、精细化管理等管理模式的推进和转变,流程运营及其管理层次也不断丰富和细化。因此,农村银行的任何流程都不是一成不变,流程优化或再造工作更不是一劳永逸,必须考虑外部环境变化和自身业务发展等方面因素,适时进行优化或再造,而其流程优化或再造的力度往往比一般企业大,耗费的时间和资源也比一般企业多。

5. 结构性

农村银行内部流程的结构可以有多种表现形式,包括平行、串联、并联、反馈等。例如,一笔金额较大的授信业务,从对客户的资信调查到审查、审批和发放,其流程运行过程中有些环节需要平行作业(如客户经理与风险经理平行作业等),有些环节需要互相串联(如担保物的落实及其管理、处置等),有些环节更需要及时的信息反馈等,这些表现形式的不同往往会给流程输出效果带来很大影响。高质量、高效率的流程结构所带来的服务质量和价值创造也会较高。因此,农村银行在设计或执行、优化或再造各项流程(特别是核心流程)时必须考虑其内在结构性,使流程之间彼此协调,减少摩擦和阻力,降低内耗,提高效率。

3.3.2　农村银行的流程缺陷

农村银行普遍延续着传统的经营管理模式,流程的设计及其运行机制与现代金融企业发展要求差距较大;而经改制新成立的农村商业银行由于管理经验不足,加上管理人才缺乏、内部制度不健全等因素影响,自身的流程体系尚不完善,流程运行机制问题较多。归纳起来,农村银行在流程上存在的缺陷主要体现在以下五个方面。

1. 流程为组织而定

因受传统管理思维的影响,农村银行习惯先调整内部的组织机构和岗位,然后由各职能部门或业务条线自行设计或评估流程,或只是对业务流程、管理流程、支持流程进行一些修补性的工作。在这种机制下,流程设计出发点不是为客户提供最方便和最优质的服务,而是为适应既有的组织结构和管理的需要,部门与部门或者业务条线之间缺少衔接、配合和协调,存在职责重叠或责任不清等不合理现象,容易导致互相扯皮或推诿责任等弊端。

2. 流程设计不科学

目前,农村银行普遍按经营管理活动的相同性或相似性将从事相同或相似活动的人安排在一起形成各个不同的部门,人为地将一个完整的流程割离开来。对客户来说,他到农村银行办理业务所面临的是多个部门或条线,环节过多,流程周期太长,业务处理效率不高,从而导致客户的满意度也不高。此外,大部分农村银行目前的业务流程僵化单一,没有根据不同客户、不同业务的风险高低设计不同的业务流程,而是根据业务金额的大小划分管理权限,这样就会造成越是优质客户、越是大客户,其审批的环节就越多,业务流程也就越复杂。虽然近些年来在流程运行方面农村银行在不同程度上进行改进或修补,但流程设计没有真正做到科学、合理和适用于客户需求,往往只热衷于内部权力或资源的再分配。

3. 流程运行存在漏洞

目前,农村银行内部业务流程、管理流程、支持流程除了设计不健全以外,还存在运行不规范、操作不合规、有流程不执行、一些经营单位负责人对规章制度执行力不强、员工逆流程操作或故意违规操作等问题,导致流程运行风险漏洞多,风险管理机制极不完善,同时也缺乏有效的岗位制约机制,存在业务"一手包办"或"一手清"等不合规现象,内部控制压力大,案件防范任务重。

4. 系统建设重复现象严重

对于农村银行来说,各省级联社普遍实施以数据大集中为核心的 IT 建设项目,并通过配套系统建设逐步统一全辖的流程操作和管理规范。但由于目前管理体制存在一定缺陷,一些机构往往另起炉灶,单独进行系统开发,在不同程度上存在重复建设的问题。此外,在一些机构内部,流程被机械地分割于各个职能部门独立设计,也出现流程建设重复现象。例如,一些机构内部普遍设有专门的信息科技部门负责信息处理流程的建立和运行,但一些业务条线或管理部门为了自身需要,却另有各自的信息渠道和信息处理流程,公司业务条线有业务信息系统,风险管理职能部门有风险管理信息系统,会计结算部门有会计信息系统,财务管理部门有财务信息系统等,而各流程之间的信息资料往往不能共享,各自为政,"信息孤岛"现象严重,给管理层和决策层的经营管理活动带来极大的压力。

5. 管理/支持流程占用过多的资源

农村银行普遍存在管理队伍庞大,中后台管理人员及后勤人员众多,特别是总部一级的机关作风明显,非业务人员在数量上往往超过业务人员。而由于中后台管理或服务部门多、人员多,流程运行占用的资源也多,导致前台业务营销力量不足,为客户服务的质量和水平也得不到真正提高。同时,由于内部流程管理体系尚未理顺,前台业务流程的运行往往又得不到后台真正支持,后台又在单独运转中耗用大量的人、财、物,所有条线都看不清最终的目标是什么,整个流程体系的运行不能发挥内部各项资源的真正效用。

3.4 农村银行流程体系的建设与管理

农村银行流程体系建设应以中国银监会《农村商业银行和农村合作银行推进流程银行建设的指导意见》(银监办发[2012]205 号)、《农村中小金融机构风险管理机制建设指引》、《商业银行内部控制指引》、《商业银行合规风险管理指引》、《商业银行操作风险管理指引》等为操作指引。流程建设的主要任务是:遵循 ISO 9001、ISO 14001、OHSAS18001 一体化质量管理体系的要求,构建农村银行流程建设的目标框架,以业务流程、管理流程和支持流程优化、再造为突破口,根据流程梳理、优化与再造过程中发现的风险管理问题开发基础性风险管理工具,修订、删增风险管理制度,将银监会《农村中小金融机构风险管理机制建设指引》的风险管理要求系统地嵌入到农村银行的业务流程、管理流程和支持流程中,逐步构建事前预防、事中控制、事后监督的流程化风险防控体系,稳步实现在流程中识别、评估、量化和控制风险。可见,标准化流程体系建设要实现的目标是:在对农村银行现有流程、制度体系进行系统梳理的基础上,以建立"符合国际标准、符合法律、法规要求、符合监管要求、符合客户要求、符合农村银行实际"的标准化流程体系和风险管理制度体系为手段,从而使各个部门、各个岗位、各个环节的设置符合国际标准,符合法律、法规要求,符合监管要求,符合客户要求,使农村银行各类人员、各项业务操作均能按照统一的标准在受控条件下进行,做到各项日常工作有法可依、有章可循,为有效控制风险,提高管理质量奠定基础。

3.4.1 流程体系建设的理论依据

农村银行流程体系建设的理论依据主要涉及流程再造理论、价值管理理论和全面风险管理理论。

1. 流程再造理论

流程是直接或间接为客户创造价值的一系列活动的有序集。流程是商业银行实现价值管理的载体,不同的流程设计是商业银行管理模式和组织结构的基础。

商业银行流程再造是流程再造理论研究向金融领域扩展的结果,是遵循企业流程再造原理发展创新而来。1997年,保罗·H·艾伦在《银行再造》一书中给出了银行再造的定义:银行为获取在成本、质量、反应速度等方面显著性的改变,以流程为核心进行的根本性再思考和彻底再设计。银行流程再造着眼于价值,以客户导向和金融服务创新为中心理念,通过将原有流程分解为基本业务单元,进行流程的重构,实现流程合理化、科学化和高效率①。

根据保罗·H·艾伦给出的定义,可以从3个方面对商业银行流程再造加以认识:

一是,商业银行再造必须从根本上变革商业银行长期固有的、传统的经营管理理念。受到斯密"分工"思想的影响,长期以来商业银行在经营管理中的等级制度、职能划分割裂了流程的业务逻辑。为此,要打破传统的经营理念,进行创造性思维。商业银行流程再造要求从根本上结合内外部价值链分析银行定位,确定银行应该做什么,该怎么做,而不是在既定的框架中调整。

二是,商业银行再造要求对传统银行进行脱胎换骨式的彻底改造,而不是小的改革和修修补补。从本质上说,商业银行再造是一场革命,而不是一种改良。

三是,再造后的商业银行必须取得显著改善。显著改善具体表现为"周转期明

---

① 保罗·H·艾伦(柳星,译).银行再造:生存与成功范例(修订本)[M].北京:中国人民大学出版社,2006:201-202.

显缩短、成本明显降低、顾客满意度和企业收益明显提高、市场份额显著增长"。否则,就不足以说明取得了显著改善,或者说,再造未取得成功。

商业银行流程再造是流程银行建设的理论依据之一,同时也是商业银行管理实践中遵循的一种理念和运用的一种管理方法。商业银行流程再造分为业务流程再造和管理与支持流程再造,其中业务流程再造是核心和基础。具体来说,商业银行的流程再造颠覆传统的管理理念,以客户为中心对前、中、后台进行流程再造,前台业务流程再造是中后台管理与支持流程再造的基础,前、中、后台流程相辅相成。商业银行流程再造的目的是建立面向客户的价值增值型流程,关注再造过程中人、技术、资金等资源要素的有机结合,将各种资源要素合理地配置在流程的各环节,有效提高商业银行的经营水平,促进商业银行整体绩效改进,实现商业银行价值创造。

商业银行流程再造是一项复杂的工程,分析其影响因素对研究流程再造的方法和流程再造的效果有重要的作用。因此,商业银行流程再造的影响因素分析侧重于影响因素对方法选择的引导以及影响因素对再造效果的影响。

(1) 物理因素。物理因素是构成流程的基本要素,包括人、环境和技术等。首先,人的因素。人是流程改造的主推手,任何一项经营活动均是由人创造和实施的。由于组织中存在不同职能角色的人,因此不同的人对流程的影响程度又存在差别。管理者决定了流程改进能否持续进行;员工是推动流程重构顺利进行的重要力量。其次,环境因素。从相关利益者的角度分析,包括客户、同业竞争对手、战略同盟、监管者。流程再造就是要协调所有相关者的利益,一方面与利益相关者形成合作关系;另一方面,及时对竞争对手所采取的竞争策略和市场结构的变化作出迅速调整,适应外部市场的变化,使商业银行的服务变得更加快捷,更好地吸引客户。最后,技术因素。技术是商业银行流程再造的基础工具和手段,直接影响流程再造效率和流程再造的进程。

(2) 制度因素。制度是推动流程再造和组织正常运行的关键因素。与流程配套的制度,能有效推动流程再造的进程。因此,在流程重构的同时,完善授权和激励机制的建设,以及对原有的科层制管理体制进行相应的调整,才能使基于流程的内部管理得到有效的保证。

(3) 机理作用因素。各种流程影响要素间的均衡就是各种要素间相互作用的机理,代表性的流程变革模型有两种。

其一是从分析影响商业银行流程的内外因素,即从顾客、供应商、经济状况等外在因素以及管理、信息技术、流程结构等内在因素入手,研究商业银行流程各要素之间的关系。该模型认为,再造过程受到内外因素的共同影响,流程再造的效果最终体现在商业银行产品品质、生产成本、顾客满意、灵活性和股东价值等方面,如图3-1所示。

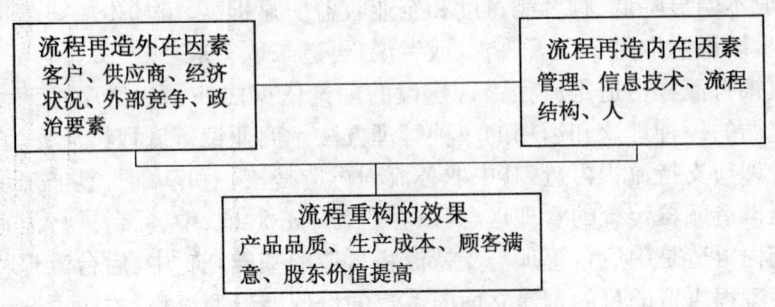

图 3-1 流程影响因素分析

从图 3-1 可以得出结论,内外因素都要具备且能维持平衡关系的时候就能获得最大的成功。当客户对产品和服务感到满意时,就能获得商业银行绩效和竞争优势。

其二是将人力、信息技术和科技三者联系在一起的流程变革模型,如图 3-2 所示。该模型将商业银行分成组织文化、组织结构、协调、人力、科技和资讯 6 个层面。商业银行若要获得流程再造成功,任何改变都必须与其他层面的变革维持平衡。其中,文化和协调代表商业银行的动态活动,人力和信息技术则是商业银行再造所利用的资源。该模型实质是对流程再造各种因素进行有机整合,重构一个新流程。

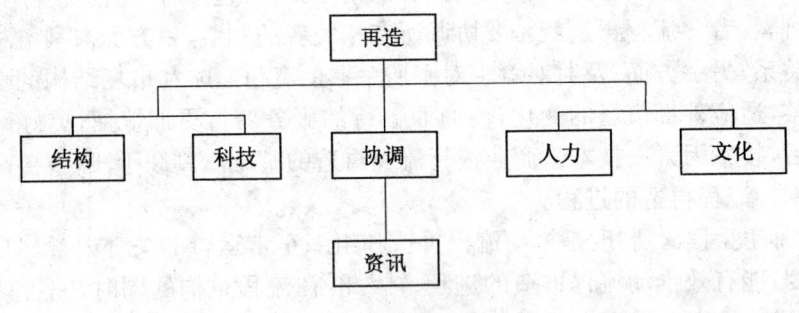

图 3-2 流程重构模型

2. 价值管理理论

价值管理源于经典经济学的价值创造原理,发端于公司控制权市场上的恶意收购活动[①]。关于价值管理,不同领域的学者有不同的研究和界定。从理论界公认的观点来看,价值管理被认为是管理学界提出的一种新的管理思想、管理理念、

---

① 吴清华等.基于作业价值分析的价值链管理:一个理论框架[J].管理评论,2005(4):27-32.

管理方法和管理手段。价值管理是通过对价值的有效管理,实现长期持续的有效经营。商业银行价值管理是价值管理研究在商业银行领域内的延伸。

商业银行价值管理明确了价值管理的任务,界定了价值管理活动的核心目标:商业银行价值最大化。商业银行经营活动决策的重点不再局限于利润最大化和内部管理职能的安排,而是围绕价值这个中心,提高商业银行的价值创造力。商业银行的经营目标、经营理念、决策标准和管理方式都发生了根本性的改变。从此,商业银行进入以价值为基础、以价值最大化为目标的价值管理时代。

(1) 价值管理的内涵。商业银行价值管理过程中,价值创造成为决策和行为的评价基准,并且广泛运用经济增加值(EVA)模型评估价值,实现价值管理的量化考核。

一方面,价值理念是商业银行价值管理的核心思想。我们认为,商业银行的价值是考虑风险成本后的经济增加值。商业银行各个流程环节的价值创造,均用EVA来衡量。价值是商业银行经营行为的准绳和依据,因此要对经营管理追求的价值进行清楚的界定。商业银行明确价值的准确定位,按照价值标准判断商业银行中哪些流程环节影响价值创造,才能有效集中资源增强价值创造力。

另一方面,商业银行价值管理是一种管理方法、管理手段,也是一种管理控制系统。商业银行价值管理以提高价值创造能力为出发点,并在日常经营管理过程中通过有效的资源配置、激励约束等管理手段全面实施价值管理,进行价值创造。商业银行价值管理,是以价值最大化为战略目标,以价值创造为核心.通过对价值的有效管理实现银行可持续的发展。

流程银行建设旨在分析商业银行整体流程的基础上,通过优化流程,实现价值最大化目标,在流程中贯穿价值管理:前台定位于直面客户,直接进行价值创造;中台定位于价值控制,增强风险管理能力;后台定位于价值支持保障,对前台进行管理支持决策,实现商业银行全流程覆盖的价值管理。

(2) 商业银行价值最大化目标。从目前商业银行面临的环境来看,金融环境复杂多变,金融机构众多,关系错综复杂,竞争激烈。商业银行在复杂的金融生态环境中求发展,一方面要加强自身的核心竞争力,迅速适应金融环境的变化;另一方面在金融生态环境中找准自己的定位,寻求与其他金融机构的合作与协调。商业银行也将随着行业边界的模糊化,融入整个金融生态环境的价值链中。商业银行的价值创造和价值流动分布在整个生态系统内。因此,商业银行的经营目标是利益相关者进行利益协调且达到均衡的价值最大化。

虽然商业银行自身是一个价值创造系统,但是离不开对其他资源占有者的依赖。资源是价值创造系统的核心要素,资源分布于竞争者、监管者、战略同盟和整个金融生态系统之中,由各利益相关者所控制。因此,商业银行与各利益相关者形成一个互相依存的价值创造生态圈。价值创造生态圈是一个网络状的价值创造系统,它的基础是内部价值链:商业银行价值目标确定,不仅要从自身的经营发展出发,还要考虑在整个价值创造生态圈中与各利益主体价值的联系。只有将各个利益主体的价值创造能力充分激发,才能在整个生态圈中实现商业银行的价值目标。因此,利益者相关分析是价值管理目标确定的基础。图3-3列举了整个商业银行价值创造生态圈的相关利益主体以及它们之间的相互关系。

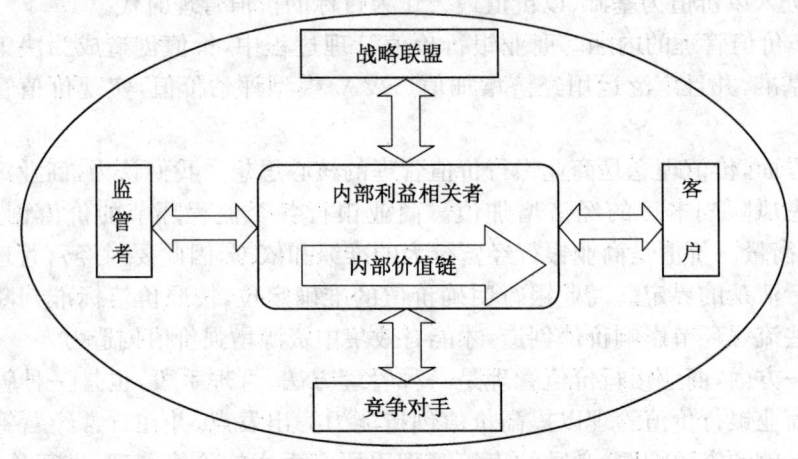

图3-3 价值创造生态圈的相关利益主体

相关利益主体利益均衡的价值最大化目标解决了各利益主体的利益冲突。在价值创造生态圈中,商业银行单靠自己的能力无法满足客户的需要,要为客户创造价值,必须依靠包括战略联盟、客户、监管者和竞争对手在内的利益相关者的协调与合作。只有各利益主体共同把"蛋糕"做大,各自的利益才能得到保证。因此,监管者不再是简单的"警察"角色,而是要与商业银行共谋发展,帮助商业银行发现问题并解决问题,完善金融体系建设;竞争者不再进行你死我活的"零和竞争",它们之间的关系是在整个市场中发掘新的市场和产品,一起将整个市场做大的合作关系;战略联盟和商业银行的契约关系更加密切,提高与战略联盟的合作效率,能加快整个价值创造的过程。在以客户为中心的理念下,客户不再是被动产品的接受者,而是主动要求者,商业银行的产品服务以及管理模式都会随客户需求的变化而发生迅速变化。

因此,在价值创造生态圈中,没有"单极"的强大力量,各利益主体相互牵制,相互制衡。各方不能达到各个利益主体的价值最大化,只能是利益相关者利益的均衡,满足股东、管理者、客户、员工、监管者、竞争者、联盟者等的共同价值要求,在均衡基础上实现价值最大化。

（3）商业银行价值管理的主要内容。商业银行价值管理体系包含发展战略、组织架构及各种价值驱动因素，影响着商业银行经营管理的各个方面。完整的价值管理包括价值最大化目标、风险管理、完善的银行治理结构、以客户为中心的流程和组织结构、人力资源管理和企业文化等内容。

商业银行价值最大化是商业银行实施价值管理的目标。银行以价值最大化作为战略绩效考评的依据，鼓励业务发展从粗放式增长转变为集约化增长，提升商业银行的核心价值。

风险管理是银行价值管理的重点。风险管理使商业银行的各项业务发展都在一定的风险约束下，实现价值创造和增长，实现价值与风险的统一。

完善的银行治理结构是实施价值管理的制度保障。商业银行的价值管理有利于明晰的产权结构和合理的治理结构。明晰的产权使各方相关利益者的利益得到有效保障，高效科学的治理机制能够充分调动利益相关者的利益创造，促进价值增长。

以客户价值为中心的业务流程和组织结构再造是商业银行价值增值的保证。价值管理根据客户价值创造的原则，实现以客户为中心的业务流程再造，既满足内部客户的要求，又提高商业银行对金融产品和服务的效率，提高商业银行的价值创造效率。以客户为中心的流程再造能迅速适应市场和环境的变化，完成扁平化的组织结构再造，为商业银行业务流程再造和价值创造提供组织保障。

人力资源是商业银行价值创造的根本动力。员工的服务质量和效率是提高客户满意度和价值创造能力的关键，建立有效的激励约束机制激发员工的价值创造积极性，是实现价值创造的动力源泉。

企业文化建设是商业银行实施价值管理的观念和文化支持。企业文化是在全体员工中共同形成的价值理念和共同遵守的规章制度，把价值主体的价值行为和价值活动统一在价值目标上，文化建设为价值管理提供理念导向和观念支持。

3. 全面风险管理理论

风险管理是人类在不断追求安全与幸福的目标下，结合近代科技和以往经验发展起来的一门新的管理科学。由于其涵盖的范围广泛，对于它的定义也就有着多种表述。

参照美国反舞弊性财务报告委员会的发起组织COSO在2003年提出的《企业全面风险管理框架》，巴塞尔委员会也提出了《巴塞尔新资本协议》（巴塞尔协议Ⅱ），将全面风险管理的理念引入了商业银行领域。

根据COSO的定义和巴塞尔新资本协议的阐述，商业银行全面风险管理是一个受到银行董事会、管理层和其他个人的影响，并应用在整个机构战略设定中的过程；它被设计用于识别影响整个实体的潜在重大风险；它能根据该组织的具体情况提供一个风险管理框架,并为组织目标的实现提供合理的保证。

这个定义包括的基本概念有:一个过程,它持续地流动于主体之内;由组织中各个层级的人员实施;应用于战略制订;贯穿于企业,在各个层级和单元应用,还包括采取主体层级的风险组合观;旨在识别一旦发生将会影响主体的潜在事项,并把风险控制在风险容忍度以内;能够向一个主体的管理当局和董事会提供合理的保证;力求实现一个或多个不同类型但相互交叉的目标:它只是实现结果的一种手段,并不是结果本身。全面风险管理是个过程,这个过程由商业银行的董事会、管理部门和其他决策人员制定,同时被应用于商业银行的战略制定过程并贯穿于整个商业银行结构之中,以识别那些对银行产生影响的潜在事件,在银行风险偏好范围内管理风险,并为商业银行实现目标提供一定程度的保证。

(1) 全面风险管理是一个过程。全面风险管理是趋向结果的一种方式和方法,而其本身并非就是一个结果。全面风险管理不是一个事件或一种情形,而是渗透在商业银行管理当局经营银行方式中的一系列行为,并持续地或反复地相互影响。全面风险管理不是像部分反对者所认为的,加在银行活动之上的附加或一种必要的负担。但这并不是说有效的全面风险管理就不需要商业银行付出额外的努力,它同样可能对银行提出进一步的要求。例如,在考虑到信用和市场风险时,就需要建立应对相应风险所需的模型来进行必要的分析和计算。但是,全面风险管理机制与银行的经营活动交织在一起。当风险管理机制被构建到作为商业银行的基础结构之中,并成为商业银行核心要件的一部分时,商业银行的风险管理才是最有效的。通过建立全面风险管理,商业银行能直接提升实施战略和实现愿景的能力。在银行中构建风险管理框架,对于抑制成本具有重要意义,尤其是对有效应对激烈的高度竞争的市场更为重要。对现有业务流程增加的流程补丁无疑会额外增加成本。通过全面审视现行的经营活动及它们对全面风险管理的贡献,将风险管理整合到基本的业务经营活动中,银行就可以避免不必要的业务流程和成本耗费。同时,将全面风险管理机制用于构建业务经营模式,有助于银行管理层辨认并抓住新的机遇,实现业务增长。

(2) 全面风险管理是由人员来实施的。全面风险管理不只是厚厚的政策、严密的程序,它还涉及商业银行中各个层面的人。全面风险管理与董事会、管理部门和其他人员密切相关,它由银行中的人,通过他们的言行予以执行。正是由人来确定银行的愿景、任务、战略及目标,并建立有效运作的全面风险管理机制使之得以落实。同样的道理,全面风险管理也影响人的行为。银行的风险管理认识到人们并不总是能够始终如一地相互理解、相互沟通和行动。银行的每一个员工都有自己独特的背景和技能,有着不同的需要和偏好,并对事物的判断有不同的角度。这些事实影响了银行的风险管理,同样也被全面风险管理所影响。每个人都有一个

独特的参照点,它影响他怎样去识别、评估及应对风险。全面风险管理帮助提供所需的机制,帮助银行员工在银行目标环境中理解风险所需要的方法。银行员工必须知晓他们责任和权利的局限。同样的,在责任与这些责任被执行的方式之间需要一个清晰而紧密的联系,这种联系也存在于银行的战略与目标之间。一个银行中的人包括董事会成员,以及管理部门和其他部门的人员。尽管董事主要提供对银行的监督,但他们也提供指导,审批银行战略,以及特定的交易和政策。因此,董事会是全面风险管理的一个重要的元素。

(3) 全面风险管理被应用于商业银行战略的制定中。商业银行制定它的使命或远景预期,并建立其相应的战略目标。该目标协调和支撑其使命或远景可以实现的高层次目标。商业银行为实现其战略目标而建立战略,同时也制定了其他希望要实现的相关目标,这些相关目标源自银行的战略目标,并自上而下地贯穿于银行的经营单位、分支机构和经营过程。全面风险管理被用于制定战略,在这个过程中管理层认为风险与所选择的银行战略有关。例如,一种可供选择的战略是为了提高市场份额而并购其他银行。另一种则是为了实现更高的边际毛利而削减原始成本。每种战略选择都带来了大量的风险。如果管理部门选择第一种战略,就可能不得不向一个新的不熟悉的市场扩展,那么竞争者就能挤占银行现存市场中的份额,或者银行将会没有能力有效地实施该战略。选择第二种战略,就包括不得不面对使用新技术、联系新的供应商或结成新的联盟的风险。全面风险管理技术应该被运用在战略层次上,以帮助管理当局评价和选择该银行的战略和相关的目标。

(4) 全面风险管理应用于整个商业银行。全面风险管理贯穿于商业银行的各个层次和范围,并包含了投资组合风险观点。为了成功地应用全面风险管理,商业银行必须考虑其整体活动的规模。全面风险管理考虑了商业银行结构内所有层次的活动,即从战略规划、资源分配的整体层次的活动到市场资源、人力资源、经营单位活动以及新客户信用检查的经营层次的活动。全面风险管理也应用于那些可能在银行的组织架构中还没有明确位置的特殊业务和创新。在应用全面风险管理时,商业银行应该考虑其全部的活动。这些活动包括从诸如战略规划和资源配置等银行层次的活动,到诸如市场营销和人力资源等业务单元的活动,再到生产和新客户信用评价等经营流程。全面风险管理还应用于特殊项目,以及目前在商业银行的层次和组织结构图中还没有一个明确位置的新的活动。全面风险管理要求银行采取投资组合的观点,这将意味着经营单位、职能部门、经营过程的每一个管理者都要对各自的活动形成一个风险评估。这些评估活动可能是定量的或者是定性的。综观商业银行结构内紧密相连的各层次,高级管理层采用复合的观念看待银行中的所有层级,以确认银行的整体风险组合是否与其风险偏好相适应。管理层要从银行层次结合的角度考虑相互关联的风险。银行中每个单位的风险可能在各个单位的风险容忍范围之内,但是如果将这些单独的风险综合在一起可能将超过银行总的风险偏好。银行向下游每个具体目标建立其相对应的风险偏好,将这些风险偏好综合起来就反映了银行总体的风险偏好。另外,管理层应该考虑所有潜在事项,而不仅仅是风险。通过考虑事项,管理部门可以了解特定事项可能产生的抵消效应的影响。例如,利息率的下降可能对银行的资金成本产生积极的影响,但却对生息资产带来的利息收入产生消极的影响。事件之间存在着相互关系,管理部门会发现将这些事项进行整合分类是有用的,它有助于对相关风险和机会的考虑变得容易。

(5) 全面风险管理被设计用于识别影响商业银行所有的潜在事件并将风险控制在风险偏好的范围之内。风险偏好是商业银行在追求价值增值过程中愿意接受的广泛意义的风险的程度。它反映商业银行的风险管理理念,进而影响商业银行的文化和经营风格。商业银行常常采取定性分析法,将银行的风险偏好分为高、中、低等层次;或者采取定量分析法,反映和平衡有关增长、回报与风险的目标。具有较高风险偏好的银行可能愿意将资产投资于利润较高的金融衍生业务等高风险领域。反之,具有低风险偏好的银行只会将资产投资于成熟的、稳定的市场,如国债市场,以限制其短期的巨额资本损失风险。

风险偏好与商业银行整体战略直接相关。在制定战略时要考虑银行的风险偏好,根据银行的风险偏好,确定与其相适应的战略带来的预期收益。不同的战略将银行暴露于不同的风险之中。全面风险管理帮助管理层选择一个与其全面风险偏好相一致的战略。全面风险偏好对资源分配起引导作用。管理层在考虑商业银行的风险偏好和业务部门为实现投入资源的期望报酬基础上,通过准确计量各类风险确定经济资本,通过经济资本的分配决定各类资产规模,改善业务组合的风险与收益配比关系,将有限的资源从效益较差而风险较高的业务上释放出来,为效益更好而风险可控的业务腾出空间,促进银行业务稳健经营、健康发展。风险偏好要与银行的目标相关,并要考虑目标的相对重要性。全面风险管理要求对各类风险进行识别、评估和科学管理,并支持银行资产的保值和增值,要求银行将风险和收益、风险偏好和风险策略紧密结合起来,增强风险应对能力,尽量减小操作失误和因此造成的损失,准确判断和管理交叉风险,提高对多种风险的整体反应能力。

(6) 全面风险管理为商业银行的管理部门和董事会提供了合理保证。精心设计的有效的风险管理能够为管理部门和董事会实现商业银行目标提供有限保证。合理保证反映了未来的不确定性和风险,因为不确定性和风险没有人能准确地预测。作为被确定为有效的全面风险管理的结果,在每一类的商业银行目标中,董事会和管理部门对商业银行战略目标的完成情况、经营目标的实现情况、合规情况等获得有限保证。合理保证并非意味着商业银行经营管理经常会失败,良好的全面风险管理会降低商业银行不能实现其目标的风险。而且,商业银行各个层级的人员职责的发挥,都是以实现目标为目的的。这样,商业银行正常状况下是按照其战略推进的。但合理保证并非是绝对保证,因为做决策时人为判断可能是错误的,所以,对于风险应对和控制方法的决策,就需要考虑相关的成本和收益。由于一些简单的差错或错误而导致的人为失败将引起整个决策系统的崩溃,因此,应该设法避免让两个或更多相互勾结的人来制定风险控制决策,管理部门有权无视这些相互勾结的人所制定的风险管理决策。这些局限性妨碍了董事会和管理部门对实现目标的绝对保证。

(7) 全面风险管理必须与在一个或多个独立但又相互交叉的分类中所要实现的目标相适应。在既定使命的前提下,管理部门建立了战略性目标并选择了相应的策略,管理部门也建立了其他目标,这些目标自上而下地贯穿于商业银行之中,并且与商业银行的战略相联系。这一框架体系将商业银行的目标分为四类:①战略目标,涉及高层目标,协调并支持银行的目标;②经营目标,涉及银行资源有效、效率;③报告目标,涉及银行报告的可靠性;④合规目标,涉及银行对其适用的法律、法规的遵守。这一分类可以使董事会和管理部门关注全面风险管理的各个方面。风险管理可以在一定程度上确保实现报告可靠性和遵守相应的法律、法规的目标。这些目标的实现是处于商业银行的控制之中的,并依赖于商业银行相关活动的运行情况得以实现。但是,诸如取得特定市场份额这样的战略目标的实现,往往都是商业银行所不能控制的。虽然不能防止错误判断或错误决策的发生,也不能防止哪些导致商业银行不能达到经营目标的外部事件的发生,但是全面风险管理确实能提高管理部门做出更优决策的可能性。对于这些目标,全面风险管理可以在一定程度上确保管理部门和董事会以监督者的身份适时地检查商业银行实现目标的进度。

3.4.2 流程体系建设的内容

如前所述,农村银行的流程分为业务流程、管理流程和支持流程三大类。在实际工作中农村银行可以根据中国银监会办公厅《农村商业银行和农村合作银行推进流程银行建设的指导意见》的基本要求,结合本行需要,对各大类流程进行分级,进一步分为一级流程、二级流程、三级流程,如有必要在三级流程下还可设置第四级流程。

1. 业务流程建设的内容

业务流程是指直接面向客户服务的流程,提供的产品、服务能给客户、股东和其他主要相关方直接创造价值,包括个人、公司和金融市场等业务流程。

(1) 业务流程建设的基本要求。业务流程优化的目标是根据合规性要求和竞争性需求,通过对业务流程的整合、优化、删减和集成,实现持续的识别、满足和超越客户、监管当局及其他相关方需求。业务流程建设应满足以下基本要求:

第一,在充分了解客户、识别客户需求的基础上,根据"高风险长流程、低风险短流程"的原则,建立差异化、专业化的业务流程体系,做到一项业务一个流程、一个产品一个流程。针对"三农"、小微企业金融服务"短、小、急、频"的特点和风险水平,设计简捷、实用、高效的差异化业务流程,搭建信贷评审绿色通道。

第二,以完善业务流程为抓手,根据农村银行发展战略、市场定位、目标客户需求和业务模式,采取标杆对比、专家意见、因果图、流程图、失效模式分析(FMEA)、统计图、控制自我评估(CSA)、标准操作规程(SOP)等工具和方法,持续改善和优化业务流程,提升客户满意度。

第三,根据客户、产品或渠道合理划分前台业务职能,形成有利于业务条线管理的组织架构,建立快捷的决策和反应系统,提高总部的业务指导和决策支持能力,强化分支机构的营销和服务功能。

(2)业务流程建设的具体内容。农村银行业务流程的一级流程主要有信贷业务流程、存款业务流程、支付结算业务流程、中间业务流程、资金业务流程、国际业务流程等。其中:信贷业务流程包括个人类信贷业务流程、公司类信贷业务流程等;存款业务流程包括个人活期存款流程、定活两便储蓄存款流程、单位通知存款流程、单位定期存款流程等;支付结算业务流程包括查询查复流程、支票业务流程、电子汇划业务流程等;中间业务流程包括银行卡类业务流程、代理类业务流程、担保类和承诺类业务流程、咨询顾问类业务流程、基金托管类业务流程、代保管类业务流程等;资金业务流程包括转贴现业务流程、债券投融资业务流程、同业往来业务流程、信贷资产转让业务流程、资金交易应急处置预案流程等;国际业务流程包括外汇结算业务、单证业务、申报业务、贸易融资业务、外币贷款业务等国际业务和代理行业务、SWIFT系统收发报文等国际业务管理流程。

2. 管理流程建设的内容

管理流程是根据业务流程的风险状况与特点,结合农村银行公司治理管控需要,对业务流程进行有效管理控制,以提高对市场的反应速度、顾客满意度和市场竞争能力为目的,促进农村银行价值持续增长的流程。

(1)管理流程建设的基本要求。管理流程建设应满足以下基本要求:

第一,管理流程优化和再造以防范风险、审慎经营为出发点,全面贯彻全面、审慎、有效、独立的内部控制原则,确保管理组织职责明确、权责分明,能够适应市场变动对管理流程的新要求。

第二,管理流程优化和再造要注重提升管理质量,提高管理效率,实现管理服务优化,促进农村银行实现内涵式增长。

第三,建立适合"三农"金融服务的信贷管理流程,支持授信调查、审查、审批、放款、贷后管理等全流程管理。推行独立授信审批人制度、风险经理派驻制,推行客户经理和风险经理平行作业法。

(2)管理流程建设的具体内容。农村银行管理流程的一级流程主要有决策监督流程、计划财务管理流程、合规管理流程、风险管理流程、金融产品研发管理流程、授信管理流程、内部审计管理流程等。其中:决策监督流程包括股东代表大会决策流程、董事会决策流程、监事会监督流程、高级管理层执行流程等;计划财务管理流程包括预算管理流程、财务核算管理流程、财务授权管理流程、财务开支审批管理流程、资金管理流程、资产负债管理流程、统计分析管理流程等;合规管理流程包括合规审查流程、合规检查流程、合规报告流程、合规考核流程、法律事务管理流程、制度建设流程等;风险管理流程包括信用风险管理流程、市场风险管理流程、操作风险管理流程、流动性风险管理流程、声誉风险管理流程、压力测试管理流程、应急处理流程等;金融产品研发管理流程包括产品需求发起流程、产品合规性审查流程、产品申报立项流程、产品开发测试验收流程、产品销售流程、新产品与新业务后评估流程、消费者保护流程等;授信管理流程包括信用等级评定流程、授信管理流程、用信管理流程、放款管理流程、信贷资产风险分类流程、贷后管理流程、信贷档案管理流程等;内部审计管理流程包括内部审计准备流程、内部审计实施流程、内部审计报告流程、内部审计处理流程、内部审计档案流程、外部审计流程等。

3. 支持流程建设的内容

支持流程是指为业务流程、管理流程提供支持保障的流程。农村银行应持续优化支持流程,完善后台组织架构和职能,建立良好的支持保障机制。

农村银行支持流程的一级流程主要有会计服务、信息科技、人力资源、综合办公、后勤保障、安全保卫、社团事务等。其中:会计业务流程包括授权、会计核算、账务处理、会计出纳交接、业务监督、对账、会计档案管理、会计风险报告、会计结算重大突发事件应急预案等流程;信息科技管理流程包括信息科技风险管理流程、信息系统开发测试和维护流程、信息科技运行维护管理流程、信息安全管理流程、业务连续性与应急处置管理流程、外包服务管理流程等;人力资源管理流程包括人力资源战略与规划流程、组织和职位管理流程、招聘管理流程、薪酬管理流程、福利管理流程、绩效管理流程、培训管理流程、干部管理流程、员工管理流程、劳动关系管理流程、离退休人员管理流程、职业生涯规划管理流程等;综合办公流程包括综合办公事务、OA事务等流程;后勤保障流程包括会议接待、物业管理、物品管理、招投标管理等流程;安全保卫流程包括安防管理、安全管理等流程;社团事务流程包括党务管理、工会工作等流程。

3.4.3 流程管理

流程管理是落实农村银行内部控制要求和风险防控目标的重要手段。为充分发挥流程管理的作用,农村银行应遵循稳健运行原则,通过前中后台相互分离、相互制约,把岗位制约、责任制约、程序制约等制约机制有机地在流程中实现集成。

1. 流程管理的内容

农村银行流程管理的内容至少应涵盖:

(1)流程梳理。基于农村银行的发展战略,按照以客户为中心,以市场为导向,对业务流程和相对应的管理流程、支持流程进行梳理,对照相关内、外规章,对流程进行规范,明确流程各个环节的操作要求和岗位职责。

(2)流程设计与优化。科学规划流程设计方案,建立符合国际标准、符合法律、法规要求、符合监管要求、符合客户要求、符合本行实际的标准化流程体系。兼顾效率与风险控制,坚持高风险长流程、低风险短流程的原则,通过合并、调序、分解和简化,对业务流程、管理流程和支持流程进行优化,定期开展流程重检,实现流程的全面无缝对接。

(3)组织架构的持续优化与再造。基于业务流程、管理流程和支持流程的配置要求,进行岗位分析,结合岗位数量与风险控制的需要,合理设置各职能部门及网点岗位和人员配置,明确所有岗位职责,建立职责清晰、运行高效、控制有力并符合实际和中长期发展需要的组织架构。

(4)流程文件制作。基于流程和岗位职责的要求,开展流程立规,建立流程的操作程序和作业指导书,规定操作和控制标准,制定岗位职责。以信息科技为支撑,对流程和岗位职责进行固化,结合内、外规章映射,建立数字化、规范化的流程文件体系。结合全面风险管理的要求,逐步建立风险点库。

(5)流程持续改进与优化。建立包括流程梳理、评估、分析、优化等内容的流程改进机制,为实现流程持续优化和改进提供制度保证。基于农村银行的发展战略,结合宏观经济金融政策的调整,适应客户市场和经营环境的变化,对业务流程、管理流程和支持流程实施常态化的持续改进,不断优化并形成最佳实践流程。

(6)合规性风险的全面管控。通过建立风险事件库和检查反馈机制,对合规性风险进行事前、事中和事后管控,实现合规性风险的全面管控。

2. 流程管理的组织

农村银行董事会对流程管理负最终责任;高级管理层具体负责流程管理的实施;监事会负责监督流程管理工作;合规管理部门为流程管理的牵头部门;稽核审计部门为流程管理的独立评价部门。

(1)董事会的职责。农村银行董事会在流程管理中履行以下职责:审批基于

农村银行发展战略的流程建设规划,审批或授权审批流程管理的相关政策;对流程建设、运行的有效性定期进行评价,监督高级管理层建立、完善流程管理的政策和运行机制;确保有足够资源用于流程管理。

(2) 高级管理层的职责。高级管理层负责流程管理的具体实施,履行以下职责:负责根据农村银行发展战略制订流程建设规划、流程管理的相关政策,报董事会批准后实施;执行董事会批准的流程建设规划,采取有效措施推进流程建设,建立覆盖全部业务、管理、支持保障环节的流程体系;明确各部门在流程建设与管理中的职责与报告要求,指导和督促其有效履行职责;指定专门部门负责牵头流程建设与管理,配备适当的财务、人力和信息科技资源,包括提供必要的经费、设置必要的岗位、配备合格的人员、为流程建设与管理相关人员提供培训、赋予流程建设与管理人员履行职务所必需的权限、建立和完善管理信息系统以支持流程的建设、持续改进与日常管理;对流程建设、运行的充分性与有效性进行监测和评估,定期向董事会报告流程建设与运行情况,以有助于董事会判断流程的有效性。

(3) 监事会的职责。监事会负责监督流程的建设、运行与管理,履行以下职责:①监督董事会、高级管理层建立并完善农村银行的流程体系;②监督董事会和高级管理层履行流程建设、运行与管理职责;评价董事会和高级管理层在流程建设、运行与管理中的履职情况。

(4) 合规管理部门的职责。农村银行的合规管理部门负责牵头流程建设、运行与管理工作,履行以下职责:牵头制定并执行流程建设实施方案,确定流程建设与管理的基本要求,指导和协调流程建设、运行和管理的具体工作;牵头实施对流程建设情况的检查、评估和督促,并向高级管理层报告流程建设情况;负责组织农村银行的流程建设培训,协助各部门和分支机构提高能力水平、有效履行流程建设、运行与管理的各项职责。

(5) 稽核审计部门的职责。稽核审计部门为农村银行流程建设、运行与管理的独立评价部门,负责建立流程建设、运行与管理的评价制度,定期或根据管理需要对流程建设、运行与管理情况进行评价。评价报告应客观真实、内容充分,并按照规定路线报告董事会及相关委员会、监事会、高级理管层及相关管理部门。

3. 流程的持续优化

强调流程的持续性改进对于企业完善质量控制、加强风险管理、提高效率、降低成本具有重要意义。农村银行应从以下四个维度充分认识"持续流程优化":

第一,"持续流程优化"是一种企业文化。它应体现农村银行对于持续提高产品或服务质量的一种孜孜不倦的追求。农村银行应通过不断完善的流程改进产品和服务的质量,一旦出现质量问题也首先会从流程和管理上找问题。此外,"持续流程优化"的实现需要农村银行内部成员能够具有强有力的合作精神,在问题出现后能够积极配合,与合规管理部门、风险控制部门通力合作寻找问题原因,而不是相互指责,推卸责任。

第二,"持续流程优化"也是一种经营管理策略。农村银行在自身发展的同时,必须时时紧跟市场的变化,以市场为导向开展各项经营活动。与此同时,通过持续不断地将吸收到的市场信息反馈给经营者,促使他们及时、准确地根据市场信息对流程进行改进或再造,以保持或提升农村银行的风险管控能力、价值创造能力、可持续发展能力和市场竞争力。作为一种经营策略,"持续流程优化"有助于农村银行更准确地理解市场环境,并结合自身所长快速、准确地对农村银行的产品进行市场定位,积极开发迎合市场变化的新业务、新产品,以保证农村银行能跟上市场潮流,在竞争中处于有利地位。

第三,"持续流程优化"是一种解决问题的方法。在具体执行中,"持续流程优化"有一些指标体系可用以记录和衡量流程中各环节的运行效果。通过这些数据的记录,决策者可以迅速发现各个流程间的相关性和冗余度,并以这些指标为基础,通过博弈论、运筹学的方法对现有流程进行优化,使农村银行效率不断提升。

第四,"持续流程优化"也是一门管理艺术。由于该体系的运行涉及许多参数的准确收集,因而需要相关部门的协调配合,以及银行与客户、客户与客户之间的有效沟通和决策单位的有力领导。因此,"持续流程优化"除了需要有完善的方法论外,还需要执行者在执行过程中运用高超的管理艺术。

当然,"持续流程优化"虽然是一个行之有效的管理模式,但成功将它应用于管理实践也绝非易事。必须具备以下几个因素的有力保障,才能使该模式的功效得以实现。比如,"持续流程优化"的执行必须以严格的组织结构和管理流程为前提,使各个流程的组成部分有机结合、环环相扣。又如,"持续流程优化"模式必须具备强大的数据支持和有效的指标体系,使组织运营的各个环节有清晰、系统的记录,等等。通过"持续流程优化",不仅能使农村银行减少各环节的浪费,提高运行效率,保障系统表现的稳定性,还能使农村银行可以通过不断改进运营效率,降低运营费用,来有力地抵抗外部竞争对手的挑战。

3.5 组织架构的优化调整

流程银行建设是农村银行建设全面风险管理体系的有效途径。健全的组织架构既是农村银行公司治理的基础,也是全面风险管理体系健康运行的重要载体。任何形式的组织架构都有其自身的特性,一方面,组织架构需要保持相对稳定,只有稳定的组织架构才可能产生效率;另一方面,农村银行的发展壮大又需要不断调整组织架构,只有能够适时作出调整和不断优化或再造的组织架构才能适应不断发展变化的内外部环境,才能给农村银行带来更大的发展。如何适应全面风险管理和市场变化等方面需要,对现有组织架构进行调整和优化,最大限度地提高管理效率,应该说是农村银行通过实施全面风险管理实现可持续发展的一项艰巨任务。

3.5.1 商业银行组织架构的基本模式

根据组织架构中权责关系的不同,商业银行的组织架构一般有直线式、职能式、直线职能式、事业部制、矩阵式等模式。

1. 直线式组织架构

直线式也称垂直型管理,这种模式下的商业银行按照授权依层次由上级垂直领导与管辖,即由总行高级管理层直接管理分支机构,整个机构战略、规划、制度等从高级管理层到基层按垂直方向自上而下进行传达、贯彻和执行,内部权限清楚、职责明确、活动范围稳定,但在任务分配和人事安排上缺乏分工与协作,内部缺乏弹性,权限高度集中,容易形成管理层的道德风险等。这种模式比较典型的就是总分(支)行制,即商业银行设立总行的同时又在总行之下设立分(支)行,总行在对其分支机构进行管理监督的同时,还作为经营机构对外营业;或将总行作为总管理处,总行的职能仅在于管理监督分支机构,不从事具体业务。

2. 职能式组织架构

这种模式是在直线式组织架构的基础上发展起来的组织模式,即按专业分工在总行及其下属分支机构内部设置管理职能部门,各部门在其业务范围内有权向其下级发布命令与指示,下级既要服从上级主管的指挥,又要听从上级职能部门的指挥,具有分职、专责的特点,既有利于发挥管理人员的特长,将复杂工作简单化,又有利于强化专业化管理,提高管理工作的效率和水平。但这种模式容易增加管理层次,导致管理人员过多,管理资源相对比较浪费。

3. 直线职能式组织架构

这种模式是将直线式组织架构和职能式组织架构相结合而产生的一种组织模式,即按组织的任务和管理职能划分部门,设立机构,实行专业分工,加强专业管理。同时,将管理部门和管理人员分为直线指挥机构和职能机构两大类。直线指挥机构和人员(如在总行成立运营管理部并由其向下属机构派出会计经理或运营经理等)在自己的职权范围内有决策权,对下属有指挥和命令的权利,并对自己职责范围内的工作承担全部责任;职能机构及其人员(如后台支持保障部门)一般只是负责信息、预测、建议、监督等职能,为直线指挥机构服务。这种模式下的机构内部管理系统完善、隶属关系分明、权责清楚,但各职能部门之间横向联系较差,易于发生冲突和矛盾等,为了弥补这些缺陷,一般要设立相关委员会,由直线指挥部门主持,召集各职能部门负责人参加,讨论决定整个组织的重大事项。

4. 事业部制组织架构

这种模式又称分权式组织架构,即按照金融产品、区域、市场或客户等类型将组织划分为若干个相对独立的单位,称之为事业部。各事业部根据高级管理层制定的方针、政策和下达的任务、指标,全权指挥所管辖单位和部门的经营管理活动,并对高级管理层全面负责,各事业部在人事、财务、组织结构设置方面有较大的自主权。这种组织结构下的最高管理部门和管理者可以把主要精力放在研究制定组织发展的战略方面,而不拘泥于对具体事务的管理。此外,由于权力下放,各事业部能独立自主地根据环境变化处理日常工作,使组织工作更加具有灵活性和适应性,便于将组织的经营情况同组织成员的物质利益挂起钩来,调动员工积极性。但事业部制过分强调分权,在一定程度上削弱了整个组织的统一和管理能力,加上各事业部都存在自己的职能部门或独立岗位,可能导致整个机构存在内设部门及岗位重叠、管理人员增多、管理费用增大以及内部监督控制不到位等问题。

5. 矩阵式组织架构

这种模式主要是由纵横两种管理系列组合而成的方形结构,一种是纵向的职能部门结构,另一种是横向的项目管理结构,二者交叉重叠。纵向的职能部门结构一般实施垂直管理,横向的项目管理结构一般采用横向管理,而且这种组织结构一般是为了完成某项特定的任务,由有关职能部门负责人组成一个小组,以利于利用各方力量,协调各方活动,保证任务的完成。项目小组的成员接受双重领导,既服从于小组负责人的领导,又要受所属职能部门的领导。这种模式把组织中的横向联系和纵向联系结合起来,加强各职能部门之间的配合,强调纵向权力和横向权力的制衡,在调动各方积极性的同时也从制度上强化了风险管理,同时还具有很大的灵活性,应变迅速。但由于实行双重领导,容易由于意见分歧造成工作上的矛盾,加上专项组织与职能组织的权利平衡,各项工作在时间、成本、效益等方面的平衡较难实现。

3.5.2 商业银行组织架构的职能

商业银行可以选择的组织架构模式多种多样,各家银行应根据自身实际做出选择。对于农村银行来说,无论选用何种模式,组织架构的三大职能必须明确:一是高级管理层次的划分。二是内设部门的划分。三是职权的划分。

1. 高级管理层次的划分

高级管理层次的多少,应根据农村银行经营规模、经营特点及管理宽度来决定。农村银行是规模较小的独立法人主体,基本上可分为战略规划层、运行管理层两个层次。总行即为战略规划层,董事会层面应对整个机构的业务实行统一规划、指挥协调和综合管理,尤其是负责制定全局性、方向性的为完成经营目标的重大方

针政策;同时,高级管理层层面应负责经营目标的制定,选择计划实施方案、拟定实行的步骤和程序,并合理配置资源,组织安排协调下级的经营活动,评价经营成果和进行风险管理等。运行管理层,主要是指各经营单位(包括营业网点),其主要任务就是按照既定的任务和程序,具体实施计划,完成各项经营任务。

2. 内设机构的划分

为了有效开展经营活动,提高工作效率,一个企业必须对自身的工作进行充分细致的分析,并进行明确的分类,在此基础上进行科学的综合,形成为完成规定的经营任务进行专业化管理的特定机构,其目的在于确定企业业务经营中各项任务的分配与责任的归属,以求分工合理,职责分明,高效达到既定目标。各类组织活动的特征,随着目标的不同而形成差异,但内设机构划分的标志和方法却具有普遍适用性,其中按职能划分是根据经营专业化的原则,以工作任务或性质为基础来设立职能机构的。农村银行的业务经营专业化较强,必须以工作或经营任务的性质来划分内设职能部门,以有利于充分发挥专业职能,同时,专业化职能部门的划分可为上级主管部门提供专业化严格管理控制的基础。

3. 组织结构的职权划分

作为金融类企业,农村银行必须围绕适合于其经营目标和战略的主要活动来设计组织结构。组织结构一方面要以经营目标为中心,另一方面又必须以人为本,既应有一条权利的轴线,又要有一条责任的轴线。一是,完善"三会一层"治理结构,发挥董事会决策、监事会监督、高级管理层执行的职权。二是,合理实行集权与分权,总行在对决策、财务、人事等事项充分集权的同时,应赋予基层经营单位适当的经营权力,既控制了风险也调动了基层经营单位的积极性。三是,完善授权管理,适当的授权可以节约上级部门的时间和精力,减少组织管理成本,并可以锻炼下级部门的工作能力和提高其积极性。

3.5.3 农村银行现行组织架构存在的缺陷

当前,我国农村银行的产权制度改革正在积极推进,但传统的组织管理模式还没有发生根本性的改变,存在整体上的滞后性。这种滞后性集中体现在内部组织体系建设及其风险管理上的组织运作机制存在缺陷,缺乏一个统一完整、全面科学的规范风险治理法规制度、操作规程和互相之间的监督约束机制,不能完全适应防范和化解经营风险的需要,不能适应金融机构审慎经营和银行业监管的需要,在一定程度上也体现了在统一法人下的农村银行仍然被分割成无数独立的利益板块,风险集中管理的职能及其对应的风险管理资源被人为地分割,相关各方又缺乏有效的合作协调机制,从而影响了整个机构的抗风险能力。农村银行现行组织架构存在的缺陷集中体现在以下几个方面。

1. 统一法人形似神不似

统一法人后的农村银行普遍已按现代金融企业的模式进行经营和管理,但多级法人体制运行已久,惯性思维影响深刻,导致已经统一法人的机构对各经营单位(特别是分支机构)的管理仍然是典型的"块块管理"体制,大多数经营单位准法人性质还比较突出。在这种模式下,利益的多元化导致了目标的多元性,总部(总行)层面缺乏统一的风险管理战略和政策措施,资源浪费严重,且人为地形成信息屏蔽,从而降低了营运效率,增加了内部交易成本和风险管理成本,统一法人的经营目标始终难以很好实现。此外,根据"三会一层"制度要求,行长由董事会聘任,在董事会授权范围内开展经营活动,并实行任期目标责任管理,高级管理层对经营效益的好坏负有经营责任。但有的机构董事长受传统管理习惯影响,角色转换缓慢,习惯于事必躬亲,其所担负的重大决策职能作用反而没有得到充分发挥。

2. 所有者主体缺位问题突出

完善的法人治理结构,其实质是使农村银行从以"行政约束"为主逐步转向以"所有者约束"为主,也就是股东和经营者的契约关系,即一种市场化的委托代理关系。目前,股东大会作为农村银行的最高权力机构,理应享有选择董事会及监事会成员的权力,审议董事会、监事会工作报告,对农村银行重大事项作出决议等,但在现实中,股东大会往往流于形式,股东代表对农村银行经营管理的基本情况不了解或了解不多,股东与农村银行之间存在着严重的信息不对称,客观上缺乏参与重大决策的基础条件。部分农村银行股权仍存在分散性、流动性,甚至"存款性"的特征,股权结构不尽合理,产权主体位置被虚置,产权关系模糊,导致高级管理层在经营决策上存在短期性或盲目性,风险隐患大。

3. 部门设置行政色彩浓厚

目前,绝大部分农村银行还是按照内部工作职能设置各部门并授予相应的管理权力,而这些职能部门对各业务条线和经营单位的管理仍以行政手段为主,服务意识不强,组织运作机制缺乏应有的活力。机构设置往往存在职能缺位或重叠、职责交叉等情况,常出现部门之间互相扯皮的现象,业务条线及各经营单位在业务流程运行过程中深感办事难,难办事。在风险管理流程的设置上,前台、中台、后台职责划分不清,部门间信息沟通、业务流程运转不顺畅,直接影响流程运行速度和决策效率以及决策的传导速度。

4. 部门缺乏科学的履职标准

有的农村银行从内部运作便利的角度进行定部门和定职责,较少考虑客户需求和风险管理的需要,导致定岗、定责、定人不合理,部门履职标准不科学,决策凭经验、靠讨论、靠请示的现象比较突出,市场反应能力弱,办事效率低,组织运作机制的变革任务十分艰巨。

5. 营销及服务机制不健全

很多农村银行还没有形成真正以客户为中心的营销机制,也没有细分市场,主要客户群体不明确,产品和服务相互分隔,缺乏真正的产品经理和客户经理。即使已经建立客户经理队伍的农村银行,对客户经理的管理也普遍缺乏有效的手段和合理的激励机制,客户经理自身也缺乏应有的素质,营销技巧不够,营销效果不理想。一些农村银行对市场营销的认识仍停留在完成考核指标上,没有把自身定位于服务性企业,没有把市场营销上升到一个企业长期发展战略的高度来认识。以人为本的绩效考核体系没有真正建立,导致市场营销机制在内部没有良好的组织运作机制这个平台来支持和配合,整个服务机制无法满足和适应金融业的快速变化。

6. 风险控制功能不到位

在风险管控方面,农村银行普遍存在管理分散、职责不清,缺乏有效的风险识别、度量、监测、控制和检查机制。在组织运作机制上,有的农村银行没有设立专业的风险管理部门,各业务条线和各层级的风险管理责任人责任不明确;在风险管理战略上,缺乏清晰的信用风险、市场风险、操作风险、流动性风险及其相关的行业风险、政策风险、地区风险等风险管理或控制的政策目标;在风险治理上,一些分支机构等经营单位主要负责人集事权、人权、财权于一身,导致市场风险、道德风险等过于集中,而法人机构作为一级法人却必须承担全部和最后的风险责任,风险决策、执行、信息、监督等职能尚未形成一个有机整体。

7. 接受外部监督不足

自觉接受股东和社会公众监督,是银行业机构法人治理的重要内容,也是科学管理各类风险的必然要求。但由于受经营理念和实际经营业绩不景气等方面的制约,某些农村银行在对公众公开披露自身经营业绩和经营活动时,效果大打折扣。究其原因,一方面是一些农村银行领导层在情感上和传统观念上视股东为外人,不愿意过多暴露其经营情况;另一方面是绝大多数入股股东只对能得到多少分红感兴趣,而并不在意农村银行经营的好坏和管理上的问题。此外,由于农村银行的信息披露制度每年只是披露利润总额、总资产、总负债等几个粗略的财务数据,业务情况介绍多为宣传性的内容,整个农村银行的实际经营状况,如业务结构、收益结构、资产构成、风险指标等都披露得十分有限,对信息的外部监管自然就很难到位。

以上这些问题,从实质上说就是机制问题。尽管这些年农村银行改制的力度是大的,但机制转换进展仍比较缓慢,旧观念,旧体制、粗放管理的痕迹依然比较明显。即使改制成股份制商业银行的机构,也存在换牌子快、改机制慢的问题,"新瓶装陈酒"、"穿新鞋,走老路"在有的农村银行十分突出,公司治理、风险管控、业务经营、队伍建设等没有发生什么变化。推进产权和组织形式改革的目的,就是要奠定建立现代金融企业基础,具体则要通过机制转换来实现。

3.5.4 农村银行组织架构优化调整的基本原则

科学的组织架构及其对应的高效的风险管理组织体系是农村银行实现有效风险管理、实现可持续发展的重要基础。由于具有自身的特殊性,农村银行不可能完全照搬其他商业银行的组织管理模式,而应该综合考虑内部各种因素,借鉴先进商业银行实践与经验,进行有效的调整、优化或再造,最终形成适合自身特性、资源及未来一定时期发展需要的组织结构。

1. 组织架构服从战略的原则

农村银行决策层所拟定的战略决定着整个组织架构类型的变化,当农村银行确定战略之后,为了有效地实施战略,就必须分析和确定实施战略所需要的组织架构。因为战略是通过组织来实现的,要有效地实施一项新的战略,就需要一个新的或者至少是被调整、优化或再造了的组织架构。因此,农村银行应根据内外部环境的变化要求去制定战略,然后再根据新制定的战略来调整原有的组织架构。战略与组织架构的主从关系具体表现在四个方面:一是,决策层的战略选择规范着组织架构的形式。二是,只有使组织架构与战略相匹配,才能成功地实现农村银行的整体目标。三是,组织架构抑制着农村银行战略的实施,与战略不相适应的组织架构将会成为限制、阻碍战略发挥其应有作用的巨大力量。四是,如果在组织架构上没有重大的调整和变革,农村银行本身则很少能在实质上改变当前的战略,也就是说要使农村银行的各项发展战略得到更好的贯彻、落实,对现有的组织架构进行适应性、结构性和有效性的调整就成为一种必然。

2. 事权分离的原则

农村银行应以"责权分明、平衡制约、规模健全、运行有序"为原则,建立"决策制定权"、"风险控制权"、"业务操作权"三权分离的内部管理组织体系,正确处理"三会一层"的权、责、利关系。一要通过明晰产权,实现资本的有效约束,通过建立以"三会一层"为主体的组织结构和保证各机构独立运作、有效制衡的制度安排来完善现行的法人治理体制,实现稳定发展与防范风险紧密结合。二要建立与法人结构相配套的人事管理制度和奖惩制度,促使董事会成为真正意义上出资者的代言人,监事会成为真正意义上出资者的监护人。高级管理层要依据董事会授权建立健全职责清晰的内部组织管理体制,明确各部门、各业务条线及各分支机构的职责和权限。三要加强授权限额管理,对风险相对较高的业务品种,根据其性质、规模、复杂程度和风险承受能力对交易限额、风险限额及止损限额等通过授权进行设定,建立合理的授权限额体系。四要建立健全财务、会计和结算管理制度和操作流程,不断提升财务会计规范化水平,使之成为规范管理、防范风险、健康发展的重要

手段。五要通过设立清晰的风险报告路线,确保各层级风险管理者可获得有效的风险信息。

3. 流程决定组织的原则

以业务流程为基础来设置部门,决定人员分工,在此基础上建立和完善组织的各项功能。与流程再造一样,流程型组织要从最方便服务客户的角度设计,打破过去单一标准的以部门职能为核心的组织管理模式,始终围绕流程运行需要确定岗位及其配置人力资源。

农村银行应以流程再造为抓手,合理划分业务条线和部门岗责,整合分支机构及其各营业网点的资源配置,积极实施组织架构的扁平化改革,推行集中化、标准化的后台管理模式,建立科学、高效的组织架构。一要通过建立正确的业务流程并根据流程的需要确定不同的岗位和人员,形成以任务为核心的运营机制,改变原来以职能为核心的层级管理体制转向以任务为核心的"扁平化"流程管理体制。二要通过流程的运行实现内部各经营单位与风险管理等专业部门之间的合作与协调,创造条件消除职能部门之间的隔阂或职责不清等缺陷,使整个机构都能围绕客户需求及市场变化进行全力合作,共同实现机构的战略目标。流程型组织要求组织成员以业务流程为工作纽带,按照团队工作的方式,实现客户的需求,它改变了过去命令式、服从式、内向式的工作关系,提倡团队成员之间的理解配合,注重培养员工的全局观念,要求员工目光向外,关注客户的需求,提高了农村银行适应市场的能力。

4. 最有利于风险管理的原则

经过组织架构的调整,按业务流程运行划分,农村银行组织架构大致将分为业务发展条线、风险控制条线和后台支持条线等三大类。业务发展由各业务条线和经营单位负责,通过设立客户经理负责客户关系管理,了解客户需求及产品业务推广;风险控制则由设立独立的风险管理职能部门进行垂直管理,并在各业务条线和经营单位设置专业的风险经理负责调查、分析、评价客户风险,提出防范措施,出具风险报告交审批人审批,并对业务条线或经营单位各类风险进行日常监测、评估、管理和报告。同时,规模较大的农村银行可以根据客户群体不同,或者业务流程的差异设置不同的风险控制团队,由一个团队完成对同类型客户的风险控制,或者负责同一业务流程的实施,这样不仅可减少管理层次,提高内部控制能力,而且还可以增强团队的应变能力,有利于各项业务的健康持续、平衡发展。

5. 一切为了客户的原则

不发展就是最大的风险,农村银行要在发展中不断化解历史包袱、在发展中增加防范风险的资本能力。目前,农村银行的营销机制不健全是制约其发展的关键所在,因此,农村银行要通过流程再造重新搭建起对外营销功能齐全的组织架构。要彻底改变等客上门的惯性思维,主动营销、策略营销,始终站在客户的立场进行业务拓展和业务创新;要把总部按不同业务板块划分的前台业务部门真正推向市场,真正形成经济利润中心;要尽快建立一支稳定的客户经理队伍和对外代客理财队伍,增强营销功能,加大营销力度;要理顺前、中、后台关系,突出直接与客户接触的业务条线或业务部门的核心地位;要合理确定总部管理链的长度和管理半径,使业务拓展和内部管理顺畅、协作和均衡运作。按照不同客户群体的需求设置前台部门,组成专业化营销机构,有针对地满足客户全方位、个性化的金融需求,逐步建立一个包含前台、中台、后台的营销团队,前、中、后台紧密配合的经营格局和协作机制,共同促进财富管理业务的发展。

6. 以经济利润为中心的原则

经济利润又称经济增加值,作为独立核算的法人企业,农村银行的流程再造以及组织架构的整合,必须真正以经济利润为中心,以股东价值增长额和经风险调整后的资本回报率作为主要业绩考核指标,强调盈利高低必须以股东利益最大化为出发点,建立起集约化经营的组织架构,逐步成立业务处理中心、报账中心、事后集中监督中心、大额贷款集中审批中心等集约化经营管理组织体系,集中进行成本分配与核算,强调成本控制,大大降低营运成本。加快改造、整合网点功能,综合考虑网点收益和成本,通过流程化管理改革,尽可能地减少管理层次,建设特色网点和核心网点,重塑网点业务模式,增强网点的产品销售和多功能服务以及对外宣传中心。积极探讨和建立高端客户服务理财中心,集中为高端客户提供各种个性化、高附加值的理财服务。大力推进自助银行服务系统和电话银行服务系统建设,适时发展居家银行服务系统和网上银行服务系统,建立多元化的电子化银行服务体系。建立垂直化、专业化的财富管理业务营销服务队伍,统一管理所有财富管理业务,垂直管理所有营业网点柜台、个贷中心、理财中心、个人客户经理队伍、理财师队伍等,使之成为一个独立的"经济利润中心",独立核算、独立考核。

3.5.5 农村银行组织架构的模式选择

任何组织都是由许多要素按照一定的联结形式有机组合而成的,除了有形的物质要素外,组织还存在着一些相对稳定的关系,包括纵向的等级关系及其衍生的沟通关系,横向的分工协作关系及其衍生的沟通关系。一个企业能否顺利达到经营目标,在很大程度上取决于这种结构安排的完善和优化程度。目前,农村银行组织架构调整需要综合考虑的因素主要包括:①组织层次,即组织的纵向结构,考虑自身的规模,设置适合自身管理的层级。②管理跨度,包括总部直接管理的跨度和分支机构管理的跨度以及相关管理层管理的跨度等。一般来说，管理跨度越大，组织层次越少，反之，则组织层次会多一些。③专业化程度，即在组织内部各职能部门分工的精细程度，具体表现为部门数量的多少，例如，部门越多，则分工越细，专业化程度越高。④规范化程度，即组织的业务活动所采用的程序和方法规范化的程度。⑤集权与分权程度，即组织的决策权和管理权在高层次与较低层次分布的状况，若较多分布在高层，则集权程度较高，若较多分布在较低层次上，则分权程度较高。⑥核心职能，即组织基本职能中的关键职能，它对实现组织战略目标起关键性的作用。⑦地区分布，这个因素主要反映了组织结构在空间上的复杂程度，一般来讲，企业的组织结构分布越广，则结构越复杂。⑧分工形式，即考虑按不同的标准进行劳动分工与协作的关系。⑨人员结构，即组织中各层次、部门人员在企业员工总数中的比例情况，如营销人员比例、管理人员比例等。综合上述各种因素，考虑农村银行自身的规模、人力资源、网点资源等方面情况，借鉴现代银行成功经验，当前农村银行在设置或调整组织架构时应体现"业务管理的垂直化、机构管理的扁平化、报告路线的矩阵式"等三个重要特征，并积极创造条件保证三者有机的协调统一，构建分工合理、权责清晰、协作高效的组织架构。

1. 业务管理的垂直化

即强化农村银行内部各业务条线的纵向管理功能，保证农村银行的整体战略和具体措施能从高层有效地传递到基层并被正确执行，减少来自其他管理层次的干扰或扭曲。一是，建立总部直接管理和直接考核的直属网点，减少分支机构层面的管理环节，增强营业网点的营销服务功能。二是，在总部成立公司银行部、个人银行部等专业营销管理部门，直接对全辖对公和对私业务的政策制定、任务分解、特大客户的营销和关系维护等业务条线进行垂直统一管理或集中办理。三是，总部设立专业的风险管理职能部门，通过委派风险经理的方式对整个机构各层级的风险事项进行直接统一协调管理。四是，设立首席信贷审查官或总部（区域）授信审批中心，将整个机构或分片的授信审批或审查等权限上收并进行授信业务的集中化处理。五是，通过建立相对独立的内部审计体系，实现总部对整个机构内部审计工作的直接、统一管理，对于较大规模的分支机构，则由总部下设审计分部并直接管理，审计分部的人员和财务等审计资源由总部分配和控制，审计人员在组织关系和经济利益上与被审计的分支机构保持相对独立，从而使审计信息真实程度和共享程度得到提高，审计资源集中管理程度也得到提高。六是，设立运营管理部，对整个机构的账务处理和资金调拨、现金管理等会计结算及计划财务等职能进行整合，逐步实现集中管理，同时实行主办会计委派制（或运营经理委派），突出委派会计对柜面操作业务事前、事中控制，强化对重点岗位、重点事项、重点环节、重点节段的风险控制,保证"监而到位,督则有力"。七是,设立独立的事后监督中心,实行全辖日常业务的集中统一的监督和差错及时处理等。

2. 机构管理的扁平化

即在不影响管理效率的前提下尽可能地压缩纵向管理层次,突出一线业务经营单位在市场营销、客户服务、对外宣传等方面的地位和主导作用,缩短委托代理或授权管理链条的长度,缓解信息不对称和由此产生的内部人控制等问题。目前,农村银行在实现机构管理扁平化方面的主要做法:一是,取消支行对下属网点的管理职权,建立直属网点,组织模式由原来的"总行—支行—网点"转变成"总行—直属网点",原来支行对网点的管理职能全部上收至总部各相关部门,将客户经理前移至网点,做大做强直属网点的功能,使其真正成为客户营销和金融服务的前沿阵地。二是,支行仍然存在,但其下辖只保留营业部,其余网点分离出来,烦琐的网点管理职能全部移交给总部,集中力量拓展客户,加大营销及服务;有些农村银行把部分支行按其所属区域经济特征设置为某一行业(例如特色农产品加工业等)或某一贷款品种(如小微贷款等)的集中处理中心,做专做大这些行业和业务品种,压缩管理层级,加快信息传递速度,提高管理效率和运营效率,提高客户满意度。

3. 报告路线的矩阵式

即强调各种重要的报告事项(如重大或重要风险事项等)实行纵向报告和横向报告的模式。例如,基层网点或其他一线经营单位发现风险事项,除了按隶属关系逐级向上一级报告实际情况及其处理建议外,还须向同一级别的风险管理职能部门(岗位)和审计监督部门等报告有关事项,以保证基层的各种风险信息能及时传送到机构的管理层和决策层。以信用风险管理为例,在总部设立风险管理职能部门,独立于其他业务部门行使包括信用风险在内的全面风险管理职能,直接向风险管理委员会负责;同时,在总部的授信业务部门,又有专门独立的风险控制岗位服务于本部门的风险管理。一般而言,授信业务部门根据风险管理职能部门指定的风险业务操作流程和风险提示,负责监控本业务条线操作过程中的风险,对重大风险事项和例外事件同时向风险管理职能部门和主管本业务部门的负责人报告。办理具体授信业务时,由总部派驻的风险经理与客户经理共同完成贷前调查,客户经理在与客户关系中负主要责任,由客户经理所在业务条线负责设计针对具体客户的营销策略,并协调有关市场的营销力量和资源配置;由风险经理完成信用风险识别、评估,每一方需要把与客户接触的情况立即告知另一方,不得隐瞒信息,业绩以客户经理为主进行判断和记录,而风险控制状况则以风险经理为主进行判断和记录。

3.5.6 基于流程的农村银行组织架构

中国银监会办公厅《农村商业银行和农村合作银行推进流程银行建设的指导意见》指出,农村银行应根据发展战略、市场定位、目标客户需求和业务模式,持续优化个人、公司和金融市场等业务流程,完善前台组织架构和职能,建立科学的业务运行机制;根据业务流程的风险状况和特点,结合公司治理管控需要,以及现代农村银行制度要求,确定中台管控模式,优化风险管理、计划财务等中台管控流程,完善中台组织架构和职能,建立有效的管理控制机制;持续优化业务运营、信息科技、人力资源、综合办公、行政后勤、安全保卫、纪检监察等各个支持流程,完善后台组织架构和职能,建立良好的支持保障机制。

流程再造理论、价值管理理论和全面风险管理理论是农村银行流程再造与组织架构优化的主要理论依据。从农村银行价值驱动的路径出发,根据以上理论依据,基于流程的农村银行组织架构基本框架,如图 3-4 所示。

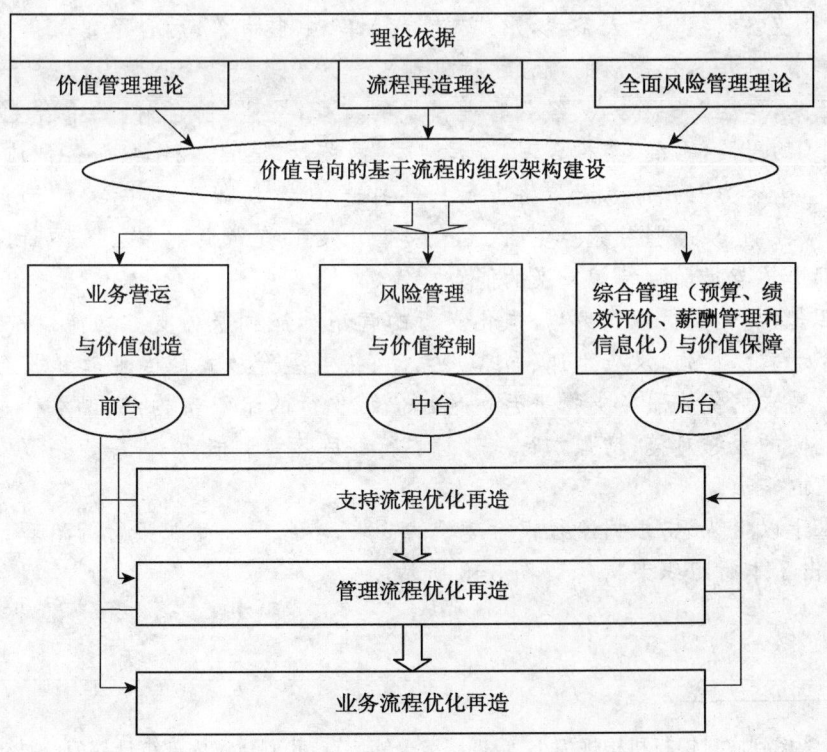

图 3-4 价值导向的基于流程的组织架构建设框架

【案例3-2】

某农商银行组织架构概述

某农商银行(简称本行)按照"科学化、专业化、扁平化、流程化、集约化"的流程银行建设思想,遵循"精简、效能"和"科学合理,职责清晰,决策、经营、监督分离"的原则进行机构整合和相应的岗位配置与职责优化,构建与本行金融服务区域经济发展和经营特点、业务规模、服务对象及金融产品复杂程度相适应的组织架构。

一是,进一步完善公司治理结构,加强董事会专门委员会作为辅助决策机构、监事会专门委员会作为辅助监督机构、高级管理层专门委员会作为高管层辅助执行机构的建设,清晰各专门委员会的职责界定,确保各委员会的专业性,对经营决策形成有力的支持。

二是,按照前、中、后台相分离的原则设置本行总部内部机构,将内设机构细分为:业务发展条线、风险控制条线、授信管理条线、运营管理条线、综合保障条线、审计监督条线等六大条线,形成"前台接单、中台审单、后台下单"、迅速响应市场需求、满足客户需要的流程运行机制。

三是,结合"一级法人"经营管理模式的特征,按照"前台前移、中台上收、后台集中"的思路,围绕"架构合理、流程清晰、内控严密、管理科学、服务优质、运转高效、竞争有力"的目标,逐步将本行总部打造成为"决策管理中心、营销策划中心、风险控制中心、服务保障中心、后台运营中心和资源调配中心",不断提高本行总部引领与推动可持续发展的能力。

四是,优化支行组织架构,强化支行的营销功能和服务支撑功能,将支行打造成市场敏感性强、反应迅速、与客户互动、拓展型开放式的专业营销平台和面向客户需求的优质服务支撑平台。通过优化支行的组织架构,实现本行总部与支行之间的无缝对接,增强本行总部对支行的风险控制能力,进一步拓宽支行价值增值的渠道。

基于以上认识,根据流程银行建设的要求,参照现代商业银行的治理运作机制,提出了本行组织架构[①],如图3-5所示。

[①] 考虑到农村银行机构规模小、管理层级少等特点,我们建议内部审计部门(稽核部)由监事会直接领导,并履行监事会办公室的职责,这样做不仅符合成本效益原则,在公司治理方面已经超越了《公司法》的要求。

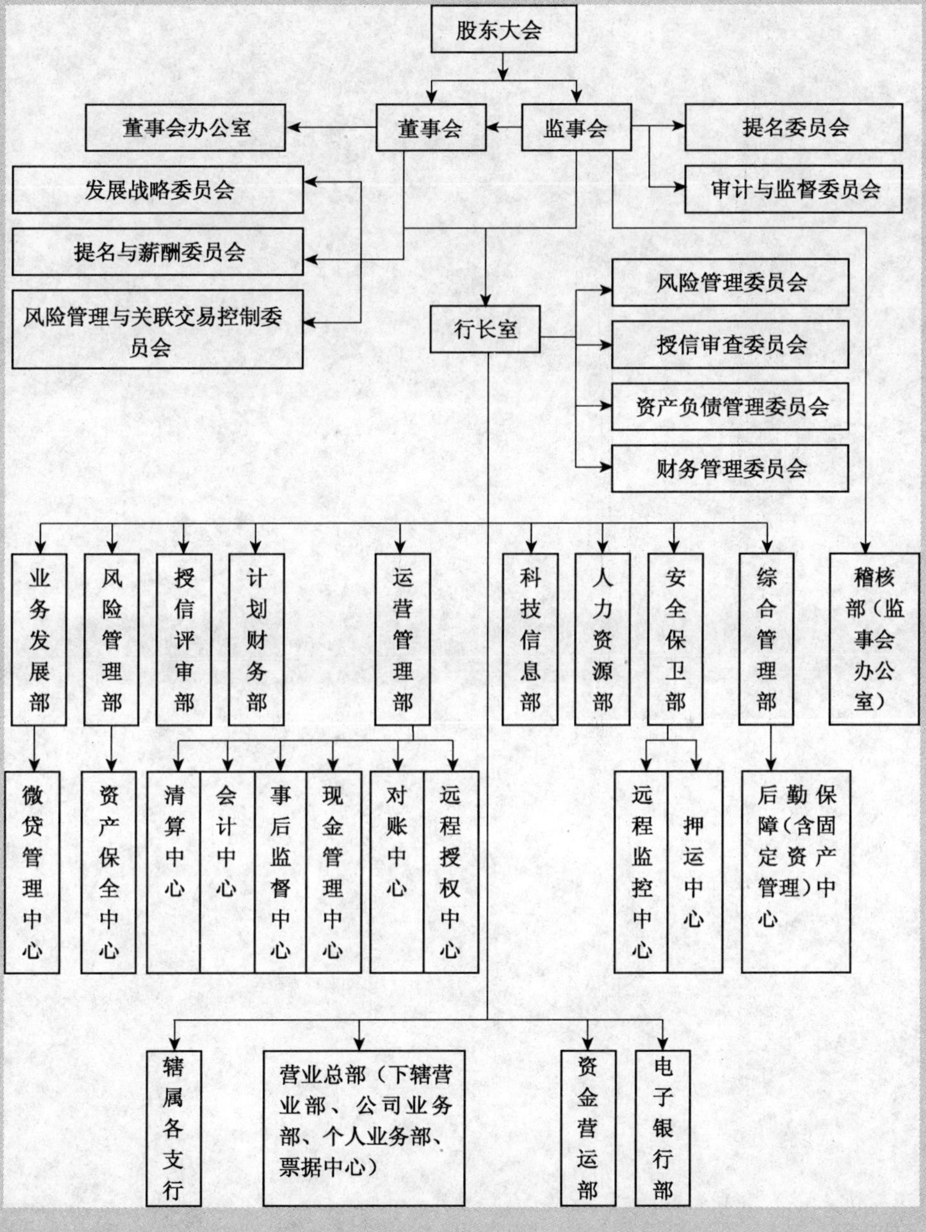

图 3-5 某农商银行组织架构图

第 4 章

全面风险管理机制建设(上)：
组织框架

- 风险治理与组织分工
- 风险经理制建设
- 风险管理文化建设

银监会《农村中小金融机构风险管理机制建设指引》提出了农村银行应按照巴塞尔新资本协议倡导的方法改进风险管理水平,将全面风险管理的理念和方法应用到农村银行的实际业务管理工作中的基本要求,明确了农村银行的风险管理机制建设框架,内容包括风险管理组织体系、风险管理政策和程序、风险管理运行机制、考核问责、风险管理文化、监督与评价等六个方面。按照该《指引》的要求全面建设风险管理机制是农村银行建立防范风险长效机制、提升核心竞争力、实现可持续发展的根本措施,是转变经营机制、向产权明晰和经营有特色的现代金融企业迈进的必经之路。

4.1 风险治理与组织分工

银监会《农村中小金融机构风险管理机制建设指引》第三条指出,农村银行应积极完善风险管理组织架构,形成与业务规模及其复杂程度相适应的全面风险管理体系。银监会办公厅在《农村商业银行和农村合作银行推进流程银行建设的指导意见》中进一步提出,农村银行应建立分工明确、职责清晰、相互制衡、运行高效的全面风险管理组织架构。

4.1.1 风险管理"三道防线"

大部分农村银行现有的管理机制并不适应经营风险和管理风险的新模式,尤其缺乏对各类风险综合控制和全面管理的健全的组织结构。组织结构是管理体制的载体,管理机制必须依附在完整的组织结构之上才能发挥其效用。作为独立的法人机构,农村银行要按照全面、专业、垂直、集中和独立相结合的原则,尽快搭建分工明确、职责清晰、相互制衡、运行高效的风险管理组织结构,加强风险管理条线的独立性和专业性,保证风险治理机制的有效运行。

1. 风险管理的原则与组织架构

银监会《农村中小金融机构风险管理机制建设指引》第五条指出,农村银行风险管理应当遵循以下原则:

(1) 全面性原则。风险管理应当贯穿决策、执行和监督的全过程,覆盖所有业务、所有部门及岗位和所有操作环节。

(2) 适应性原则。风险管理与机构的经营规模、业务范围和风险水平相适应,并根据发展状况适时调整,以合理的成本实现风险管理目标。

(3) 独立性原则。风险管理的机构、人员和报告路线应单独设置,对业务职能予以制衡。

(4) 融合发展原则。风险管理应与业务发展紧密结合,以风险管理推动业务稳健发展,确保机构价值的长期提高。

第4章 全面风险管理机制建设(上):组织框架

农村银行应在遵循全面风险管理基本理念的基础上,根据风险管理的"四项原则",以"分工明确、职责清晰、相互制衡、运行高效"为出发点,构建垂直、独立、专业的风险集中统一管理模式,使风险管理贯穿决策、执行和监督全过程,覆盖所有业务、所有部门及岗位和所有操作环节。图4-1是某些农村银行的风险管理组织架构①。

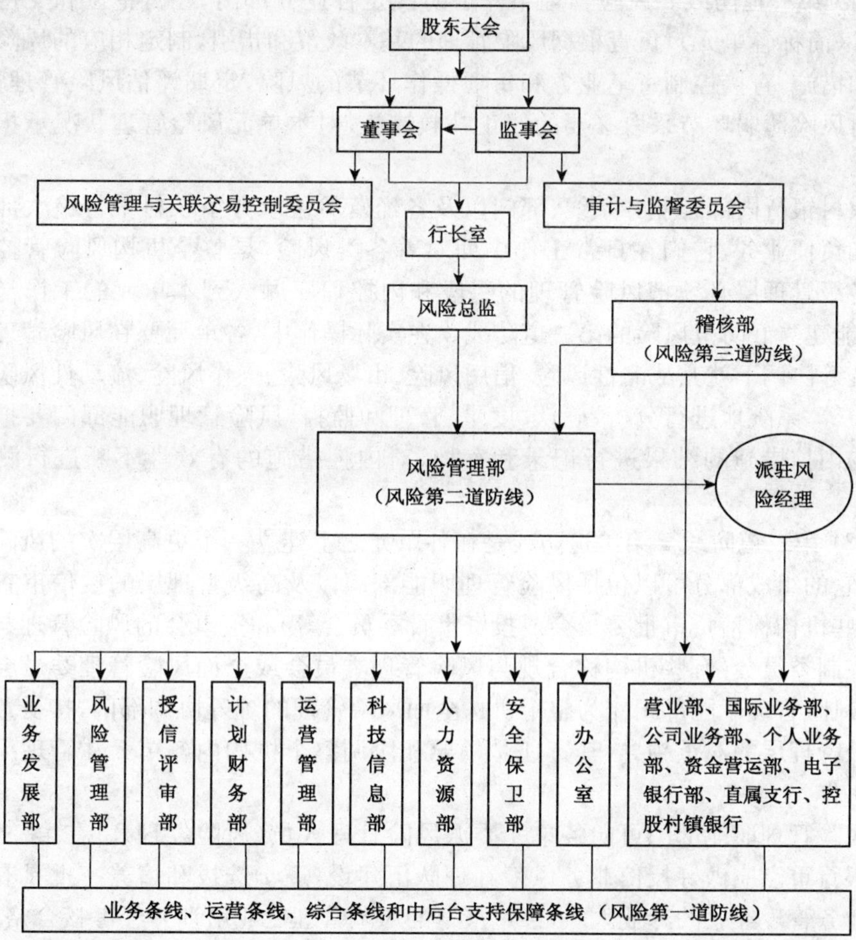

```
                    股东大会
                       │
         ┌─────────────┼─────────────┐
         │                           │
       董事会 ←───────────────────→ 监事会
         │                           │
    ┌────┴────┐                      │
    │         │                      │
风险管理与    行长室              审计与监督委员会
关联交易控制    │                      │
委员会          │                      │
              风险总监              稽核部
                │                  (风险第三道防线)
                │
         风险管理部 ──────────→ 派驻风险经理
       (风险第二道防线)
```

（下属部门：业务发展部、风险管理部、授信评审部、计划财务部、运营管理部、科技信息部、人力资源部、安全保卫部、办公室、营业部、国际业务部、公司业务部、个人业务部、资金营运部、电子银行部、直属支行、控股村镇银行）

业务条线、运营条线、综合条线和中后台支持保障条线（风险第一道防线）

说明:图中"→"仅表示风险控制路线关系,逆向则为风险报告基本路线,各道风险防线的风险报告级别应因风险因素的重要性程度确定具体的报告路径和报告级别,具体的风险报告路径与报告级别应在各种风险管理流程中详细规定。

图4-1 风险管理组织架构

---

① 第三道防线(稽核部)由监事会领导是考虑到农村银行规模小、层级少等特征,独立性更强,符合成本效益原则,而且超越了《公司法》对风险治理的要求,类似的风险管理组织架构在浙江、湖南等地的农村银行普遍采用,表现出了较好的风险治理效果。

2. 风险管理"三道防线"建设

农村银行应进一步建立和完善由风险决策、管理、执行、操作、监督等不同层次职能组成的风险管理工作体系,进一步完善由各业务部门/经营单位/支持保障部门、风险管理职能部门及内部审计部门构成的风险管理三道防线,如图4-1所示。

(1) 第一道防线。风险管理第一道防线是各业务部门、经营单位和支持保障部门等(简称各单元),负责根据风险管理的基本政策和指引,制定相应的风险管控流程和措施,直接控制每笔业务和每项操作环节的风险,定期评估风险管理情况,并针对风险薄弱环节采取必要的纠正补救措施,对本单元风险管理状况承担第一责任。

农村银行内部各业务条线、部门以及各经营单位承办了农村银行绝大部分的资产和负债业务,它们在日常工作中面对着各类风险,是整个机构风险管控的前线。各级管理层必须把风险管理的手段和内控程序融入到本单元的工作与流程中,才能建立好防范风险的第一道防线。在实际操作中,各单元要在风险管理职能部门统筹协调下就其战略性风险、信用风险、市场风险、操作风险、流动性风险和声誉风险等,系统地进行分析、确认、度量、管理和监控,风险管理职能部门要把评估风险与内控措施的结果进行记录和存档,对内控措施的有效性不断进行测试和更新。

(2) 第二道防线。第二道防线是在各单元之上建立一个更高层次的风险管理功能,它的组成部分可以包括风险管理职能部门以及高级管理层的授信审查委员会(有些机构称信贷审批委员会或投资审批委员会等)和董事会的风险管理与关联交易控制委员会(有些机构称合规与风险管理委员会或全面风险管理委员会等)。其中,风险管理职能部门作为整个机构全面风险管理的统筹协调部门,接受董事会和高级管理层的双重领导,其责任是领导和协调整个机构内各单元在管理风险方面的工作。

风险管理职能部门可向各单元委派风险管理人员(风险经理)。在第一阶段,农村银行重点应做好授信业务风险经理队伍建设,逐步选拔和培养一批具有较强授信业务管理经验的专业人才,经过严格的风险管理专业培训并经考核合格后,充实到风险管理职能部门充当授信业务风险经理,与业务经营单位的客户经理平行作业,直接参与授信业务的风险管理,要求风险经理贷前介入、贷中交叉核对、贷后风险监管,实现业务处理风险的实时监控,促使风险管理更加贴近客户、贴近基层,提高审贷决策的质量和效率。在完成授信业务风险经理运行机制建设以后,应尽快建立一支风险经理团队,加强对授信业务、资金业务、运营业务等全流程的风险监控,强化对第一道防线的风险识别、评估、报告等风险管控职能,在发展业务的同时强化风险专业化管理。

(3) 第三道防线。第三道防线是内部审计部门,发挥"第三双眼"功能,负责以风险和合规为导向,在本机构各业务环节开展有重点的审计监督,对风险管理进行事后监督和反馈调整,同时对本机构风险管理职能部门的全面风险管理有效性定期进行现场或非现场的监督、检查和评价。内部审计是一项独立、客观的审查和咨询活动,应充分发挥好价值增值服务功能,通过系统的方法,评价和改进农村银行的风险管理、控制和治理流程的效益,帮助农村银行全面实现战略目标。

4.1.2 农村银行风险治理运行机制现状

商业银行的风险治理是基于法律规章确立风险管理参与者(股东、董事会、高级管理层及各层级人员和其他利益相关者)在履行相关责任和义务时相互补充、相互制约的动态过程。商业银行通过完善的风险治理机制,将风险管理的决策、管理、操作职能分别赋予不同层次的组织与人员,董事会、监事会、高级管理层以及各层级经营单位、业务条线等在自身职责范围内履行对各类风险的管理职责,并独立承担相应的责任。

风险治理是商业银行公司治理的核心内容,而公司治理的实质就是商业银行内部权力分配制衡机制,即明确股东、董事、监事、高级管理层和其他利益相关者之间权力和责任的分配,在不同权利主体之间建立起各负其责、协调运转、有效制衡的运行机制。董事会作为全体股东的代表,承担受托人职责和看管职责;高级管理层则接受董事会授权全权负责内部专业化和日常性的经营管理;监事会代表全体股东,对董事会和高级管理层进行监督。虽然农村银行在公司治理结构上已形成比较固化的模式,也就是说,已经"形似"了,但对于大部分机构来说,公司治理机制仍然存在一些问题。例如,"三会一层"制度无法落到实处,作用不明显;内部人控制现象比较普遍,越位或串位问题突出;权力制衡机制失效,互相监督不够;内部组织结构设置不合理,运行机制缺乏动力等。由于农村银行在公司治理上还存在种种缺陷,在风险治理上也同样存在诸多问题,集中体现在以下八个方面。

一是,确定并监督实施风险偏好、风险管理战略和风险管理规则往往不是由董事会独立负责,而是由高级管理层取而代之,使得董事会对高级管理层经营决策的风险监控职能被严重削弱。

二是,股东大会、董事会、监事会的职责不能正常履行,存在巨大利益冲突的高级管理层缺乏动力去推进风险管理机制建设,许多机构现行风险管理组织运作机制不健全、风险管理人才缺乏、职能不到位,风险管理运作陷入不正常状态,表现出时紧时松,不良资产和不良率时升时降,资产质量状况总体表现不佳。

三是,大部分机构组建的风险管理委员会主要由业务部门负责人组成,业务部门对来自风险管理监督的天然排斥性,使得风险管理的很多政策制度和程序不是从风险管理本质要求出发,而是从其自身需要出发,部门利益主导下制定出来的风险管理政策、制度和程序不是从风险管理本质要求出发,而是从其自身需要出发,部门利益主导下制定出来的风险管理政策、制度和程序,必然缺乏整体性和统一性,因而缺乏规范性和权威性,风险管理政策制度在执行过程中各取所需,随意性很大,这正是目前省级联社很多风险管理政策在县级行社(统称农村银行)流于形式、执行力度弱的根本原因。

四是,缺乏高效规范运作的董事会,也就难以通过市场程序选聘合格的经营管理者,更谈不上在风险管理过程中实施严格的监督、考核和硬性约束,有些机构经营管理者来自政府机关,不仅严重缺乏金融风险管理知识,还因官僚行政惯性而轻视风险管理技术,疏于风险管理信息系统建设,这使农村银行与先进商业银行相比,在风险评估方面存在较大差距。

五是,风险管理"三道防线"建设滞后,岗位职责的设定没有体现岗位监督的原则,部门之间、岗位之间存在界限不清、职责不明现象,导致风险管理和内部控制制度缺乏系统性、计划性和操作性,有效的风险管理运行机制和组织保障不完善,风险决策、执行、信息、监督等职能尚未形成一个有机整体,风险管理政策和程序的健全性和有效性得不到落实,案件防控任重道远。

六是,各个管理部门条块分割,风险管理信息沟通不畅,风险管理环节协调不够,完整的风险管理流程脱节和黏滞,中、后台的风险管理、法律合规和内部审计因此不能同步嵌入业务流程中去,而往往是外部或事后的管理,甚至出现风险管理与业务脱节,没有实现效率最大化,对市场和风险反应不足。

七是,风险责任配置错位,现有的绩效分配机制不能有效地体现员工的薪酬收入与其承担的风险责任相匹配,不利于对员工的正向激励,容易促发逆向选择和形成道德风险,同时也导致了一些必要的风险管理知识培训和轮岗休假等制度难以执行,无形中提高了操作风险的发生概率;对能够在日常业务操作或检查中发现风险问题的奖励政策还没有制度化、规范化,而对风险问题的整改和责任追究监督也不到位,导致有些风险问题屡查屡犯、屡禁不止。

八是,会计信息失真、信息传递效率低下、系统的开发与应用水平不高、风险评估和管理缺乏统一的标准、内部风险揭示不足、风险评估手段落后、贷款风险分类真实性差、风险评估对象局限于信用风险等问题突出。

4.1.3 风险治理的组织分工

有效的公司治理是农村银行安全稳健运行的一项基本要素,而风险治理又是公司治理的核心内容。一个有效的风险治理框架,首先要在董事会层面设立相应的职能委员会(如发展战略委员会、风险管理委员会等),并在董事会授权下对风险

第4章 全面风险管理机制建设(上):组织框架

管理进行有效决策和监督风险管理执行层按照董事会确定的风险偏好和关键风险指标实施风险控制,提高风险管理政策、制度和程序的执行效果,依据风险管理绩效实施风险问责。其次在管理层面应设立相关执行委员会,搭建风险管理职能部门和内部审计部门等,明确业务部门或条线及其人员(客户经理、柜员等)是风险承担者,严守风险管理第一道防线,承担第一责任。再次在明确董事会、监事会、高级管理层所属各专业委员会职责并明晰各部门/经营单位/业务条线等职能分工基础上,将风险管理各项任务通过设计科学的流程落实到各个具体岗位、人员。最后要增强对外部监管环境的适应性,提高对监管原则的敏感性,按照监管标准披露风险信息,接受市场监督,履行社会责任。

1. 董事会的风险管理职责

董事会负责建立和保持有效的风险管理体系,对农村银行风险管理承担最终责任,主要风险管理职责包括:

(1) 决定整体风险战略、风险管理政策、风险限额和重大风险管理制度。

(2) 领导本行在法律和政策的框架内审慎经营,明确风险偏好并设定可承受的风险水平。

(3) 批准风险管理组织机构设置方案。

(4) 确保高级管理层采取必要的措施识别、计量、监测和控制风险,并对高级管理层执行风险管理政策情况实施评价。

(5) 组织评估风险管理体系的充分性与有效性。

董事会下设风险管理委员会,根据董事会授权履行风险管理职责。

2. 监事会的风险管理职责

监事会负责监督农村银行风险管理体系的建立和运行,主要风险管理职责包括:

(1) 监督董事会、高级管理层是否履行了建立完善风险管理体系职责。

(2) 监督董事会、高级管理层是否履行了风险管理职责。

(3) 对高级管理层执行风险管理政策情况实施检查。

(4) 要求董事会成员与高级管理人员纠正其损害本行整体利益的行为并监督执行。

3. 高级管理层的风险管理职责

高级管理层是农村银行风险管理的执行主体,对董事会负责,主要风险管理职责包括:

(1) 认真执行董事会制定的风险战略,落实风险管理政策,制定覆盖全部业务和管理环节的风险管理制度和程序。

(2) 推动建立识别、计量、监测并控制风险的程序和机制,采取适当的规避风险、缓释风险、降低风险和分散风险的方法和措施。

（3）提出业务部门与风险管理部门的设置方案，保证风险管理的各项职责得到有效履行。

（4）对风险管理体系的充分性与有效性进行监测、评估和改进。

（5）按照董事会要求定期或不定期向董事会报告风险状况、采取的管理措施以及风险管理长短期规划等情况。

农村银行可根据业务发展需要设置风险总监，风险总监负责分管风险管理条线工作，不得分管前台业务工作，直接对行长负责。

4. 风险管理职能部门的职责

农村银行应设立专门的风险管理部门，负责组织建立和实施本行风险管理体系，逐步实现对信用风险、市场风险等风险的统一管理，风险管理部门必须与业务部门保持独立。主要职责包括：

（1）拟订或组织拟订各类风险管理的政策和制度。

（2）组织对风险管理政策、制度和流程的执行效果进行检查评估。

（3）研究确定风险识别、评估、计量、监控和缓释方法。

（4）研究提出本行的重大风险限额。

（5）对风险状况进行监测和分析，并根据风险报告制度进行报告。

（6）对业务风险进行审查，提出风险审查意见。

（7）对客户信用等级评定及资产风险分类进行审查。

（8）牵头推动风险管理信息系统的建设。

风险管理部门可向业务部门或分支机构委派风险经理。委派的风险经理独立实施风险审查，直接对风险管理部门负责。

5. 内部审计部门的风险管理职责

为保证监事会风险管理监督职能的有效履行，农村银行应建立独立、专门的内部审计和外部审计制度。内部审计部门在风险管理上的职责主要包括：

（1）定期或不定期地对全面风险管理机制的健全性和有效性实施检查、评价、认定，促进操作风险控制体系的完善。

（2）组织开展现场和非现场审计工作，及时发现经营管理中的潜在风险，识别、计量、监控风险状况，提出防范和化解风险的建议。

（3）负责对信息系统规划设计、开发运行和管理维护的审计。

（4）对全辖会计运营业务进行事后集中复核和及时的监督检查、纠正处理。

（5）对授信业务进行尽职审查，对关联交易开展专项审计。

（6）对行使资金、财务、会计等审查、审批权的重点岗位或重要业务环节的管理和控制情况进行监督和检查，确保会计记录和财务报告的准确性和可靠性。

(7) 负责大的招标项目的审计监督等。

(8) 对全面风险管理各项制度、措施、方法等是否有效或健全进行检查和评价,并提出合理建议。

(9) 对工作人员失职、越权和滥用职权等重大违章、违规事件进行审计检查或调查等。

6. 业务部门与分支机构的风险管理职责

农村银行内部各部门、各经营单位在日常工作中面对着各类风险,是整个机构风险管理的第一道防线,对风险管理承担第一责任。

(1) 各业务部门负责本部门和本业务条线风险管理的日常工作,制定、完善并实施本业务条线识别、计量、监测和管理风险的制度、程序和方法,对本业务条线风险情况进行监控,确保风险管理目标的实现,对本部门和本业务条线的风险管理承担第一责任。

(2) 分支机构是农村银行主要的经营单位,各分支机构执行总行制定的各项内控制度、程序和方法,并将日常经营管理活动中发现的内控制度、程序和方法存在的缺陷、漏洞以及其他风险信息及时准确向总行相应职能部室报告。

4.2 风险经理制建设

为了加强风险管理,我国各家商业银行近些年陆续在推行风险经理制。风险经理制是通过在各类业务风险控制的关键环节设置风险经理,实现控制风险目的的一种内部管理制度,是现代商业银行风险管理体系的有效手段,也是商业银行提高风险管理质量的现实选择。人是风险管理的主体,是风险管理的关键,建设一支素质精良的风险经理队伍是全面风险管理长效机制建设的重中之重。

4.2.1 商业银行的风险经理制度

在我国,各家商业银行在逐步建立全面风险管理体系的过程中,国外先进商业银行的风险经理制模式正在被迅速引进和大力推行,并取得了初步的效果。但对于处于初期阶段的风险经理制的认识不一,做法各不相同,值得我们对相关问题进行深入的探索,以便通过对风险经理制度的正确认识,帮助农村银行正确地设计这种制度。在发达国家或地区,专家型的风险经理制是商业银行人力资源管理的主要制度,也是全面风险控制体系的主要组成部分,有助于提高商业银行风险管理的专业化水平,推动风险监控的垂直、条线化的管理,细化各个风险管理职能岗位的明确专职分工和责任认定。

1. 风险经理的职能定位和类别比较①

风险经理是指对商业银行各项业务和资产进行专业化的风险识别、分析、评估、控制、管理和处置的专业风险管理人员，根据商业银行的风险战略目标和风险偏好，按照各自的岗位职责和授权权限，具体专门从事风险识别、风险计量、风险评价、风险监测、风险报告和风险补偿工作，实现商业银行对在各条业务条线、各个经营部门、各个操作岗位上表现出来的信用风险、市场风险、操作风险和流动性风险的严格监督、有力检查、有效控制和全面管理。

在发达国家或地区，不少商业银行将风险经理进行分类管理，具体来讲，风险经理可以分为两类：职能风险经理（Functional Risk Manager）和业务风险经理（Business Risk Manager）。

（1）职能风险经理。职能风险经理是风险管理部门负责对业务部门或其他风险管理部门的风险管理职能进行综合评价和监督检查的人员，对业务人员的风险控制提供业务指导和技术援助。具体来讲，就是从全行风险管理的角度，对前台对公、对私和资金交易等三大业务的信用、市场和操作风险以及其他重要部门的经营风险进行全面监控，是从风险类别上管理一种风险（如信用风险）对整个银行的影响；然后决定采取什么样的方式进行评估、防范和控制风险，同时寻求最佳做法来分散风险。职能风险经理主要是控制全行的信用风险、市场风险和操作风险，但主要任务是着重商业银行经营过程中的风险防范、控制和预警，研究各类风险对商业银行可能产生的影响、监控前台业务部门风险管理的整体状况，发挥商业银行风险管理的第二道防线的功能，而不是具体替代业务部门第一道风险管理防线的职能，具体监控业务第一线的客户经理是否履行了业务风险控制的职能，指导业务风险经理如何起到风险控制的作用。

目前，在我国商业银行设立的风险监控部或风险管理部的主要职责是负责全行全面风险监控职能，对全行的信用风险、市场风险、操作风险和经营性风险进行识别、计量、全面和系统的监控、反映、监督与检查，对主要部门负责的资产组合风险、行业信用风险、经济资本的配置与分配以及限额管理加以重点监控，确保风险管理战略的实现。通常在风险管理部或风险监控部内设置职能风险经理，负责对各个业务部门和分支机构的宏观和中观的风险监控管理，负责各项风险的计量、控制和报告。对全行的信用风险、市场风险和操作风险实行统一的风险计量、控制和报告。

职能风险经理可以分为两种情况，一种是内设在风险管理部或风险监控部的职能风险经理；另一种是外派到业务部门的职能风险经理。内设职能风险经理在

---

① 汪竹松.我国商业银行风险经理制度若干问题的探讨[J].新金融，2005,(4):29-32.

第4章 全面风险管理机制建设(上):组织框架

风险管理部或风险监控部内部,负责宏观层面的风险控制,应用先进的风险控制工具和技术,通过电子化的信息系统,对各业务条线、各个分支机构实施垂直化、专业化的风险控制,进行全程监控和实时监控,关注重大的金融风波、行业变化、突发事件等异常情况对商业银行产生的影响,发现风险讯号、揭示风险程度、解释风险内涵、报告风险状况、发出风险预警,提出风险处置和风险转移的对策,供本行领导决策,为业务部门解难。外派职能风险经理由风险管理总部派驻到各个业务部门和各个分支机构,其主要任务是对各个业务部门和分支机构的风险管理和控制情况进行全面的了解、调研和独立监控,二是检查和监督业务风险经理执行风险控制的合规性、合法性和职责的情况。

职能风险经理负责各个业务部门内部的风险管理敞口的监控,对敞口的工作进行指导,风险管理敞口是商业银行风险管理理念和政策的传递者和具体执行者,将风险管理延伸到各个业务部门,既保证业务部门内风险管理的关口前移,又保持银行风险管理的统一性和独立性。通过风险敞口收集风险信息并衡量风险状况,向董事会和风险管理委员会报告,并通过风险敞口实施管理政策的调整。

一般在商业银行的前台业务部门、计划财务部和科技信息部设置风险管理总部委派的职能风险经理。

(2)业务风险经理。业务风险经理是指在业务部门或授信部门和财务部门内部设立的、对本部门直接进行风险控制的风险管理人员。从业务部门角度,负责全业务流程的风险控制,根据业务品种来审视风险。在业务和授信部门的风险经理负责对各类客户信用风险具体评级、项目贷款评估、信贷业务审批等单笔业务的风险评估和管理;在财务部的风险经理负责调节经济资本在业务条线和金融产品上的合理配置、负责资产负债和全行流动性风险管理。业务风险经理的职能可以分两类,一类是在前台业务部门从事风险识别、风险计量为主,控制操作风险的业务风险经理;另一类是在授信审查部门以从事风险识别、风险评级为主,负责控制信用风险和市场风险的业务风险经理。

在客户经理竞争客户时,为了便于与中台信贷审批人员的协调,加强与风险经理的沟通和理解,需要在各个业务部门和分支机构设立与职能风险经理分离的业务风险经理。业务风险经理同客户经理及产品经理共同参与日常业务过程中的风险控制,在信用风险、市场风险和操作风险的评估、度量、控制和管理之中,强化对各个业务流程和各个业务环节的风险点的控制,通过相互合作和沟通,在风险、成本和效益的统一计量和对可控制风险能力的范围内,实现从业务的初始阶段即保持对风险有共同的认识。

表4-1就职能风险经理与业务风险经理在基本功能、监控对象、风险报告、监控范围、使用技术和对谁负责等方面的异同进行了比较。

表 4-1　　　　　职能风险经理与业务风险经理的异同比较

项目	职能风险经理	业务风险经理	备注
功能比较	以宏观风险和中观风险、信用风险和市场风险的控制和管理为主。	以中观和微观的信用风险和市场风险的控制和管理为主,重点是控制操作风险。	都承担全行经营风险的控制和管理的职能。
监控范围	以信用风险的控制和管理为主,兼顾市场风险。	以业务部门的操作风险为主,对风险进行实时监控。	都对突发事件或全行性关注的特别行业或项目或集团性客户的风险控制负责。
风险报告	以对风险管理部或风险监控部的纵向风险报告为实线。	以对所在业务部门的纵向风险报告为实线。	都向横向的总、分支行领导负责的风险报告为虚线。
控制对象	对全行和业务部门及分支机构的整体风险状况的监控为主要目标。	对客户经理、交易员和具体业务项目的风险变化情况的监控为主要目标。	都对全行性所关注的重点风险区域、重点风险资产、重点风险行业、国别风险的监控为主要对象。
对谁负责	对总、分支机构风险执行官和风险管理委员会负责。	对各业务部门主管负责,信贷业务方面对信贷执行官负责。	都对总、分支机构的首席执行官负责。
风险管理工具或技术	现代风险计量工具、风险监察工具、经济资本管理工具、资产负债管理工具、利率和汇率风险预测工具。	风险评级工具、客户信用风险评级、平衡计分卡、压力测试等。	

2. 风险经理的职务系列与岗位职责

目前,我国商业银行的风险经理职务系列普遍采用等级制,一种是将风险经理分为四级:资深风险经理、高级风险经理、一般风险经理和助理风险经理。资深风险经理主要设立在总行,少量的一级分行经总行批准可以设立资深风险经理,高级风险经理设立在一级分行和部分二级分行。风险经理的资格认定和权限管理归属总行统一确认和批准任命,待遇享受略低于同级行政级别。另一种是风险经理的职务设置分为三个等级七个级别:一级和二级风险经理属于资深风险经理;三级、四级风险经理称为高级风险经理;五级至七级称为风险经理。总行设置一级至六级风险经理,一级分行设置三级至六级风险经理,二级分行设置五级至七级风险经理。资深风险经理通常负责全面的风险管理工作,主要从事全行性和综合性的风险管理工作,其他风险经理通常负责单一性的业务风险工作,例如:市场风险、信用

风险、操作风险和按部门承担的风险包括信贷风险、行业风险、国际金融业务敞口风险、资金交易敞口风险等。

风险经理岗位职责的定位是三个明确：一是明确风险经理是专业技术岗位职务，其主要职责是从技术上对各类风险进行风险识别、计量、监测和控制，享受专业技术岗位职务系列待遇；二是明确风险经理从事的工作范围，负责风险识别与计量、授信业务的风险审查、风险的监测和预警、风险的化解和处置等业务和技术工作（有的商业银行把专职贷款审批人也成为风险经理，即专门从事授信业务的审批决策的风险经理）；三是明确风险经理所涉及的风险管理领域，结合各个业务岗位，分别管理相应的风险，包括信用风险、市场风险、操作风险、行业风险、国家风险、流动性风险等。在不同业务部门，承担的信用风险控制职能可能不同，信贷业务领域的信用风险是指借款人的信用风险、行业风险、国别风险等，而资金业务部的资金交易风险主要是防范交易对手的信用风险和市场风险。

与此配套的是风险经理的设置问题和待遇问题。在部门和分支机构设置风险经理必须遵循四个原则：

(1) 全面风险管理原则。

(2) 风险关口前移原则。

(3) 风险管理全过程控制原则。

(4) 在设置风险经理专业技术岗位职务时，注重"三高"原则：即"技术含量高、劳动复杂程度高和替代成本高"。

(5) "调查、审查、审批"三线作业，相互牵制。

按照以上原则，在商业银行风险管理部或风险监控部统一设置职能风险经理，并对资产负债管理部门、计划财务部门和授信审批部门采取职能风险经理派驻制或联络制，对各个业务部门派驻或直接设置职能风险经理；同时，在信贷审批部门、资金业务部门、公司营销部门、私金个贷部门、国际业务部门设置业务风险经理。

总行对设置业务风险经理的各横向部门以及各分支机构的风险监控路径可以采取两种方式：联络制或派驻制。联络制是指在风险管理部或风险监控部内的风险经理，按照专业对口，各自负责上述业务部门的风险监控，按照地理或区域范围各自负责对口的分支机构的风险监控。派驻制是指风险管理部或风险监控部向各业务部门派驻职能风险经理进行实时监控，由总行风险管理部或监控部下派职能风险经理到各分支机构行使监控职能。

3. 风险经理的管理和培养

风险经理制成效如何取决于总行是否统一管理和放权使用，经过近些年的实践检验，不少商业银行认为，风险经理必须由总行风险管理部门直接管理，有条件的银行应该将风险经理的资格认定、聘请任命、工资奖金、人事调动、职务晋升全部纳入总行的统一管理，由总行风险管理部门为主，总行人力资源部配合和总行风险管理部会同总行人力资源部共管，风险管理部主管业务指导，人事选聘和任免，根据业务需求调动风险经理；人力资源部负责工资奖金、职务晋升和人事调动过程中的具体经办手续和情况核实调查，对不合格风险经理和风险管理部辞退人员的重新分配和进修学习。

如何培养具有世界先进风险管理理念、水平和技术的风险管理人才是重点要研究的问题。可以认为，能否培养出领军人物的高级风险经理是商业银行风险管理成败的关键。应该特别注重第一流风险经理的管理人才的超前培养，主要培训的方式是向西方商业银行直接学习风险管理的做法和实务操作。目前，我国一些商业银行已经摸索出以下培训高级风险经理的做法：

一是，抽调总行部门副总经理以上领导和分支行主管信贷和风险业务副行长，达到出国人员英语水平，到西方商业银行总行和分行实习一年，具体参与实务操作，跟班学习。

二是，派出三级或三级以上风险管理骨干进入美国和加拿大高等院校进修半年，有选择地选修金融风险管理相关课程学习，从经营理念到管理方式、理论水平和风险管理技术进行超前培训。

三是，派出小规模的团组去国外考察西方商业银行的风险管理模式、技术、业务流程和组织架构。

四是，总行领导经常与西方商业银行总裁进行业务交流，聘请对方进行风险管理流程介绍，讲解应用计算机软件控制风险的技术和信息管理、IT技术在商业银行的应用等课程。

五是，通过战略合作伙伴，邀请西方商业银行的风险管理专家派驻我国商业银行的授信部、稽核部、风险部、财务部，进行现场指导，融合中西文化，探索结合我国商业银行特点的风险管理经验。

4.2.2 农村银行的风险经理制

农村银行以服务"三农"、服务中小微企业、服务城乡居民、服务县域经济发展为宗旨，具有点多面广、人员本土化等特点，加之地方性、合作制金融的特殊管理体制，使得农村银行面临的各类风险表现出了自身的特点，因此农村银行的风险经理制度不能简单机械地套用股份制商业银行的做法，必须综合考虑自身的业务类型、风险特征、人员素质等因素，设计相应的风险经理制度。

1. 监管依据

在农村银行实施风险经理制的监管依据主要有：

（1）银监会《农村中小金融机构风险管理机制建设指引》第十二条指出：风险

管理部门可向业务部门或分支机构委派风险管理人员。委派的风险管理人员独立实施风险审查,直接对风险管理部门负责。

(2) 银监会办公厅在《农村商业银行和农村合作银行推进流程银行建设的指导意见》中指出:农村银行应建立适合"三农"金融服务的信贷业务流程,支持授信调查、审查、审批、放款、贷后管理等全流程管理。有条件的农村银行应探索推行独立授信审批人制度、风险经理派驻制,推行客户经理和风险经理平行作业法。

可见,监管部门对农村银行实施风险经理制有明确的指导意见。风险经理制是在农村银行内部为特定风险关口上从事风险识别、计量、监测、预警、控制和处理的管理人员设置的制度安排,是现代农村银行人力资源管理的主要制度之一,是农村银行实施全面风险管理的有效手段和重要抓手,因而是全面风险控制体系的主要组成部分。风险经理制有助于农村银行提高风险管理的专业化水平,推动风险监控垂直、条线化管理。

2. 农村银行风险经理的配置模式与核心权力

农村银行因高管层的风险偏好、组织架构、网点分布、业务类型、风险状况等方面都存在差异,因此,风险经理配置的模式和所授予的核心权力均存在一定的差异。

(1) 风险经理的配置模式。职能风险经理采取兼职或专职模式,业务风险经理派驻至各个分支机构、营业部门,履行以信贷风险管理为主的全面风险管理职责,配置模式主要有三种:

模式一:分支机构派驻专职风险经理(1 到多名)、总行业务部门派驻专职(或兼职)职能风险经理;

模式二:分支机构实施区域风险经理、总行业务部门派驻专职(或兼职)职能风险经理;

模式三:风险集中的分支机构派驻专职风险经理(1 到多名)、风险分散的分支机构实施区域风险经理,总行业务部门派驻专职(或兼职)职能风险经理;

模式四:在风险管理部门下设风险经理中心,根据风险管理工作的需要,随机派出风险经理实施相应的风险管理工作(主要参与贷前调查)。

(2) 授予风险经理的核心权力。为了平衡好业务发展与风险控制之间的关系,实施风险经理制的农村银行根据各自的风险偏好,授予风险经理的核心权力也不相同,主要有以下三种类型:

类型一:只有建议权,没有一票否决权;

类型二:具有一票否决权;

类型三:支行派驻专职(或区域)风险经理只有建议权,没有一票否决权;而总行职能风险经理具有一票否决权。

3. 农村银行风险经理制的主要内容

为进一步促进农村银行建立健全风险管理体系，完善风险管理的运行机制和载体，全面提升风险管理水平和风险防控能力，实现持续发展、审慎合规经营，确保在风险可承受范围内实现风险、收益与发展的合理匹配，根据银监会《农村中小金融机构风险管理机制建设指引》等监管要求，有条件的农村银行根据自身实际已经或正在推行风险经理制。案例 4-1 体现了农村银行风险经理制的主要内容。

【案例 4-1】
某农商银行风险经理管理办法

第一章　总则

第一条　为了建设高素质的风险经理队伍，进一步促进某农村商业银行股份有限公司（以下简称本行）建立健全风险管理体系，完善风险管理的运行机制和载体，全面提升风险管理水平和风险防控能力，实现持续发展、审慎合规经营，确保在风险可承受范围内实现风险、收益与发展的合理匹配，根据《中华人民共和国商业银行法》、银监会《农村中小金融机构风险管理机制建设指引》等金融法律、法规及有关规定，结合本行实际，特制定本办法。

第二条　风险经理是指本行从事风险识别、计量、监测、分析、控制、缓释等风险监督管理职能的专业人员。

本行的风险经理定位为信贷业务风险经理，主要对信用风险、市场风险、操作风险、道德风险等引发的信贷风险履行监督管理职能。

风险经理原则上不得从事客户经理的业务活动，但可以在征得总行风险管理部门同意时向客户经理推荐业务，所推荐业务的风险审查由总行风险管理部门组织实施。

第三条　本办法所称风险经理是岗位职务，而非行政职务和技术职称。

本行的风险经理实行"单线管理、双线考核、双线报告"，即风险经理由总行垂直管理，直接对总行风险管理部门负责，总行风险管理部门和派驻前台机构（如农户小额信贷管理中心、个人信贷服务中心、中小企业信贷服务中心等，以下统称"派驻前台机构"）根据本行不同时期的风险偏好拥有不同的考核权重，同时向总行和派驻前台机构报告，以确保风险经理工作的权威性、独立性、实效性。

第四条　实行风险经理制的主要目的

（一）从组织结构上保障业务发展与风险控制的协调统一，通过风险管理促进本行业务健康发展，实现风险可承受范围内的业务发展战略。

（二）进一步推进风险管理关口前移，全面提升本行对风险的事前预警能力、事中控制能力和事后处置能力。

（三）从制度上保障风险管理的独立性与专业性，真正实现风险管理的机构独立、人员独立和报告路线独立，促进本行风险管理专业水平的提高。

（四）通过风险经理，延伸总行全面风险管理的半径，强化总行风险管理政策执行的统一性以及总行对派驻前台机构面临的各种风险的实地感知能力，实现对派驻前台机构的全面风险控制。

第五条　风险经理配备在兼顾成本效益原则的前提下，综合考虑派驻前台机构的业务规模、风险水平、地理位置等因素，配备相应等级和数量的风险经理。

第二章　资格认定

第六条　总行人力资源管理部门负责牵头风险经理资格认定工作，按照发布招聘公告、组织考试、民主评议等程序，确定风险经理聘任人选，人力资源管理部门应建立并不断完善风险经理人选信息库，为全行风险经理的评聘工作提供基础依据。

第七条　风险经理的任职资格

（一）具有较强的法律、法规意识、事业心和责任感，良好的职业道德和敬业精神，工作作风严谨，风险意识强；遵纪守法，坚持原则，廉洁自律；申请任职资格认定的上一年度考核为合格。

（二）热爱金融事业，具有丰富的经济、金融、财会、法律等专业知识，且具备较强的调查研究能力、信息采集能力、真伪识别能力、分析判断能力、协调沟通能力和文字写作能力。

（三）熟悉全面风险管理的基本理论与基本方法，熟悉主要风险的识别、评估、监测、报告和控制技术，熟悉银行监管的基本要求与规章制度，掌握本行的业务操作流程、风险管理政策制度。

（四）具有较丰富的风险管理工作经验和较强的风险识别、风险防范、风险控制和风险处置能力，能够独立解决职责范围内的风险管理常见问题。

（五）关心国际经济金融形势的重要变化，熟悉巴塞尔资本系列协议的精髓要义，熟悉我国有关经济、金融政策，熟悉本地区经济发展动态，掌握本地区行业发展状况。

（六）具有大专及以上文化程度，取得初级及以上会计、经济专业技术资格或通过中国银行业从业人员资格认证《风险管理》科目考试（不具备资格，但从事银行信贷工作3年以上，业务熟练、业绩突出的，可适当放宽条件，但聘用后2年内必须达到本款要求）。

在风险管理工作中成绩突出的，或有其他专长的，或作为专业技术人才引进的,上述任职资格条件可适当放宽,特殊情况下,可由总行直接任命。

第三章 主要职责

第八条 风险经理负责对派驻前台机构落实总行风险管理政策制度情况进行日常监督,督促派驻前台机构落实内控合规管理工作,在总行风险管理部门的指导下主要对信用风险、市场风险、操作风险、道德风险等引发的信贷风险履行监督管理、审查评价职能,落实整改措施,并履行相关的辅导职责。

第九条 授信审查与风险评价职责

在审核授信调查报告质量的基础上,负责对授信业务进行审查与风险评价,并对审查的授信业务承担相应的风险审查责任。

(一)通过对授信调查报告及其相关材料的审核与评价,履行以下职责:

(1)真实性审查。授信调查报告中的事实和数字必须通过调查取得,不能虚构;重要事实和数字应以数字上标并运用脚注的形式在注释说明中说明出处,包括相关资料来源及认定的依据等,不得有误导性陈述。

(2)完整性审查。授信调查报告的内容必须完整有效,除了一般性说明外,要辅助财务说明和一些佐证性材料等必要的补充说明,不得有重大疏漏,对调查报告要求的问题未能解答的,需要说明原因。

(3)适用性审查。授信调查报告必须适用、精炼,突出重要的、与授信决策相关的信息;授信调查报告的格式要标准化,叙述顺序不能改变,但内容可以增加。

(4)合规性审查。审查借款人、借款用途的合规性,审查授信业务是否符合国家和本行信贷投向政策,审查授信客户经营范围是否符合授信要求。

(5)合理性审查。审查借款行为的合理性,审查贷前调查中使用的信贷材料和信贷结论在逻辑上是否具有合理性;授信调查报告的结论要公正、明确,不能模棱两可,或者貌似公正,实则不负责任地上交。

(6)可行性审查。审查授信业务主要风险点及风险防范措施、偿债能力、授信安排、授信价格、授信期限、担保能力等,审查授信客户和授信业务风险。

风险经理必须对授信调查报告的质量明确评价意见,对不符合要求的授信调查报告必须详细说明存在的问题和疑点,明确进一步完善的建议,并退回负责调查的客户经理补充材料和完善调查内容,进一步完善后及时提交复核。

(二)风险经理授信审查所需的资料、数据等一般应由客户经理从授信客户处取得,风险经理原则上不得与授信客户单独直接接触。但为增强对授信业务审查的实地感知能力,风险经理在审查以下授信业务时必须参与客户经理的贷前调查:

(1) 信用贷款 20 万元(含)以上、质押贷款 60 万元(含)以上、抵押贷款 40 万元(含)以上、保证担保贷款 30 万元(含)以上的授信业务。

(2) 新发生的企(事)业法人流动资金贷款授信业务。

(3) 所有的固定资产贷款和项目融资授信业务。

(4) 集团企业授信业务。

(5) 关联交易授信业务。

(6) 新增 20 万元及以上的个人贷款授信业务。

(7) 进入"黑名单"的不良信用客户的授信业务。

(8) 总行授信管理部门、风险管理部门等临时要求风险经理参与贷前调查、进行风险审查的授信业务。

(9) 风险经理认为有必要参与贷前调查的其他授信业务。

以上(1)至(7)类授信业务发生时客户经理必须提前 24 小时通知风险经理参与贷前调查；以上(8)至(9)类授信业务发生时，风险经理必须提前 24 小时通知客户经理，在客户经理的陪同下实地进行调查。风险经理在参与授信调查期间，不得妨碍客户经理独立自主地完成调查工作，不得事先发表倾向性的意见或结论。

(三) 在授信业务发生时，风险经理根据客户经理提供的授信调查报告等资料和本人参与授信调查掌握的情况、日常积累的经验和掌握的其他信息，独立履行授信审查职责，提示授信业务中的风险点。根据"了解你的客户"、"了解你客户的业务"、"了解你客户的风险"的原则，区分不同类型授信业务，针对不同授信品种的风险特点，审查相应的事项。

(1) 对个人类授信业务应认真审查授信客户的基本情况、家庭主要成员构成、授信原因及用途、借款人及家庭成员生产经营(或工作)情况、综合收入情况、资产负债状况、诚信状况、担保情况、抵(质)押比率、风险程度等。

(2) 对公司类授信业务应重点审查下列事项：

① 授信资料完整性及调查工作与申报流程的合规性审查。包括：借款人、担保人(物)及具体授信业务有关资料是否齐备，申报资料及其内容应合法、真实、有效；授信业务内部运作资料是否齐全，是否按规定程序操作，调查程序和方法是否合规，调查内容是否全面、有效，调查结论及意见是否合理。

② 借款人主体资格及基本情况审查。包括：借款人主体资格及经营资格的合法性，贷款用途是否在其营业执照规定的经营范围内；借款人股东的实力及注册资金的到位情况，产权关系是否明晰，法人治理结构是否健全；借款人申请贷款是否履行了法律、法规或公司章程规定的授权程序；借款人的银行及商业信用记录以及法定代表人和核心管理人员的背景、主要履历、品行和个人信用记录。

③授信业务政策符合性审查。包括:借款用途是否合法合规,是否符合国家宏观经济政策、产业行业政策、土地、环保和节能政策以及国家货币信贷政策等;客户准入及借款用途是否符合本行行业、产品、客户等信贷政策;借款人的信用等级评定、授信额度核定、定价、期限、支付方式等是否符合本行信贷政策制度。

④财务因素审查。包括:借款人基本会计政策的合理性,财务报告的完整性、真实性和合法性及审计结论,要注重通过收集用水、用电、工资发放、税收缴纳、银行账单等方面的信息,判断借款人真实的生产经营状况,查证财务信息资料的真实性、合理性。

⑤非财务因素审查。包括:借款人的企业性质、发展沿革、品质、组织架构及公司治理、经营环境、所处的行业市场分析、行业地位分析、产品定价分析、生产技术分析、客户核心竞争能力分析等。

⑥担保审查。对保证、抵押、质押等担保方式的合法、足值、有效性进行审查。

(3)对项目贷款授信业务的审查,除了达到本条第(三)款(2)的审查要求外,还应对项目本身的背景、市场需求预测、生产规模、原辅料供给、技术及工艺流程、项目环境条件、项目组织与人力资源等非财务因素进行分析、审查;同时,对项目本身的财务预测、现金流量、盈利能力、清偿能力和面临的不确定性等财务因素进行分析、审查。

(四)在认真审查授信事项的基础上,充分揭示借款人的财务风险、经营管理风险、市场风险及担保风险等,并在工作底稿中书面提示授信业务中存在的风险点,提出相应的风险防范措施。风险点的提示必须突出相关性,与被审查的授信业务无关的风险点不得罗列;风险防范措施必须有针对性和可操作性。对符合总行大额贷款管理规定的,必须进行风险评议,并按要求充分揭示风险点。

风险经理对授信业务实施风险审查后,将包括风险审查意见的授信资料一同上报给授信管理部门组织实施审批。

(五)风险经理应在全面论证、平衡风险与收益的基础上明确审查意见,提出审查结论。对审查同意的授信业务,必须明确授信业务的额度、利率、期限、担保方式和授信使用的前提条件。

第十条 用信审查职责

在授信额度内,履行信贷业务发放时的审查职责,主要内容包括:

(一)审核内部授信流程的合法性、合规性、完整性和有效性。主要包括:

(1)内部授信业务流程是否合规,批准手续是否合法、齐备。

(2)授信业务审批文书是否在有效期内。

(3) 授信文件及其内容是否完善。
(4) 授信档案中各类文件要素是否一致。
(5) 授信文件是否经有权签批人签署意见。
(二) 审查合同资料的完整性、合法性。要求：
(1) 合同文本选用正确。
(2) 在合同中落实的审批文件所规定限制性条件准确、完备。
(3) 格式合同文本的补充条款合规。
(4) 主从合同及凭证等附件齐全且相互衔接。
(5) 合同的填写符合规范要求。
(6) 一式多份合同的形式内容一致。
(7) 其他应当审查的规范性内容。
(三) 审核、监督落实用信的前提条件。主要包括：
(1) 审核合规性要求的落实情况。如是否已提供项目的审批、核准或备案文件，项目用地批复，项目环评批复等。
(2) 审核限制性条款的落实情况。主要包括：办理具体贷款业务品种、额度、期限及保证金比例的要求；贷款担保方面的要求；对资产负债率等核心偿债能力、流动性、盈利性等财务指标的要求；贷款支付金额、支付对象的要求；对外担保的限制；资本出售的限制；资本性支出的限制；股东分红的限制；兼并收购的限制；交叉违约的限制；偿债优先权的要求；配合贷后管理的要求；确定借款人的交易对手名单、交易商品，必要时限定交易商品价格波动区间和应收账款账龄；锁定借款人贷款对应的特定还款来源，提出明确还款来源、监督客户物流与现金流的具体措施，并落实贷款的贷后管理责任人；其他限制性条件。
(3) 核实担保的落实情况。主要包括：担保人的担保行为是否合规，担保资料是否完整、合规、有效；是否已按要求进行核保，核保书内容是否完整、准确；抵(质)押率是否符合规定；是否已按规定办理抵(质)押登记；抵(质)押登记内容与审批意见、抵(质)押合同、抵(质)押物清单、抵(质)押物权属资料是否一致；是否已办理抵(质)押保险，保险金额是否覆盖信贷业务金额；等等。
(4) 审核审批日至放款核准日期间借款人重大风险变化情况。如借款人是否存在贷款严重违规行为；是否涉嫌提供虚假会计信息或因其他违法违规行为被监管部门查处；高管是否存在非正常死亡、失踪或涉嫌违反法律、法规案件被查处的情况；国家最新制度变化是否对客户生产经营产生重大影响；等等。
(5) 审核资本金同比例到位的落实情况。如查验注册资本证明、核对存放资本金账户的资金进出情况，对于已经用于项目的资本金，还可以核对发票或者交易合同与付款凭证等；对于国家要求项目资本金在贷款发放前全部到位的项目,应遵守国家法律、法规的规定。

(6) 审核申请提款金额是否与项目进度相匹配,是否与贷款约定用途一致。

(四) 风险经理应严格监督用信条件的落实,在全面审查用信业务资料的基础上明确用信意见,并将用信审查意见上报给授信管理部门放款有权核准人。

第十一条 贷后检查与风险控制

督促客户经理对借款人的贷后监控,加强担保管理和风险预警,掌握、分析派驻前台机构主要信贷客户风险状况,提出风险化解建议并督促落实,具体履行以下信贷风险控制职责:

(一) 督促客户经理适时监控借款人的经营情况、管理状况、财务状况、还款账户和与银行的往来情况等,收集相关信息资料,定期对重要客户贷款的安全性实施评估,明确评估结论:正常、基本正常、不正常,对不正常的客户贷款必须及时报告,并提出相应的处置措施。

原则上,对贷款余额≥200万元的客户,要求客户经理每月评估一次;150万元≤贷款余额<200万元的客户,要求客户经理每季度评估一次;100万元≤贷款余额<150万元的客户,要求客户经理每半年评估一次。

(二) 在督促客户经理贷后检查的基础上,必须参与下列信贷业务的贷后检查,并有书面记录作为信贷管理的重要依据:

(1) 每季度不少于10户的现场检查。

(2) 每月非现场检查不少于10户信贷业务。

(3) 参与派驻前台机构信贷资产风险分类,检查贷款五级分类认定理由的充分性、过程的合规性和结果的准确性,必要时提出资产风险分类的调整建议。

(四) 检查、分析不良贷款产生的原因和催收措施的适当性。

(五) 督促派驻前台机构对潜在风险贷款制订退出计划或提出风险控制措施。

第十二条 辅导咨询职责

(一) 辅导派驻前台机构客户经理学习国家法律、法规、政策以及本行管理制度。

(二) 及时传达上级文件精神,对客户经理做好辅导工作。

(三) 发挥合规员功能,不定期开展合规辅导。

第十三条 每天记录工作日志,对派驻前台机构发生的重要风险事件按照规定的风险报告路径,及时向总行风险管理部门报告,必要时提出风险处置建议;每月撰写派驻前台机构的风险分析报告,并按规定的时间节点报送总行风险管理部门,同时抄送派驻前台机构。

第四章 权利与责任

第十四条 风险经理的权利

（一）知情权。有权查阅派驻前台机构的相关文件资料；有权列席与派驻前台机构风险管理相关的会议；有权向有关人员询问风险管理的相关情况；派驻前台机构印发的文件资料应同时抄送风险经理。

（二）暂停权。对派驻前台机构在权限范围内开展的业务及经总行批准开展的业务，认为继续办理将产生重大风险或造成风险加剧的，有权书面通知派驻前台机构暂停办理，同时向总行风险管理部门报告，风险管理部门负责人应及时会同总行相关部门负责人协商提出书面处理意见并通知派驻前台机构。

（三）监管权。有权对派驻前台机构风险管理情况进行监管，对客户风险状况进行现场检查；有权对相关人员约见谈话，了解风险管理尽职情况；对派驻前台机构出现的风险管理问题，有权督促派驻前台机构查清责任，提出处理意见。

（四）考核权。有权参与对派驻前台机构相关人员风险控制绩效的考核评价。

第十五条 风险经理对授信业务无最终决策权，即使对贷款发放持否定意见，也应按正常的信贷流程继续进行审批，最终审批人参考风险经理的审查意见后，对是否批准贷款提出明确意见，由有权审批人行使最终决策权。

第十六条 风险经理的责任

风险经理对职责范围内的各类风险具有监督管理、审查、报告责任。派驻前台机构出现重大风险或造成损失的，风险经理需承担监管不力的责任，但经总行风险管理部门组织认定，风险经理勤勉尽职、对该风险已经向派驻前台机构负责人书面提示的，可免除责任。

风险经理不能代替派驻前台机构风险管理工作，不承担派驻前台机构风险管理组织、协调职能。派驻前台机构负责人风险管理第一责任人的责任保持不变。

第五章 聘用与考核

第十七条 风险经理实行专职专岗，上岗前必须取得资格认定，总行根据派驻前台机构的客户数量、客户构成、业务量及风险特征等因素，配备具有足够胜任能力的风险经理，并定期、不定期对风险经理进行岗位培训。

第十八条 风险经理的绩效考核每年一次，主要评价内容包括风险经理负责业务的风险状况、风险变化情况及完成分配工作质量等，考核评价结果与风险经理的绩效薪酬挂钩。

总行风险管理部门建立风险经理工作档案，将考核情况进行记录，考核为不合格者不得继续聘用风险经理岗。

第十九条　风险经理的聘期为3年，申请续聘的，由总行人力资源管理部门会同风险管理部门进行续聘考评，行长室研究批准。3年期满续聘的风险经理应在不同派驻前台机构间交流或轮岗。

第二十条　风险经理因病、产假期或其他原因需要连续离岗在6个月以内的，由总行委派临时风险经理，相应的责任由该临时风险经理承担；连续离岗6个月以上的，由总行重新聘用新的风险经理。

第二十一条　风险经理调离风险管理岗位的，应办理交接手续，交接不完整的不得调离。

第二十二条　风险经理解聘由总行风险管理部门建议，人力资源部审核，行长室研究批准。风险经理在派驻前台机构任职期限内有下列情形之一的应予以解聘：

（一）提供虚假资料，骗取风险经理任职资格的。

（二）缺乏风险管理能力，风险管理工作质量低下，不能很好地把握风险管理促进业务发展的关系，导致派驻前台机构的风险控制与业务发展失去平衡，金融资产存在很大隐患。

（三）对各项违规经营、严重违反总行规章制度和操作规程的行为，不抵制、不及时向总行管理部门报告或自身参与其中的。

（四）利用风险经理职权，违反总行规章制度和操作规程，授意进行违规操作或其他有损本行及派驻前台机构利益行为的。

（五）因未履行风险经理职责或自身原因，给本行或派驻前台机构造成重大财产损失的。

（六）对上级部门检查及外部审计发现的重大问题未督促派驻前台机构进行整改，又无正当理由的。

（七）年度考核为不合格的，次年开始不再聘风险经理岗。

（八）发生违规案件经总行认定负有责任的。

（九）具有其他严重的违法、违纪和违规行为的。

第二十三条　风险经理定期集中，并每月向总行风险管理部门述职一次，参加每月风险管理例会，并经常与派驻前台机构负责人沟通风险管理工作。派驻前台机构负责人应当支持风险经理的工作，帮助解决工作中存在的困难和问题。

第二十四条　风险经理在实际工作中与派驻前台机构负责人有严重分歧且

无法调和的,应及时上报总行,由总行调查原因并进行仲裁。

第五章 附则

第二十五条 本办法由某农村商业银行股份有限公司负责制订、解释和修订。

第二十六条 本办法自发文之日起执行。

4.2.3 完善农村银行风险经理制的相关建议

目前,个别农村银行在风险控制的关键环节设置了风险经理岗位、明确了风险经理的技术职务及职责,为本行防范和控制风险发挥了重要的作用。但由于风险经理制仍然处于初期阶段,在运行过程中还需要不断完善。

第一,培育良好的风险管理文化,为风险经理制的运作创造良好的环境。商业银行的任何活动都蕴涵风险,风险管理的意识和理念必须贯彻到全员、全行,贯彻到业务拓展的全过程。风险管理文化既包括知识和行为层面,又包括制度和精神层面。知识文化是银行风险管理的智力基础;行为文化是风险管理理念、员工精神面貌、人际关系以及价值观的动态体现;制度文化是风险管理文化的制度保障;精神文化是风险管理文化的核心。这四个层面互为依赖、密不可分,贯穿于商业银行风险管理的全过程。因此,只有营造了浓厚的风险管理文化和在全行倡导风险管理理念,银行风险经理才有用武之地。

第二,持续协调好客户经理与风险经理之间的关系,实现农村银行业务发展与风险管理双重目标。风险经理和客户经理都应从本行长远利益出发,遵循业务发展和风险管理并重的原则,树立通过风险管理促进业务持续发展的理念,并将这一理念贯彻到各自的岗位和工作环节中。具体来说,风险经理应从本行的全局利益和长远发展出发,对相关客户和市场进行详尽的考察和分析,确定其风险等级,及时提出相应的预防和改进措施,为客户经理开拓业务提出建设性意见;客户经理要及时向风险经理反馈客户的信息,为风险经理的风险评定提供有价值的参考资料。只要客户经理和风险经理能有效协调与合作,本行的业务发展和风险管理一定能达到理想的目标。

第三,重视对风险经理的培养。风险经理水平高低是商业银行风险管理成败的关键,建议围绕表 4-2~表 4-5 提出的风险经理胜任能力特征,设置相应的课程对现任风险经理和后备风险经理进行系统培训,增强风险经理的履职能力[①]。

---

① 魏钧,张德. 商业银行风险经理能力模型与层级结构研究[J]. 管理世界,2007(6):86-93.

表 4-2　　　　　风险经理的调查印证胜任能力特征

胜任能力特征	一级内容	二级内容	三级内容
① 真实、齐备性识别	识别资料信息是否齐备	通过调查审核判断抵（质）押物是否真实	鉴定资料的真实性
② 内外部信息系统调查	通过登陆人行企业、个人信息系统，查询有关情况	从内部风险预警等系统调查情况	从本行其他分支机构调查有关情况
③ 实地考察	通过与企业进行访谈，了解有关情况	确定重点关注问题、拟定提纲，进行实地考察	用消费者的眼观进行实地调查，了解一手资料

表 4-3　　　　　风险经理的风险意识胜任能力特征

胜任能力特征	一级内容	二级内容	三级内容
① 发现财务问题	分析审计意见中的风险提示	分析经营收入、应收应付款等科目，发现数据之间的不合理之处，判断真实收入情况	通过分析重要科目，发现会计处理不正确的地方
② 捕捉预警信号	对企业显示出的风险信息能够及时掌握	与企业沟通并提示规避风险，关注其动态	发现企业经营中的风险预警信号
③ 判断异常情况	当企业经营数据出现异常时，能及时注意	从企业一些不合常理的情况中发现风险点	对企业出现的非理性行为具有敏感性
④ 关注负面信息	从报纸、网络等媒体了解企业负面信息	从上下游客户了解企业信誉不良等负面信息	从税务机关、法院、工商部门、财政部门等有关机构了解企业负面信息

表 4-4　　　　　风险经理的分析判断胜任能力特征

胜任能力特征	一级内容	二级内容	三级内容
① 抵押物有效性判断	对抵押物能否变现及难易程度作出判断	对抵押物是否容易管理及可行性作出判断	通过类似资产比较等方法分析出抵押物的真实价值
② 关联交易与担保实力判断	分析担保方信用度，并要求提供高信用度的保证人	通过企业资金的走向来判断是否存在关联交易	通过会计科目及往来账判断是否存在关联交易
③ 市场前景分析	区分行业及项目类型，明确关注点	通过行业和项目的关键信息判断其市场前景	对行业的准入或扶持政策有所了解，熟悉行业的主要技术参数

(续表)

胜任能力特征	一级内容	二级内容	三级内容
④ 企业稳健经营分析	根据不同行业的特点，判断其竞争优势	通过企业层面信息判断其经营的长期性和稳定性	从国内外不同角度，分析企业未来市场状况

表 4-5　　　　　　风险经理的沟通内控胜任能力特征

胜任能力特征	一级内容	二级内容	三级内容
① 内部沟通	及时就风险点控制与相关部门进行交流	以协助、支持的态度与其他部门沟通	汇报交流时，有意识采取插叙、反馈等手段提高沟通效果
② 跟踪与校正	在企业经营发生变化时，主动调整贷款投向，保证投放效果	根据企业发展变化提出相应的调整措施	跟踪项目进度，选择适当的贷款策略
③ 外部协调	通过与客户协调，要求增加一定监管条件	设法要求客户作出必要的承诺，以化解风险	设法寻求政府及相关部门的支持，给予政策倾斜或作出相应承诺
④ 内控力	能够保持积极心态，主动学习相关知识	保持独立自信，敢于作出判断	在面对外界压力时，能够坚持自己的想法
⑤ 量化风险	分析影响风险的关键变量，充分考虑其变化和影响	合理测算出企业资产的变现价值	及时掌握动态数据，通过测算和预测，进行风险分析与管理

第四，建立一套科学有效的风险经理认证体系。凡是风险经理必须执证上岗，通过认证考试，可以增强其全面风险管理理念和风险管理技术知识，为以后的风险管理实践打下基础。

第五，建立风险经理问责制，提高风险经理的责任心。风险经理问责制就是对风险经理履行的岗位责任有明确的纪录，把责任落到具体的人，从而增强风险经理的责任心，提高工作标准和能力，把银行风险消灭在萌芽状态，实现银行风险管理的目标。在具体的实施过程中，不管是风险监测预警的失职，还是风险管理对象形成了可疑或损失资产，风险经理都应该问责。风险经理问责的次数与年终考核挂钩，如果一个风险经理在一年中被问责的次数超过一定的数量，考核不合格，就不能再担任风险经理。

 资料 4-1

风险经理话抉择
摘自《金融博览》2012 年第 8 期[①]

美国斯坦福大学教授罗宾逊曾经出过这么一个题目：请你就一个赌局作出判断，猜对了，你可以获得 60 美元；猜错了，你将一无所有。无论猜对还是猜错，你都必须支付 20 美元。当然为了省下这 20 美元你也可以弃权。

这是一个非常著名的题目。而在现实中我们每天都不得不面临这样的判断。这样的判断甚至成为了种工作。这个工作就是银行风险经理岗位每天所从事的工作。

道与术

银行风险经理岗位非常特殊：一方面，他需要直接和企业沟通，通过分析企业的经营情况和财务状况来合理评价风险；另一方面，他还得直接面对业务，通过对操作规程和管理办法的深度把握来防范业务风险。另外，他还需要在业务完成以后去企业进行贷后调查。风险经理的工作贯穿了客户和业务管理的始终。

这是个技术活，不仅需要通过和企业的沟通整理出翔实的调查报告，还需要从点点滴滴的线索中探寻企业经营情况是否存在异常，更需要在贷后检查的蛛丝马迹中去发现企业某些不欲为人知的情况。

这些都需要技巧。这些技巧非常重要但还不是最重要的。

对这个岗位来说，最重要的是对这个岗位的尊重与负责。在道德上掌握底线，抵御诱惑。在道义上保持正义，确保中立客观。我们相信技巧、技术、经验这些东西可以通过后天努力提高，但是对自己岗位的尊重和负责需要在主观上重视和加强。

道，道德、道义；术，技术、技巧。

以道驭术，这个关系是第一位的。

经与权

在银行风险管理工作中，很多事情最大的难度来自于四个字：有经有权。清朝画家王概说："凡事有经必有权！"用我们现在的话说，就是"任何事情都有经常性道理和权宜之计，不能一概而论"。

---

① 本资料是中国民生银行贸易金融事业部杭州分部张斌在中国经济处于下行的背景下撰写的，对正确认识风险经理的工作实质有一定的启发。

这句话本来是对的,但难度是如何把握这个尺度。难度不在"经(规章制度)",照本宣科的事情绝不会是难点,关键在于这个"权(权宜之计)"。

这是一个很常见的命题,看到红灯停下来还是绕过去的问题。因为在规则下,无论是停下来还是绕过去都是合法的。

比如,国内信用证融资业务必须提供发票原件,但是部分强势企业不愿意提供,那么我们就派单证和风险人员上门核实并盖章。

比如,客户的评级和限额较小,但是在整体风险可控的情况下,我们可以争取大量的资产和保证来缓释。

"经"是必须遵守的,"权"是必须要有底线、原则和依据的。有经有权工作绩效才能大幅提高。

进与退

在银行风险经理岗位上经常要面对的是进与退的关系。在当下,"退"甚至比"进"更加困难。

例如,2011年至今,我国某些地区经济形势不容乐观,大宗商品危机、担保链危机、资金链断裂危机,各种危机错综复杂纠集在一起,给银行的风险控制带来很大的挑战。在这种复杂的形式面前,把握进与退的关系非常重要。

比如,我们曾经收到一家企业的授信申请经初步风险评估,该企业成立时间长、资产实力较强、销售量大、自身资质较好,连续5年跻身中国民营企业500强。

但是一些异常的现象引起了风险经理的关注:(1)该企业通过多种渠道、多种关系向我行不同经营机构申报授信;(2)该企业对外担保众多,关系复杂;(3)该企业有大额投资项目但资金存在明显缺口。

我们果断退回了所有该项目的授信申请,并向客户经理提示该企业的经营风险。2012年5月该企业风险暴露。

这只是我们退出和拒绝的众多问题企业中的一家。在业务高速发展的同时,我们不仅需要油门和前进挡,有时候也需要刹车和停车挡。"风险管理、保驾护航"这句话还是很有现实意义的。

大与小

"亚马逊河的一只蝴蝶扇动了一下翅膀,造成尼罗河山洪暴发",这叫做蝴蝶效应。但是,风险揭示不是研究这个的,风险揭示需要做的就是真实地把企业可能的风险情况揭示出来。

比如,客户账户被冻结,究其原因是其主营业务上正常的贸易纠纷,这并不需要反应过度。

比如,客户突然出现一笔大额贸易业务,虽然非常合规,但是我们还是需要紧张地调研企业是否存在贸易融资异化风险或者主营业务变化。

比如,某地区的外贸环境在一段时间内趋于恶劣,对很多外贸企业的经营造成影响。但是,经过评估我们认为这种影响是可控的,只影响其盈利,不影响其生存。我们认为这个时期我们更应该提供助,而不是雪上加霜。

"上课的时候同桌在睡觉,而我在旁边帮着打呼噜!"这种放大风险的事情是做不得的。

变与控

"接受不能改变的,改变不能接受的。"这是银行风险管理工作中的一条重要原则,风险管理的核心内容之一就是要控制风险。

比如,给某进出口企业流动资金贷款,最大的风险是怕信贷资金挪用,那必须采取措施控制这个风险:指定信贷资金收款人。

所以,对于可控的风险必须进行控制,即使不能完全控制也需要采取一定的措施;而对于不可控的风险,则必须可承受。

比如,当前的外贸环境恶化是一个不可控的风险,但是我们认为是可承受的。再具体点,比如某企业的价格控制措施是一个不可控的风险(我们不能强迫企业去做套期保值)。但是,我们认为这个也是可承受的。

但是,当担保链潜在风险累积到可怕的程度,我们认为这已经超出了能够承受的范围,我们只能选择退出;要不客户选择退出担保链,要不我们选择退出与客户的合作。

对于那些既不可改变,又不可控制的风险,我们的选择只能是放弃或者退出。

题后话

在当前的经济形势下,风险管理工作任重而道远。在小心翼翼、如履薄冰地应对各种危机时,能够正确地处理主次矛盾,正确地识别矛盾的主次方面,对各种复杂关系作出正确的选择,是我们不得不面临的一个重要课题。

4.3 风险管理文化建设

　　一家商业银行倡导什么样的文化,往往决定着这家银行到底能在市场上走多远。风险管理文化作为商业银行企业文化体系的子文化,同时也是其核心和灵魂(银行文化一般带有强烈的风险管理文化的特征),往往在商业银行经营管理中占据举足轻重的地位。实践证明,只有培育良好的风险管理文化,把风险管理理念贯穿于银行业务的整个流程,使风险管理由高深抽象的理论变为现实生动的企业文化,内化为所有员工的自觉意识和行为习惯,才能使风险管理机制有效发挥作用,才能使政策和制度得以贯彻落实。因此,加强风险管理文化建设乃是治行之本、动力之源、持续发展之基。为此,必须强化对风险认识的文化导向,赋予风险管理以明确的价值取向,切实将风险文化建设摆上重中之重的位置而常抓不懈。

　　随着世界经济一体化进程的加快,我国经济的转型发展、产业结构的调整和对外开放的升级,农村银行在经营过程中面临的信用风险、市场风险、操作风险和流动性风险等潜在风险的压力在日益加大的同时,寻找收益与风险平衡点的难度也在加大。风险管理文化作为金融业中的一种管理思想,作为现代金融业的灵魂和精神支柱,在农村银行发展中扮演着越来越重要的角色,成为了农村银行管理的主要手段之一。良好的风险管理文化与三道风险防线相结合,在确保全面风险管理组织体系高效运行的同时,有效预防道德风险的发生,避免风险控制形同虚设等管理难题,是农村银行提高收益与风险平衡能力的重要保证。

资料4-2

**银监会《农村中小金融机构风险
管理机制建设指引》摘录**

第六章　风险管理文化

　　第四十条　风险管理应植根于农村中小金融机构的企业文化,并作为董事会战略决策和高级管理层、风险管理部门和其他业务条线的负责人及员工日常工作的核心。

　　第四十一条　农村中小金融机构应建立风险为本的企业文化,树立诚实守信、依法合规、稳健审慎的价值观念,制定高标准的员工行为准则与职业操守,规划企业文化渗透方案,并在本机构推行实施。董事和高级管理人员应率先垂范并引导全体员工参与风险管理文化建设,并通过激励约束、典型案例、警示教育等方式进行传播与渗透。

> **第四十二条** 农村中小金融机构应根据风险管理的要求管理与配置人力资源,实施主要风险岗位人员准入与退出管理制度,配备足够的、能够达到风险管理岗位资质要求的人员,并随风险管理状况的变化进行相应的调整。
>
> **第四十三条** 农村中小金融机构应当制定并实施中长期培训计划,加强对员工从业知识、风险管理要求及道德思想方面的培训,强化案件警示作用。培训计划应定期评审,充分考虑不同层次员工职责、能力和文化程度以及所面临的风险。
>
> **第四十四条** 农村中小金融机构应以健康的风险管理文化为导向,建立以风险管理为基础,风险、发展与效益平衡的激励制度,从源头上遏止经营人员为追求自身短期效益最大化而偏离机构长期目标的短期行为。

4.3.1 商业银行风险管理文化的构建[①]

风险管理是现代商业银行经营管理的核心内容,是衡量银行核心竞争力和市场价值的最重要因素之一。近些年来,依据巴塞尔《新资本协议》的严格风险准则,我国商业银行逐步确立了"全球的风险管理体系、全面的风险管理范围、全员的风险管理文化、全程的风险管理过程、全新的风险管理方法和全额的风险计量"的全面风险管理战略,并不断付诸实践,取得了较好的效果,全面风险管理基本框架逐步形成。然而,我国风险管理文化建设相对滞后,从而使全面风险管理"徒现其形而未具其神",全面风险管理对商业银行可持续性发展和实现经营价值最大化的支持效能无法充分发挥。同时,在商业银行以金融市场业务、投资银行业务为代表的新兴业务比重逐步加大,创新产品日益丰富,金融风险控制呈现不断复杂化的背景下,我国商业银行正面临着更多、更为复杂的风险,风险管理形势严峻,风险管理文化建设要求更加迫切。商业银行在进一步加强并完善风险管理制度建设的同时,亟须倡导银行的风险管理文化的建设与培育。

1. 商业银行风险管理文化的内涵与作用

风险管理文化是有效风险管理体系的灵魂,是整个商业银行风险管理体系中"软实力"的体现,商业银行倡导的风险管理文化,反映了商业银行的业务发展战略、风险偏好,决定了前台业务部门、风险控制部门之间日常的控制沟通关系是否顺畅,是否能够在重大的风险问题上达成基本的共识,充分地贯彻执行已有的风险控制制度,也决定了一旦出现了例外情况时,管理层如何在风险控制与超额收益间

[①] 杜平.浅析我国商业银行风险管理文化的构建[J].金融发展研究,2009,(12):57-61.

作出正确果敢的取舍与决策。

(1) 风险管理文化的内涵。风险管理文化是商业银行企业文化的重要组成部分,是银行员工广泛认同的管理理念。它通过行动或文字的呈现,使银行各个管理层和基层员工对银行业的风险特征都有比较充分的认知和了解,并以他们的能力、诚信和职业道德,主动地愿意通过创新制度、执行制度、完善流程控制制度等行为来管理风险,将风险管理作为一个动态过程融入银行的日常经营管理中。或者说,风险管理文化是指以银行企业文化为背景,贯穿以人为本的经营理念,在经营管理和风险管理活动过程中逐步形成并为广大员工认同并自觉遵守的风险管理理念、风险价值观念和风险管理行为规范。

可见,风险管理文化是一种集现代商业银行经营思想、风险管理理念、风险管理行为、风险道德标准与风险管理环境等要素于一体的文化理念,是银行风险管理活动的凝练与升华,是得到员工认同并自觉遵循的价值观念和行为准则。风险管理文化既强调精确的技术处理,又强调深刻的人文观念,它决定了商业银行在风险管理上的价值取向、行为规范和道德水准,对商业银行风险管理有着重要的影响。

(2) 风险管理文化的作用。相对于传统的人民币存贷业务,金融市场业务(尤其是一些挂钩境外各类金融指数的衍生产品)等新兴业务产品,所面临的风险将是集市场风险、信用风险、操作风险、声誉风险等为一体的综合性风险,风险控制、计量、评估的方法变得更为复杂,风险决策与控制也变得更具挑战性。而目前国内银行的主要风险管理工作还侧重在不良贷款的监测分析和风险资产的保全处置上,部分银行的信贷业务风险管理理念还尚处在从"信贷损失管理"向"信贷过程管理"的逐步过渡的阶段。由于金融市场等新兴业务在国内大部分银行内部的整体认知程度相对较低,银行内部风险管理人员中具有上述从业经验背景、有丰富专业知识的人员相对缺乏。此类业务的专业风险管理人才缺乏,使得目前国内的商业银行,大都没有建立针对金融市场业务、投资银行业务等专业化的风险管理团队,而是由原来从事公司信贷等传统业务的风险管理人员兼顾。银行风险管理部门由于缺乏必要的专业人才配备、制度依据、计量技术支持等各种原因,对于此类业务的风险管理或流于形式、疏于管理,或者出现过于严苛而妨碍业务正常发展的现象。

商业银行的业务部门,在风险控制的责任认定上,往往认为风险是风险管理部门的事情,与业务部门关联度不强。一味注重追求业务发展规模,追求产品创新,而忽略对于常态业务的持续性风险计量以及创新产品的产品风险评估。整体风险管理文化理念的缺失或偏差,难免会导致金融市场等新兴业务的风险管理边缘化,内部对于风险管理的必要性整体认知程度较低,进而使得银行管理决策层缺乏对于上述业务风险收益评估、风险计量的数据以及分析,使得风险管理政策、相关业务发展都容易出现较大波动,或因噎废食,或出现较大的系统性风险。

因此，为适应日益复杂的外部金融环境、不断发展的新兴业务规模，亟须在加强风险管理制度建设的同时，进一步加快银行内部整体风险管理文化理念的建设与培育。良好的风险管理文化将发挥以下几个方面的作用：

第一，风险管理文化是全面风险管理体系的灵魂。随着金融市场的日益开放和新兴业务的拓展，我国商业银行面临的风险将是集市场风险、信用风险、操作风险等为一体的综合性风险。经济金融全球化以及日益激烈的金融市场竞争对现代商业银行风险管理提出了更高的要求，这就要求各商业银行必须构建全面风险管理体系，而全面风险管理体系建设必须以先进风险管理文化培育为先导，通过风险管理文化把风险管理的责任和意识扩散到每个业务部门和每个业务环节，并内化为员工的职业态度和工作习惯，最大限度地发挥员工在风险管理方面的主动性、积极性和创造性，才能使全面风险管理体系有效发挥作用，才能使政策和制度得以贯彻落实，从而持续提升商业银行的风险管理水平和经营效率。

第二，风险管理文化是商业银行可持续发展的巨大推动力。风险管理文化决定商业银行经营管理过程的风险管理观念和行为方式，在商业银行经营管理中占有十分重要的地位。一家银行倡导的文化，决定了这家银行在市场上能够走多远。银行采取什么样的业务发展战略、风险偏好，部门之间的业务关系是否顺畅，不同部门、不同层次的银行工作人员是否能够在重大的风险问题上达成基本的共识，规章制度是否充分合理并得到贯彻执行，出现了例外情况如何处理，这些问题都能体现银行的风险管理文化。因此，搞好风险管理文化建设是商业银行治行之本、动力之源、持续发展之基，只有培育良好的风险管理文化，把风险管理理念贯穿于银行业务的整个流程，使风险管理由高深抽象的理论变为现实生动的企业文化，才能使银行的经营目标和风险机制得以有效实现，在效益增长的同时把风险约束在可承受的范围之内。

第三，风险管理文化是商业银行保持持久竞争优势和经营价值最大化的坚实基础。风险管理文化是商业银行内部控制体系中的"软因素"，先进的风险管理文化和经营管理理念不是有形的规定，而是准确理解巴塞尔新资本协议监管要求，强化资本约束的理念，把风险管理作为商业银行经营管理的第一要务，依托于对风险全面而有效的管理来实现银行经营价值的最大化和保持持久竞争优势，将良好的风险管理文化作为企业文化的重要组成部分，作为企业文化与商业银行经营管理的最佳结合点之一，使商业银行走以内涵式为主的发展道路，以规范求发展，统筹速度、质量、效益和结构，真正实现四者的长期、有机统一。

第四，风险管理文化是商业银行增强凝聚力和向心力的有力武器。先进的风险管理文化是促进企业进步与发展的内在动力，它能使绝大多数银行员工具有正确的价值取向，从而易于对银行各项重大决策取得共识，激发使命感和责任感。先

进的风险管理文化能培育职业道德,促使员工在深化企业改革、利益关系调整等变动中,正确妥善处理公与私的关系,能巩固和发展团结向上、协调稳定的群体关系。先进的风险管理文化在银行整个实践活动中界定员工的思想道德、情操和行为准则,激励员工自觉地按照企业总体水平、统一标准来规范自己的言行,强化员工的创业、敬业精神,为促进银行持续、协调、有效、和谐发展勤奋工作。

2. 商业银行风险管理文化体系的构成

根据企业文化和管理学的理论,作为商业银行企业文化重要子系统的风险管理文化应由理念、行为和物质文化三个层次组成,理念文化是核心,行为文化和物质文化是理念文化的保证和表现形式,三者有机结合,共同组成商业银行风险管理文化的全部内涵。通过三个层次的建设,形成理念科学、制度完善、"三位一体"的健康全面的风险管理文化。

(1) 理念文化。风险管理理念文化又称为风险管理精神文化,相对于风险管理行为文化和物质文化,它处于整个风险管理文化的最深层,并成为风险管理文化的灵魂和核心。

从内涵上讲,风险管理理念文化是指商业银行在长期发展过程中形成的,全体成员统一于风险管理方向上的思想观念、价值标准、道德规范和风险理论成果的总和。它是商业银行风险管理行为文化与物质文化、制度文化的一种总结与升华,是商业银行风险文化中最有活力、最有生命力、最有创造力的核心部分,是银行风险管理的思想上层建筑,即银行风险意识形态的总和。

从外延上讲,风险管理的理念文化包括:商业银行风险精神、商业银行风险价值观、商业银行风险控制观、商业银行风险管理观以及理论化、体系化的商业银行风险管理学。

从国际一流商业银行的实践看,风险管理有以下三个基本理念:

第一,平衡风险与收益的理念。风险与收益是一枚硬币的两面,风险本身就是事物的客观存在,既是损失的可能,也是盈利的来源。一般来说,风险与收益成正比,银行业务的性质决定了在获取利润时必须承担风险。商业银行风险管理的目标不是消除风险,而是通过主动的风险管理过程实现风险与收益的平衡,要注重风险和收益的平衡关系,敢于承担与预期收益相平衡的风险,通过有效识别、度量、监测和控制风险,追求盈利机会,形成对银行业务过度扩张的有效制约,促使商业银行良性、可持续发展。

第二,全面风险管理的理念。商业银行损失不再是由单一风险造成,而是由信用风险、市场风险、操作风险等联合造成,对风险的管理也应该全范围、全过程、全员化的管理。全范围的管理:要将信用风险、市场风险和操作性风险等不同类型的风险,资产业务、负债业务和中间业务等不同业务的风险,公司、零售、金融机构等不同客户的风险,都纳入统一的风险管理范围。全过程的管理:风险管理应贯穿于业务发展的每一个过程,哪一个环节缺少风险管理,都有可能出现损失,甚至导致整个业务活动的失败,风险管理必须实现过程控制,前移风险管理关口。全员的管理:风险管理是每一个银行员工的责任,无论是董事会还是管理层,无论是风险管理部门还是业务拓展部门、后勤保障部门,每个岗位、每个人在做每项业务时都要考虑风险因素。

第三,边界管理的理念。风险管理就是要把握风险的度,守住那些危险地带,插上"标签",业务运作不能越过这些边界,确保银行的平稳安全运行。银行计算经济资本占用带来的成本,并依据经济资本计算行业、区域和客户的风险限额,对限额实施指令性或指导性管理,风险限额实际上也就是银行的风险边界。

此外,国际一流商业银行的先进风险管理理念还包括:风险管理是商业银行的核心竞争力,是创造资本增值和股东回报的重要手段;风险管理战略应该纳入商业银行整体战略之中,并服务于业务发展战略;商业银行应该充分了解所有风险,建立和完善风险控制机制,对于不了解或无把握控制风险的业务,应该采取审慎态度;等等。

(2)行为文化。如果把风险管理理念文化比喻成风险管理文化的灵魂,那么风险管理行为文化就是灵魂的载体。在一个文化系统中,理念文化必须也必然要发挥灵魂、核心作用,从而渗透到行为文化和物质文化之中。而理念文化的渗透、指导、调整作用,必须有一个逻辑秩序和相应的行为活动,这就是首先通过行为文化的层面或环节发生。风险管理行为文化的内容一般包括:

第一,风险管理的组织架构。在建立起现代企业制度的商业银行里,风险管理的组织架构是一个上下贯通、横向密切相连的网络,主要由股东大会、董事会及其专门委员会、监事会、高级管理层、风险管理部门以及财务控制部门、内部审计部门、法律合规部门等其他部门构成,在全系统内逐步建立起风险管理的垂直体系,独立运作,实现与业务经营的并行管理。

第二,制度规范。商业银行风险管理的制度规范,是指银行对经营活动中可能出现的各种风险进行预防和控制的一整套制度安排,包括内控机制和激励机制。在风险制度文化建设的过程中,首先要明确各项制度的适用范围和执行效力高低顺序;其次要针对各个环节和阶段,建立全过程管理,形成固有的流程和权限;在此基础上,完善信息收集和传导反馈机制,并且进行周期性评审、梳理、清理和修订制度,保证制度持续有效。

第三,人的行为表现。行为表现一般是指人们进行某种活动的具体行为、具体操作中表现出来的稳定的行为习惯、行为规范、行为风格、行为风尚,它独立于风险管理理念文化和组织架构、制度规范,但又不可分割,因为人的行为总是在某种观念和环境支配、影响下形成、实施的。风险管理的行为风尚:遵纪守法、诚信敬业,两者内在一致,共同构成了对行为表现的基本要求。

培育风险管理文化要求商业银行牢牢抓住行为文化建设这一重要层面,构建具有商业银行特色的风险管理机制,让科学的风险管理理念引导制度建设,完善风险管理组织架构,并通过人的行为表现来发扬和发展风险管理理念。

(3)物质文化。风险管理物质文化,广义上包括两个重要组成部分:一是知识层面,即商业银行在风险管理过程中形成的技术和艺术,它包括银行对各种风险的评估能力、辨识能力、在风险收益上的权衡艺术以及对风险管理模型的开发运用技巧;二是实物层面,即通过商业银行风险管理形成的安全的经营与管理产品、设施、设备和空间环境以及配套的各种物质保障手段等。狭义上,仅指风险管理的知识层面。

目前,我国商业银行风险管理物质文化在知识层面和实物层面均与国际先进银行相比有较大差距,前者主要表现为注重定性分析,主观性较强,定量分析技术缺乏,技术方法落后,技术和工具缺乏等。缺乏精确的度量,就很难对风险做出准确的甄别并对项目做出正确评估,这直接影响了银行风险管理的决策科学性,也降低了风险管理的透明度。后者主要表现为银行经营的产品缺乏定期风险评估、风险缓释功能不足,服务手段没有完全贴近市场需求,风险管理的信息系统和监控设施不完善且技术支持力度不够,经营环境缺乏鲜明和统一的文化特征等,商业银行经营的产品、提供的服务是商业银行经营管理的基本成果,商业银行经营环境是展现风险管理文化的主要窗口,而风险管理信息系统、监控设施等硬件设备是风险管理高效运作的重要保障,实物层面的文化缺乏,不但使全面风险管理体系难以发挥作用,而且会对银行经营形象和声誉产生不利影响。

我国商业银行建设风险管理物质文化主要应从以下几个方面入手:优化贷款风险监测和控制手段,吸收借鉴国际一流商业银行风险管理技术和方法;加强风险管理信息化建设,搭建符合风险管理要求的信息科技平台,建立透明高效的风险信息报告体系;研究系统、科学的资产风险量化和评级技术,从主要依赖主观判断向积极引入现代风险管理方法、模型和技术转变;建立产品定期风险识别和评估机制;设计和推广全球统一的银行经营环境形象,形成品牌效应;根据市场需求,建立标准化和差异化的服务手段;等等。

3. 商业银行风险管理文化的培育

商业银行风险管理文化的培育构成过程将会是漫长而复杂的。国内商业银行的风险管理文化构建初期,就需要通过制度建设,并通过一定管理手段(比如正向、负向奖惩激励等)来强化整个银行对于风险管理的行为文化,进而迅速地确立并形成全行风险管理文化中最基本的、框架性的文化理念、价值取向。商业银行风险管理文化的培育途径主要有：

（1）通过管理者的倡导来推进风险管理文化。领导重视是推进风险管理文化建设的先决条件。从文化经营角度看，银行高级管理层的使命就是创建并推行企业文化。各级管理人员首先要在其经营思想中贯通正确的风险管理文化理念和风险管理价值观，通过对风险价值观念的提炼和风险管理文化建设方案的策划，为银行风险管理文化的构建指明方向。

各级领导的思路不仅要转为政策和语言，更要转化为实际行动，一方面要严于律己，身体力行，通过自己的行为、态度、语言及非语言信号来践行风险管理文化，另一方面要培养和塑造风险管理的"模范人物"，宣传报道"模范人物"的先进事迹，通过这两方面的榜样示范作用来推进风险管理文化建设。

（2）通过管理者与执行者的互动来传导风险管理文化。营造风险管理文化，不但需要管理决策层的积极倡导与策划，更要求每个机构的每位员工牢固树立风险意识，积极防范和控制业务风险。从管理者到执行者，要通过有效的推行与传播，努力转变员工的思想观念和行为模式，促进员工对全面风险管理的认知感、认同感和认责感，最终实现风险管理文化三个层面的有机衔接，把风险管理目标、风险管理理念和风险管理习惯渗透于每个部门、每个岗位和每个工作环节，并内化为每位员工的职业态度和自觉行为，力求最大限度地发挥各级员工在风险管理方面的主动性、积极性和创造性，在整个银行形成一种良好的风险管理文化氛围，形成一种风险防范与控制的道德评价和职业环境。

建立顺畅的沟通渠道，保证商业银行高管层对整个风险文化的设计、构思传达到一定的广度和深度。一是自上而下的沟通，确保风险指令传达的及时性，避免和解决沟通中的干扰和失真问题；二是自下而上的沟通，确保员工意见及时反馈到高管层，使风险管理文化得到员工的理解和认同。三是员工之间的沟通，通过各种群体性的宣传、培训、比赛、检测等活动，在群体互动中塑造每位员工的风险管理行为习惯、行为品质、行为风尚。

（3）通过科学的激励约束机制来塑造风险管理文化。建立起一套有利于专家型人才脱颖而出的激励约束机制。加强职业生涯规划的辅导，建立起透明、公开的人才选拔机制。专家序列要更突出专业专注的特点，每一类别下的等级一定要合理，标准一定要清晰具体，尤其是专业素质的要求，一定要紧扣商业银行风险管理的特点，进行必要的细化和量化。同时，要在使用中不断地培训，提升专家的层次，使其不断适应更高、更重要的新的职位，从而不断增进其成就感和归属感。

要在对银行各类风险深入研究的基础上，形成系统科学的风险控制与奖惩制度，一方面让每一位员工认识到自身的工作岗位上可能存在的危险，时刻警觉，形成防范风险的第一道屏障；另一方面，为员工提供能满足其对企业回报预期的资源或支持,创造良好的工作氛围提升员工的投入程度。通过构建有利于调动员工积极性的激励约束机制,培育有利于知识型、创造型人才成长的风险管理文化,加强员工创新能力的培养,优化人力资本与银行其他资源的配置,增进组织内部各成员的有效沟通,让人力资本的效用最大化。

(4) 通过以人为本的经营理念来构筑风险管理文化。人是创造文化的主体,又是传承文化的载体,培育风险管理文化要贯穿以人为本的经营理念。以人为本,首先要创造良好的工作环境,包括构筑管理者与员工之间以及员工相互之间顺畅的沟通渠道;确保人力资源管理制度的科学性和公平性,知人善用,用人唯贤;挖掘员工的最大潜能,鼓励员工创新工作方法,发挥聪明才智。

其次,要建立科学的专业人员任职机制,应积极推进风险经理制度,建立和完善风险经理的任职资格、工作职责、业绩评价和考核管理机制,逐步建设起一支高素质的风险管理队伍。

第三,要加强对员工队伍的教育培训,传授风险管理理论和方法,提高员工的业务水平和专业技能,同时着力培养员工的创新能力,使员工在风险管理技能方面不断得到强化,在风险管理意识方面不断超越自我,紧跟国际银行发展步伐。

(5) 通过建立长效发展机制来不断完善风险管理文化。我国银行业在相当长的一段时间里,普遍"重业务发展,轻风险管理",盲目追求效益,对风险的认识不足、控制乏力,产生了大量的不良资产,也出现了很多违法、违规、违纪行为,并为此付出了沉重代价。目前,这种落后的传统价值观念仍然不同程度地影响了各商业银行的改革与发展,风险管理还没有渗透到商业银行的每一项业务、每一个环节,乃至每一个人的头脑当中,还未成为银行经营管理当中的一种"习惯"。因此,我国商业银行的风险管理文化建设不是一朝一夕就能完成的事情,也不能搞突击式的"面子工程",必须建立一种长效发展机制。我国商业银行风险管理文化的长效发展机制应该借鉴国际一流商业银行的实践经验,继承传统文化中健康向上、有利于银行发展的精华,在理念、行为、物质三个层面上建立具有内在自我完善功能、在银行持续经营中能长期发挥作用的先进风险管理文化。

【案例 4-2】
摩根大通优秀的风险管理文化[①]

分析摩根大通在 2008 年金融危机中损失较同业(美国银行、花旗银行、富国银行)少,而且 2008 年摩根大通仍获得盈利 56 亿多美元(较上年下降 64%),相

---

① 郦锡文.问道摩根大通:从摩根大通风险管理文化中得到的启示[J].银行家,2009,(6):101-103.

对于美国银行、花旗银行为净亏损的业绩,这已经是一个令同业羡慕不已的良好业绩了,这种结果得益于摩根大通优秀的风险管理文化。

（一）风险管理的四项原则

摩根大通长期坚持审慎管理的四大原则：

一是,强有力的公司治理。各项业务遵守运营委员会推行的全公司治理原则和控制规范。

二是,协作的管理文化。高层管理人员密切协作,相互尊重,并且为彼此的成功感到自豪。

三是,专注于风险回报对比。总体风险承受能力结合收益能力、多元化和资本状况确定,强调保持堡垒般的资产负债表。

四是,注重主营业务收益能力。各项业务扎实的收益能力有助于抵御经济低迷的影响,为将来做好准备。

（二）摩根大通风险管理基本要素

摩根大通与其他银行和金融机构比较,硬件几乎没有任何区别,但唯一的不同是软件,即风险文化与管理,具有4个方面的特点：

一是,在摩根大通内部,有一种说实话的文化。董事长兼CEO要求管理层中必须每个人都说实话。

二是,在公司管理中必须注重细节。摩根管理层认为,战略、方向固然是重要的,但摩根各个业务领域的CEO都必须是注重细节的CEO,而不能是夸夸其谈的战略家,如果不能落实到执行层面,任何战略都是没有用的。

三是,每个人都有发言权。这一点尤其重要,对发言的人不能有级别高低的限制和来自哪个国家、业务领域的区别,因为摩根大通经历了很多合并和巨大的斗争,因此,他们非常强调内部不能有个人崇拜,更不能有压制性的文化,他们鼓动他人勇于提出不同看法和问题。

四是,一把手在抠细节方面率先垂范。摩根大通每2个星期都要召开一次高层会议,每次会议讨论的内容都有上百页、几百页纸,大家几乎是逐页过筛地对这些内容进行讨论。董事长要求到会的人员,不在于说得多漂亮,而在于是否把自己该做的事情做好了。

正是基于以上文化理念,才有摩根大通以下独特的风险管理基本要素：

1. 力求最好,但并不追求最大

摩根大通的一贯目标是力求最好,但并不追求最大,自上世纪末期摩根与某合并以来,摩根大通集团深知"规模效益是成功的关键",并一直在进行银行间的并购活动,把资产规模和客户领域做大做强。这些活动包括2004年对芝加哥第一银行和纽约银行的并购,2008年对贝尔斯登和华盛顿互惠银行的收购。但做大并非该集团的第一选项,他们认为:扩大业务、进行并购并获得规模效益的唯一理由是,"为客户提供更好的服务(即以更低的价格更快地为客户提供更多、更好的服务)"。正如杰米·戴蒙先生在致全体股东的信中说:"倘若不是出于此种目的,规模庞大亦未必是好事。如果官僚作风、傲慢自大、对细节缺乏关注(或大企业的其他陋习)等问题超过规模效益,最后将以失败告终。"

2. 未雨绸缪,把高风险业务拒之门外

尽管摩根大通并未能预测到2008年金融危机可能带来的所有不利变化,但是一向处事谨慎的该行管理团队,通过努力不懈的工作,全力保护公司资产,力求把危机对公司造成的损失减少到最低程度。据介绍,摩根大通公司在以下几个方面都有区别于同业的"神来之笔"。一是,较早地认识到结构性投资工具(SIV)是一种涉及大量风险而业务用途有限的套利工具,因此尽力避免发起有关产品,并在2005年出售了该公司唯一的一个小型结构性投资工具;二是,认为选择性可调利率房屋抵押贷款(ARM)并不符合消费者利益,因此没有进行相关交易;三是,在危机爆发初期(2006年)大幅削减了次级房屋抵押贷款敞口;四是,从未设立结构性金融业务部门,刻意避免涉足结构性债务抵押证券(CDO)业务;五是,没有过分提高资本的杠杆水平,核心资本充足率始终维持在8%至8.5%的高目标水平;六是,长期保持高水平的流动性。

正是基于上述表现,在百年一遇的金融海啸袭来时,摩根大通是当时为数不多(甚至是唯一)能拿得出现金来协助政府向那些濒临倒闭的公司提供支持的有责任感的公司。

3. 合规管理官如何抵御高收益产品的诱惑

在摩根大通,发生过这样一个生动的案例:对于在香港销售的雷曼迷你债券,当时港内多家大银行纷纷向客户宣传该产品的高收益率,争相销售该产品。摩根大通原本也是要做这项业务的,但当销售部门在经过多个环节的内部审批流程后,到了最后的类似于我国合规风险管理流程环节却被合规官卡住了。他的理由很简单:"我看不清楚这个产品,它或许对银行有利可图,但对客户的利益缺乏保障"。正是这个看似不太起眼或不太充足的理由,把这只后来成为香港多家银行甚至香港政府梦魇的"迷你"债券产品,封杀在摩根大通的产品名单外,为摩根大通赢得了高于同业的良好声誉。更令人感叹的是,这位一度冒着被许多同事责难、误解而为公司堵住重大风险的合规官在后来并没有因为此举得到什么擢升或褒奖,而在他本人看来,自己只是做了其职责范围内应该做的事而已,这并非是生动有趣的故事,而是活生生的事实。仅此一点,不由得使我们对摩根大通的风险文化刮目相看。

4. 着力打造世界级风险管理文化,风险管理成为每个人的职责摩根大通之所以有那么多敢于负责的员工为公司尽忠职守,源于他们致力于打造世界级的风险管理文化的努力。这个文化的主要特质包括:

(1) 定义公司的风险文化并将其奉为宝典;
(2) 在公司内部形成一种注重风险的风气;
(3) 使风险管理成为每个人的职责;
(4) 识别、报告和量化所有可能存在的风险;
(5) 将可量化或不可量化的风险并重对待;
(6) 接受不确定性(即风险)无处不在的事实;
(7) 避免企业无法理解的产品和业务;
(8) 监视公司风险管理人员的工作(即监督者本人也要接受别人的监督);
(9) 良好的风险管理会创造价值。

以上9条要诀,值得我们认真品味和鉴赏。

董事会和高级管理层在有效地监督风险管理工作上的协同和博弈缺一不可。摩根大通认为,管理得当的组织应当依赖其领导班子去传达公司能够接受的风险类型和水平,以便确定管理这些风险的必要策略。为此,摩根大通在风险管理实施和监督上,其董事会和高管层是既有协同又有博弈的。

首先,他们建立了管理顺畅、分工明确、覆盖全面的风险管理结构。即在董事会下设立运营委员会,在运营委员会中又分别设立了资产和负债委员会、风险工作组、投资委员会、市场委员会,由上述4个子委员会(工作组)分别管理公司的风险(涵盖信贷、市场、运营风险)、资金(涵盖资产负债表、流动性、监管资本)和法律事务(涵盖声誉性风险、受托人风险等)。由于摩根大通实行事业部制管理,所以该公司内部的投资银行业务、零售金融服务、银行卡服务、商业银行业务、资金管理与证券服务、资产管理业务、信息系统管理等都能独立运行和单独考核,虽各有分工,但都接受统一的风险管理文化。

其次,在风险承受能力和风险控制方面建立了一种平衡关系。包括:在推动盈利产生的同时,还要对可能扩大风险敞口的容忍程度发布明确的指引;将资产负债表作为业务部门的制约因素(即业务部门不能脱离资产负债表的健康要求而盲目扩张)。风险管理部门可以挑战业务部门对公司资产负债表上相关风险所做出的假设(换句话说,风险管理人员不能屈从于经营业务人员),要求制订测试估值准确性的相关步骤等。

第三,要求管理层了解新出现的风险并采取行动。包括:高级管理层作为一个整体,需要具备一系列风险领域的专长;充分利用以前的经验和实力来评估千变万化的市场发展动态;提倡做出快速、强有力和纪律严明的反应,如进行对冲、冲减风险敞口并加强管理信息系统。

第四,控制经营链上信息流的时间和质量。包括:最高层管理人员需要参与可能会有重大意义的决策工作;将业务和风险管理部门新出现的风险上报给高级管理层;有效消除机构性级别(即有些重大事项可以越级报告),提供更为直接的沟通渠道。

第五,实现整个公司内部深入广泛的沟通。包括:依赖公司多个部门提供的信息,并将该信息报高级管理层和各个部门;避免分割信息并对决策过程采取隔离方式,在公司内部建立控制职能之间的联系。

(三) 摩根大通风险管理文化给我们的启示

摩根大通颇具特色的风险管理文化,至少给我们如下启示:

(1) 提倡讲真话、讲实话,敢于和善于听取不同意见。董事会和高管层都是做重大决策的领导人员,不能在内部形成"一人独大"和"众人附和"的一团和气现象。试想一下,摩根大通当初要是没有那个敢于说实话的合规官,其在香港市场上会是什么境况?

(2) 要更多地发挥团队的力量、形成人人有责、人人干事业、做贡献的氛围。坦率地说,摩根大通的杰米·戴蒙先生是一个成功的CEO,但他把成功的原因归结为摩根大通的管理团队和广大员工。摩根大通在短短75日内完成了收购贝尔斯登的交易(支付15亿美元收购了贝尔斯登3700亿美元的资产)。这归功于其包括财务、审计、交易、银行、法律、房地产及信息系统团队在内数百人、上千人夜以继日的辛勤劳动。

(3) 避免烂苹果效应。摩根大通的风险文化中有一句经典的话"接受不确定性无处不在的事实。"既然风险无处不在,那么防范、抵御风险的措施就要无时不有,甚至未有穷期。的确,风险管理就像对待一筐苹果里偶尔发现的一个烂苹果,如果不及时清除这个烂苹果,这个烂苹果可能会把一筐苹果腐蚀掉。事实上,在金融市场日益发达、产品越来越丰富、创新越来越普及的今天,国内商业银行的苹果筐越来越大,品种也越来越多,如果不能及时发现烂苹果并对其进行有效的质量(数量)清点、处置,也许就会带来不可收拾的局面。

(4) 畅想未来和注重细节一样重要。我国商业银行的公司治理和风险管理时间还很短,虽然近些年取得了不少进步和成效,但远未到沾沾自喜的时候,而且在金融环境日益复杂的今天,各种风险都可能在前进的道路上等着我们(或许我们根本不知道风险藏在何处或何时冒出来)。我们的商业银行一定要有远大目标,但这种远大目标并不妨碍我们做任何事情都要注重细节。所谓"细节决定成败"不是一句空洞的说教。摩根大通不仅在全行有注重细节的文化,而且其董事长兼CEO身体力行,甚至他比其他人更对风险细节"锱铢必较"。当然,再精明善谋的人也不可能做到尽善尽美,摩根大通即使有健全的风险文化,也没能排除其在次级住房抵押贷款上吃苦头。但聪明人不会让自己在同一个地方摔两次跟斗。面对危机,摩根大通为自己确定的任务是:在未来200年内仍能从事自身最擅长的业务,确保公司维持强大、稳健且充满活力。我国的商业银行也应该有这个气魄,为自己的后50年、100年、200年做好准备,走更远的路,关注更宏大的目标,迎接更严峻的挑战,成就更遥远的梦想。

4.3.2 农村银行风险管理文化的内容

与其他商业银行相比,农村银行风险管理起步比较晚,风险管理文化相关"软件"落后。提倡和培育风险管理文化是农村银行防范金融风险的前提基础,要想在农村银行推行先进的风险管理文化并不是一件容易的事情。构建风险管理文化需要经历一个漫长的过程,必须要结合农村银行自身实际状况和当前在农村银行中普遍存在的问题,加快培育有效的风险管理文化,让整个团队更新观念和认识,只有这样才有利于新经济条件下农村银行的持续发展,才能增强农村银行的整体竞争实力。

风险管理文化是全面风险管理体系的重要组成部分,是商业银行风险管理"软实力"的体现。农村银行必须深刻认识风险管理文化建设的战略地位和重要作用,积极推进良好的风险管理文化建设,使风险管理体系中的不同部门和全体员工都能以积极的态度去履行自身职责,促进风险管理体系的不断完善和发展。加强风险管理文化建设已成为现代银行的治行之本、动力之源和可持续发展之基。

1. 风险管理文化建设的基本原则

(1) 参与性原则。全体员工要积极行动,踊跃参与风险管理文化的建设工作,务必弥补风险管理文化建设的空白区域。

(2) 导向性原则。各部门在风险管理文化建设和经营管理实践中,必须始终围绕安全经营的核心理念,营造正确的风险管理文化舆论氛围,奉行并宣扬本行所倡导的理念和行为,坚决果断地反对和批评不利于本行发展的思想和言行。

(3) 关联性原则。各部门要创造性地把风险管理文化建设与部门日常工作管理结合起来,联系实际,采取灵活多样的形式推进风险管理文化建设。

(4) 持久性原则。风险管理文化建设是个渐进而漫长的过程,各部门、各单位要积极教育、引导员工,有决心、有耐心、有信心打好风险管理文化建设攻坚战,切实将风险管理文化工作纳入本部门的总体工作计划中去进行落实,并不断完善,持续提高。

(5) 协调性原则。风险管理文化建设是个系统工程,各部门应牢固树立全局意识,互相支持、密切配合,在风险管理文化推进过程中听从指挥、服从调配,发挥整个文化宣传网络的最佳效应。

（6）合法性原则。各部门在风险管理文化传播渠道的建设和宣传的过程中，必须按照国家法律、法规的有关规定进行。

2. 风险管理文化建设的内容

农村银行应通过理念、行为、物质文化三个层面建设风险管理文化，把风险管理理念贯穿于日常业务的整个流程，并内化为全行员工的自觉意识和行为习惯，使全面风险管理机制的作用得到有效发挥。

（1）风险管理理念文化建设。从内涵上讲，风险管理理念文化是商业银行在长期发展过程中形成的，全体成员统一于风险管理方面的思想观念、价值标准、道德规范和风险理论成果的总和；从外延上讲，风险管理的理念文化包括：商业银行的风险精神、风险价值观、风险控制观、风险管理观，以及理论化、体系化的商业银行风险管理学。农村银行风险管理理念文化建设的内容至少应包括：

第一，平衡风险与收益的理念。风险本身是事物的客观存在，既是损失的可能，也是盈利的来源。风险管理的目标不是消除风险，而是通过主动的风险管理过程实现风险与收益的平衡，注重风险和收益的平衡关系，敢于承担与预期收益相平衡的风险，通过有效识别、度量、监测和控制风险，追求盈利机会，形成对业务过度扩张的有效制约，促使农村银行良性、可持续发展。

第二，风险管理为先为重的理念。要把良好的风险管理视为质量效益的保障、业务发展的前提和战略转型的突破口，把风险管理工作提升到农村银行整个经营管理的战略地位。在业务发展过程中严格实施审慎的风险管理战略，坚持风险优先、风险控制和实现利润同等重要的基本原则，不断强化依法经营、审慎经营、稳健经营意识，努力培育"违规就是风险、集中就是风险、不知就是风险、失职就是风险、停滞就是风险"的风险理念。

第三，依法合规经营的理念。把依法合规经营当做农村银行经营的生命线，努力做到：依法合规办银行，合规的事情用合规的方式做；一心一意办银行，在相关的法律、法规范围内开展经营活动；实实在在办银行，资产规模、质量和经营利润等实事求是；稳健经营办银行，坚决放弃对短期利益、片面利益和高风险收益的追逐。

第四，全面风险管理的理念。要积极推动风险管理理念转型，推行全范围、全过程、全员化的风险管理，逐步实现由信用风险防范为主的单一风险管理模式向信用风险、市场风险、操作风险、流动性风险、声誉风险等各类风险集成化、系统化管理的全面风险管理模式转变。

（2）风险管理行为文化建设。风险管理行为文化，一般包括风险管理的组织架构、制度规范和人的行为表现等。农村银行应将科学的风险管理理念引入制度建设，形成统一规范的制度体系，规范员工行为。风险管理行为文化建设的内容主要包括：

第一，搭建科学的风险管理组织体系。按照"科学化、专业化、扁平化、流程化、集约化"的流程银行建设思想，遵循"精简、效能"和"科学合理，职责清晰，决策、经营、监督分离"的原则进行机构整合和相应的岗位配置与职责优化，构建与农村银行金融服务区域经济发展和经营特点、业务规模、服务对象及金融产品复杂程度相适应的组织架构；根据"责权分明、平衡制约、规则健全、运作有序"的原则，构建"决策制定权"、"风险控制权"、"业务操作权"三权分离的全面风险管理组织体系；按照"对外简化、对内优化"、前、中、后台相分离的原则，搭建全面风险管理的三道防线，形成"垂直、独立、专业"的风险集中统一管理模式。

第二，建立和完善风险管理制度体系。完善农村银行风险管理基本规定，明确农村银行风险管理的基本任务、目标、原则，风险管理的重点、责任、组织体系等。建立和完善信用风险、市场风险、操作风险、流动性风险、声誉风险等风险类型的管理办法及其配套的风险识别、计量、监测、控制、预警、报告等制度。同时，完善风险责任追究制度，将风险容忍度管理常态化、制度化，并作为风险监测、预警、处置和"风险—收益"平衡考核的重要依据，形成全面风险管理制度体系。

第三，完善风险预警、奖惩、监督机制。一是，建立"有警必报、有险必化"的风险预警机制。二是，建立"有奖有罚、奖罚分明"的风险管理激励约束机制。将风险管理职责履行情况，纳入绩效考核评价指标体系。三是，建立"监管有效、制约到位"的风险管理监督机制。建立风险管理再监督制度，内部审计部门要对风险管理工作定期进行再监督。

第四，形成遵纪守法、诚信敬业的行为风尚。构建具有农村银行特色的风险管理机制，让科学的风险管理理念引导制度建设，完善风险管理组织架构，并通过人的行为表现来发扬和发展风险管理理念，做到"事事有制度，事事有检查，事事有程序，事事有奖惩"。

（3）风险管理物质文化建设。风险管理物质文化，包括两个重要组成部分：一是知识层面，即商业银行在风险管理过程中形成的技术和艺术，它包括银行对各种风险的评估能力、辨识能力、在风险收益上的权衡艺术以及对风险管理模型的开发运用技巧；二是实物层面，即通过商业银行风险管理形成的安全的经营与管理产品、设施、设备和空间环境以及配套的各种物质保障手段等。农村银行风险管理物质文化建设主要应从以下几个方面入手：

第一，优化风险监测和控制手段，吸收、借鉴一流商业银行风险管理的技术和方法。

第二，加强风险管理信息化建设，搭建符合风险管理要求的信息科技平台，建立透明高效的风险信息报告体系。

第三,研究系统、科学的资产风险量化和评级技术,从主要依赖主观判断向积极引入现代风险管理方法、模型和技术转变。

第四,建立产品定期风险识别和评估机制。

第五,根据市场需求,建立标准化和差异化的服务手段。

3. 风险管理文化建设途径

通过组织风险管理专业培训、召开风险管理工作专项座谈会等形式,构建全员的风险管理文化,推动管理层和全体员工的风险管理理念的转变,形成先进的风险管理文化。

(1) 领导垂范。农村银行领导层应深刻理解本行的风险管理文化,其言谈举止对本行风险管理文化建设起到重要的示范作用,通过说服、协商、参与、命令等方式有意识地将风险管理文化融入日常行为,以身作则,推广风险管理文化。

(2) 培训教育。培训是集中、系统的教授过程,可以迅速地营造学习气氛,实现宣传效果。各部门在组织参加风险管理文化培训的同时,还应把风险管理文化培训纳入本部门的内部培训工作体系。

此外,还可以通过知识竞赛、座谈讨论、撰写心得等多种方式,促进员工学习风险管理文化。

(3) 舆论导引。通过舆论宣传可以统一意识,宣传风险管理文化。各部门应通过各种会议或利用本行网站、橱窗等,对本行的核心理念、经营理念、价值观念和行为准则进行宣传与引导,从而形成先进风险管理文化宣传的良好氛围。

(4) 行为激励。对于在经营活动中充分体现全面风险管理精神的行为,各部门不仅要建立奖励机制,总行将定期进行表彰,以强化员工对风险管理文化的理解和认同,将风险管理文化逐步内化为员工的理念。

(5) 树立典范。员工的行为规范是风险管理文化的外化形式,直接反映了本行风险管理的行为准则和价值取向,各部门应根据本行风险管理文化建设的要求,不断完善、健全管理规章制度和奖罚考核机制,确保风险管理文化活动的有序开展。

(6) 造就楷模。楷模是风险管理文化的人格化象征,各部门在塑造先进典型的过程中,要结合本行风险管理文化活动内容一并考核,促使员工成为先进典型的同时,也是本行的"风险管理文化标兵"。

(7) 利用事件。重要事件是表明农村银行态度、宣传本行价值理念的良好机遇,同时也体现了本行的风险管理文化。为此,各部门应密切配合本行的行为和价值观,把握本行内外部重大事件的发生时机,以具体行动表明本行风险管理文化的理念。

(8) 活动感染。团体活动将以互动、轻松的方式营造无界限的沟通氛围,使个人的理念在团队活动中得到感染和升华,从而在活动中达到相互影响、相互交流,改变固有的思维定势,认识本行的风险管理文化理念。各部门、各分支机构除积极支持配合本行组织的相关风险管理文化活动外,还应结合自身工作实际,充分利用业余时间创造性地开展风险管理文化建设活动,从而加强对本部门、本分支机构员工的思想、观念、行为的影响与塑造,增强内部凝聚力。

4.3.3 农村银行风险管理文化建设的相关建议

风险管理文化建设在少数农村银行取得了成功,基本形成了前、中、后台相一致的风险管理理念文化,能用正确的风险理念引导全行员工,形成了风险管理促进业务发展、业务发展赢得合理回报的良性循环。但是,风险管理文化建设不是阶段性工作,需要作为农村银行的一项终身事业坚守到永远,构建良好的风险管理文化需要天长地久、持之以恒。

1. 构建风险文化,理念需先行

风险文化其核心要义就在于通过全员风险意识的养成,并将其渗透到全员的思维方式、行为方式之中,形成根深蒂固的共同价值观而自觉遵守和奉行,不因高层管理者、业务结构、管理方式等因素的变动而发生偏离。为此,建议农村银行对本行多年积累的风险管理理念进行提炼,融入到本行整体企业文化当中,并成为企业文化的核心内容。着力营造风险文化的语境,让全行员工耳濡目染、感同身受,使其在风险中反思、学习、提高,从而牢固树立安全经营、合规经营、稳健经营和审慎经营的思想,恪守"以资本对风险的约束为基础、业务增长与风险控制相适应、风险成本与风险收入相匹配"的风险管理基本原则,自觉在心中构筑起防范风险的坚实屏障,否则只能是"徒现其形而未具其神"。

2. 构建风险文化,制度是保障

培育风险文化要求牢牢抓住制度文化建设这一重要层面,构建常态化的风险管理制度,让科学的风险管理理念引导制度建设,完善风险管理制度框架,并通过制度的运行来发扬和发展风险管理理念。为此,必须对经营活动中可能出现的各种风险,做好预防和控制的一整套制度安排工作,要明确各项制度的适用范围和执行效力高低顺序,要针对各个环节和阶段,动态性固化流程和权限,要不断完善信息收集和传导反馈机制,并进行周期性评审、梳理、清理和修订,以保证制度的持续有效性。要根据业务的发展、内外部环境的变化不断拓展风险管理的范围,延伸风险管理的触角,建立系统化、上下联动、全方位、全过程的风险预警、分析、报告、处置及后续评价机制。为此,建议农村银行提出本行的《风险管理制度完善清单》,进一步完善风险管理制度体系。

3. 以人为本,形成全员参与的机制

作为企业主体的员工,能否最大限度地发挥在企业中的主体作用,直接关系到

企业风险管理文化建设的成败。企业风险管理文化建设必须树立以人为本的管理思想,发挥每个员工的积极因素,以求得企业和个人的共同发展。通过培育和塑造良好的风险管理文化来增强员工风险管理的意识,并转化为员工的共同认识和自觉行动,可以促进企业建立系统、规范、高效的风险管理机制。为此,建议农村银行更多地利用合理化建议等多种形式,充分发掘和利用职工对整个企业的各种意见,以此来建立对未来的共识和认同,形成卓越的企业文化。

4. 建立风险管理文化的组织结构体系

构建企业风险管理文化,要重视企业风险管理部门的设置,也要注重各部门承担相应的风险;在岗位设计上首先要有风险责任的规定,而后才能赋予其权力,做到权责对等;注意企业组织结构因风险变动而灵活变动的适应性。同时风险管理文化建设还应与薪酬制度和人事制度相结合,防止盲目扩张、片面追求业绩、忽视风险等行为的发生。另外,企业的风险管理文化不仅要求企业家自身具有风险意识和风险管理专门知识,还要求在高层管理人员的聘用中考虑其知识结构和人员构成,还要考察其风险管理的态度。

5. 加强风险教育和培训

企业员工培训是企业文化落实的根本,应建立学习型组织的企业风险管理文化。为此,建议:

第一,建立重要管理及业务流程、风险控制点的管理人员和业务操作人员岗前风险管理培训制度。采取多种途径和形式,加强对风险管理理念、知识、流程、管控核心内容的培训,培养风险管理人才,培育风险管理文化。

第二,进一步加强员工法律素质教育,制定员工道德诚信准则,形成人人讲道德诚信、合法合规经营的风险管理文化。对于不遵守国家法律、法规和本行规章制度、弄虚作假、徇私舞弊等违法及违反道德诚信准则的行为,应严肃查处,加大处罚力度。

第三,企业全体员工尤其是各级管理人员和业务操作人员应通过多种形式,努力传播企业风险管理文化,牢固树立风险无处不在、风险无时不在、严格防控纯粹风险、审慎处置机会风险、岗位风险管理责任重大等意识和理念。

总之,只有建立良好的风险管理文化,将风险管理融入全体职员的意识,渗透到员工的日常经营活动中,才能形成对农村银行全局的风险抵御的盾牌,才能长期减少或规避风险损失。

第 5 章

全面风险管理机制建设(下)：业务层面

- 信用风险管理机制
- 市场风险管理机制
- 操作风险管理机制
- 流动性风险管理机制
- 声誉风险管理机制

银监会《农村中小金融机构风险管理机制建设指引》第三章"风险管理政策和程序"第十六条指出,农村中小金融机构应根据风险管理的原则和要求,制定覆盖所有业务和管理环节的政策和程序,建立风险管理制度体系。对农村银行来说,风险管理制度体系应至少涵盖信用风险、市场风险、操作风险、流动性风险和声誉风险等。

5.1 信用风险管理机制①

信用风险是指债务人或交易对手未能履行合同所规定的义务或信用质量发生变化,影响金融产品价值,从而给商业银行造成损失的可能性。

损失是指对商业银行的价值、财务状况、声誉、客户或员工造成的不利影响。

信用风险管理对象包括除交易类账户和衍生产品外的所有银行账户表内外资产,主要包含计量信用风险暴露项目,即各项贷款、拆放同业和买入返售资产、存放同业、银行账户债券投资、应收利息、其他应收款、不可撤销承诺及或有负债。

5.1.1 信用风险管理的目标与原则

1. 信用风险管理的目标

信用风险管理旨在通过确定信用风险偏好、健全组织管理体系、优化风险管理流程、培育风险管理文化,将信用风险控制在可接受的容忍度范围内,最终提升农村银行的整体价值。

(1) 提升农村银行的价值创造能力。通过有效经营和管理信用风险,将信用风险控制在可承受的容忍度范围内,实现经风险调整后的收益最大化。

(2) 统一农村银行信用风险偏好。信用风险管理着眼于明确农村银行全行的信用风险偏好,并将决策层确定的风险偏好转化为具体的管理措施,增进风险管理部门及风险承担部门的协同意识和联动能力,促进风险管理能力的提高,确保在风险可承受范围内实现风险、收益与发展的最佳平衡。

(3) 促进信用风险管理的持续优化。通过在业务领域有效配置信用风险管理资源,提高信用风险管理效率,增强风险管理的业务敏感度,促进信用风险管理水平的不断优化。

(4) 培育审慎稳健的风险文化。信用风险管理制度作为农村银行风险文化的重要载体,传导银行风险管理的核心理念和价值导向,促进审慎、稳健风险文化的

---

① 中国银行业从业人员资格认证办公室.风险管理[M].北京:中国金融出版社,2013:72-160.

形成。

2. 信用风险管理的原则

农村银行实施信用风险管理应遵循以下原则：

（1）合法合规原则。信用风险管理必须合法，严格遵循监管要求，不能违背法律、法规和监管规章。

（2）全面覆盖原则。信用风险管理必须覆盖农村银行所有部门、各分支机构、各产品条线、各业务环节和各组合维度，实行全面、全程、全员和全方位的管理。

（3）动态调整原则。信用风险管理必须与农村银行面临的内外部环境相适应，并根据经营战略、理念、外部经济、政治及监管环境的变化，严密监测信用风险变动情况，动态调整和完善资产组合分布，将信用风险严格控制在可承受范围内。

（4）合理平衡原则。必须对各项业务、产品和经营管理活动所蕴含的信用风险进行充分识别和有效防控，保持风险与收益的合理平衡。

（5）成本效益原则。信用风险管理措施必须与具体业务规模、复杂程度和特点相适应，并在风险管理成本和效益之间寻求合理平衡。

（6）相对独立原则。信用风险必须由专门团队运用信用风险管理方法、技术、工具和系统进行专业化管理，且风险管理体系应与业务经营体系保持相对独立。

"三农"业务信用风险管理是农村银行信用风险管理的重要内容，农村银行在坚持信用风险战略的前提下，结合"三农"业务信用风险的具体特点，有针对性地改进管理架构、优化管理政策、完善管理措施，促进"三农"业务信用风险管理水平的不断提高。

5.1.2 信用风险管理的主要内容

信用风险管理是指对信用风险进行主动识别、计量、监测、报告和控制的全过程。信用风险管理的内容应包括以下主要方面：

1. 信用风险偏好与容忍度

信用风险偏好是在农村银行统一的整体风险偏好和整体风险容忍度范围内，根据本行发展战略、风险管理能力、外部环境变化、风险承受能力和股东价值回报要求等因素确定的信用风险承担水平。确定信用风险偏好时应综合考虑农村银行希望获得的外部评级、计算信用风险参数所跨越的时间长度、最大可接受的损失、损失的波动性、经营战略及收益分配政策等因素。

信用风险容忍度是指在系统分析农村银行内外部经营环境的基础上，为促进本行整体发展战略的实现，根据董事会审批的信用风险偏好设定的可量化的主要信用风险可接受水平。确定信用风险容忍度时应综合考虑本行的目标评级、最大可承受损失、资产组合波动性、目标收益率、收益分配政策、对经济环境的敏感度、风险管理与内部控制水平、同业情况以及上期执行情况等因素科学测算信用风险容忍度体系,确定信用风险容忍度指标的上限与下限值,并据此设置信用风险预警线以及相应的对策安排。

信用风险容忍度指标,主要包括以下定量指标:重大信贷风险发生率、贷款违约率、信用卡违约率、贷款抵(质)押率、正常类贷款迁徙率、次级类贷款迁徙率、可疑类贷款迁徙率、不良贷款率、核销贷款率等,授信管理部门应牵头组织重检信用风险容忍度,原则上每年开展一次信用风险容忍度重检,并向高级管理层和董事会报告相关情况。表5-1是某商业银行某会计年度的信用风险容忍度。

表5-1　　　　　　　　　　信用风险容忍度

项目	指标解释	工作目标	最高容忍度	最低容忍度
不良贷款率	不良贷款与贷款总额之比	2%	<3%	>1%
贷款负向迁徙率	正常贷款中变为不良贷款与正常贷款之比	0.3%	<0.5%	—
不良资产率	不良资产期末余额/总资产期末余额	3%	<5%	>1%
信用卡违约率	90天以上逾期	5%	<8%	>1%
准备金覆盖率	已提贷款准备金/不良贷款总额	100%	>80%	<120%

2. 信用风险识别与计量

信用风险识别是信用风险管理的基础环节。各业务部门、管理部门、分支机构应独立并及时查找各项业务、产品和资产组合所面临的信用风险,分析导致信用风险的具体因素及其不利影响程度等。信用风险识别应包括确定信用风险识别的范围、找出信用风险因素、确定信用风险的类别和分布部位、分析信用风险来源和形成原因、全面梳理信用风险因素并形成详细的识别清单等关键步骤。

根据农村银行信用风险偏好和风险管理政策,结合产品类别和业务流程的具体特点,可采用制作风险清单、专家调查列举、资产财务状况分析、情景分析、分解分析等方法进行信用风险识别。信用风险识别以业务部门、分支机构为主,采用定性与定量相结合的方法进行识别。

信用风险计量是指农村银行各业务部门、分支机构和信用风险管理部门运用风险计量模型、方法和系统,对信用风险可能发生的概率及导致的损失程度等进行测算和度量。农村银行信用风险的计量,在内部评级体系建立之前使用监管机构在《商业银行资本管理办法(试行)》及其附件2规定的权重法。但随着内部评级体系的建立,内部评级初级法的逐步实施,应逐步过渡到以内部评级初级法为基础的信用风险计量。

3. 信用风险监测与报告

信用风险监测是指通过各种监控技术,动态捕捉信用风险指标的异常变动,对信用风险状况及其控制措施实施动态、持续的跟踪与分析,判断信用风险指标是否已达到引起关注的水平或已经超过阈值。

农村银行的信用风险监测应涵盖各业务品种及业务条线,既要监测客户风险因素变动情况,又要监控宏观经济变动对客户风险的影响,同时,还要监控内部管理制度的执行情况。信用风险监测体系应具有以下功能:

(1) 确保农村银行了解借款人或交易对方当前的财务状况及其变动趋势。
(2) 监测对合同条款的遵守情况。
(3) 评估抵(质)押物相对债务人当前状况的抵补程度以及抵(质)押物价值的变动趋势。
(4) 识别借款人违约情况,并及时对风险上升的授信进行分类。
(5) 对已造成信用风险损失的授信对象或项目,迅速进入补救和管理程序。

信用风险报告分为信用风险分析报告、信用风险单项事项报告、信用风险管理报表和信用风险专题研究报告等形式。全面信用风险报告内容主要包括:报告期信用风险整体状况、面临的主要风险因素及风险趋势、采取的控制措施及执行效果和加强风险管理的建议等内容。

在农村银行,信用风险报告的内容及路线通常为:

(1) 风险管理部门以每月月末为基准,向风险管理委员会报告管理指标的计算结果。
(2) 风险管理部门通过拟定资产组合的调整方案等措施,确保信用风险管理指标保持在规定的限额内。
(3) 风险管理部门对风险管理委员会所规定的信用风险管理必要措施的履行情况进行监督审核,并向风险管理委员会报告审核结果。
(4) 风险管理部门对信用风险管理指标的异常情况进行监控,发生异常情况时,向负责风险管理的行长报告原因分析及管理方案。
(5) 风险管理部门负责每季一次向董事会风险管理委员会报告限额管理及信用风险各项指标管理情况。

4. 贷款约期与风险定价

农村银行应根据信用风险偏好、信用风险容忍度和业务发展的实际需要,制定贷款约期管理政策,保持长、中、短期贷款比例适当。贷款约期确定应充分考虑产品的具体特点、借款人预期现金流等因素;严格控制贷款约期调整,约期一经确定,不得随意变动,确需调整的应按程序审批。

风险定价实行授权管理。在定价授权框架下,实行定价审批和报备制度,实施以定价测算为基础的主动谈判定价与指导定价相结合的管理模式。

风险定价应以全面覆盖风险为前提,综合考虑经营成本、目标利润率、资金供求关系、市场利率水平和客户风险水平等因素,在测算违约概率和违约损失率,量化预期损失和非预期损失,确定合理的风险价差补偿基础上,对不同的行业、客户和产品实行差别化定价。

5. 信用风险缓释

信用风险缓释是指商业银行运用合格的抵质押品、净额结算、保证和信用衍生工具等方式转移或降低信用风险。信用风险缓释功能应体现为违约概率、违约损失率或违约风险暴露的下降。农村银行实施信用风险缓释管理应满足下列要求:

(1)进行有效的法律审查,确保认可和使用信用风险缓释工具时依据明确可执行的法律文件,且相关法律文件对交易各方均有约束力。

(2)在相关协议中明确约定信用风险缓释覆盖的范围。信用风险缓释覆盖的范围原则上应包括借款本金、利息、复利、罚息、违约金、实现债权的费用和所有其他应付费用。

(3)不能重复考虑信用风险缓释的作用。信用风险缓释作用只能在债务人评级、债项评级或违约风险暴露估计中反映一次。

(4)应保守地估计信用风险缓释工具与债务人风险之间的相关性,并综合考虑币种错配、期限错配等风险因素。

(5)应制定明确的内部管理制度、审查和操作流程,并建立相应的信息系统,确保信用风险缓释工具的作用有效发挥。

6. 信用风险集中度管理

农村银行对集中度风险实施积极的管理政策,根据风险偏好、战略、风险承担水平等合理确定单一客户余额、产品信贷资产余额、行业信贷资产余额、区域信贷资产余额在信贷总资产中的比例,通过降低集中度风险,实现经济资本占用的优化。农村银行应将单一法人客户风险敞口余额占同期本行核心资本净额比例、单一行业风险敞口余额占同期本行资产总额比例、中长期贷款占信贷总资产比例等集中度风险指标控制在适当的范围内。

授信管理部门应会同风险管理部门设定集中度风险控制指标报高级管理层审定后组织实施,并负责集中度风险的日常计量。对集中度风险控制指标变动情况进行监控,对超出控制目标的,经高级管理层同意后,采取措施进行调整。表5-2是某商业银行某会计年度的信用风险集中度控制标准。

表 5-2　　　　　　　　信用风险集中度控制标准

项目	指 标 解 释	工作目标	最高容忍度	最低容忍度
行业集中度	最大行业授信额占比	10%	15%	—
区域集中度	最大区域授信额占比	15%	20%	—
客户集中度	最大客户授信额与资本净额占比	6%	<10%	—
关联授信比例	关联授信与资本净额占比	15%	<25%	—

7. 信用风险限额管理

农村银行在集中度风险控制目标内实行限额管理。对单一客户、集团客户信用风险实施限额管理,并逐步推行行业、区域和产品等组合维度的限额管理,建立健全包括限额配置方法、管理流程和 IT 系统等在内的各层次、各维度的信用风险限额管理体系,各分支机构、部门和人员原则上应在行业、区域和产品等维度的限额范围内开展业务。

农村银行可根据信用风险战略、风险偏好、信贷发展目标等,综合本行资本实力、未来市场形势、监管要求以及收益预期等信息,在定量分析与定性分析基础上,确定总体信用风险限额,设定行业、地区和客户的信贷组合限额,避免集中度风险,实现收益最大化。

各业务部门、各分支机构负责收集信息,提出限额需求;风险管理部门依据限额设置方法和相关信息,制定初步的限额设置方案;风险管理部门与各业务部门、各分支机构讨论修改限额设置方案;将限额设置方案提交风险管理委员会审议,确定信用风险限额。

风险管理部门应根据确定的风险限额进行分配,风险限额应分配到各业务部门和分支机构。风险管理部门应根据业务部门或分支机构的业务发展状况具体分配到行业、区域、部门和产品中。业务部门、分支机构根据所分配风险限额再细分到岗、到人。

8. 信用风险组合管理

农村银行运用资产组合管理方法和模型,对资产组合风险进行有效识别、度量和管理,制定期限、行业、区域、产品和客户评级等维度的组合管理目标,及时监测和控制资产组合风险。在完善数据和模型工具的基础上,建立适合本行的资产组合计量模型,从各种维度采取多种避险工具,动态、主动管理资产组合。

农村银行应建立包括组合风险监控职能、风险监控内容、风险监控频率和风险监控指标在内的组合监控体系。组合监控体系主要包括:

(1) 监控职能。风险管理部门负责收集、整理、分析和整合系统提供的相关信息,对资产组合进行监控,并定期或不定期以风险报告的形式报本行董事会或高管层。

(2) 监控内容。资产组合监控的内容应包括行业发展政策、区域发展政策、金融贸易政策和宏观经济政策的变化等外部信息,分支机构资产状况、不良贷款情况等信贷经营情况,行业、地区和产品等组合的信用风险集中度等情况。

(3) 监控频率。应根据宏观交易信息、交易对手、分支机构和产品等因素确定不同的监控频率。

(4) 监控指标。可根据监控内容设定涵盖全行层面和组合层面的具备代表性的监控指标,客观地反映信用风险状况。

农村银行应跟踪资产组合的变化,定期检查资产组合,分析评估组合在经济周期不同阶段的表现,根据经济周期采取相应的资产组合策略。董事会或高管层应根据组合检查、压力测试和监控的情况,采取限制组合增长、修改组合政策或组合限额、拟定退出策略等措施,降解资产组合风险,实现收益最大化。

9. 信用风险资本管理

信用风险资本管理旨在抵偿信用风险非预期损失,维护农村银行经营安全,实现稳健经营;通过对经济资本合理配置形成有效的激励约束机制,促进分支机构和业务条线提高信用风险管理水平。

信用风险经济资本的计量范围包括表内信贷类资产、非信贷类资产和主要的表外业务(或有资产)。未经有权人批准,各分支机构实际信用风险经济资本增量不得突破下达的各期经济资本计划,超计划的应按规定处罚。

风险管理部门负责信用风险经济资本管理,包括建立完善的程序和流程,根据内部计量模型数据,计量各类产品、业务、条线和地区的经济资本。参照巴塞尔新资本协议和监管机构的有关规定,结合经营政策导向及各项业务的风险状况,并考虑风险缓释等因素,制定并逐步完善各项业务的经济资本系数,积极探讨采用内部评级法计量信用风险资本。

信用风险资本的分配应当与获得的收益、承担的风险相匹配。配置经济资本时应测算各项信贷业务的经济资本回报率,用回报引导配置。在对信用风险经济资本统筹管理的框架下,贯彻自上而下的原则,逐步运用限额管理、组合管理以及风险调整资本收益率目标管理等手段,将信用风险资本在各分支机构、业务线等不同层面加以配置。

10. 信用风险内部控制与审计

农村银行应建立完善的信用风险管理内部控制体系,促使信用风险管理严格遵守相关法律、行政法规、部门规章和内部制度、程序,确保信用风险管理体系的有效运行。建立信用风险授权管理制度,按规定对承担信用风险的分支机构、部门和人员实施授权管理,明确经济资本分配、限额设定与配置、处理信用风险暴露及其他信用风险管理权限。授权人应根据受权人的风险管理能力、业务规模和复杂程度等进行授权,并进行定期审查、适时调整。建立信贷风险责任制,明确规定各个部门、岗位的风险责任;应当对违法、违规造成的信贷风险和损失逐笔进行责任认定,并按规定对有关责任人进行处理。

稽核审计部门定期(至少每年一次)对信用风险管理体系各个组成部分和环节的有效性进行独立的审查和评价,跟踪检查改进措施的实施情况,并直接向董事会和高级管理层提交有关报告。

11. IT系统与信用风险数据管理

(1) 信用风险管理信息系统。农村银行应逐步设计、建立、运用并完善包括信用风险模块在内的风险管理信息系统。风险管理信息系统是信用风险管理电子化的主要载体,是农村银行实施信用风险管理的基础操作平台和数据共享平台。风险管理信息系统记载的所有信用风险管理的信息是信用风险管理决策、检查和考核的基本依据。风险经理在风险管理过程中应充分利用系统信息辅助决策,相关人员在运作过程中使用风险管理信息系统进行处理所产生的信息,与纸质资料具有同等效力。风险管理部门、业务部门和科技信息部门要按规定操作,严守秘密,不得将数据结构、操作密码告知无关人员或泄漏客户的商业秘密。风险信息系统应与信贷管理系统等农村银行内相关系统和人民银行征信系统等外部相关系统实现有效对接。

(2) 信用风险数据管理。包括:①信用风险数据集市。农村银行应逐步建立全行统一的信用风险数据集市,自动记录和存储业务数据和信用风险管理数据。②信用风险数据管理标准。农村银行应建立信用风险数据管理标准。信用风险管理系统所使用的数据必须及时、准确和完整,符合数据标准管理的要求。来自多个业务系统的源数据或外部数据,应遵循数据管控要求建立相应程序,确保数据的一致性和完整性。③外部数据。在进行信用风险计量分析和验证计算时,若缺乏可靠的数据,应确定代用数据的质量标准、获取途径和计算方法,并进行代用数据的标记以备内外部审计检查所需。为确保数据的有效性,外部数据的引进必须经过信用风险管理相关部门的共同验证。④信用风险数据备份。农村银行应对信用风险数据进行备份,并明确信用风险数据管理相关数据的保管期限。

5.1.3 信用风险管理的组织与职责

农村银行信用风险管理组织体系由董事会及其下设风险管理委员会、高级管理层及其下设的授信审查委员会、风险管理部门、信用风险承担部门等构成,形成集中统一管理、分级授权实施的信用风险管理组织架构。

1. 董事会的信用风险管理职责

董事会是农村银行信用风险管理的最高决策机构,负责建立和保持有效的信用风险管理体系,对信用风险管理承担最终责任,履行或授权风险管理委员会履行以下主要信用风险管理职责:

(1) 制定与本行战略目标相一致且适用于本行的信用风险管理战略和总体政策。

(2) 审批本行信用风险限额和重大风险管理制度,领导本行在法律和政策的框架内审慎经营,明确信用风险偏好并设定可承受的信用风险水平。

(3) 通过审批及检查高级管理层对有关信用风险的履责,确保本行信用风险管理决策体系的有效性,并尽可能地确保本行所从事各项业务面临的信用风险控制在可以承受的范围内。

(4) 通过审阅高级管理层提交的信用风险报告,充分了解本行信用风险管理的总体情况、高级管理层处理重大信用风险事件的有效性。

(5) 确保高级管理层采取必要的措施有效地识别、评估、监测、控制或化解信用风险。

(6) 确保本行信用风险管理体系接受内部审计部门的有效审查与监督。

(7) 组织评估信用风险管理体系的充分性与有效性。

(8) 督促高级管理层制定适当的奖惩制度,在全行范围有效地推动信用风险管理体系的建设。

2. 高级管理层的信用风险管理职责

高级管理层是农村银行信用风险管理的执行主体,对董事会负责,履行或授权授信审查委员会履行以下主要信用风险管理职责:

(1) 全面组织实施由董事会批准的信用风险管理战略和风险偏好,制定、审查和监督执行信用风险管理的政策、程序和具体的操作规程,对业务经营中产生的信用风险承担责任,并定期向董事会提交信用风险执行情况的报告。

(2) 全面掌握本行信用风险管理状况,特别是各项重大的信用风险事件或事项。

(3) 明确界定本行各职能部门、分支机构的信用风险管理职责以及信用风险报告的路径、频率、内容,督促各职能部门、分支机构切实履行信用风险管理职责,以确保信用风险管理体系的正常运行。

(4) 定期组织评价重点行业、区域、客户和产品的信用风险状况,确定信用风险组合策略和实施方案。

(5) 为信用风险管理配备适当的资源,包括但不限于提供必要的经费、设置信用风险管理岗位、配备专业管理人员、为信用风险管理人员提供培训、赋予信用风险管理人员履行职务所必需的权限等。

（6）定期分析报告信用风险状况，研究制定改善信用风险管理的工作措施，及时对信用风险管理体系进行检查和修订，以便有效地应对信用风险损失事件。

3. 风险管理部门的信用风险管理职责

风险管理部门是农村银行信用风险管理的牵头部门，负责履行以下主要信用风险管理职责：

（1）拟定或组织拟定信用风险管理的基本政策、制度、办法、流程和风险评价标准，并提交高级管理层和董事会审批。

（2）组织实施信用风险管理的基本政策、制度、办法、流程和风险评价标准，并对执行效果定期组织检查评估。

（3）制定信用风险管理限额，提出经济资本配置建议，并报董事会批准，建立适用全行的信用风险基本控制标准。

（4）建立与完善本行的内部评级系统，研发并组织推广应用信用风险管理工具和方法。

（5）对客户信用等级评定及资产风险分类进行审查。

（6）检查、分析、评价和报告信用风险管理状况。

4. 相关业务部门的信用风险管理职责

相关业务部门，如业务发展部等，负责履行以下主要信用风险管理职责：

（1）根据农村银行统一的信用风险管理评估方法，识别、评估本部门业务活动所产生的信用风险；建立持续、有效的信用风险监测、控制或化解的报告程序，并组织实施。

（2）监测本部门业务活动信用风险管理指标，至少每月一次向风险管理部门通报本部门信用风险管理的总体状况，并及时报告相关重大信用风险事件。

5. 分支机构的信用风险管理职责

农村银行分支机构（含营业部）履行以下主要信用风险管理职责：

（1）负责辖内信用风险管理信息的汇集、信用风险的监控、管理工作并予以及时报告。

（2）积极配合总行风险管理部门、授信管理部门、内部审计部门等的风险管理工作。

（3）定期识别、评估、监测、控制或缓释、报告本分支机构的信用风险及其管理情况。

农村银行分支机构负责人是辖内信用风险管理第一责任人，对辖内信用风险承担管理责任；相关部门负责人是本部门信用风险管理的主要责任人，对本部门的信用风险承担管理责任;风险经理、客户经理作为本岗位信用风险的直接管理者,对本岗位的信用风险承担相应的管理责任。

图 5-1 是某农村银行根据监管要求所确定的信用风险管理组织架构。

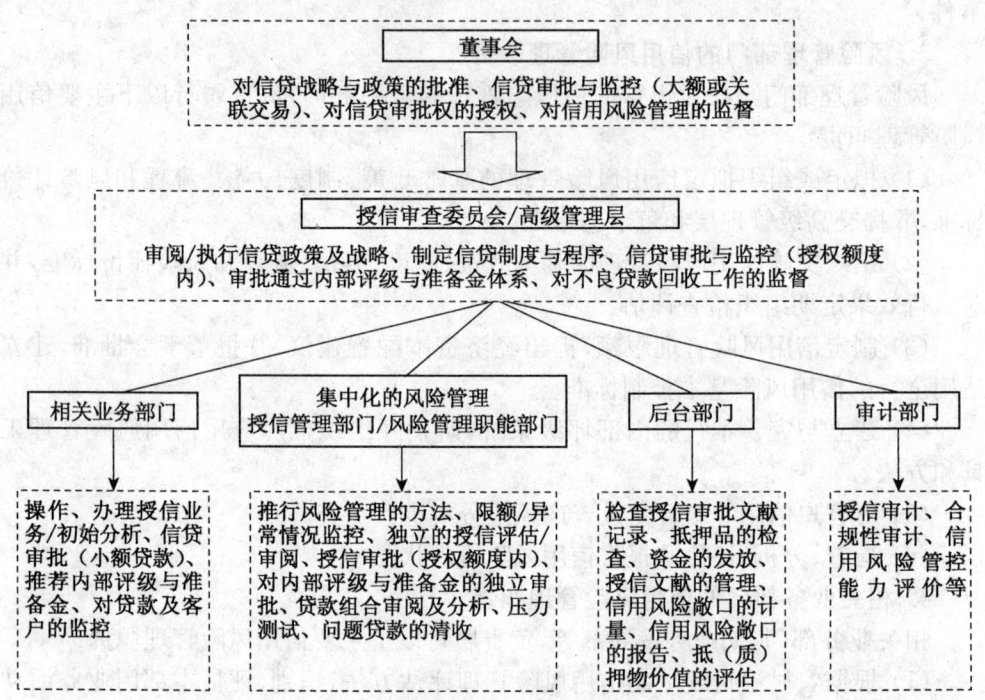

图 5-1　某农村银行信用风险管理组织架构

在图 5-1 中,与信用风险管理最为关联的三个部门中,风险管理职能部门和授信管理部门属于业务管理部门。相关业务部门根据所经营的不同金融产品分布对所主管行级领导负责并接受其领导。相关业务部门属于业务拓展部门,是整个机构的经济利润中心,在严格遵守授信管理部门制定的客户授信限额和损失承受额的前提下,享有自主决定客户具体授信业务额的决定权。授信管理部门根据行长和风险管理职能部门的要求将调整信贷资产组合计划与控制客户授信限额和损失承受额结合起来,从整体授信风险角度看,是将宏观管理要求落实到具体的信贷资产组合和各类具体客户的管理上;而从单一授信风险角度看,是对每一个具体客户的整体风险情况的管理,并不涉及每一笔具体的授信业务,它是通过对客户的限额管理将每一笔单一授信业务风险与整个机构整体授信风险的管理衔接起来。风险管理职能部门通过各种工具对整个机构的授信风险进行管理监控,但并不干涉授信业务部门的具体业务。总之,这三个部门按照信用风险的特征分工明确、各司其职、各负其责,避免了管理部门和业务部门之间风险双向性如何平衡的管理问题,达到损失与收益管理上的有效结合。

【案例 5-1】
授信业务风险经理与客户经理平行作业机制

农村银行搭建信用风险管理机制的途径之一就是要尽快建立健全营销、审查、发放、管理等真正相分离的精细化授信管理模式,其中引入授信风险经理制度是主要抓手。授信风险经理与客户经理平行作业,专司授信风险的识别、评估、预警等工作,在流程中实时管控风险,最终实现授信风险管理关口前移和风险管理的专业化。在实际操作中,农村银行要注意以下问题:一是,明确授信风险经理的权责定位为从事信用风险管理制度及办法的落实以及客户(或项目)、行业、区域和产品风险分析、贷后监控预警、检查等风险管理工作的专业技术人员。二是,为了实现快速审核机制与风险控制措施,在授信流程中明确实行客户经理与风险经理配对的双线平行作业模式,即客户经理、风险经理根据借款人的经营状况,结合其信用情况、担保方式、还款来源等方面进行深入调查及风险评估,由客户经理出具项目调查报告,风险经理出具项目风险评估报告。三是,为了保障风险经理的独立性、权威性,授信风险经理一般不隶属于经营单位,实施派驻制,即由风险管理职能部门视经营单位业务量委派一定数量的风险经理参与授信业务贷前、贷中、贷后的风险管控工作,并在一定期限内实施轮换,风险经理向风险管理部门负责,实行向风险管理部门负责人和经营单位负责人双线报告工作。四是,建立风险经理激励和约束机制,由委派的风险管理部门对授信风险经理进行考核,将风险经理绩效收入和业绩、风险管理情况相挂钩,切实发挥激励作用,并实行失职(渎职)一票否决制。风险经理的业绩考核指标分为定量指标和定性指标等:①定量指标包括经办授信业务贷前调查、贷后检查、五级分类的笔数和金额,不良率、利息收回率,提出风险预警次数等。②定性指标包括贷前调查、贷后检查、五级分类工作的质量;风险管理制度设计的科学性、完整性;起草修改风险与内部控制制度的数量及其合规性、适用性;风险识别、计量、监测的准确性、及时性;提出的风险防范对策的预见性、有效性;独立完成或与他人合作完成的风险研究或分析报告数量及其前瞻性、合理性;资产组合风险化解项目的数量及其实际效果;研究风险管理问题主动性;对风险管理机制和方法创新前瞻性等。图 5-2 是某农商银行授信业务风险经理与客户经理平行作业示意图。

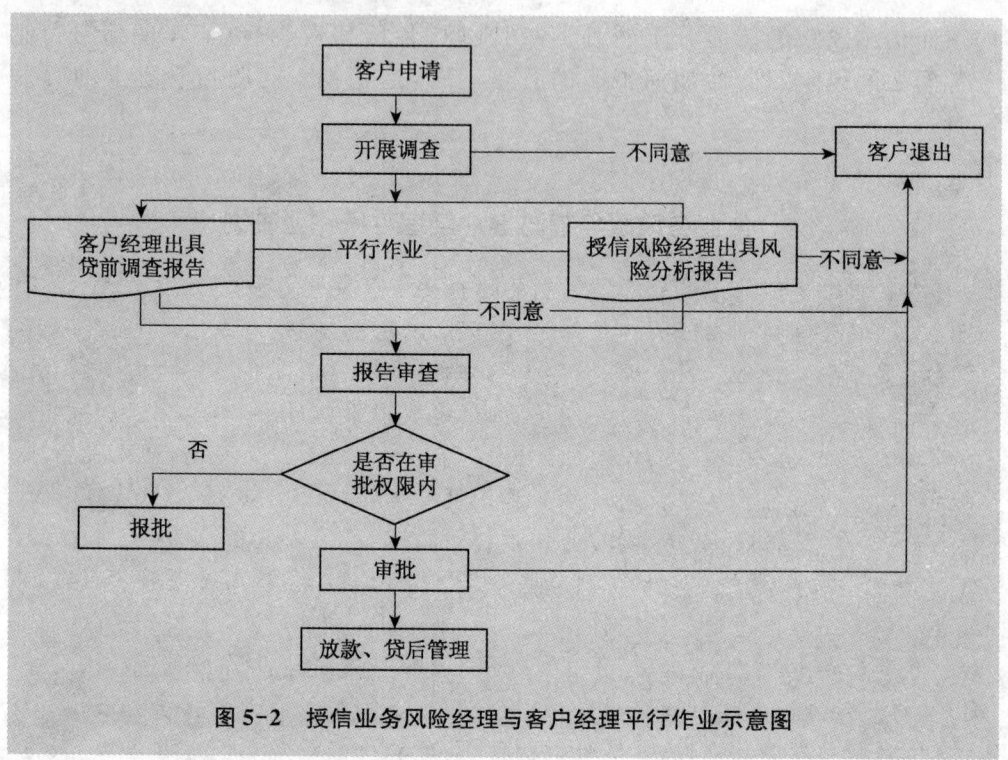

图 5-2 授信业务风险经理与客户经理平行作业示意图

5.2 市场风险管理机制[①]

市场风险是指因市场价格（利率、汇率、股票价格和商品价格）的不利变动而使商业银行表内和表外业务发生损失的风险。农村银行应当明确市场风险管理的目标、对象、范围，确定市场风险管理的基本理念、原则与策略，完善市场风险管理组织与职责，选择适当的方法对市场风险进行管理，具体包括：市场风险的识别、计量、监测、分析、报告、控制、资本配置、绩效测评等。

5.2.1 市场风险管理的目标、对象与范围

1. 市场风险管理的目标

农村银行市场风险管理的目标是促使各决策层充分了解市场风险，通过有效管理将市场风险控制在本行可承受的容忍度范围内，实现：

---

① 中国银行业从业人员资格认证办公室.风险管理[M].北京：中国金融出版社，2013：161-221.

(1) 本行股东经风险调整后收益的长期最大化。
(2) 依据风险容忍度和谨慎性限额,有效管理整体市场风险。
(3) 有效地支配风险敞口以协助在利率变动中获利。

2. 市场风险管理的对象

市场风险管理的对象包括利率风险、汇率风险、股票风险和商品风险四种,其中利率风险是农村银行市场风险管理的重点。

(1) 利率风险是指市场利率变动的不确定性给农村银行造成损失的可能性。利率风险按照来源不同,分为重新定价风险、收益率曲线风险、基准风险和期权性风险。其中:重新定价风险,又称期限错配风险,是农村银行最主要和最常见的利率风险形式,源于银行资产、负债和表外业务到期期限(就固定利率而言)或重新定价期限(就浮动利率而言)之间所存在的差异。重新定价的不对称性使银行的收益或内在经济价值会随着利率的变动而发生变化。

(2) 汇率风险是指由于汇率的不利变动而导致农村银行业务发生损失的风险。农村银行的汇率风险源于:为客户提供外汇交易服务或进行自营外汇交易;银行账户中的外币业务,如外币存款、贷款、债券投资、跨境投资等。因黄金价格波动给农村银行造成的风险,纳入农村银行的汇率风险管理范畴。

(3) 股票风险是指由于股票价格发生不利变动而给农村银行带来损失的风险。

(4) 商品风险是指农村银行所持有的各类商品及其衍生头寸由于商品价格发生不利变动而给农村银行造成经济损失的风险。在此,商品主要是指可以在场内自由交易的农产品、矿产品和贵金属(不包括黄金)等,尤其以商品期货的形式为主。

3. 市场风险管理的主要范围

市场风险存在于银行的交易和非交易业务中,农村银行市场风险管理的主要范围包括银行账户风险与交易账户风险。交易账户记录农村银行为交易目的或对冲交易账户其他项目的风险而持有的金融工具和商品头寸;与交易账户相对应,农村银行的其他业务归入银行账户,最典型的是存贷款业务。

(1) 银行账户风险。银行账户中固有的风险是利率风险和贷款、存款和其他金融工具重新定价和现金流特点所引起的流动性风险。这些风险主要有:利率波动对利息净收入产生的潜在负面影响;农村银行经营过程中无力承担的巨额透支。

(2) 交易账户风险。交易账户中的市场风险取决于交易的工具,可能包括利率、外汇、股票或商品风险。

5.2.2 市场风险管理的原则与策略

1. 市场风险管理的原则

(1) 安全稳健原则。农村银行应充分识别、准确计量、持续监测和适当控制所有交易和非交易业务中的市场风险,确保在合理的市场风险水平之下安全、稳健经营。

(2) 合理承担原则。农村银行所承担的市场风险水平应与本行的市场风险管理能力和资本实力相匹配。

(3) 过程管理原则。为确保有效实施市场风险管理,农村银行将市场风险的识别、计量、监测和控制与全行的战略规划、业务决策和财务预算等经营管理活动进行有机结合,并与本行总体资产负债管理策略相匹配。

(4) 协调管理原则。应适当考虑市场风险与其他风险类别,如信用风险、流动性风险、操作风险、法律风险、声誉风险等的相关性,并协调市场风险管理与其他类别风险管理的政策和程序。

(5) 集中管理原则。即由总行统一管理本行市场风险,通过统一识别、计量、监测和控制市场风险的全过程,实现市场风险管理的目标。

(6) 资本约束原则。农村银行的资本分配应根据董事会确定的资本总额及分配办法,核定市场风险的资本分配总量,并在本行承担市场风险的业务中进行合理分配。

2. 市场风险管理的基本策略

市场风险的系统性特征明显,农村银行市场风险管理的基本策略应是采取积极主动的组合风险管理,实施分散化处理,即将资产组合在不同区域、不同对象之间进行合理配置,着眼于承受尽可能小的波动(占用最少的资本)来获得尽可能大的收益,有效防范系统性风险。

(1) 确定科学的投资政策和投资策略,包括国别、行业、产品等方面,避免在选择上出现方向性错误。

(2) 通过组合的限额安排,实现风险、资本与收益的综合平衡,防范集中度风险,尽可能降低顺周期效应。

(3) 通过主动风险管理措施,包括主动组合调整、分散化处理和风险对冲等,实现组合的优化调整。

5.2.3 市场风险管理流程

农村银行应根据自身的业务性质、规模、复杂程度和市场风险特征,建立完善的风险识别、计量、监测、分析、报告和控制流程。

1. 市场风险的识别

农村银行应根据《巴塞尔新资本协议》和2012年6月中国银监会发布的《商业银行资本管理办法(试行)》以及财政部颁发的最新企业会计准则的要求划分银行账户和交易账户,通过提高对本行银行账户、交易账户头寸的鉴别和区分能力,正

确、公正地度量本行的市场风险,并促进稳健的绩效考核架构的形成。

农村银行应对每项业务和产品的市场风险因素进行分解,及时、准确地识别所有交易和非交易业务中市场风险的类别和性质。识别市场风险的方法主要有:专家分析法、历史记录统计法、故障树分析法、模糊识别法和人工神经网络法。

2. 市场风险的计量

市场风险计量的方法主要采取缺口分析、外汇敞口分析、敏感性分析等,并积极创造条件逐步采取风险价值(VaR)、久期分析、压力测试、情景分析、返回检验等方法计量相应的市场风险。

农村银行应对各项业务进行银行账户和交易账户分类管理、分别计量市场风险,并积极开发适用于本行市场风险管理的计量分析模型。

3. 市场风险的监测与控制

风险管理部门应当能够运用有效的风险监测手段,及时获取风险动态信息,运用现代化的信息传递工具,及时向高级管理层和交易前台提供有价值的风险信息,以辅助交易人员、高级管理层和风险管理专业人员进行决策。

市场风险控制方法包括职能牵制、不相容职务分离、限额管理等预防性控制和事后检验等发现性控制。

4. 市场风险报告

市场风险报告必须遵循"重要性、及时性、准确性、双向性"原则。农村银行应根据市场风险报告内容、业务及组合种类、风险特征等差异,合理确定报告层级和报告频率,形成市场风险日报、周报、季报和不定期报告,建立市场风险专题报告和重大市场风险事项报告机制,建立向董事会、监事会、高级管理层和其他管理人员的有效报告途径。市场风险监测与分析报告应当包括如下全部或部分内容:

(1) 按业务、部门、地区和风险类别分别统计/计量的市场风险头寸。
(2) 对市场风险头寸和市场风险水平的结构分析。
(3) 头寸的盈亏情况。
(4) 市场风险识别、计量、监测和控制方法及程序的变更情况。
(5) 市场风险管理政策和程序的遵守情况。
(6) 市场风险限额的遵守情况,包括对超限额情况的处理。
(7) 返回检验和压力测试情况。
(8) 内外部审计情况。
(9) 市场风险经济资本分配情况。
(10) 对改进市场风险管理政策、程序以及市场风险应急方案的建议。
(11) 市场风险管理的其他情况。

5.2.4 交易对手信用风险的关注

交易对手信用风险是由于交易对手在合约到期前违约而造成损失的风险。尽管交易对手信用风险本质上属于信用风险范畴,由于其管理对象、计量方法和系统方面与市场风险有共通之处,在市场风险管理过程中应关注交易对手信用风险。

交易对手信用风险计量应包括银行账户和交易账户下三类交易的风险:场外衍生工具交易形成的交易对手信用风险、证券融资交易形成的交易对手信用风险和与中央交易对手交易形成的信用风险。

对交易对手信用风险的管理应包括:将交易对手信用风险作为独立的风险类型加以管理,完善中央交易对手与净额结算制度,提高估值能力、加强抵押品和保证金管理,提高对交易对手信用估值调整和错向风险的识别和管理能力。

5.2.5 市场风险资本管理

农村银行应将市场风险资本纳入统一的资本管理框架中,市场风险资本计量应覆盖本行交易账户中的利率风险和股票风险,以及全部汇率风险和商品风险。

农村银行一般应先采用标准法计量市场风险资本,并创造条件开发内部模型,待条件成熟达到监管部门要求时积极推行内部模型法。

农村银行应根据各业务部门、交易员或交易产品的实际风险状况,分别计算其所占用的经济资本,用于计算各自的经风险调整的资本收益率和经济增加值,以对不同的业务部门、交易员或交易产品的风险承担和盈利能力进行客观评价。

5.2.6 市场风险管理的组织与职责

农村银行市场风险管理组织机构包括董事会、监事会、高级管理层和相关实施部门,采取自上而下由董事会通过高级管理层实施。董事会和高级管理层应当对本行与市场风险有关的业务、所承担的各类市场风险以及相应的风险识别、计量和控制方法有足够的了解。为了使风险管理更为有效,风险管理权限由董事会授权高级管理层,再转授权至各业务管理部门。

1. 董事会的市场风险管理职责

董事会承担对农村银行市场风险管理实施监控的最终责任,确保全行有效识别、计量、监测和控制各项业务所承担的各类市场风险。具体职责包括:

(1) 明确本行市场风险管理目标,审批市场风险管理战略、政策和程序,决定本行的市场风险偏好,确定市场风险容忍度,决定风险限额。

(2) 督促高级管理层采取必要的措施识别、计量、监测和控制市场风险,定期获得并审阅关于市场风险性质和水平的报告。

(3) 监控和评价市场风险管理的全面性、有效性以及高级管理层在市场风险管理方面的履职情况。

董事会可以授权其下设的专门委员会履行以上部分职能，获得授权的委员会应当定期向董事会提交有关报告。

2. 高级管理层的市场风险管理职责

高级管理层是根据董事会授权实施农村银行市场风险管理的执行主体，负责制定、定期审查和监督执行市场风险管理的政策、程序以及具体的操作规程，及时了解市场风险水平及其管理状况，具体包括：

（1）负责制定、定期审查和监督执行市场风险管理政策、程序以及具体操作规程。

（2）及时了解市场风险水平及其管理状况，确保本行具备足够的人力、物力以及恰当的组织结构、管理信息系统和技术水平来有效地识别、计量、监测和控制各项业务所承担的各类市场风险。

（3）根据超限额发生情况决定是否对限额管理体系进行调整。

（4）积极推动本行市场风险压力测试的研究和应用，为压力测试提供充分的资源保障，定期对压力测试的设计和结果进行审查，不断完善压力测试程序。

（5）定期向董事会提交市场风险管理情况的报告。

（6）负责对内外部审计报告所发现的市场风险管理问题提出改进方案并采取改进措施。

3. 风险管理部门的市场风险管理职责

风险管理部门为负责辅助农村银行市场风险管理的职能部门。该部门独立于风险承担的前台业务管理部门，其主要职责是辅助高级管理层的决策，向董事会和高级管理层提供独立的市场风险报告，同时负责对业务管理部门（包括交易账户与银行账户）所承担的所有市场风险提供监督职能。主要职责包括：

（1）组织拟定市场风险管理政策、程序和制度，并提交高级管理层和董事会审查批准。

（2）对市场风险状况进行监测和分析，及时向董事会和高级管理层提供独立的市场风险报告。

（3）研究并提出本行的市场风险限额，提交高级管理层审核。

（4）对重要的市场风险进行审查，提出风险审查意见。

（5）适当时，制定风险价值（VaR）及其他风险量化方法，并进行必要的风险计算。

（6）识别、评估新产品、新业务中所包含的市场风险，审核相应的操作和风险管理程序。

(7) 适当时,辅助本行所使用的定价模型和市场风险模型的相关开发及有效性验证。

(8) 其他有关职责。

4. 业务管理部门的市场风险管理职责

各业务管理部门为农村银行市场风险承担部门,各业务管理部门,尤其是交易部门,必须严格遵守交易活动的职业操守,操作和控制步骤,以及各部门内部的交易系统,使其与高级管理层制定的市场风险管理政策和指导原则保持一致。各业务管理部门负责承担本部门、本业务条线的所有市场风险责任,并应当理解这些风险的种类和数额,确保在承担风险的基础上获得充分的收益。

(1) 资金业务部门为资金业务市场风险的承担部门,应当在业务决策中充分考虑所从事业务中包含的各类市场风险,以实现经风险调整的收益率实现持续最大化,主要履行下列职责:①日常经办的资金业务市场风险管理。②负责识别、计量资金业务的市场风险,并协助风险管理部门实施监测。③实施事后检验和压力测试,并提交分析报告上报董事会、高级管理层,同时抄送风险管理部门。④其他有关职责。

(2) 新产品开发管理部门承担农村银行新产品开发的风险管理工作,主要履行下列职责:①新产品、新业务开发部门负责执行产品批准程序并确保所有程序与新产品批准政策中的规定一致,促进本行内部对风险的鉴别、理解和估价的一致性。②承担开办新产品、新业务前提交市场风险操作和风险管理程序,应有效地识别、评估新产品、新业务中所包含的市场风险。新产品、新业务的内部审批程序应当包括由业务经营部门、风险管理部门、法律与合规部门、财务会计部门和结算部门等对其操作和风险管理程序的审核与认可。业务部门在所有相关事宜签字确认后才能展开该产品、业务,经批准后实施。③其他有关职责。

(3) 外汇业务部门负责农村银行外汇业务的经营管理,主要履行下列职责:①日常外汇业务的市场风险管理。②识别、计量和评估外汇交易中的汇率风险,并向董事会和高级管理层提供外汇市场风险报告,同时抄送风险管理部门。③负责识别、计量市场风险,并协助风险管理部门实施监测与分析。④其他有关职责。

5. 管理支持部门的市场风险管理职责

各管理支持部门应履行相应的市场风险管理支持职责,具体职责分工如下:

(1) 内部审计部门负责独立评审农村银行市场风险管理政策和指导原则,以及各业务管理部门、各支行交易纪律、操作和控制步骤的遵守情况。

(2) 法律与合规部门负责对市场交易合同进行审查,有效防范和控制市场交易的法律风险,并从本行制度合规性、风险政策程序合规性、执行监管规则完备性等方面予以支持。

(3) 科技信息部门对信息系统的有效管理、维护和及时升级,为市场风险资本计量模型的运用等给予有利支持。

(4) 人力资源管理部门负责引进、培训、培养以及选拔合格的人才,促进本行市场风险管理落到实处。

图 5-3 是某农村银行市场风险管理的组织分工。

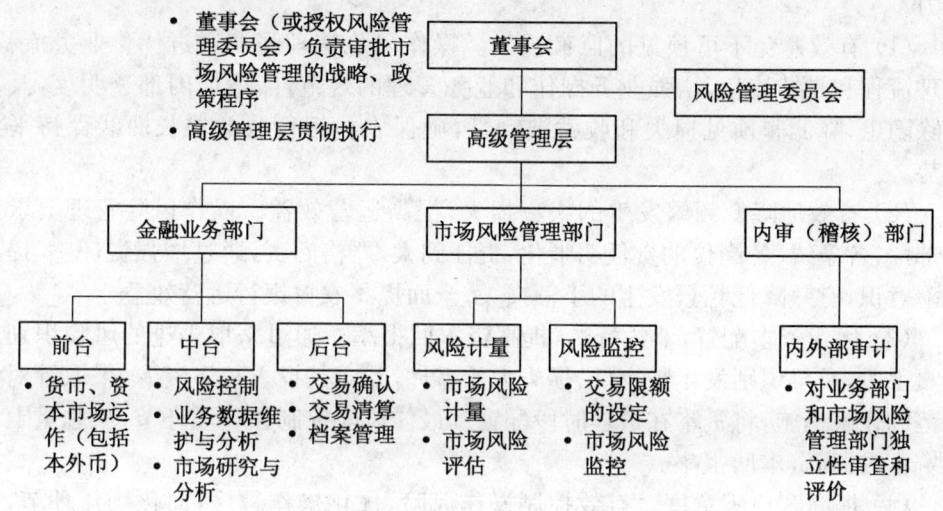

图 5-3　市场风险管理组织分工示意图

5.3　操作风险管理机制①②

操作风险是指由不完善或有问题的内部程序、员工和信息科技系统,以及外部事件所造成损失的风险,包括法律风险,但不包括策略风险和声誉风险。操作风险损失是指因商业银行发生操作风险事件引起的法律成本、监管罚没、资产损失、对外赔偿、追索失败、账面减值和其他损失。

操作风险管理的对象包括因不完善或有问题程序、人员及系统或外部事件所造成损失的风险,引发这些风险的事件统称为操作风险损失事件。

---

① 中国银行业从业人员资格认证办公室.风险管理[M].北京:中国金融出版社,2013:222-285.

② 钟伟,顾弦.动荡未定:新巴塞尔协议Ⅲ和操作风险管理理论[M].北京:中国经济出版社,2012:99-225.

5.3.1 操作风险管理的目标

农村银行操作风险管理旨在通过运用先进的风险识别、评估、控制、监测和转移等技术实现操作风险全程管理,促进本行业务管理合规化、操作流程规范化,将操作风险控制在可接受的容忍度范围内,增强本行的可持续发展能力和价值增值能力。

(1) 有效避免不可预见的巨额损失。操作风险管理强调通过优化业务流程、管理流程和支持流程,增强业务操作和业务管理的规范性,增加内部透明度,及早消除隐患,降低非预见损失和收益波动性,确保农村银行收益增长曲线保持平滑态势。

(2) 有效地降低频繁发生的小额损失,提高运营效益。操作风险管理要求对各部门、各条线、各岗位的责任明晰化,责任到人,严格问责,通过增强责任感,提高风险意识,有效降低频繁发生的小额损失,全面提高农村银行运营效益。

(3) 优化资本配置,节约资本,提高资本回报率。通过采取先进的风险识别与计量手段,及早识别发生频率低、损失大的事件,并对其投入较多资源,采取针对性防范和化解措施,将资本在最佳时段配置到最佳风险控制和管理环节,从总量上节约资本,提高资本回报率。

(4) 提高客户满意度。有效控制操作风险,优化操作程序,简化操作环节,提高操作速度和准确性,从而提高金融服务质量,提高客户服务满意度。

5.3.2 操作风险管理的基本策略与原则

1. 操作风险管理的基本策略[①]

(1) 对高频率、高损失类操作风险,采取撤出或避免进入的策略。

(2) 对高频率、低损失类操作风险,采取强化内部控制、优化组织、加强培训教育、完善和升级 IT 系统等策略。

(3) 对可预期但不可控类操作风险,采取保险转移策略。

(4) 对可控类操作风险预期损失,采取计提拨备予以抵补,而对可控类操作风险非预期损失则计提经济资本予以覆盖。

2. 操作风险管理的原则

(1) 有效性原则。操作风险管理应符合董事会的战略安排要求,按照点面结合的管理模式,确保得到全面贯彻执行,任何人在任何岗位办理任何业务均受内部

---

① 徐振东. 银行家的全面风险管理:基于巴塞尔Ⅱ追求银行股东价值增值[M]. 北京:北京大学出版社,2010:518-526.

控制约束,内部控制存在的问题应当能够得到及时反馈和纠正。

(2) 全面性原则。操作风险管理要渗透到各项业务过程和各个操作环节,覆盖所有的部门和岗位,并由全体员工参与,任何决策或操作均应当有案可查。

(3) 审慎性原则。操作风险管理要以防范风险、审慎经营为出发点,各项经营管理活动,尤其是涉及相关体制改革、设立新机构、开办新业务时,应当体现"内控优先"的原则,建立和完善相关规章制度,科学设计流程。

(4) 成本效益原则。操作风险管理要做好重大风险点的排查和识别,突出重点,充分发挥各部门及广大职员的工作积极性,尽量降低操作风险管理成本,保证以合理的控制成本达到最佳的控制效果。

5.3.3 操作风险管理的主要内容

操作风险管理是指对操作风险进行主动识别、评估、控制、监测与报告的全过程。农村银行操作风险管理的内容主要包括:

1. 操作风险偏好与容忍度[①]

操作风险偏好是在农村银行统一的整体风险偏好和整体风险容忍度范围内,综合考虑本行股东期望、董事会成员个人风险偏好、监管当局的风险偏好、评级机构的风险偏好、风险资本的可获得性与配置、风险计量的质量、风险转移可能性等因素确定的操作风险承担水平。操作风险容忍度是根据董事会审批的操作风险偏好设定的可量化的操作风险可接受水平。

农村银行应对柜台业务、授信业务、资金业务、代理业务等建立操作风险容忍度指标体系。在确定全行范围的操作风险容忍度综合性指标时应体现以下几类关键指标:

(1) 人员因素指标,主要包括:①人员在当前部门的从业年限;②员工人均培训费用=年度员工培训费用/员工人数;③客户投诉占比=每项产品客户投诉数量/该产品交易数量。

(2) 内部流程指标,主要包括:①交易结果和财务核算结果间的差异=某产品交易结果和财务核算结果之间的差异/该产品交易总次数;②前后台交易不匹配占比=前台和后台没有匹配的交易数量/所有交易数量。

(3) 系统缺陷指标,主要包括:①系统故障时间=某时段内业务系统出现故障的总时间/该段时间的承诺正常营业时间;②系统数量=每个业务部门与业务有关的 EXCEL 表格数量/业务系统种类。

(4) 外部事件指标,主要包括:反洗钱警报占比=反洗钱系统针对洗钱发出报

---

① 罗猛. 我国商业银行的操作风险偏好建设[J]. 银行家,2007(9):72-75.

警的交易量/实际交易量。

2. 操作风险识别与评估

农村银行应在全面风险管理框架下,根据财政部等五部委制定的《企业内部控制基本规范》及其配套指引、银监会《商业银行内部控制指引》等规章制度的基本要求,结合本行工作实际,有针对性、重点明确地开展操作风险的识别与评估工作。

各部门、各分支机构应全面系统持续地收集相关信息,当出现下列情况时,必须立即向风险管理部门提出操作风险识别评估计划:

(1) 新产品和新业务开发。

(2) 新设备和新系统应用。

(3) IT系统的重大变更。

(4) 操作风险管理政策修改。

(5) 重大事故、险情、案件、隐患发生时。

(6) 业务流程、管理流程、支持流程发生较大变化时。

(7) 组织机构变革。

(8) 重要岗位人员流动。

(9) 相关法律、法规、监管要求发生变化。

(10) 外部金融业等相关行业发生新的操作风险损失事件,本行可能面临类似的风险时。

(11) 员工专业胜任能力与岗位要求不相符。

(12) 其他可能引发操作风险的情况。

各部门应在风险管理部门的组织下,定期对相关产品、业务、流程及系统内的操作风险进行识别评估。识别评估方法主要采用流程分析法,根据各项工作的开展流程、历史运营情况、同业案例分析、经验判断、损失额度及影响等方法进行综合分析。

3. 操作风险损失事件的统计与监测

农村银行操作风险损失事件统计的一级目录应包括[①]:

(1) 内部欺诈事件。指故意骗取、盗用财产或违反监管规章、法律或公司政策导致的损失事件,此类事件至少涉及内部一方,但不包括歧视及差别待遇事件。

(2) 外部欺诈事件。指第三方故意骗取、盗用、抢劫财产、伪造要件、攻击本行信息科技系统或逃避法律监管导致的损失事件。

(3) 就业制度和工作场所安全事件。指违反就业、健康或安全方面的法律或

---

① 中国银行业协会.解读商业银行资本管理办法[M].北京:中国金融出版社,2012:253-292.

协议、个人工伤赔付或者因歧视及差别待遇导致的损失事件。

（4）客户、产品和业务活动事件。指因未按有关规定造成未对特定客户履行分内义务(如诚信责任和适当性要求)或产品性质或设计缺陷导致的损失事件。

（5）实物资产的损坏。指因自然灾害或其他事件导致实物资产丢失或毁坏的损失事件。

（6）信息科技系统事件。指因信息科技系统生产运行、应用开发、安全管理以及由于软件产品、硬件设备、服务提供商等第三方因素，造成系统无法正常办理业务或系统速度异常所导致的损失事件。

（7）执行、交割和流程管理事件。指因交易处理或流程管理失败，以及与交易对手方、外部供应商及销售商发生纠纷导致的损失事件。

操作风险损失事件统计在一级目录下可以根据需要细分二级、三级目录等。

操作风险损失事件统计的内容应至少包含：损失事件发生的时间、发现的时间及损失确认时间、业务条线名称、损失事件类型、涉及金额、损失金额、缓释金额、非财务影响、与信用风险和市场风险的交叉关系等。

各部门、各分支机构应定期监测操作风险状况和损失情况，并按规定向风险管理部门报告。风险管理部门应根据本行业务发展要求，针对操作风险损失情况和外部信息逐步补充完善操作风险关键监测指标。

4. 操作风险的控制与缓释

农村银行应结合操作风险评估结果，通过手工控制与自动控制、预防性控制与发现性控制相结合的方法，运用相应的控制措施，将操作风险控制在可容忍范围内，并建立操作风险管理教育培训机制，使全体员工掌握识别和计量操作风险的方法，培育良好的操作风险控制文化，强化内部控制在操作风险管理中的作用。

风险管理部门应组织相关部门和分支机构针对识别评估出的操作风险点提出相应的控制措施，并在流程操作手册中明确每个操作风险点的控制要求，控制措施种类包括但不限于：不相容职务分离控制、授权审批控制、会计系统控制、财产保护控制、预算控制、运营分析控制和绩效考评控制等。

风险管理部门可以会同计划财务部门研究将购买保险以及与第三方签订合同作为缓释操作风险的一种方法。使用购买保险等方式缓释操作风险时，应当制定相关的书面政策和程序。

风险管理部门应会同信息科技部门、安全保卫部门制定与本行业务规模和复杂性相适应的应急和业务连续方案，建立恢复服务和保证业务连续运行的备用机制，并定期检查、测试其灾难恢复和业务连续机制，确保在出现灾难和业务严重中断时这些方案和机制的正常执行。

5. 外部机构操作风险的管理

农村银行在将法律、信息科技、工程项目、安全保卫、人力资源等业务外包时，应当充分考虑本行面临的风险，制定有关的风险管理政策，确保业务外包有严谨的合同和服务协议，各方的责任义务规定明确。

各部门、各分支机构在从事授信、金融市场业务等活动时，应当对交易对象的操作风险管理情况进行尽职调查。对交易对象操作风险管理的尽职调查内容包括但不限于：

（1）适当的操作风险管理组织架构、权限和责任。

（2）操作风险的识别、评估、监测和控制/缓释程序。

（3）操作风险报告程序，其中包括报告的责任、路径、频率，以及对各部门的其他具体要求。

（4）应针对现有的和新推出的重要产品、业务活动、业务程序、信息科技系统、人员管理、外部因素及其变动，及时评估操作风险的各项要求。

对交易对象的操作风险进行尽职调查时，应通过与交易对象高级管理层、各部门及其员工交谈，查阅董事会、总经理办公会等会议记录、交易对象各项业务及管理规章制度等方法，分析评价交易对象是否有积极的操作风险控制环境、完备的操作风险控制措施、畅通的操作风险信息沟通、有效的操作风险监控体系。

6. 舞弊防范

农村银行应当建立舞弊防范机制，坚持"惩防并举、重在预防"的原则，明确舞弊防范工作的重点领域、关键环节和各部门、各分支机构在舞弊防范工作中的职责权限，规范舞弊案件的举报、调查、处理、报告和补救程序。

舞弊防范的一般原则是：

（1）各层级管理者对舞弊行为的发生承担管理责任。建立、健全并有效实施内部控制，预防、发现及纠正舞弊行为是各层级管理者、各部门和分支机构负责人的主要职责之一。

（2）内部审计部门和内部审计人员应当保持应有的职业谨慎，密切关注本行内部可能发生的舞弊行为，以协助本行管理层预防舞弊行为的产生。

商业银行对舞弊行为实行零容忍政策。

7. 操作风险事件的报告

农村银行操作风险报告的基本路径是：各部门、各分支机构负责收集与操作风险相关的内部数据和信息，并报告至风险管理部门；风险管理部门汇总内外部操作风险信息并集中处理、评估后，在全面风险报告中形成操作风险专项报告递交管理层。操作风险具体的报告路线为：

（1）日常操作风险报告，各部门、各分支机构必须按季度向总行风险管理部门报送。

（2）重大操作风险事件报告，各部门、各分支机构必须在发现当日立即向总行风险管理部门报告，并在职权范围内采取相应措施控制操作风险，防止风险引发经济或非经济损失的扩大和蔓延。

（3）重大操作风险事件实行事件后续报告制度。

（4）总行风险管理部门向主管行长、董事会风险管理委员会报告。

（5）内部审计部门对操作风险管理工作进行监督检查的结果向董事会、监事会和高级管理层报告，同时抄送总行风险管理部门。

（6）发生中国银监会规定的重大操作风险事项时，各部门、各分支机构必须立即上报总行风险管理部门，由风险管理部门向总行主管行长汇报后按照规定程序向监管机构报告。

重大操作风险事件报告的内容包括但不限于发生的时间、发现的时间及损失确认的时间、业务名称、损失事件类型、业务金额、损失金额、涉案人员、对操作风险事件的描述和非财务影响等。

日常操作风险报告的内容至少应包括：

（1）风险状况。列明经评估后，本部门、本分支机构所面临的各类操作风险的发生频率和损失规模，客观反映当前的操作风险水平或严重程度。

（2）损失事件。对报告季度发生的损失事件进行分析，至少包括事件的起因、事件的发生经过、是否还存在类似事件、是否已经采取或准备采取防范措施等。

（3）诱因与对策。对于各种风险状况，应阐明不同类型风险的风险诱因，其中，与业务运行密切相关的风险诱因，如系统升级、兼并收购等，应高度重视。

针对风险诱因，需提出相关的应对建议，包括调整风险战略、改善资本分配、调整风险管理资源配置、加强业务经营管理等；对可转移的操作风险，还应建议通过何种风险缓释工具降低本行面临的操作风险。

8. 考核与奖惩

农村银行操作风险管理的考核与绩效考核相挂钩，风险管理部门应会同会计结算管理部门、内部审计部门、人力资源管理部门等建立起定期考核评价各部门、各分支机构管理操作风险的能力和效果，并依据考核结果对相关人员施行奖惩。

对严格履行操作风险管理职责，特别是及时报告风险、提出切实有效的应对措施，对防范和化解操作风险作出重大贡献的部门、分支机构和个人，给予适当奖励。在必要时，应当对署名揭发违法违规问题的基层员工给予适当的保护。

对于未充分有效履行操作风险管理职责，特别是隐瞒不报、歪曲风险事实、遗漏或延误操作风险报告、泄露操作风险信息，导致本行遭受经济损失或形成不良影响的有关责任人员，将根据相关制度予以处理。

9. 操作风险资本管理

操作风险资本管理旨在抵偿操作风险非预期损失,准确计量操作风险资本消耗,实现资本的合理配置,维护农村银行经营安全,促进稳健持续发展。

农村银行可以暂时使用基本指标法计量操作风险资本要求,积极创造实施标准法的条件并适时使用;根据本行的业务性质、规模和产品复杂程度以及风险管理水平,探讨基于内部损失数据、外部损失数据、情景分析、业务经营环境和内部控制等因素的操作风险计量模型建立,为在本行采用高级法计量操作风险资本要求奠定基础。

农村银行应运用经济资本系数、内控调节系数等合理分配操作风险经济资本,形成有效的激励约束机制,促进分支机构和业务条线提高操作风险管理水平。

5.3.4 操作风险管理的组织与职责

农村银行应当建立清晰的操作风险管理组织架构,明确董事会、监事会、高级管理层、风险管理部门及其他相关部门、分支机构的职责。

1. 董事会的操作风险管理职责

董事会承担农村银行监控操作风险管理有效性的最终责任,履行或授权下设的风险管理委员会履行其操作风险管理的职责,具体包括:

(1)制定与本行战略目标相一致且适用于本行的操作风险管理战略和总体政策。

(2)通过审批及检查高级管理层有关操作风险的职责、权限及报告制度,确保本行的操作风险管理决策体系的有效性,并尽可能地确保将本行从事的各项业务面临的操作风险控制在可以承受的范围内。

(3)定期审阅高级管理层提交的操作风险报告,充分了解本行操作风险管理的总体情况、高级管理层处理重大操作风险事件的有效性以及监控和评价日常操作风险管理的有效性。

(4)确保高级管理层采取必要的措施有效地识别、评估、监测、控制、缓释操作风险。

(5)确保本行操作风险管理体系接受内部审计部门的有效审查与监督。

(6)制定适当的奖惩制度,在全行范围有效地推动操作风险管理体系的建设。

2. 高级管理层的操作风险管理职责

高级管理层负责执行董事会批准的操作风险管理战略、总体政策及体系。主要职责包括:

(1)在操作风险的日常管理方面,对董事会负最终责任。

(2)根据董事会制定的操作风险管理战略及总体政策,负责制定、定期审查和监督执行操作风险管理的政策、程序和具体的操作规程,并定期向董事会提交操作风险总体情况的报告。

(3) 全面掌握本行操作风险管理的总体状况,特别是各项重大的操作风险事件或项目。

(4) 明确界定各部门的操作风险管理职责以及操作风险报告的路径、频率、内容,督促各部门切实履行操作风险管理职责,以确保操作风险管理体系的正常运行。

(5) 为操作风险管理配备适当的资源,包括但不限于提供必要的经费、设置必要的岗位、配备合格的人员、为操作风险管理人员提供培训、赋予操作风险管理人员履行职务所必需的权限等。

(6) 及时对操作风险管理体系进行检查和修订,以便有效地应对内部程序、产品、业务活动、信息科技系统、员工及外部事件和其他因素发生变化所造成的操作风险损失事件。

(7) 协调处理本行各部门和分支机构有关操作风险管理的重大事项。

3. 风险管理部门的操作风险管理职责

风险管理部门负责农村银行操作风险管理体系的建立和实施。主要职责包括:

(1) 在全面风险管理框架下,拟定本行操作风险管理政策、程序和具体的操作规程,提交高级管理层和董事会审批。

(2) 协助其他部门识别、评估、监测、控制及缓释操作风险。

(3) 根据监管部门要求及本行业务特点,建立并组织实施操作风险识别、评估、缓释(包括内部控制措施)和监测方法以及本行的操作风险报告程序。

(4) 建立与本行的业务性质、规模和产品复杂程度相适应的操作风险基本控制标准,并指导和协调全行范围内的操作风险管理。

(5) 负责组织本行操作风险管理方面的培训,协助各部门提高操作风险管理水平、履行操作风险管理的各项职责。

(6) 定期检查并分析业务部门和其他部门操作风险的管理情况,确保操作风险制度和措施得到遵守。

(7) 定期向高级管理层提交操作风险报告。

(8) 负责就本行操作风险管理事务与监管机构联络。

4. 相关部门、分支机的操作风险管理职责

农村银行各相关部门、各分支机构对操作风险的管理情况负直接责任。主要职责包括:

(1) 指定专人负责操作风险管理,其中包括遵守操作风险管理的政策、程序和具体的操作规程。

(2) 根据本行统一的操作风险管理评估方法,识别、评估本部门、本分支机构的操作风险,并建立持续、有效的操作风险监测、控制及报告程序,并组织实施。

(3) 在制定本部门、本分支机构业务流程时,充分考虑操作风险管理和内部控制的要求,保证操作风险管理人员参与各项重要的程序、控制措施和政策的审批,以确保与操作风险管理总体政策的一致性。

(4) 监测关键风险指标,定期向总行风险管理部门通报本部门、本分支机构操作风险管理的总体状况,并及时通报重大操作风险事件。

(5) 在管理好本部门、本机构操作风险的同时,应在涉及本身职责分工及专业特长的范围内为其他部门、分支机构管理操作风险提供相关资源和支持。

5. 内部审计部门的操作风险管理职责

内部审计部门对操作风险的管理情况进行检查监督,具体职责包括:

(1) 定期检查各部门、各分支机构操作风险管理政策的落实和防范措施的执行情况。

(2) 定期对风险管理部门关于操作风险管理的履行情况进行监督。

(3) 对操作风险管理政策、程序和具体的操作规程及其运作情况进行独立评估,并将评估结果报告董事会和高级管理层。

操作风险管理机制基本框架如图 5-4 所示。

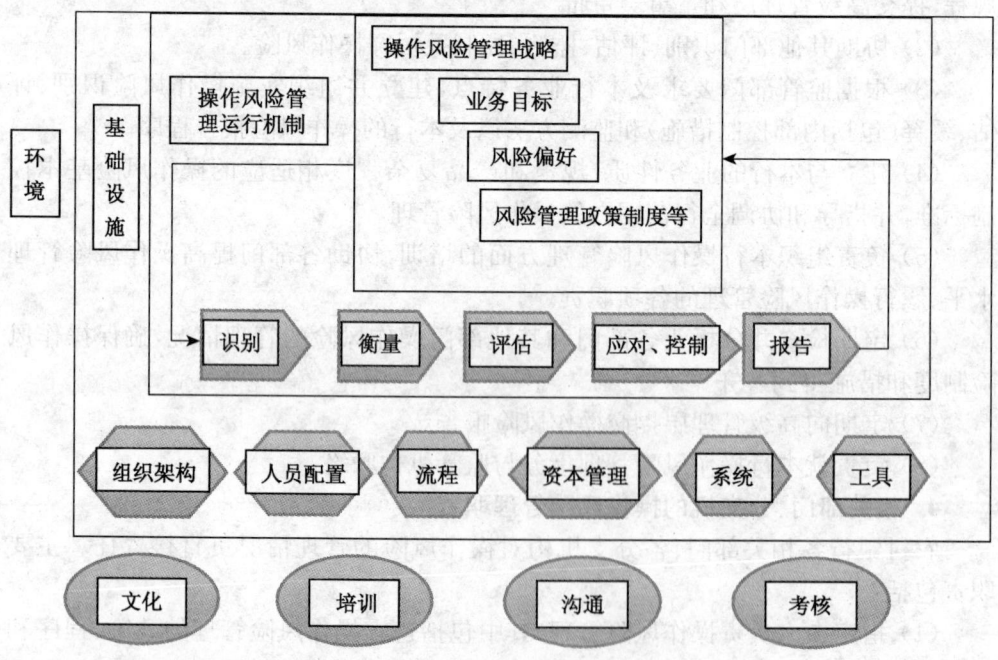

图 5-4 操作风险管理机制基本框架示意图

5.4 流动性风险管理机制

2014年1月17日中国银监会发布了《商业银行流动性风险管理办法(试行)》,并要求商业银行自2014年3月1日起执行,农村合作银行、村镇银行、农村信用社和外国银行分行参照执行。该《办法》第三条指出,流动性风险是指商业银行无法以合理成本及时获得充足资金,用于偿付到期债务、履行其他支付义务和满足正常业务开展的其他资金需求的风险。

5.4.1 流动性风险管理的目标、基本原则与政策取向

1. 流动性风险管理的目标

通过建立适时、合理、有效的流动性风险管理机制,实现对流动性风险的有效管理,将流动性风险控制在农村银行容忍度范围内,促进本行保持良好的流动性状况,实现资金营运安全性、流动性和效益性的协调统一,并在以下方面产生积极作用:

(1) 增进市场对本行的信心,向外界表明本行有能力偿还借款,是值得信赖的银行。

(2) 确保本行有能力履行贷款承诺,稳固客户关系。

(3) 避免本行资产廉价出售,损害股东利益。

(4) 降低本行借入资金时所需支付的风险溢价。

2. 流动性风险管理的基本原则

(1) 优先性原则。高层管理人员进行决策时必须优先考虑流动性风险管理。

(2) 集中性原则。由总行统一管理全行流动性风险,通过动态调整资产负债总量和结构,保证全行流动性安全。

(3) 预测性原则。流动性风险管理必须注重对资金来源和运用变化的预测,综合权衡风险和收益,合理安排流动性期限结构。

(4) 预知性原则。流动性管理部门应及时了解和掌握流动性指标的预警信息以及本行大客户提现或存款的信息,以便提前研究对策措施,有计划地安排资金。

(5) 全面性原则。流动性风险管理应涵盖所有的表内、外业务,所有的业务条线和分支机构,并按本、外币分别管理。

(6) 协调性原则。流动性管理部门必须协调资金使用部门和资金筹集部门与本部门的活动,并保留这些部门活动的相关记录。

(7) 连续性原则。流动性管理决策必须在连续性的基础上进行分析,以免决

策失误。

(8) 应急性原则。流动性管理部门必须随时保持应急状态,以便发生紧急情况时能以合理成本获得足够的资金来弥补流动性缺口,有效防范突发性流动性风险。

3. 流动性风险管理的政策取向

流动性风险管理政策的取向是稳健原则,即控制风险与讲求效益并重。通过加强有效管理,把全行流动性风险压降到可以有效控制的范围,坚持补充流动性不足与处置流动性剩余并重,既要控制流动性不足的风险,又要控制流动性过剩而导致成本上升、收益降低的风险,以促进各项业务的协调稳定发展。

5.4.2 流动性风险偏好与容忍度

银监会《商业银行流动性风险管理办法(试行)》第十六条指出,商业银行应当根据其经营战略、业务特点、财务实力、融资能力、总体风险偏好及市场影响力等因素确定流动性风险偏好。商业银行的流动性风险偏好应当明确其在正常和压力情景下愿意并能够承受的流动性风险水平。

1. 流动性风险容忍度指标

农村银行应实施稳健型的流动性风险偏好,即在满足监管要求的基础上,适当平衡收益水平和流动性水平,保持适度流动性,将流动性风险控制在本行可以承受的合理范围之内,确保本行的安全运营和良好的公众形象。农村银行应根据统一的流动性风险偏好、发展战略、风险管理能力、外部市场环境变化等因素,确定流动性风险承担水平主要评价指标的容忍度区间,包括规划值、预警值、处置值。

(1) 定量指标①。包括但不限于:①存贷比;②流动性比率;③流动性缺口率;④核心负债比例;⑤同业市场负债比例;⑥最大十户存款比例;⑦最大十家同业融入比例;⑧超额备付金率。

(2) 定性指标。农村银行在引入新产品、新业务,建立新机构、新业务部门前,在可行性研究中需充分评估其对流动性风险产生的影响,并严格履行相应的准入标准,确保潜在流动性风险能够充分识别和有效管理。

2. 流动性风险偏好的重检与调整

农村银行需根据发展战略、股东回报要求的调整和市场环境的变化,定期重检

---

① 根据《商业银行流动性风险管理办法(试行)》第五十九条,农村合作银行、村镇银行、农村信用社、外国银行分行以及资产规模小于2 000亿元人民币的商业银行不适用流动性覆盖率监管要求。

流动性风险偏好,并调整容忍度区间;风险管理部门必须按规定定期开展流动性风险偏好重检,并向高级管理层和董事会报告相关情况。

5.4.3 流动性风险管理流程

> **资料 5-1**
>
>
>
> **中国银监会**
> **《商业银行流动性风险管理办法(试行)》摘录**
>
> **第二章　流动性风险管理**
> 第三节　流动性风险识别、计量、监测和控制
>
>
>
> **第二十一条**　商业银行应当根据业务规模、性质、复杂程度及风险状况,运用适当方法和模型,对其在正常和压力情景下未来不同时间段的资产负债期限错配、融资来源的多元化和稳定程度、优质流动性资产、重要币种流动性风险及市场流动性等进行分析和监测。
>
> 商业银行在运用上述方法和模型时应当使用合理的假设条件,定期对各项假设条件进行评估,必要时进行修正,并保留书面记录。
>
> **第二十二条**　商业银行应当建立现金流测算和分析框架,有效计量、监测和控制正常和压力情景下未来不同时间段的现金流缺口。
>
> 现金流测算和分析应当涵盖资产和负债的未来现金流以及或有资产和或有负债的潜在现金流,并充分考虑支付结算、代理和托管等业务对现金流的影响。
>
> 商业银行应当对重要币种的现金流单独进行测算和分析。

农村银行应根据自身的业务规模、性质、复杂程度和流动性风险特征,建立完善的风险识别、计量与评估、监测与预警、报告和控制流程,确保资产负债错配程度保持在可承受的流动性风险水平内、具有多元化和稳定的负债、具有与自身流动性风险水平相适应的优质流动性资产储备,并具备充分的外部市场融资能力。

1. 流动性风险的识别

流动性风险的识别与分析,必须兼顾农村银行的资产和负债两个方面,即流动性集中反映了农村银行资产负债的均衡状况,表现为融资流动性风险和市场流动性风险两种类型。流动性风险的识别应包括日常流动性风险因素的识别和重大流动性风险事项的识别。

流动性风险因素的识别,主要从内外两个方面进行:

(1) 内在流动性风险的识别,可以从以下四个方面进行分析,发现重要的内在流动性风险因素。

一是,分析流动性状况。包括:超额备付金比率、流动性比率、核心负债依存度、存贷比率、流动性缺口率等流动性风险指标的水平和变化趋势;到期日错配和现金流缺口情况;流动性风险指标与同业、内部限额和监管指标的比较水平。

二是,分析资金来源情况。包括:资金来源规模的稳定性;资金来源的集中度;资金成本;大额资金的流动;零售存款流失;负债加权平均期限;获取长期融资的可能性;进入资本市场、货币市场或获取其他资金来源的可能性。

三是,分析资产的流动性。包括:资产增长情况和集中度;流动性资产的数量和质量;流动性资产构成和市场价值;可动用流动性资产及资产变现可能性;抵押品证券化。

四是,分析其他内在流动性风险。包括:银行盈利水平、资产质量和总体财务状况的变化;资产售卖情况;银行自身评级的变化;支付系统瘫痪、银行内部挤兑等风险事件。

(2) 外部流动性风险的识别。包括:宏观经济政策、货币政策的变化;外部市场流动性状况的变化;重要融资渠道即将受限或失灵;公众报道或公众信誉;资产或抵押品跨境转移政策的调整;银行所在地区发生挤兑事件等。

2. 流动性风险的计量与评估

农村银行应针对流动性风险因素,运用指标或计量模型,全面分析、计量和评估流动性风险水平,对银行在正常和压力情景下未来不同时间段的流动性风险水平及优质流动性资产储备情况进行前瞻性分析,为选择恰当的风险管理方法提供可靠依据。

流动性风险计量和评估的主要方法有比率/指标法、现金流分析法、缺口分析法、久期分析法、压力测试等。

(1) 农村银行应充分认识到流动性风险不同计量与评估方法的优势和局限性,计量与评估时应采用多种分析方法从多个角度对计量与评估结果进行印证和补充。

(2) 流动性风险的相关管理部门应加强风险计量与评估方法的研究,开发、引进适当的计量与评估模型和方法,提高计量与评估所用数据的质量,不断提升流动性风险计量与评估水平。

(3) 流动性计量与评估模型的参数引入与调整(包括重要参数的调整)须进行评估和论证。计量与评估模型所使用的假设前提、重要参数、开发过程、开发数据等,应有明晰、专门的文件记录以备查。

【案例 5-2】
某农商银行流动性缺口分析模型

银监会《商业银行流动性风险管理办法(试行)》第四十二条指出,银监会应当定期监测商业银行的所有表内外项目在不同时间段的合同期限错配情况,并分析其对流动性风险的影响。合同期限错配情况的分析和监测可以涵盖隔夜、7天、14天、1个月、2个月、3个月、6个月、9个月、1年、2年、3年、5年和5年以上等多个时间段。相关参考指标包括但不限于各个时间段的流动性缺口和流动性缺口率。

据此,该农商银行为了符合流动性风险监管要求,流动性缺口和流动性缺口率每天进行动态计算:(T+1天)、(T+7天)、(T+14天)、(T+1个月)、(T+2个月)、(T+3个月)、(T+6个月)、(T+9个月)、(T+1年)、(T+2年)、(T+3年)、(T+5年)、(T+5年以上)等13个值,以监测合同期限错配情况[①]。

一、流动性缺口

(一)流动性缺口,是指以合同到期日为基础,按特定方法测算未来各个时间段到期的表内外资产和负债,并将到期资产与到期负债相减获得的差额。

(二)计算公式

未来各个时间段的流动性缺口=未来各个时间段到期的表内外资产-未来各个时间段到期的表内外负债

(三)计算口径

未来各个时间段到期的表内外资产=未来各个时间段到期的表内资产+未来各个时间段到期的表外收入

未来各个时间段到期的表内外负债=未来各个时间段到期的表内负债+未来各个时间段到期的表外支出

在计算到期的表内负债时,活期存款中的稳定部分按规定方法进行审慎估算。

二、流动性缺口率

(一)流动性缺口率,是指未来各个时间段的流动性缺口与相应时间段到期的表内外资产的比例。

(二)计算公式

流动性缺口率=未来各个时间段的流动性缺口/相应时间段到期的表内外资产×100%

(三)计算口径

相应时间段到期的表内外资产=相应时间段到期的表内资产+相应时间段

---

① 间隔时间越长,准确性越差,可信赖程度也随之减弱。

到期的表外收入流动性缺口、流动性缺口率是一个时期动态指标,指标性质属于"适度"。

三、缺口分析的实现

（一）基本假设

流动性缺口分析是以合同到期日为基础,实施缺口指标计算和分析的假设前提是：

(1) 归属于设定时段的到期表内资产均能在该时段正常变现、到期的表外收入均能在该时段正常收回现金；

(2) 归属于设定时段的到期表内负债在该时间段均用现金正常偿还、到期的表外支出均能在该时段正常支付现金。

因活期存款没有到期时间约定,每日提取的活期存款额需要稳健估算。

（二）输出信息

该农商银行开发了流动性风险管理信息系统,原始输入数据系统大多可以从信贷管理系统、综合业务系统和其他相关系统自动获取,按照流动性缺口定义、公式自动处理原来数据,输出每日按照不同设定时段的流动性缺口、流动性缺口率实际值,如表5-3所示。

表5-3　　某农商银行流动性缺口统计分析表

日期	隔夜		7天		14天		1个月		2个月		3个月		6个月		9个月		1年		2年		3年		5年		5年以上	
	流动性缺口	流动性缺口率	流动性缺口	流动性缺口率	流动性缺口	流动性缺口率	流动性缺口	流动性缺口率	流动性缺口	流动性缺口率	流动性缺口	流动性缺口率	流动性缺口	流动性缺口率	流动性缺口	流动性缺口率	流动性缺口	流动性缺口率	流动性缺口	流动性缺口率	流动性缺口	流动性缺口率	流动性缺口	流动性缺口率	流动性缺口	流动性缺口率
20140726																										
20140725																										
……																										
20140630																										
20140629																										
……																										
……																										
20131231																										
……																										
……																										

3. 流动性风险的监测与预警

农村银行应定期对自身的资产负债期限错配情况、负债的多元化和稳定程度、优质流动性资产储备、重要币种流动性风险状况以及市场流动性等方面,适时地进行分析和监测。

在监测过程中,应当充分考虑单一的流动性风险指标或监测工具的局限性,综合运用多维度的方法和工具对流动性风险进行分析和监测。

农村银行应根据不同的监测内容确定监测频度,分为日度监测、按周监测、按旬监测、月度监测和季度监测等。

日度监测的内容一般应包括资金头寸、大额资金流动情况、批发性(对公)存款流失情况、零售存款流失情况、存贷比、流动性缺口等。按周、旬、月、季监测的内容根据流动性风险管理的需要确定。

农村银行应随时关注各种内、外部指标/信号的明显变化,并监测这些预警指标/信号的变化和发展趋势,发现出现下列一种或数种情况时,要及时提请高级管理层启动流动性预警机制:

(1) 多项或单项监测指标连续 6 个月以上严重、持续偏离标准值,表明流动性风险迅速集聚的。

(2) 短期和中期预测显示流动性严重不足,流动性缺口在两个季度以上持续扩大的。

(3) 存款连续 3 个月负增长。

(4) 存贷款前十大客户出现经营危机的。

(5) 超过四周以上出现备付资金短缺情况。

资料 5-2

中国银监会
《商业银行流动性风险管理办法(试行)》摘录

第二章　流动性风险管理
第三节　流动性风险识别、计量、监测和控制

第二十三条 商业银行应当根据业务规模、性质、复杂程度及风险状况,监测可能引发流动性风险的特定情景或事件,采用适当的预警指标,前瞻性地分析其对流动性风险的影响。可参考的情景或事件包括但不限于:

(一)资产快速增长,负债波动性显著增加。

（二）资产或负债集中度上升。

（三）负债平均期限下降。

（四）批发或零售存款大量流失。

（五）批发或零售融资成本上升。

（六）难以继续获得长期或短期融资。

（七）期限或货币错配程度增加。

（八）多次接近内部限额或监管标准。

（九）表外业务、复杂产品和交易对流动性的需求增加。

（十）银行资产质量、盈利水平和总体财务状况恶化。

（十一）交易对手要求追加额外抵(质)押品或拒绝进行新交易。

（十二）代理行降低或取消授信额度。

（十三）信用评级下调。

（十四）股票价格下跌。

（十五）出现重大声誉风险事件。

4. 流动性风险报告

农村银行流动性风险报告体系包括日常流动性风险报告、重大流动性风险事项报告、外部监管报告以及信息披露等。各类风险报告应遵循相应的发送范围、频率和程序。

(1) 日常流动性风险报告。包括：①计划财务部门按日对各项风险指标进行监控，及时向高级管理层汇报出现的重大流动性风险情况。②风险管理部门按月对全行流动性风险进行分析和评价，形成综合风险报告，向高级管理层报告，并适时发布预警和风险提示书。③高级管理层授权风险管理部门按季度向董事会提交本行流动性风险管理书面监测报告和压力测试报告，详细说明风险管理情况和下一步完善措施。

(2) 重大流动性风险事项报告。对本行发生的重大流动性风险事件，高级管理层应及时启动应急计划，并在第一时间向董事会和监管部门报告下列重大事项：①本行大规模出售资产以提高流动性。②本行评级的重大调整。③外部市场流动性状况发生重大变化。④本行重要融资渠道即将受限或失灵。⑤本行或本行所在地区发生挤兑事件。⑥有关机构对资产或抵押品跨境转移政策的调整。⑦其他可能对本行流动性风险水平及其管理状况产生影响的重大事件。

> 资料 5-3
>
>
>
> 中国银监会
> 《商业银行流动性风险管理办法(试行)》摘录
>
> 第二章　流动性风险管理
> 第三节　流动性风险识别、计量、监测和控制
>
> **第二十九条**　商业银行应当根据其业务规模、性质、复杂程度、风险水平、组织架构及市场影响力,充分考虑压力测试结果,制定有效的流动性风险应急计划,确保其可以应对紧急情况下的流动性需求。商业银行应当至少每年对应急计划进行一次测试和评估,必要时进行修订。
>
> 流动性风险应急计划应当符合以下要求:
> (一)设定触发应急计划的各种情景。
> (二)列明应急资金来源,合理估计可能的筹资规模和所需时间,充分考虑跨境、跨机构的流动性转移限制,确保应急资金来源的可靠性和充分性。
> (三)规定应急程序和措施,至少包括资产方应急措施、负债方应急措施、加强内外部沟通和其他减少因信息不对称而给商业银行带来不利影响的措施。
> (四)明确董事会、高级管理层及各部门实施应急程序和措施的权限与职责。
> (五)区分法人和集团层面应急计划,并视需要针对重要币种和境外主要业务区域制定专门的应急计划。对于存在流动性转移限制的分支机构或附属机构,应当制定专门的应急计划。

5. 流动性风险控制

风险管理部门应根据不同的流动性风险水平和流动性风险种类,选择流动性风险的控制手段,把流动性风险控制在可以接受的水平。采取的流动性风险控制手段主要应包括:

(1)风险分散。对于本行资产和负债的集中度风险,主要根据其流动性的不同,不断拓宽融资渠道,并将资金配置在不同流动性的资产之间,完善资金备付制度,提高资金来源和运用的多样化,以降低风险。同时,通过合理确定不同资产的配比关系,构筑多层次、全方位的流动性风险防线。

(2)风险转移。对于资产价格波动等带来的市场流动性风险或信用风险引发的流动性风险,可通过购买类似于保险单的期权合约或要求提供第三方信用担保

作为还款保证等合法的经济措施,将风险转移给其他经济主体。

(3)风险对冲。对于利率等市场风险因素引发的市场流动性风险,可通过投资或购买与标底资产收益波动负相关的某种资产或衍生产品,冲销标底资产的潜在风险损失。

(4)风险规避。对于流动性风险极大且本行不擅长、不愿意承担的特定市场或业务,可拒绝或退出该市场或业务,不承担相应的风险。

(5)风险补偿。对于无法通过风险分散、对冲或转移进行管理,而又无法回避、不得不承担的流动性风险,可采取在交易价格上附加流动性风险溢价,即通过提高风险回报的方式,获取承担风险的价格补偿。

(6)应急计划。对于突发性或重大性等流动性风险触发事件或情形,可能引起局部或全局性流动性风险的,应及时启动应急计划,在限定时间内采取有效措施进行补救,把风险控制在最小范围内。

6. 流动性风险的缓释与应对

农村银行融资流动性风险的缓释手段主要包括票据转贴现、票据回购、信贷资产回购、信贷资产转让、同业存款、协议存款等。

综合考虑缓释手段的时效性和成本因素,偿付性流动风险缓释的优先级次序如下:

(1)第一类,票据转贴现和票据回购。

(2)第二类,信贷资产回购、信贷资产转让、同业存款等。

(3)第三类,协议存款等。

(4)第四类,央行融资。

市场流动性风险的缓释手段主要包括内部资金转移定价调整、授信政策调整、经济资本分配政策调整、业务计划指标调整、信贷资产转让、理财产品转移、资产证券化、发行金融债券等。

考虑市场流动性风险的时效性和缓释力度,农村银行风险缓释的优先级次序如下:

(1)资金转移定价调整、授信政策调整、经济资本分配政策调整、业务计划指标调整。

(2)信贷资产转让、理财产品转移。

(3)发行金融债券、资产证券化、增资扩股。

7. 流动性风险的应急处理

流动性风险应急处理是指在局部地区流动性状况发生异常恶化的情况下,为防止流动性风险蔓延而采取的紧急预防和处置方案。

出现下列情况后,要及时启动应急处理程序:

(1)非正常提款大量增加、发生集中挤兑存款事件,短期内存款严重流失。

(2)其他金融机构出现挤兑存款事件或其他金融风险,有可能波及本行。

(3)由于债券、保函、信用证、贷款承诺、银行承兑汇票、信托投资、外汇衍生产品等业务越权、违规、违法操作,有可能形成巨额资金的清偿需求。

(4)经营环境包括政策环境和市场环境发生急剧变化,货币市场资金严重短缺,资金供求发生急剧变化。

(5)全行备付资金持续匮乏,并无法按常规途径进行补充,难以保证正常业务资金需求。

(6)外部评级下降,不良信息披露,新闻媒体负面报道增加,有可能引发的流动性风险。

以上情况出现后,农村银行应急处置领导小组要及时启动应急方案,迅速进行先期处置,并及时向高级管理层和董事会汇报。高级管理层和董事会依据事态严重程度,决定是否在全辖范围启动流动性风险应急方案。流动性紧急补充方案包括但不限于:

(1)除按照常规途径,如主动性负债、提前收回贷款、清收预期贷款等方式进行流动性补充外,可以动用二级准备金,缓解出现的支付危机。

(2)暂停办理债券投资、贷款投放、同业融出等资金运用业务。

(3)按有关授权管理规定,通过出售债券资产、信贷资产和股权所形成的现金流入进行流动性补充。

(4)向人行申请动用缴存准备金存款和其他释放资金、注入资金的方法。

5.4.4 流动性风险管理的组织与职责

农村银行应当建立完善的流动性风险管理组织架构,明确董事会、监事会、高级管理层,以及相关部门、分支机构在流动性风险管理中的职责和报告路线,建立适当的考核及问责机制。

1. 董事会的流动性风险管理职责

农村银行董事会对流动性风险管理承担最终责任,履行以下职责:

(1)审核批准流动性风险管理体系。

(2)审核批准流动性风险偏好与容忍度、流动性风险管理策略、重要政策与程序、流动性风险限额和流动性风险应急计划,对本行可承受的流动性风险水平每年至少审议一次。

(3)监督高级管理层在风险管理体系内对流动性风险进行有效的管理和控制。

(4)持续关注流动性风险状况,定期获得关于流动性风险水平和相关压力测试的报告,及时了解流动性风险的管理状况、重大变化和潜在转变。

(5) 对本行流动性风险管理信息系统的完整性、准确性和有效性承担最终责任。

(6) 审批流动性风险信息披露内容,保证披露信息的真实性和准确性。

(7) 根据内部审计结果,督促高级管理层针对内部审计发现的问题采取及时有效的整改措施,并适时调整和完善有关流动性风险管理的策略、政策和程序。

(8) 授权董事会下设的风险管理委员会履行以上部分流动性风险管理职能,获得授权的风险管理委员会应当定期向董事会提交有关报告。

(9) 法律、法规规定的其他职责。

2. 高级管理层的流动性风险管理职责

农村银行高级管理层负责流动性风险的具体管理工作,履行以下职责:

(1) 根据本行总体发展战略测算并在必要时调整可承受的流动性风险水平,并提请董事会审议。

(2) 根据董事会批准的可承受的流动性风险水平,制定流动性风险管理策略、程序、限额,其中重要的策略、政策、程序和限额需提请董事会或其授权的风险管理委员会审批后执行。

(3) 根据批准的流动性风险管理策略、政策、程序和限额,对流动性风险进行管理、组织实施压力测试和情景分析,并定期将测试结果向董事会或其授权的风险管理委员会汇报,推动压力测试成果在战略决策和风险管理中的应用,制定并监督执行有关流动性风险管理的内部控制制度。

(4) 充分了解并定期评估本行流动性风险水平及管理状况,向董事会或其授权的风险管理委员会定期汇报本行流动性风险状况,及时汇报流动性风险的重大变化或潜在转变。

(5) 逐步建立完善的管理信息系统,以支持流动性风险的识别、计量、监测、预警、报告和控制等工作。

(6) 制定流动性风险应急计划,并提请董事会或其授权的风险管理委员会审批。

(7) 识别并了解可能触发应急计划的事件,并建立适当机制对这些触发事件进行监测。

(8) 指定专门部门和人员负责流动性风险管理工作,并明确流动性风险管理部门的职责;建立完善的报告制度,确保流动性风险管理部门和人员的相对独立性,特别要独立于从事资金交易的部门。

3. 风险管理部门的流动性风险管理职责

风险管理部门负责组织建立和实施农村银行流动性风险管理体系,对全行的流动性风险管理实施监督。具体职责包括：

（1）组织拟订流动性风险管理政策，起草流动性风险管理相关制度，并提请高级管理层审定。

（2）组织对流动性风险管理的政策、制度和流程的执行效果进行检查评估。

（3）会同计划财务部门定期对所需要监测和管理的流动性风险指标设立相应的规划值和阀值，阀值设置应作为预警线，并提前通知相关部门和分支机构。

（4）研究提出本行的流动性风险限额。

（5）开发并逐步完善具体的流动性压力测试模型和压力测试信息系统，并协助开发、维护和管理相关流动性风险信息管理系统。

（6）设计具体的流动性风险压力测试情景、会同计划财务部门定期开展流动性压力测试，并将压力测试结果向高级管理层报告。

（7）定期组织开展流动性风险应急演练。

（8）负责对流动性风险状况进行监测和分析，提交流动性风险分析报告，包括压力测试报告和应急演练情况报告，并按照规定向监管部门报告流动性风险和流动性风险管理情况。

4. 计划财务部门的流动性风险管理职责

计划财务部门负责农村银行的流动性管理，是本行流动性风险管理的日常操作部门，其职责包括：

（1）落实流动性管理相关的政策，负责日常流动性风险分析和评估工作，并适时对相关支行或部室存在的流动性风险进行预警和风险提示，提出控制流动性风险的措施建议。

（2）制定本行头寸管理办法，负责全行日常流动性风险的头寸管理和日常流动性指标的测算与分析。

（3）负责全行资金的流动性预测，编制短期流动性计划与长期流动性计划，并做好本行流动性的筹集、储备和调度工作。

（4）负责对全行流动性指标的汇总、分析、预警和评价，定期向高级管理层报告，并对预警指标及有关支行进行跟踪管理。

（5）发生流动性突发事件，应及时向高级管理层报告。对达到应急预案条件的，向高级管理层提出启动应急预案申请。

（6）负责对全行流动性指标的执行情况进行日常监控，对监控中发现各类预警信号，提出解决问题的意见和建议。

（7）对分支机构流动性需求提供系统内资金支持，及时化解分支机构支付困难，对总行范围内难以解决的流动性需求及时协调向人行或同业提出融资申请。

（8）配合风险管理部门开展流动性风险的监测分析和压力测试。

(9) 履行突发流动性、清偿性事件应急处置领导小组办公室职责。

5. 其他相关部门、分支机构的流动性风险管理职责

(1) 资金营运部门负责全行资金业务的营运,在资金头寸不足或出现流动性危机时,通过公开市场操作回收资金或对外融资补充资金头寸,运用票据等投融资工具协助计划财务部门进行全行流动性管理。

(2) 授信管理部门负责合理安排贷款期限结构,控制中长期贷款比例,提高信贷资产的质量和流动性。资产管理部门负责组织盘活资产存量,关注各类金融风险的相关性,及时提示各类风险对流动性风险的影响。业务拓展部门负责扩大核心存款比重,提高客户的忠诚度,增强资金来源的稳定性。

(3) 内部审计部门负责定期审查和评价流动性风险管理体系的充分性和有效性,将内部审计结果直接报告董事会或其授权的风险管理委员会,并根据有关规定及时报告监管部门。适时对整改措施的实施情况进行后续审计,并及时向董事会提交审计报告。

(4) 各分支机构应在全行流动性管理基本框架下,贯彻落实好总行的各项流动性风险管理要求,接受总行的统一领导、监督和管理。

5.5 声誉风险管理机制

声誉风险是指由商业银行经营、管理及其他行为或外部事件导致利益相关方对商业银行负面评价的风险。声誉事件是指引发商业银行声誉风险的相关行为或事件。重大声誉事件是指造成银行业重大损失、市场大幅波动、引发系统性风险或影响社会经济秩序稳定的声誉事件。

农村银行声誉风险管理的政策取向应是:主动防范,即通过积极主动防范,采取有效管理措施,将利益相关方对本行的负面评价降低到最低程度,最大程度地减少对社会公众造成的损失和负面影响。

5.5.1 声誉风险管理的目标与原则

1. 声誉风险管理的目标

农村银行应通过建立有效的声誉风险管理机制,实现对声誉风险的有效管理,将声誉风险控制在本行容忍度范围内,促进本行保持良好声誉,并在以下具体方面产生积极作用:

(1) 招募和保留最佳雇员。

(2) 确保产品和服务的溢价水平。

(3) 减少进入新市场的阻碍。

(4) 维持客户和供应商的忠诚度。

(5) 创造有利的资金使用环境。

(6) 增进与投资者的关系。

(7) 强化本行自身的可信度和利益持有者的信心。

(8) 吸引高质量的合作伙伴和强化自身竞争力。

(9) 最大限度地减少诉讼威胁和监管要求。

2. 声誉风险管理的基本原则

声誉风险管理的基本原则是：预防第一、积极主动、及时报告、全员参与，并实行首问责任制。

(1) 预防第一原则。声誉风险管理首先是事前管理，必须坚持预防第一的原则，及时准确地识别、评估现有和潜在的各种声誉风险因素，从源头上控制和缓释声誉风险。

(2) 积极主动原则。按照声誉风险管理的目标要求，积极主动地创建、维护、巩固和提升本行的良好声誉。农村银行面临声誉事件时应当迅速反应，果断处置，争取主动。

(3) 及时报告原则。对于各类声誉事件，农村银行各当事部门（分支机构）和员工应当按照本行规定及时、如实报告，严禁各类拖延和瞒报行为。

(4) 全员参与原则。声誉风险管理涉及农村银行经营的各个层面和环节，农村银行每个机构、部门和员工都负有维护本行声誉的责任，都应该积极防范声誉风险。

5.5.2　声誉风险管理的内容与处置

1. 声誉风险管理的内容

农村银行应将声誉风险纳入全面风险管理体系中，将声誉风险管理融入公司治理架构，声誉风险管理的内容至少包括：

(1) 声誉风险排查，定期分析声誉风险和声誉事件的发生因素和传导途径。

(2) 声誉事件分类分级管理，明确管理权限、职责和报告路径。

(3) 建立包括声誉风险在内的金融风险应急处理方案和制度，对声誉事件实行应急处置，对可能发生的各类声誉事件进行情景分析，制定预案，开展演练。

(4) 妥善处理客户投诉，从维护客户关系、履行告知义务、解决客户问题、确保客户合法权益、提升客户满意度等方面实施监督和评估；建立有效的信访机制，保持信访工作稳定；与投资者保持良好的沟通，融洽与投资者的关系。

(5) 信息发布和新闻工作归口管理，建立信息披露管理制度，及时准确地向公众发布信息，主动接受舆论监督，为正常的新闻采访活动提供便利和必要保障。

(6) 舆情信息研判,实时关注舆情信息,及时澄清虚假信息或不完整信息。

(7) 声誉风险管理内部培训和奖惩。

(8) 声誉风险信息管理,记录、存储与声誉风险管理相关的数据和信息。

(9) 声誉危机管理规划,为在危机情况下保全甚至提高声誉提供行动指南。

(10) 声誉风险管理后评价,对声誉事件应对措施的有效性及时进行评估。

2. 重大声誉事件的处置

农村银行应积极稳妥应对声誉事件,其中,对重大声誉事件,相关处置措施至少应包括:

(1) 在重大声誉事件或可能引发重大声誉事件的行为和事件发生后,及时启动应急预案,拟定应对措施。

(2) 指定高级管理人员,建立专门团队,明确处置权限和职责。

(3) 实时关注分析舆情,动态调整应对方案。

(4) 建立内部通报机制,实时通报事件进展及处置情况。

(5) 重大声誉事件发生后 12 小时内向银监会或其派出机构报告有关情况。

(6) 及时向其他相关部门报告。

(7) 及时向银监会或其派出机构递交处置及评估报告。

5.5.3 声誉风险管理流程

农村银行通过建立清晰的声誉风险管理流程,促进一致、持久地识别、评估和监测每一个可能影响声誉的风险因素,实现对声誉风险的及时预警和有效控制。

1. 声誉风险的识别

与其他种类的风险相比,声誉风险具有如下主要特征:

(1) 多样性。农村银行利益相关者既多又复杂,由于引发影响农村银行声誉原因的多样性、作出声誉评价的利益相关者的多样性,导致了声誉风险的种类呈现出多样性。

(2) 常态性。农村银行在发展过程中,始终都会面临利益相关者的正向评价或负向评价,由于各利益相关者往往受视角、自身利益局限性、信息的影响,不同向的评价结果始终存在,其负面评价所形成的声誉风险具有常态性。

(3) 关联性。声誉风险与其他各类风险有着紧密的因果关系,农村银行所有的风险都可能影响其声誉,声誉风险是其他风险发展的一种必然结果,具有内在的关联性特征。

(4) 复杂性。声誉属于商誉系列,系无形资产,声誉风险存在形态有很大的不确定性,是一种非常特殊的风险,这也体现了声誉风险评估、界定、分类、计量建模的复杂性。

（5）波动性。声誉风险是各种风险进一步延伸的结果,就声誉风险本身进行管理,效果不一定很明显。这是因为声誉风险产生带有很大的被动性,不易界定,难以通过常规的风险管理部门采用常规的管理手段进行管理。

农村银行重点关注的声誉风险驱动因素包括但不限于：

（1）业务、产品运行中可能引发的声誉风险因素。

（2）内部组织机构变化、政策制度变化、财务指标变动、系统调整、机构裁撤变更、产品价格调整、银行的过失行为或误导等可能引发的声誉风险因素。

（3）新闻媒体报道、网络舆情动向、客户投诉、内外部审计和监管部门合规检查等揭示出的声誉风险因素。

（4）涉及司法性事件或群体性事件等可能引发的声誉风险因素。

农村银行应加强舆情信息研判,实时关注舆情信息,准确识别、判断相关舆情对本行声誉的影响方向和程度,区分舆情等级,即正面、一般、关注、有害、危害,后三级统称负面舆情。

2. 声誉风险的评估

农村银行各职能部门(分支机构)对于已经显现的声誉风险,应认真评估其危害程度和发展趋势。同时,要综合分析潜在声誉风险因素转化为具体声誉事件的可能性,评估其对本行业务、财务状况和声誉的影响,并将潜在声誉风险因素按照影响程度和紧迫性进行排序。

农村银行需要作出预先评估的声誉风险事件包括：本行股东对本行的盈利预期;本行进行改革/重组的成本/收益;监管机构责令整改的不利信息/事件;影响客户或公众的政策性变化,如营业场所、营业时间、服务收费等方面的调整。

对已识别的声誉事件,按照其性质、严重程度、可控性、影响范围和紧急程度等因素,评估其重要性。重大声誉事件包括但不限于：造成全国性影响,危及国家金融安全或本行正常经营秩序,造成重大财务损失及股东不满,危及本行的正常经营秩序,对本行某项业务的正常开展造成重大影响以及引发政府新闻媒体和新闻网站批评性报道的声誉事件。

3. 声誉风险的监测与预警

风险管理部门应当随时了解农村银行各类利益相关者所关注的问题,正确预测他们对本行的业务、政策或运营调整可能产生的反应。同时,风险管理部门应当仔细分析和监测所收到的意见/评论,通过有效的报告和反应系统,及时将利益相关者对本行积极和消极的评价或行动、所有的沟通记录和结果,以及本行应当采取的应对措施,经过提炼和整理后,及时汇报给董事会和高级管理层,由高级管理层制订最终的声誉风险应对方案。

农村银行应积极构建声誉风险预警体系,结合本行声誉风险的特点和管理要求,建立声誉风险预警指标体系、确定各指标预警的界限标准,充分利用预警信号增强声誉风险管理的主动性。

4. 声誉风险报告

声誉风险报告路径本着快速、高效原则设置,报告内容必须真实、完整。

(1) 舆情报告。包括:①日常舆情报告。农村银行办公室指定专人每日定时搜集、记录、研判和报告舆情信息。发现有虚假信息、不完整信息或负面舆情应及时向风险管理部门报送,由风险管理部门处置。没有虚假信息、不完整信息或负面舆情时,按规定报告上级有关部门。舆情信息搜集范围包括但不限于:报刊、广播、电视等传统媒体和博客、微博、BBS 帖子、电子杂志、论坛社区、网络视频、手机视频、DV 短片、手机照片、网络相册等新媒体。②舆情研判报告。农村银行办公室应结合日常舆情监测中发现的问题,对潜在的或可预见的声誉影响因素进行梳理,对下一阶段面临的舆情形势进行预判,形成舆情研判报告。舆情研判报告除按规定向上级有关部门报送外,还应报送本行董事会、风险管理委员会、监事会、行长室、风险管理部门。

(2) 声誉事件报告。农村银行各部门、各分支机构等发生、知悉发生或接报重大声誉事件后,向其所在部门、机构负责人报告事件情况;由负责人向董事会办公室、监事会办公室、风险管理部门报告的同时,直接向董事长、监事长、行长报告。事件发生后 12 小时内,由董事长向行业管理部门和监管部门报告有关情况,必要时需向当地政府的相关部门报告有关情况。董事会办公室按事件类型协调风险管理部门会同相关职能部门和分支机构及时处理,处置完毕及时向行业管理部门和监管部门递交处置及评估报告。

发生一般声誉事件时,知情员工向其所在部门、机构负责人报告事件情况;由负责人向董事会办公室、监事会办公室、风险管理部门报告;然后由董事会办公室、监事会办公室、风险管理部门分别向董事长、监事长和行长报告。

5. 声誉风险的控制

农村银行各部门、各分支机构应根据风险评估结果,按照声誉风险的不同类别、不同等级制定具体的应对方案,并根据风险的变化情况即时进行相应的更新。

(1) 对于已经发生的声誉风险,应采取有效措施进行控制和缓释,力争将危害程度降至最低。

(2) 对于评估出的可以立即化解的潜在声誉风险,应及时制定落实工作计划,明确工作时间表和具体责任人,逐项解决。

(3) 对于评估出的短期内很难完全消除影响的潜在声誉风险,应制定分步化解风险的具体方案和应急预案。

(4) 对于评估出的容忍度内的潜在声誉风险,应进行定期检查和重新评估。

农村银行应不断完善内部控制体系,采取恰当的声誉风险管理方法,具体做法包括但不限于:

(1) 强化声誉风险管理培训,培育良好的声誉风险管理文化。

(2) 确保实现对利益持有者的承诺;如果因各种原因无法实现承诺,则必须作出明确、诚恳的解释。

(3) 确保及时处理投诉和批评。

(4) 尽可能维护大多数利益持有者的期望与本行的发展战略相一致。

(5) 增强对客户/公众的透明度。

(6) 将本行的企业社会责任和经营目标结合起来,树立富有责任感并值得信赖的机构形象。

(7) 保持与媒体的良好接触。

(8) 制定声誉风险管理应急机制,并定期测试以确保危急时刻本行的反应是及时、恰当的。

6. 声誉事件的处置

声誉事件处置坚持分级属地管理原则。重大声誉事件由总行负责牵头处置,一般声誉事件由分支机构负责处置。

发生重大声誉事件时,总行应及时成立由行长任组长、相关部门组成的声誉事件处置小组开展工作,根据事件发展态势适时启动声誉事件应急预案。

在制定和实施声誉事件处置方案时,不仅要注重切断声誉事件引发声誉风险的传播路径,更要准确掌握和考虑具体声誉事件的直接利益相关方的诉求和期望,开展有效沟通。

按照适时适度、公开透明、有序开放、有效管理的原则对外发布相关处置信息。

各部门、各分支机构应实时监测声誉事件的发展态势,并据此及时检讨和调整处置策略,将事件发展情况和处置结果按规定及时报告。

5.5.4 声誉风险管理的组织与职责

农村银行应当建立完善的声誉风险管理组织架构,明确董事会、监事会、高级管理层,以及相关部门、分支机构、员工在声誉风险管理中的职责。

1. 董事会的声誉风险管理职责

董事会负责监控全行声誉风险管理的总体状况和有效性,承担声誉风险管理的最终责任,具体包括:

(1) 制定与本行战略目标一致且适用于全行的声誉风险管理政策,建立相应的风险管理机制,完善声誉风险管理体系。

(2) 审批及检查高级管理层有关声誉风险管理的职责、权限和报告路径,确保

其采取必要措施,持续、有效监测、控制和报告声誉风险,及时应对声誉事件。

(3) 授权专门部门或团队负责全行声誉风险管理,配备与本行业务性质、规模和复杂程度相适应的声誉风险管理资源。

(4) 明确本行各部门在声誉风险管理中的职责,确保其执行声誉风险管理制度和措施。

(5) 确保本行制定相应培训计划,使全行员工接受相关领域知识培训,知悉声誉风险管理的重要性,主动维护农村银行的良好声誉。

(6) 培育全行声誉风险管理文化,树立员工声誉风险意识。

(7) 法律、法规规定的其他职责。

2. 高级管理层的声誉风险管理职责

高级管理层负责声誉风险管理的具体工作,履行以下职责:

(1) 建立和制定适用于全行的声誉风险管理具体办法、制度和要求,重要的声誉风险办法和制度提请董事会审批。

(2) 明确本行各部门在声誉风险管理中的职责,确保其执行声誉风险管理制度和措施。

(3) 确保本行能够充分识别和及时处理可能导致声誉风险的事件,准确评估和报告声誉风险管理政策的遵守情况,正确识别和审核声誉风险早期预警指标,在发生未遵守操作规程的情况下采取适当的跟进措施。

(4) 积极稳妥应对声誉事件,其中对重大声誉事件,相关处置措施应及时向董事会报告。

(5) 负责制定危机处理程序,定期根据本行情况对声誉风险进行情景分析和压力测试,以应对突发事件可能造成的管理混乱和重大损失。

(6) 定期评估、审核本行的声誉风险管理政策,敦促所有员工熟知相关政策,并在本行内部积极鼓励严谨的工作方式和态度。

(7) 法律、法规规定的其他职责。

3. 风险管理部门的声誉风险管理职责

风险管理部门是声誉风险管理工作的归口管理部门,负责声誉风险管理的具体实施工作。主要职责包括:

(1) 负责根据本行声誉风险管理战略和政策,拟订声誉风险管理有关制度、办法、操作规程、应急预案、年度计划和方案。

(2) 组织声誉风险应急预案演练,牵头协调处置全行性的声誉风险和声誉事件。

(3) 牵头组织建立声誉风险的识别、评估、监测、报告、控制和评价机制,确保各项声誉风险管理工作机制正常运转。

(4) 定期分析声誉风险和声誉事件的发生因素和传导途径，负责声誉风险排查，及时向相关部门和机构提示风险。

(5) 负责声誉风险信息管理和统计分析工作，汇总和报告各类声誉风险和声誉事件，定期综合分析评估并报告声誉风险信息。

(6) 负责全行声誉风险管理的考核工作，建立声誉风险管理激励约束机制和考核体系，检查、评价全行声誉风险体系运行情况。

(7) 协同人力资源管理部门做好声誉风险管理教育培训。

(8) 负责总结声誉风险管理工作。

4. 相关职能部门、分支机构的声誉风险管理职责

相关职能部门和各分支机构声誉风险管理特定职责分别为：

(1) 董事会办公室：负责本行的信息披露，加强与各类新闻媒体的沟通，将本行的良好信誉适时客观地展示于公众。

(2) 总行办公室：受理客户投诉；负责声誉事件的信息发布和新闻工作管理；负责新闻媒体联络，开展有效外部沟通，及时准确地向公众发布信息，主动接受舆论监督，为正常的新闻采访活动提供便利和必要保障；会同相关业务部门负责本行的产品、品牌和各类活动的宣传；开展舆情信息研判，实时关注舆情信息，及时澄清社会上对本行的虚假信息或不完整信息。

(3) 产品开发管理部门：在制定、实施本部门产品或业务政策时，充分考虑声誉风险管理的要求，对产品或业务相关政策可能引发的声誉风险进行充分评估，针对可能引发的声誉风险制定应对预案，并及时将评估结果和相应的应对预案通报风险管理部门。其中在办理新产品立项申请时，将产品可能引发的声誉风险评估情况通报风险管理部门；新产品投产后半年内，应对实际投产产品再进行一次全面的声誉风险评估，并将评估结果和相应的应对预案通报风险管理部门。

(4) 人力资源管理部门：负责投资者、员工信访和举报；负责声誉风险管理内部培训和奖惩。

(5) 合规管理部门：负责对声誉风险各项管理办法、制度的合规性审查；对相关信息发布的合规性审查。

(6) 内部审计部门：对声誉风险管理进行内部审计和后评价。

(7) 各分支机构：受理并报告本区域投资者、员工信访和举报；关注、监测并报告本区域的舆情信息和其他声誉风险信息。

农村银行每位员工要自觉维护本行声誉。各职能部门及分支机构负责人根据各自职责分工负责本条线和本单位声誉风险管理工作，及时报告声誉风险信息，并承担本部门、本机构声誉风险管理的直接责任。各分支机构每年至少一次识别和评估本机构所面临的主要声誉风险以及管理这些风险的措施。

第 6 章

战略导向的资源配置机制建设

- 全面预算体系
- 风险限额管理
- 经济资本管理

银监会《农村商业银行和农村合作银行推进流程银行建设的指导意见》中指出，农村银行应建立健全科学、有效的资源配置机制，根据发展战略重点和经营计划导向，按照业务条线、地区、产品、行业等多维度，合理配置信贷资金、信贷规模、财务费用、经济资本等各种资源，优先保障"三农"、小微企业所需资源。农村银行要逐步建立内部资金转移定价体系，对经营管理中的资金来源和资金运用进行有效的组织、配置、核算、监控、分析和考核，实现资金使用效率最大化。

农村银行可以运用全面预算、风险限额管理、经济资本管理等手段，实现资源的优化配置。

6.1 全面预算体系

在农村银行，资源配置以战略为基本导向，通过全面预算的方式实现。年度预算是战略计划工作的成果，它既是战略决策、战略计划的具体化，又是控制经营活动、财务活动的依据。预算在传统意义上被看成是控制支出的工具，现代全面预算其实是"使企业的资源获得最佳生产率和获利率的一种方法"。

资料6-1

财政部、证监会、银监会等
《企业内部控制应用指引第15号——全面预算》

第一章 总则

第一条 为了促进企业实现发展战略，发挥全面预算管理作用，根据有关法律、法规和《企业内部控制基本规范》，制定本指引。

第二条 本指引所称全面预算，是指企业对一定期间经营活动、投资活动、财务活动等作出的预算安排。

第三条 企业实行全面预算管理，至少应当关注下列风险：

（一）不编制预算或预算不健全，可能导致企业经营缺乏约束或盲目经营。

（二）预算目标不合理、编制不科学，可能导致企业资源浪费或发展战略难以实现。

（三）预算缺乏刚性、执行不力、考核不严，可能导致预算管理流于形式。

第四条 企业应当加强全面预算工作的组织领导,明确预算管理体制以及各预算执行单位的职责权限、授权批准程序和工作协调机制。

企业应当设立预算管理委员会履行全面预算管理职责,其成员由企业负责人及内部相关部门负责人组成。

预算管理委员会主要负责拟定预算目标和预算政策,制定预算管理的具体措施和办法,组织编制、平衡预算草案,下达经批准的预算,协调解决预算编制和执行中的问题,考核预算执行情况,督促完成预算目标。预算管理委员会下设预算管理工作机构,由其履行日常管理职责。预算管理工作机构一般设在财会部门。

总会计师或分管会计工作的负责人应当协助企业负责人负责企业全面预算管理工作的组织领导。

第二章 预算编制

第五条 企业应当建立和完善预算编制工作制度,明确编制依据、编制程序、编制方法等内容,确保预算编制依据合理、程序适当、方法科学,避免预算指标过高或过低。

企业应当在预算年度开始前完成全面预算草案的编制工作。

第六条 企业应当根据发展战略和年度生产经营计划,综合考虑预算期内经济政策、市场环境等因素,按照上下结合、分级编制、逐级汇总的程序,编制年度全面预算。

企业可以选择或综合运用固定预算、弹性预算、滚动预算等方法编制预算。

第七条 企业预算管理委员会应当对预算管理工作机构在综合平衡基础上提交的预算方案进行研究论证,从企业发展全局角度提出建议,形成全面预算草案,并提交董事会。

第八条 企业董事会审核全面预算草案,应当重点关注预算科学性和可行性,确保全面预算与企业发展战略、年度生产经营计划相协调。

企业全面预算应当按照相关法律、法规及企业章程的规定报经审议批准。批准后,应当以文件形式下达执行。

第三章 预算执行

第九条 企业应当加强对预算执行的管理,明确预算指标分解方式、预算执行审批权限和要求、预算执行情况报告等,落实预算执行责任制,确保预算刚性,严格预算执行。

第十条 企业全面预算一经批准下达,各预算执行单位应当认真组织实施,将预算指标层层分解,从横向和纵向落实到内部各部门、各环节和各岗位,形成全方位的预算执行责任体系。

企业应当以年度预算作为组织、协调各项生产经营活动的基本依据,将年度预算细分为季度、月度预算,通过实施分期预算控制,实现年度预算目标。

第十一条 企业应当根据全面预算管理要求,组织各项生产经营活动和投融资活动,严格预算执行和控制。

企业应当加强资金收付业务的预算控制,及时组织资金收入,严格控制资金支付,调节资金收付平衡,防范支付风险。对于超预算或预算外的资金支付,应当实行严格的审批制度。

企业办理采购与付款、销售与收款、成本费用、工程项目、对外投融资、研究与开发、信息系统、人力资源、安全环保、资产购置与维护等业务和事项,均应符合预算要求。涉及生产过程和成本费用的,还应执行相关计划、定额、定率标准。

对于工程项目、对外投融资等重大预算项目,企业应当密切跟踪其实施进度和完成情况,实行严格监控。

第十二条 企业预算管理工作机构应当加强与各预算执行单位的沟通,运用财务信息和其他相关资料监控预算执行情况,采用恰当方式及时向决策机构和各预算执行单位报告,反馈预算执行进度、执行差异及其对预算目标的影响,促进企业全面预算目标的实现。

第十三条 企业预算管理工作机构和各预算执行单位应当建立预算执行情况分析制度,定期召开预算执行分析会议,通报预算执行情况,研究、解决预算执行中存在的问题,提出改进措施。

企业分析预算执行情况,应当充分收集有关财务、业务、市场、技术、政策、法律等方面的信息资料,根据不同情况分别采用比率分析、比较分析、因素分析等方法,从定量与定性两个层面充分反映预算执行单位的现状、发展趋势及其存在的潜力。

第十四条 企业批准下达的预算应当保持稳定,不得随意调整。由于市场环境、国家政策或不可抗力等客观因素,导致预算执行发生重大差异确需调整预算的,应当履行严格的审批程序。

第四章 预算考核

第十五条 企业应当建立严格的预算执行考核制度,对各预算执行单位和个人进行考核,切实做到有奖有惩、奖惩分明。

> **第十六条** 企业预算管理委员会应当定期组织预算执行情况考核,将各预算执行单位负责人签字上报的预算执行报告和已掌握的动态监控信息进行核对,确认各执行单位预算完成情况。必要时,实行预算执行情况内部审计制度。
>
> **第十七条** 企业预算执行情况考核工作,应当坚持公开、公平、公正的原则,考核过程及结果应有完整的记录。

6.1.1 全面预算编制概述

预算编制是一项技术性、系统性很强的工作,它是建立在对未来不可知因素、变量以及结果的不确定性的主观判断基础上。不同的预算主体应根据所处的环境和管理风格,在一定原则指导下选择相应的预算编制程序,并合理确定预算期间。

1. 预算编制的基本原则

预算编制是预算管理的基础环节,农村银行的目标确定是否恰当、预算的激励与约束机制能否充分发挥、预算的控制和考评是否有效,均取决于预算编制的恰当与否。因此,预算编制应遵循下列基本原则:

(1) 目标性原则。预算的编制应以农村银行的经营目标为前提。农村银行的经营目标是其未来一切经营活动的方向,农村银行的一切经营活动均应围绕其经营目标进行。预算编制也应以农村银行的总目标为出发点,使各项预算按其分目标编制。

(2) 全面性原则。预算内容应尽可能做到全面、系统、完整,预算责任应尽可能涵盖全体成员。凡是与农村银行经营目标有关的经济业务和事项、作业,均应通过预算加以反映,并落实到人。此外,还应注意各项预算之间的协调与平衡,以保证整个农村银行的各项业务均能按照预算、围绕经营目标顺利进行。

(3) 人本原则。整个预算制度的成功与否,最终取决于人。因此,全面预算的编制必须重视预算的人性面。一方面,不能将预算作为一种"凌驾于人"的工具,而应使之成为具有积极的激励作用的工具,这就有赖于预算标准松紧度的掌握应该恰到好处。另一方面,预算的编制过程应该是一个群策群力的过程,重视各级人员,尤其是中下级管理人员的参与,将有助于预算管理的成功。

2. 预算编制的程序与步骤

预算编制程序有自上而下、自下而上和上下结合式三种方式。它们分别适用于不同的农村银行环境和管理风格,并各具优缺点。

(1) 自上而下式。自上而下式预算编制程序体现的是战略观念、集权思想。

在这种程序下,预算由农村银行总部按照战略管理的需要,结合农村银行股东大会意愿及银行所处的市场环境而提出。预算是全面而详细的,各分支行只是预算执行的主体,一切权力在总行。在自上而下式的编制程序里,总行预算管理职责集中于预算管理委员会,它要根据农村银行的业务特征对各分支行进行定位。

自上而下式的预算编制程序一般适用于业务单一的农村银行,其最大好处在于能保证农村银行的整体利益,同时考虑银行发展的需要。但其最大的不足在于将权力高度集中在总行,不能发挥各分支行自身的管理主动性和创造性,不利于人本管理,不利于农村银行的未来发展。

(2)自下而上式。自下而上式预算编制程序体现的是作业基础、民主参与思想。在这种程序中,总行主要起到预算管理中心的作用。它视预算管理为各分支行落实其经营责任的管理手段,并认为预算管理的主动性来自于各分支行,总行只对预算负有最终审批权。总行的管理责任是提出预算责任目标,由分支行确认预算责任;或由总行确定预算目标,分支行的责任是执行、实现总行确定的预算目标。为此,分支行编制并上报的预算在总行看来只是对总行预算目标实现的一种承诺。总行审批分支行上报预算的目的,只是出于对这一承诺可靠性进行的核实。

这种方式的优点在于提高分支行的主动性,体现分权经营和人本管理,同时将分支行置于市场前沿,提高分支行独立经营的能力。其最大的不足在于:①可能引发管理失控(它只强调结果控制而忽略过程控制,一旦结果成为事实,没有弥补过失的余地,可谓"亡羊补牢为时晚矣!")。②宽打窄用,导致资源浪费,如为争夺总行的资本资源而多报或少报预算。③不利于分支行盈利潜力的最大限度发挥,如分支行的经理人员(行长)为保持对分支行的长期经营权,会采用"挤牙膏"式的利润预算方式,年度利润预算只在上年度基础上"适量"增长,从而保持利润逐年增长而增长幅度不大。

可见,在这种"自下而上"式预算编制程序下,总行对分支行预算的审批非常关键,审批预算关键在于针对于银行经理人员(行长)可能存在的"偷懒"行为。

(3)上下结合式。上下结合式预算编制程序体现的是上下博弈、集权为主。在我国商业银行目前的预算管理实践中,上下结合式显然是一种理性的选择。上下结合式博采两式之长,在预算编制过程中,经历了自上而下和自下而上的往复。采用这一程序的关键点,并不在于其上与下的偏重,而是上与下如何结合、对接点如何确定的问题。为了充分发挥分支行、业务管理部门等责任单位的主观能动性,尽可能提高预算编制的效率,我们主张预算目标应自上而下下达,预算编制则应自下而上地体现目标的具体落实,各层级责任中心(单位)通过编制预算需要明确"应该完成什么,应该完成多少"的问题。因此,预算的编制过程是各责任单位的资源、状况与农村银行目标相匹配的过程,是农村银行目标按责任单位、按业务、按人员分解的过程。

"上下结合式"预算编制程序的主要步骤为:①总行依据当年实际业绩及预算

年度工作要求,结合农村银行发展战略及其要求,提出预算年度的预算总目标,经股东大会审议通过,报银行最高决策机构董事会批准。②总行依据已批准的预算总目标和既定的目标分解方案,计算、确定各分支行、业务管理部门的预算目标。各分支行、综合管理部门再依据类似的目标分解方法,计算、确定其各下属单位的预算分目标。③各下属单位依据预算分目标的要求及对预算年度相关业务的预测,寻求实现预算目标的具体措施,形成预算草案并报分管部门。④各分支行、业务管理部门汇集其下属单位的预算草案,与其预算目标对照,通过或驳回重编后,形成其预算初稿并报总行。⑤总行综合各分支行、综合管理部门的预算初稿,讨论通过或驳回重编后,汇总形成总行预算总表初稿并报最高决策机构——预算管理委员会审查批准。⑥银行最高决策机构审议、批准预算,并下发执行。

采用"上下结合式"预算编制程序的优点在于:①能够有效保证农村银行总预算目标的实现。②按照统一、明确的"游戏规则"分解预算目标,体现了公平公正的原则,避免挫伤了先进、保护了后进。③预算的编制必须以目标的实现为前提,避免了预算编制过程中的讨价还价、"宽打窄用",提高了预算编制的效率和准确度。

以上三种方式实际上是三种管理思想的体现。比如,自上而下的方式体现的是集权思想,体现的是战略导向,没有协商的余地;自下而上的方式体现的是民主参与思想,它以作业为基础,导向也非常明确;上下结合方式可以说是前面两种方式的综合,它是一个上下博弈的过程,以集权思想为主,它需要设计好,否则,会影响预算编制的效率和预算组织安排。

3. 预算编制期间的选择

预算的编制时间可以因预算的内容和实际需要而定,可以是一周、一月、一季、一年或若干年等。通常将预算期在一年以内的预算称为短期预算,预算期在一年以上的则称为长期预算。短期预算具有预算资料较为可靠的优点,但缺乏长期规划之长处,而且期间过短必然加大预算工作量;而长期预算虽有长期规划之长处,却有预测结果不够可靠而使预算难以切合实际之不足。因此,在全面预算的编制过程中,应结合各项预算的特点,将长期预算和短期预算结合使用。

一般情况下,基本业务预算和财务预算多以一年为期,年内再按季或月细分,而且预算期间往往与会计期间保持一致。只有特殊业务预算的期间会视情况而有所不同,如资本支出预算通常是涉及若干年的长期预算。

6.1.2 全面预算的内容与指标体系

全面预算管理是一种全过程、全方位、全员的管理,它需要全员的参与,并且应全方位的包括、涉及农村银行经营的全过程,任何的遗漏之处都可能是孕育"毒瘤"的温床。因此,全面预算的内容与指标体系,应注意其全面性和系统性。

1. 全面预算的内容体系

全面预算的内容体系必须涵盖农村银行的经营业务和财务活动的全部。我们知道,银行经营活动包括三大基本要素:人、财、物。预算管理就是要对财和物的运行方式:资金流和业务流进行事前的规划,并将其按照权责范围落实到相应的责任人身上,从而实现"人、财、物"三者的统一。

(1)全面预算内容的构成。全面预算的内容至少应该由业务预算和财务预算两部分构成,两者缺一不可。业务预算旨在规划各项具体业务,又可进一步将其区分为基本业务预算和特殊业务预算。顾名思义,基本业务预算是反映农村银行基本业务活动的预算,它因不同业务类型而异。例如,存款业务预算、贷款业务预算、中间业务预算、营业费用预算等。特殊业务预算是反映农村银行基本业务活动之外的特殊业务的预算,通常包括投资及其收益预算、其他业务收支预算、营业外收支预算等。显然,业务预算,尤其是基本业务预算是预算管理的基础,没有业务预算,预算将是无源之水、无本之木,预算目标的实现也就无从谈起。

财务预算旨在综合反映各项业务对农村银行现金流量和经营成果的影响,从而规划农村银行的现金流量和经营成果,通常包括:现金流量预算、预计利润表(或称损益表)和预计资产负债表。从成本效益的角度考虑,多数农村银行会选择不作预计资产负债表的方式,但是必须设置相关的财务指标对资产负债表的规模和结构进行适当的控制。

全面预算的内容体系还具有系统性特征。业务预算和财务预算两者不仅缺一不可,而且它们是一个整体,相互支撑、相互依赖,是一个完整而紧密的系统。该系统通常是以农村银行预算目标为核心,以包含农村银行限制因素的业务预算为起点,按顺序编制而成。例如,当我们以贷款预算为起点时,各项预算的相互连接关系如图 6-1 所示。

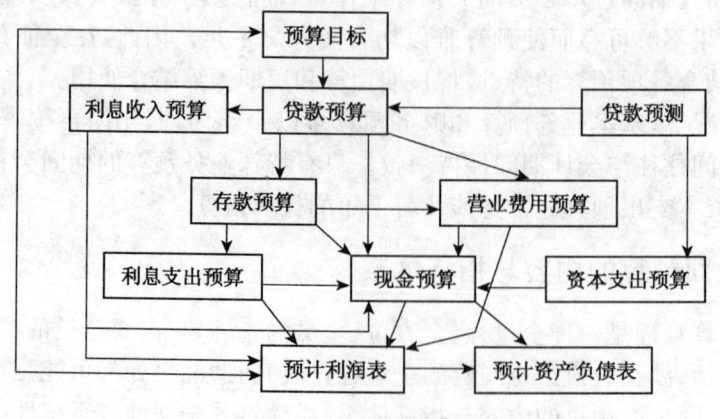

图 6-1 预算连接关系

第6章 战略导向的资源配置机制建设

图6-1虽然不能代表所有的预算连接关系,它却是最为典型和普遍的一种模式。无论何种模式,全面预算均是由各业务预算入手,业务预算只反映某一方面业务的具体情况,它们最终又都反映在财务预算中。所以,业务预算又称为分预算,它们是编制财务预算的基础;财务预算又称为总预算,它们是各项业务预算的综合结果。

预算的内容体系中还包含着另一个非常重要的组成部分:责任预算体系,全面预算的落实必须有待于责任预算的支撑。责任预算是全面预算按权责关系进行的责任分解,是全面预算的延续及具体化。由于各农村银行的具体业务存在一定的差异性,权责划分也有所不同,因此,责任预算的内容更是因不同的农村银行而异。

(2)全面预算内容的编制安排。预算内容的编制安排即根据相关性原则,将各项具体预算落实到各预算编制者头上。下面以某中小银行为例,具体说明各项预算的内容及责任单位的编制安排。该中小银行总行设有办公室、信贷管理部、预算管理部等综合业务管理部门,并根据区域经济发展情况设有20多家支行。该中小银行预算的内容由三部分组成:

一是,基本业务预算。这是用以规划各项具体业务的预算,由各支行或总行有关综合业务管理部门编制。具体包括贷款预算、存款预算等,其中:贷款预算可以分贷款种类对各类贷款的平均余额和平均贷款时间进行预计、对各类贷款按五级分类进行预计等;存款预算可以分存款种类对各类存款的平均余额和平均存款时间进行预计。

二是,特殊业务预算。这是用以规划长期投资业务及与其相关的筹资业务,由总行相关管理部门编制。具体包括长期项目投资预算、长期项目投资收益预算、筹资预算。

三是,财务预算。这是综合反映各项业务对财务状况、经营成果和现金流量的影响,用以规划现金管理、盈亏管理和资产管理的预算,由总行相关管理部门和各支行编制。具体包括预计内部利润表、预计现金流量表和预计资产负债表。其中,预计现金流量表和预计资产负债表可以根据成本效益原则,用其他相对简要但又具有同样控制效果的指标替代。

支行的预计内部利润表包括营业收入预算、变动成本预算、边际贡献预算、可控固定成本预算、可控边际贡献预算、不可控固定成本预算、支行边际贡献预算、部门边际贡献预算、总行管理费用分配预算、经济增加值预算等内容。若总行综合管理部门的管理服务实行内部定价制度,还要编制部门内部利润表。

预算内容的安排应体现农村银行的业务特征和管理要求。例如,若把综合管理部门视为费用中心,则只需编制营业费用预算,包括可控营业费用预算和不可控营业费用预算;若管理服务实行内部定价,则视为利润中心,就需要编制预计部门

241

内部利润表,包括服务收入预算、可控营业费用预算和不可控营业费用预算等。又如,若由于历史原因形成了一定规模的不良资产,则应将不良资产的处理纳入预算等。

2. 全面预算的指标体系

传统的以财务指标为基础的预算指标体系和考评方法更多地被看做执行控制层面的监控工具,均不能与农村银行的战略目标及战略管理手段进行有机的融合,因此越来越不适应当前以经济全球化和信息化为特征的知识经济时代,不适应农村银行环境多变的现实。在这种背景下,罗伯特·卡普兰(Robert S. Kaplan)和戴维·诺顿(David P. Norton)设计了"平衡计分卡(Balanced Score Card：BSC)"预算指标体系模型。BSC的核心思想是通过财务、顾客、内部业务过程、学习与成长四个方面指标之间相互驱动的因果关系,展现农村银行的战略轨迹,实现全面预算管理、控制与业绩考评的目标。

(1) 平衡计分卡中所包含的预算指标间平衡。平衡计分卡这种方法是通过财务与非财务指标之间的相互补充"平衡",不仅使财务指标体系上升到战略层面,使之成为农村银行战略的实施工具,同时也是在定量评价与定性评价之间、客观评价与主观评价之间、指标的前馈指导与后馈控制之间、农村银行的短期增长与长期发展之间、各个利益相关者的期望之间寻求"平衡"的基础上完成的预算战略实施与考评过程。

根据平衡计分卡的核心思想,四个方面指标的因果驱动关系共同驱动战略,经过分解的策略目标也可以对应于平衡计分卡的四个方面,并依照它们之间的因果关系,分别形成同样具有相互因果关系的财务方面、客户方面、内部经营过程方面与学习成长方面的策略目标。这样,农村银行的总行、分行、支行相互之间就建立了策略目标与战略的动态关系,使平衡计分卡的预算指标体系与战略之间的驱动关系在策略目标与战略之间得到深化。

(2) 基于平衡计分卡的预算指标体系。平衡计分卡指标体系由财务、顾客、内部业务流程、学习与成长四个部分组成,对预算指标的基本要求是:①内涵明确,即每个指标都规定明确的含义,使得不同的利益相关者对预算指标的内容都有相同的认识,减少误差的产生。②词意清晰,即预算指标的名称词要清楚,使人明了它的意思,不给人以模棱两可的感觉。③有针对性,即预算指标是相对工作目标而言的,必须根据达到目标的各项工作内容及标准来设定。④全面性,即预算指标可以是正面的,也可以是负面的,只有这样才能真正起到目标引导作用,避免工作成果偏离目标的方向。⑤系统性,即预算指标必须能系统地评价一件事或一个人,特别是最重要的内容不能被忽视。⑥独立性,即每一个预算指标尽管有相互作用或相互影响、相互交叉的内容,但一定要有独立的内容,有独立的涵义和界定。表6-1~

表 6-4 详细列出了四个层面常用的预算指标。

表 6-1　　　　　　　　　　　财务预算指标构成

第一层指标	第二层指标	第三层指标
财务指标	盈利指标	净资产收益率（资本收益率）
		总资产报酬率
		营业收入利润率（利润率）
		营业收入成本率（成本率）
		利差率
	资产营运	盈利资产与非盈利资产的比例（或生息资产占比）
		利息回收率
		风险权重资产比率
		不良贷款比率
		贷款分散化比率
	偿债能力	存贷款比率、中长期贷款比率
		资本充足率、核心资本率
		流动性比率
		备付金比率
		现金流量充分性比率
	增长能力	营业收入增长率
		总资产增长率
		资本积累率
		三年利润平均增长率
		三年资本平均增长率

表 6-2　　　　　　　　　　　顾客预算指标构成

第一层指标	第二层指标	第三层指标
顾客指标	成本	新顾客取得成本
		老顾客维护成本
		吸引顾客成本

(续表)

第一层指标	第二层指标	第三层指标
顾客指标	质量与及时性	服务质量控制体系
		顾客满意度
		服务的及时性
	顾客忠诚度	顾客回头率
		流失客户数
		重要客户增加数
	吸引新顾客能力	新客户人数
		新客户比率
		新客户存款占比、新客户贷款占比
	市场增长与份额	存款增长率
		贷款增长率
		定期存款占比

表 6-3　　　　　　　　内部业务流程预算指标构成

第一层指标	第二层指标	第三层指标
内部业务流程指标	创新过程	研究与开发投入占营业收入的比例
		研究与开发投入回报率
		新金融产品或新金融服务占营业收入的比例
		研究与开发的周期
	运作过程	营业费用占营业收入的比例
		顾客服务差错率
		业务流程顺畅
	内部控制遵循性	业务操作的规范性
		报表的准确性与及时性
		案件发生次数
		安全保卫情况
		内控稽查的配合情况

第6章 战略导向的资源配置机制建设

表 6-4　　　　　　　　　学习与成长预算指标构成

第一层指标	第二层指标	第三层指标
学习与成长指标	员工素质	员工的知识结构
		人均脱产培训费用
		人均在岗培训费用
		年培训时数
		员工平均年龄
	员工生产力	人均利润率
		人均存(贷)款额
		员工被顾客认知度
	员工忠诚度	员工辞职率
		提合理化建议员工比例
		高级管理、业务人才流失率
	员工满意度	员工满意度
		员工获提升比率
		管理者的内部提升比率
	组织结构能力	评价和建立沟通机制费用
		协调各部门行动目标费用
		有效沟通评估
		团队工作有效性评估
		传达信息或接受反馈的平均时间
	信息系统	软硬件系统的投入成本
		拥有PC的员工比例
		软硬件系统的更新周期

需要注意的是，以上表 6-1 至表 6-4 列出的四个层面的预算指标并没有全部罗列，还需要根据各农村银行的实际情况适当删除或补充。特别是非财务预算指标(顾客、内部业务流程、学习与成长)具有外延宽、内涵广、一般难以量化等特点，在设计时应遵循以下原则：

第一，全面性。非财务预算指标作为农村银行整个预算指标体系中的定性部

245

分，应当涵盖财务指标所不能涵盖的所有方面。农村银行非财务指标的选取和设计必须坚持全面性、广泛性的原则，充分体现非财务指标的补充价值。

第二，行业性。必须立足于农村银行自身的业务经营范围和行业特殊性，设计符合农村银行特性的非财务指标。只有立足于行业特点设计的非财务指标才能全面、有效地评价农村银行经营管理状况。

第三，可行性。非财务预算指标与绩效评价，要考虑非财务因素的量化问题，即在定性分析中用量化的指标来描述非财务因素的影响。因此，在设计农村银行的非财务预算指标时，要尽可能用可量化的指标反映农村银行业绩与管理的内在特性。

第四，客观性。设计农村银行的非财务预算指标，必须避免标准单一等缺陷。在实际测度时，应将整个农村银行的资料或有代表性的样本个体的实际业绩作为标准，在实践中尽可能以体现客观性的数学公式为测算尺度，确保非财务预算指标的客观性。

另外，在确定各预算指标的目标值时要有参照物，这一参照物即所谓的"标杆"。在实际工作中通常存在两类标杆，即农村银行内部标准和外部市场标准。所谓内部标准，是指以农村银行内部的过去实际和未来的挖潜预期为标准，它偏重于客观实际，容易包容自身的某些既定不合理性。所谓外部市场标准，是指由市场整体而不是由某个银行决定的标准，如资本市场的平均回报率、资本充足率等，它偏重于市场的一般要求，具有相对的先进性。在一般情况下，外部标准的优越性多于内部标准。

3. 改进的预算指标评价与管理体系：经济增加值预算管理

平衡计分卡虽然是现代企业管理模式上的一种创新和进步，但并不等于说它是包治百病的万灵药方，现代农村银行管理中遇到的一切问题都可以通过它来解决。例如，农村银行在实施平衡计分卡过程中就经常遇到一些困难，如财务指标之外的指标的创建和量化比较难，需要农村银行管理层根据农村银行的战略及运营的主要业务、外部环境加以仔细地斟酌；确定结果与驱动因素间的关系比较困难等。有鉴于此，美国的斯特恩·斯图尔特咨询公司将他们设计的经济增加值（Economic Value Added，简称EVA）指标与平衡计分卡相融合创立的一种新型的"EVA综合计分卡"，较好地解决了平衡计分卡存在的一些弱点，被称为新型"平衡计分卡"或"综合计分卡"。

（1）经济增加值的涵义。经济增加值（EVA）是农村银行税后净营业利润（NOPAT, Net Operating Profit After Tax）减去农村银行所占有资本（CE, Capital Employed）的成本之后的剩余收益，又称"经济利润"。EVA也可以说是税后净营业利润剔除了风险因素后超出股东最低资本回报要求的收益。EVA作为一种流行且引人注目的评价指标只有近 20 年的历史,但 EVA 快速风靡各地,被 Coca-Cola、UPS 等许多知名企业所采用,并在全球范围内得到了广泛的应用。EVA 的计算公式为:

$$EVA = 税后净营业利润 - 资本总额 \times 加权平均资本成本率$$

其意义是,农村银行使用权益资本和债务资本来经营是有机会成本的,债务资本的成本就是利息,而权益资本的成本就是投资者要求的回报率。如果是所有权与经营权不分的个体"钱庄",则权益资本就是投资其他地方能获得的最低报酬,如投资股票、购买国库券或其他项目。如果农村银行利用这些资本产生的收益还不足以弥补其机会成本,则农村银行的经营就是失败的。这就是经济增加值方法的原理所在。

与权益回报率相比,经济增加值方法有以下优点:①它不会放弃好的投资项目。权益回报率方法有时会使农村银行放弃赢利的项目,但经济增加值方法不会。因为它以资本的加权平均成本为衡量标准,凡是回报率大于资本机会成本的项目都会被经济增加值方法肯定。②经济增加值方法衡量的是绝对收益,这能直观地得出被评价对象对农村银行价值的贡献。这适合中小商业银行简单、直观的管理方式。③经济增加值方法较好地将投资决策、业绩评价和激励三个较主要的管理职能结合起来。经济增加值公式中的加权平均资本成本就是投资决策(资本预算)中基准收益率的概念,对资本预算来说,经济增加值(EVA)的现值其实就是投资的净现值(NPV)。经济增加值对激励的作用也是显而易见的,它是一个绝对值,用它来作为对农村银行经营者业绩的评价简单直接。

EVA 体系的核心思想是"基于均衡价值观之上谋求股东价值最大化"。它证明 EVA 在理论上等价于 NPV(Net Present Value,净现值),并以 EVA 为股东价值度量和农村银行评价的核心指标,这是经济资本管理在全面预算管理中的具体体现。

(2)基于经济增加值预算管理的优越性。一些大型商业银行已将 EVA 评价标准作为业绩评价与激励机制的重要依据,推行经济资本预算管理,并取得了良好的效果。与传统的预算业绩评价方法相比,EVA 具有以下优越性:

第一,构建全新的经营管理理念,有利于实现农村银行稳健经营和可持续发展的目标。发达国家的一些大型银行通常采用风险调整后的资本回报率(RAROC)指标,使风险管理和业务发展成果体现为一个简单的数值。实施以 RAROC 为核心的管理模式是实现风险成本与风险收入相匹配的重要途径,是建立全面、有效、科学的风险管理体系和健全的内控体系的关键环节。银行是经营风险的企业,应对其经济资本进行约束,将风险与收益直接挂钩,实施"只有经过风险调整的收益才是银行的真实收益"的基本理念,建立以 EVA 为评价标准的业绩预算评价机制。

在 EVA 计算公式中的"资本总额",其实是经济资本。所谓经济资本,是指为抵御各项业务的风险所需要的资本支持,是各项业务的风险所产生的资本需求。银行的经济资本,是基于银行全部风险之上的资本,因此又称为风险资本。在数量上,经济资本等于风险总额,它是一种虚拟的、与银行风险的非预期损失等额的资本,它不是一个财务概念,不能在资产负债表上直接反映出来。经济资本不是真正的银行资本,它是一个"算出来的"的数字,其主要功能是吸收既定置信水平下未预期到的损失,在数额上与非预期损失相等。农村银行应引入经济资本管理的理论与方法,建立重视风险管理的企业文化和长期稳定的风险调整收益标准,保证收益增长与风险控制相统一,真正实现稳健经营和可持续发展。

第二,农村银行内部应用经济资本管理的理论和方法,有利于实施有效的全面风险管理。因为经济资本管理是建立在风险评价的资产组合框架基础之上的,所以其结果可以被管理者和各业务部门用来分辨、评价和度量资产组合风险,从而有助于形成对信用风险、市场风险、操作风险和流动性风险政策的整体认识,最终将不同类型的风险转化为可衡量的风险,进而有助于加强风险管理。因此,农村银行内部应注重应用经济资本管理的理论与方法,促进整个系统实现完善的全面风险管理,提高农村银行的经营业绩水平。

第三,借鉴先进的价值管理手段和计量方法,有效地提高农村银行的价值。农村银行采用经济资本管理理论和方法的目的不仅是为规避风险,而是要凭借先进的风险度量方法和调整技术,充分认识那些能够管理好并且能够对其充分补充的风险,从而提高银行价值。这就需要准确估计出不同业务可能导致的预期损失和非预期损失,用风险成本冲减利润,得出真正的收益水平,以避免出现不考虑风险而一味追求高额利润的盲目扩张行为。只要银行能够掌握经济资本管理的理论与方法,并结合自身的业务特点构建出特有的风险度量模型,就能实现更大规模的扩张和更快速度的发展。

当然,实施经济资本预算管理是有条件的,它要求处理好经济规模与价值创造、经营风险与业务发展的关系,切实做好以下几项工作:一是指标设置应充分体现财务管理的核心目标,即银行价值最大化。财务考核指标应充分考虑资金的时间价值、风险控制和投入产出等因素,运用 EVA、资本回报率、资产收益率等经营效益相对指标。二是指标设置应重视人力资源管理,提高人力资源管理水平。只有建立有效的人力资源管理机制,为员工提供充分施展才能的空间,才能使员工个人价值与银行总体价值共同得到充分的体现。三是指标设置应注重风险控制,建立农村银行的内部评级系统,体现谨慎性原则,提高资产损失率、不良资产率及不良资产控制指标的权重,不断提高风险控制能力和财务管理水平,充分体现以风险管理为核心的财务管理要求。四是指标设计应体现创新精神,把创新与新产品开发水平指标纳入预算考核指标体系,促进农村银行不断创新,追求卓越。五是指标设置应注重长远效益、体现持续发展的要求。要实现农村银行价值最大化,关键是处理好短期利益与长期利益的关系,注重长远效益,不断提高农村银行的综合竞争力,走可持续发展道路。

6.1.3 全面预算编制的基本方法

全面预算编制的基本方法多种多样。比如,根据预算编制所赖以依据的业务量是否可变,有固定预算和弹性预算;根据预算编制的时期有定期预算和滚动预算;根据预算编制的基础有增(减)量调整预算和零基预算等。农村银行应根据各预算科目的特征,选择适当的预算编制方法。

1. 固定预算与弹性预算

(1) 固定预算与弹性预算的区别。固定预算(fixed budget),又称为静态预算(static budget),是指按固定业务量编制的预算,一般按预算期的可实现水平来编制。其基本特征是:不考虑预算期内业务活动水平可能发生的变动,只按照预算期内计划预定的某一共同的业务活动水平为基础确定相应的数据;将实际执行结果与预算期内计划预定的某一共同的活动水平所确定的预算数进行比较分析,并据以进行业绩评价、考核。然而,如果农村银行的实际执行结果与预期业务活动水平相距甚远,则固定预算就难以为控制服务。事实上,固定预算对控制的有用性仅限于当实际业务水平与预期业务活动水平完全一致之时。否则,就难以为预算控制服务。在市场变化较大或较快的情况下,不宜采用此法。

针对固定预算所存在的不足,早在20世纪30年代,就已经开始有弹性预算方法的应用。弹性预算(flexible budget)又称变动预算(variable budget),是指一种具有伸缩性的、能够适用于一系列业务量变化的预算。它是在农村银行不能准确预测业务量的情况下,根据收入、费用、成本同业务量之间有规律性的依存关系,按预算期内可能发生的业务量编制的一系列预算。

在农村银行的经营活动中,预计完成的业务量很少恰好完成,当实际执行的水平与原计划不一致时,某些随业务量变化而增减的收入与支出项目(变动性项目),不能以原来的水平进行比较,必须对那些项目按照变化的业务量比例加以调整。弹性预算是现代企业普遍采用的一种预算管理控制方法。

(2) 弹性预算的类型。弹性预算主要有全面弹性预算、弹性营业成本预算、弹性营业费用预算和弹性利润预算等多种类型。限于篇幅,我们只介绍全面弹性预算的编制方法。

全面弹性预算(Master Flexible Budget)是以预算期内预期的各种可能实现的营业收入作为计量基础,按成本性态,扣减相应的营业成本,据此分别确定不同营业收入水平下可实现的利润或发生的亏损。例如,某农村银行第一季度的实际营业成本资料与计划营业成本资料对比,如表 6-5 所示。

表 6-5 营业成本统计表

计划贷款规模:15 000 实际贷款规模:17 400 单位:万元

营业成本项目	计划成本	实际成本	差异
利息支出	918.00	1 066.62	-148.62
变动性营业费用	37.50	36.54	0.96
固定性营业费用	30.00	32.00	-2.00
合计	985.50	1 135.16	-149.66

从表 6-5 的计算结果看,该银行发生了营业成本超支 149.66 万元。但这种超支不能说明该行经营活动的好坏,因为没有把营业成本和业务量这一重要的因素联系起来,在不同业务量(贷款规模)条件下的两种营业成本总额是不能比较的。因此,需要把计划营业成本按照实际业务量加以调整,才可以与建立在实际业务量基础上的实际营业成本进行比较。

按实际业务量调整计划营业成本时,不分成本项目的性质,都按业务量增减的比例加以调整也是不正确的。因为包括营业成本合计中的固定营业费用并不随业务量的变化而增减,只应将计划营业成本中的变动营业费用按业务量进行调整,而固定营业成本仍应按计划数与实际发生额进行比较,这才符合营业成本构成的特性。这种分析比较才更具有实际意义。按照业务量变动调整变动营业成本(计划费用率)和按计划的固定营业费用而编制的预算便是弹性预算。预算之所以具有弹性就是指预算中的变动营业成本(利息支出和变动性营业费用)是根据计划的变动费用率(利息支出为 6.12%=918÷15 000;变动性营业费用率为 0.25%=37.5÷15 000)和有伸缩性的业务量进行计算的,变动性营业成本随业务量的变化成比例地变化,在预算中它不是一个固定的数量,而是可以调整变化的数量。在表 6-5 中,如果实际业务量较计划业务量增加 16%,则计划预算、弹性预算和实际成本可以如表 6-6 所示。

表 6-6 弹性预算 单位:万元

营业成本项目	计划成本	弹性预算成本	实际成本	实际与弹性预算差异
利息支出	918.00	1 064.88	1 066.62	-1.74
变动性营业费用	37.50	43.50	36.54	6.96
固定性营业费用	30.00	30.00	32.00	-2.00
合计	985.50	1 138.38	1 135.16	3.22

从表6-6可以看出,在弹性预算一栏中,固定营业费用仍按计划数填列,各项变动营业成本都是按业务量增长16%的比例调整计算的。以实际成本和弹性预算比较的结果,与表6-5中的比较大不相同,该银行不仅没有发生营业成本超支,反而节约了3.22万元。由此可知,弹性预算对于考核和评价责任中心的业绩更有说服力。

弹性预算和传统的固定预算在编制方法上有所不同,弹性预算是为一系列业务量水平而编制的,其适用范围较为广泛。只要预算的各项指标是在某一定业务范围(相关范围)之内,其数据都可以作为实际控制之用。只有当业务量超过相关范围时,才需要重新预计变动费率和固定费用。

(3) 编制弹性预算的基本方法。编制弹性预算的基本方法与步骤是:选择业务量的计量标准;确定适用的业务量范围;确定各项费用与业务量之间的数量关系;计算各项费用预算,并用一定方式表达出来。

第一,选择业务量标准。实行弹性预算,固定费用和业务量无关,而变动费用则随业务量而变化。业务量选择的适当与否,对掌握成本的变动性和实行预算控制关系甚大。选择一项费用和业务量的关系的基础,以其有直接关联为准则,以手工操作为主的作业,可以选用人工工时为标准;利息支出可以选择贷款额与贷款期为标准等。

在选择业务量作为计算标准时应注意:①所选用的标准应能表示业务量的多少,而业务量的多少,直接影响成本费用的多少;②用所选择的标准表示业务量以衡量成本时,影响业务量变化的应以该项标准为唯一因素,也就是同时不受其他任何因素影响;③所选用的标准应便于了解,避免在应用中发生误解而导致混乱;④按所定标准搜集数据资料时,应力求简捷,从而减少作业的耗费;⑤使用的标准应根据情况变化而及时地、相适应地加以改变。

第二,确定业务量范围。固定费用的金额和变动费用的变动费用率,只有在一定的业务量范围内才是不变的。一个农村银行或其分支机构或部门的业务量范围究竟如何划定,也是弹性预算的一项重要问题。各个费用项目,可能各有不同的限定范围,但在实际工作中,不可能为每一项费用分别规定其适用范围,只能在编制预算时,以最低业务量(低限)和最高业务量(高限)为其上下的范围。在此范围之内还可以将业务量分成若干阶段,每阶段差距的大小,也必须适宜。差距太大,容易失去弹性预算的控制作用;差距太小,预算限额虽较准确,执行起来也比较方便,但不免使编制工作量过大。通常是根据过去业务量的最高和最低为其下限和上限,在此范围内固定费用没有多大变化为准绳。一般将业务量范围限定在正常经营能力的70%~120%。

第三,确定费用性质与业务量的关系及其表达方式。各项费用的性质不同与业务量的关系各异,如何通过适当的方式以正确表达它们之间的关系,使之在控制和考核过程中行之有效,一般有列表法、公式法、图标法等。无论哪一种方法的基本原理都是根据成本结构两类不同性质的费用与业务量的关系作为基础而表现为不同的形式:

$$Y = a + bX$$

任何一项费用预算都可以按照它与业务量的关系分为固定费用与变动费用。固定费用在一定业务量范围以内具有相对固定性,而变动费用则随业务量变化成正比例增减。列表法是某一业务量水平的变动费用和不变费用;公式法则是根据固定费用的计划数和某一业务量水平的变动费用直接计算;图示法则是用描绘图形以表示某一业务量水平的费用额。

弹性预算和其他预算方法比较有很多优点:它比固定预算运用范围广泛,使预算与实际具有可比基础,使预算控制和差异分析更有意义和说服力,一经编制,只要各项消耗标准和价格等依据不变,便可连续使用,从而可大大减少预算编制的工作量。当然,运用弹性预算而不运用固定预算的最主要的原因还在于运用弹性预算能够控制了数量变化后,更好地对预算责任单位、责任人或员工的工作业绩进行正确评价。

2. 增量预算与零基预算

编制成本费用预算的方法按其出发点的特征不同,可分为增量预算和零基预算两种方法。

(1)增量预算。这是指以基期成本费用水平为基础,结合预算期业务量水平及有关降低成本的措施,通过调整有关原有费用项目及预算额而编制预算的方法。

增量预算的方法源于以下三项假定:①现有的业务活动是农村银行必需的,只有保留现有的每项业务活动,才能使农村银行的经营过程得到正常发展。②原有的各项开支都是合理的,既然现有的业务活动是必需的,那么原有的各项费用开支都是合理的,必须予以保留。③增加费用预算是值得的。增量预算以过去的经验为基础,实际上是承认过去所发生的一切都是合理的,主张不需在预算内容上做较大改进,而是因循沿袭以前的预算项目和预算标准。可见,这种方法导致以下缺点:

一是,受原有费用项目和数额限制,可能导致保护落后。由于按这种方法编制预算,往往不加分析地保留或接受原有的成本项目和数额,可能使原来不合理的费用开支延续存在下去,形成不必要开支合理化,继续造成预算上的浪费。

二是,滋长预算中的平均主义和简单化。采用此法,容易鼓励预算编制人员凭主观臆断按成本项目平均削减预算或只增不减,不利于调动各责任单位和员工降低费用的积极性。

三是,不利于农村银行未来的发展。按照这种方法编制的费用预算,对于那些未来实际需要开支的项目可能因没有考虑未来情况的变化而造成预算的不足。

(2) 零基预算的定义。为弥补增量预算之缺点,美国得克萨斯工具公司的彼得·派尔(P. A. Pharr)设计了零基准预算模式。该模式现已被西方国家广泛采用作为管理间接费用的一种新的有效方法,并取得了良好的控制效果。

零基准预算(Zero Base Budgeting, ZBB),如果说得更正确些,应该是 Zero Base Planning and Budgeting System 的略称。零基预算的方法全称为"以零为基础编制计划和预算的方法",简称零基预算,是指在编制成本费用预算时,不考虑以往会计期间所发生的费用项目或费用数额,而是以所有的预算支出均以零为出发点,一切从实际需要与可能出发,逐项审议预算期内各项费用的内容及开支标准是否合理,在综合平衡的基础上编制费用预算的一种方法。此定义最关键的一点就是零基准这句话的含义了。零基准,就是从白纸状态开始,希望能打破预算,也可以说是从什么都没有的状态出发的意思。

零基预算按其编制的程序不同可以分为调整法和零基法两种。调整法是以当年的预算及其执行情况为基础,然后根据计划年度业务量的变化确定其增减额。由于它是以现有收支为基数预测未来的增减量,是对过去收支水平按变化的条件进行调整的,所以叫调整法。零基法则不同,它不是以现有预算为基数,而是从零开始,假定农村银行原来既没有提供产品或服务,也没有成本费用开支,也没有收入和盈利,即如同一个新建银行那样,一切以"零"为起点,再按业务量多少,规划该银行的业务量、费用开支和收益,所以叫零基准预算。

(3) 零基预算法的特点及调整预算法的比较。零基预算法与调整预算法的不同点在于:

第一,调整预算法是以现有预算为基础,在现有预算的基础上按执行结果和变化条件进行调整而编制的。零基预算法则是以零为起点,根据预测的未来业务量和费用水平、收益率,以确定各种预算。

第二,调整预算法要求对新的、未进行过的业务活动,在编制预算时,要进行成本/效益分析,对现在已进行的业务活动,不再作分析。零基预算法则要求对一切业务活动,不论过去是否进行过,都毫无例外地逐个进行成本/效益分析。

第三,调整预算法在业务量无多大变化时,就按原来的预算执行,业务量有变化时,仅按其变化情况按比例地调整原来的预算,所以调整预算法的着眼点仅限于预算金额的增减,而没有侧重于业务工作本身的分析,最后落脚于预算金额。零基预算法则完全不同,它首先从业务活动考虑问题,对每一项业务活动进行逐个分析之后,再确定其费用支出水平和收益率。

第四,调整预算法对新增加的业务活动,不是把它当做该业务部门业务整体的一部分,而是把它割断开来孤立地进行处理,新业务不增加,预算不变化。零基预算法则不同,对待所有的业务活动,不论是原来正在进行的还是新提出来的,都看成整体的组成部分,同等看待,统一安排,不分新老业务,都要根据成本/效益分析来确定它们的重要程度,根据重要程度增加或削减开支。

从以上比较分析可以看出,零基预算法有许多方面比调整预算法为优。采用零基预算法时,所有业务活动都要重新进行评价,各种收支预算都要以零为起点进行观察、分析和衡量,它不受现行做法的框框所束缚,能充分发挥各级人员的积极性和创造精神,能根据最新科技成就和现代管理方法来安排各项业务活动和收支预算。实行零基预算法时,预算不仅是用以测算盈利的手段,更重要的是能够提供各种不同方案的业务量及其收支盈利水平,作为经营决策的重要依据。

按零基预算法编制预算通常要将部门的业务范围划分为若干个阶梯,从最低限度出发到最高限度,在不同水平的业务量范围,其收支和盈利数额各自不同。一般地说,业务量完成得少,费用开支也少;业务量完成得多,费用开支也多。但费用开支并不是完全和业务量多少成正比,相反,某些费用项目(如固定费用)却与业务量成反比,根据业务量的不同等级,可以确定不同水平的费用支出和收益,再以农村银行现有的经营资源进行权衡,对选择收益最高的业务,零基预算提供了充分而可信赖的依据。零基预算法不仅是实行预算监控的重要手段,更重要的是对各部门业务活动进行监督的方法。

实行零基法编制预算的前提是以一定业务量为基础,在多少业务量水平的条件下,规划费用的支出和收入,这样,就把各业务部门的生产经营活动和预算收支直接联系在一起,监督预算的执行,也就是对业务计划执行进行监督,从而促使生产经营活动和财务收支活动与所有的责任单位和员工紧密联系起来。

(4)零基预算编制的方法与步骤。零基预算编制的步骤,大体上可以分为三个阶段进行。第一阶段,根据农村银行长期发展及战略目标的要求,根据市场需求和农村银行自身的经营能力及资源条件,提出总体目标,并对所属预算责任单位提出相关的目标与要求。第二阶段,各预算责任单位对其开展的业务进行成本/效益分析,提出不同业务水平的成本和收益,以供管理部门选择方案。第三阶段,由管理部门对各预算责任中心的方案按总体目标的要求进行审核、分析、评价,并编制汇总的预算表。

第一,提出总体目标。农村银行编制预算之前,应根据本行的长远发展目标、对市场需求的预测和本行的经营能力及资源条件,提出总体目标。提出总体目标有两种程序:主动经营的程序和被动经营的程序,如图6-2所示。

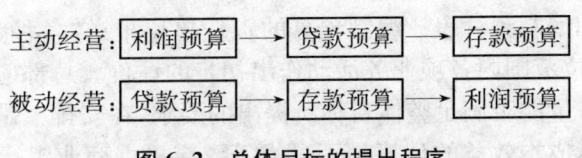

图 6-2 总体目标的提出程序

从图 6-2 可以看出：主动经营，农村银行首要的是确定目标利润预算，然后再规划为实现这一目标而制定贷款预算，进而确定存款预算。把目标利润预算放在首要地位，意味着农村银行的一切生产经营活动必须为实现这一目标而努力，故名之为主动经营。被动经营的利润预算是按照贷款预算和存款预算的结果确定的，虽也可以力争目标利润的扩大，终究囿于既定的业务范围和成本费用水平，很难突破一些传统的积习，所以有被动之嫌。

同时，农村银行在提出总体预算目标的同时，还应为制定预算的责任单位确定其业务量，并提出相应的要求和设想，以便这些责任单位在制定预算时有所遵循，能符合总体预算目标的要求，不致背道而驰。否则各业务部门往往因袭过去的经验，或者局限于本部门的业务范围来考虑问题，不能很好地协调配合。

编制预算的责任单位怎样划分，对于预算的编制、执行和考核关系很大。它应以对预算的收入和支出具有有效控制的权利，亦即对其业务范围具有一定的决策权力。划分的单位过大，业务活动过多，预算的内容过于庞杂，就难以做好事前的预测、过程的控制，以至事后的考核也没有多大意义。划分的单位过小，业务范围过窄，某些责任职能不易分清，收支项目更难确定其归属，实际上无法根据成本/效益分析做出选择。一般地说，凡属能够确定成本、费用、效益的责任单位，都可以划分为预算责任单位。

第二，进行成本/效益分析。编制预算的责任单位应根据农村银行总体预算目标所提出的要求，有效地安排自己的业务活动。有效地安排业务活动是意味着预计完成的业务量，所提供的产品或服务，在质量上有保证，经济上是合算的。成本/效益分析的方法，即以其成本或费用与业务量进行比较，也可以与收益比较。总之，根据不同的业务内容采取不同的比较方法。比如，存款部门可以其总营业费用支出和存款余额比较，以计算单位存款的营业费用率；贷款部门以其营业费用与贷款总额比较，以计算贷款营业费用率的水平等。

方案提出以后，应对所提出方案进行分析比较，哪些方案是可行的，哪些方案是根本无法实现的，哪些方案在经济上是不合理的，哪些方案是效率最大的，等等。进行逐项排队，对哪些根本不合理，无法实现的方案予以淘汰，最后保留 1~2 个、2~3 个、3~5 个可供选择的方案，这些可供选择的方案在业务部门的范围内都是能够执行的，都可以取得相当程度的效益，提供给预算决策机构进行抉择。

第三，审查和编制预算表。编制预算的责任单位报送"各种方案成本/效益分析表"，已就该单位范围内各项业务活动作出初步的评价。总部应汇集、审查、评估各种分析表，业务量能否满足整体目标所提出的要求，在安排上是否符合该单位的业务能力和范围，成本效益的计算是否可靠等。应根据商业银行的整体目标确定某一方案为最优方案。

第四，资源的分配。方案确定之后，农村银行预算管理部门即应进行资源的分配。属于正常的开支，按通常的方式安排。比如，日常管理费用、工资等的货币支出，根据费用开支标准和定额计算。特殊需要的项目，如能促进成本降低、增加边际贡献、改善产品和服务质量、加强安全措施等，则根据项目的实际需要进行资源分配。

资源分配过程是编制零基预算的最后定案阶段，此时农村银行预算管理部门要根据所属各个业务单位和经营环节确定的方案分别计算其各种资源需要量，包括人、财、物等，以进行资源的综合平衡，平衡过程就是要按照轻重缓急进行排队，以决定某些项目的取舍与增删。资源分配之后，即编制农村银行的财务预算，并应按部门、分支行进行规划，同时还要按月编制执行预算。

采用零基法编制预算不仅提供了财务指标，而且还提供了业务数量，使业务工作直接地与经济效果联系起来，对于克服业务部门只重业务轻经济效益的片面观点，都有很大的促进作用。以此作为日常和定期的监督与控制，也是具有重要意义的。

（5）零基预算法的优点。零基预算法的优点有：①不仅能压缩费用的开支，而且能够切实做到有限的费用用在最需要的地方。②成本、费用预算核定不受过去老框框的制约，能够充分发挥各级管理人员的积极性和创造性，促进各项预算责任中心精打细算，量力而行，量入为出，合理使用资金、费用，提高经济效益。

据美国有关方面调查表明，大多数企业认为零基预算作为企业经营管理的业务计划和预算控制方法，比较其他预算方法，实施的结果能够取得更为满意的成本费用节约和经济效果。

综上所述，零基预算法是一种将业务计划与预算编制密切结合的方法，并且运用划分层次和规定各级增量的办法，将分类排队工作贯穿于整个预算编制过程之中，使农村银行各责任单位能够相互协调，配合一致，为完成农村银行的总体预算目标采取有效的行动，节约费用开支。提高资金的利用效率，极大地调动各责任中心和员工的主观能动作用。尤其是多层次的参与制定预算工作，根据业务量的范围和重要性，安排和落实预算，使资金、费用的使用更为合理，能够选择效益最大的预算分配方案，因此，零基预算法最符合效益最大、费用最少的原则。

3. 定期预算与滚动预算

编制预算的方法按其预算期的时间特征不同，可分为定期预算的方法和滚动预算的方法两大类。

（1）定期预算及其方法。定期预算法，是指在编制预算时以不变的会计期间作为预算期的一种编制预算的方法。定期预算的唯一优点是能够使预算期间与会计年度相衔接，便于考核和评价预算的执行结果。但按照定期预算方法编制的预算也存在以下缺点：

一是，盲目性。由于定期预算往往是在年初甚至提前两三个月编制的，对于整个预算年度的生产经营活动很难做出准确的预算，尤其是对预算后期的预算只能进行笼统的估算，数据笼统含糊，缺乏远期指导性，给预算的执行带来很多困难，不利于对经营活动的考核与评价。

二是，滞后性。由于定期预算不能随情况的变化及时调整，当预算中所规划的各种经营活动在预算期内发生重大变化时，就会造成预算滞后过时，使之成为虚假预算。

三是，间断性。由于受预算期间的限制，致使经营管理者们的决策视野局限于本期规划的经营活动，通常不考虑下期。例如，一些部门提前完成本期预算之后，以为可以松一口气，其他事等来年再说，形成人为的预算间断。因此，按定期预算方法编制的预算不能适应连续不断的经营过程，从而不利于农村银行的长远发展。

为了克服定期预算的缺点，在实践中可采用滚动预算的方法编制预算。

（2）滚动预算及其特征。滚动预算（rolling budget）又称连续预算或永续预算（perpetual budget），是指在编制预算时，将预算期与会计年度脱离开，随着预算的执行不断延伸补充预算，逐期向后滚动，使预算期永远保持为12月的一种方法，其实质是动态的不断连续更新调整的弹性预算。

其具体做法是：每过一个季度（或月份），立即根据前一个季度（或月份）的预算执行情况，对以后季度（或月份）进行修订，并增加一个季度（或月份）的预算。这样如此以逐期向后滚动、连续不断的预算形式规划商业银行未来的经营活动。

滚动预算按其预算编制和滚动的时间单位不同可分为逐月滚动、逐季滚动和混合滚动三种方式。

第一种：逐月滚动方式

逐月滚动方式是指在预算编制过程中，以月份为预算的编制和滚动单位，每个月调整一次预算的方法。如在 2×14 年 1～12 月的预算执行过程中，需要在 1 月末根据当月预算的执行情况，修订 2～12 月的预算，同时补充 2×15 年 1 月份的预算；2 月末根据当月预算的执行情况，修订 3 月至 2×15 年 2 月的预算，同时补充 2×15 年 2 月份的预算，以此类推。

逐月滚动编制的预算比较精确，但工作量太大。逐月滚动预算示意图如图 6-3 所示。

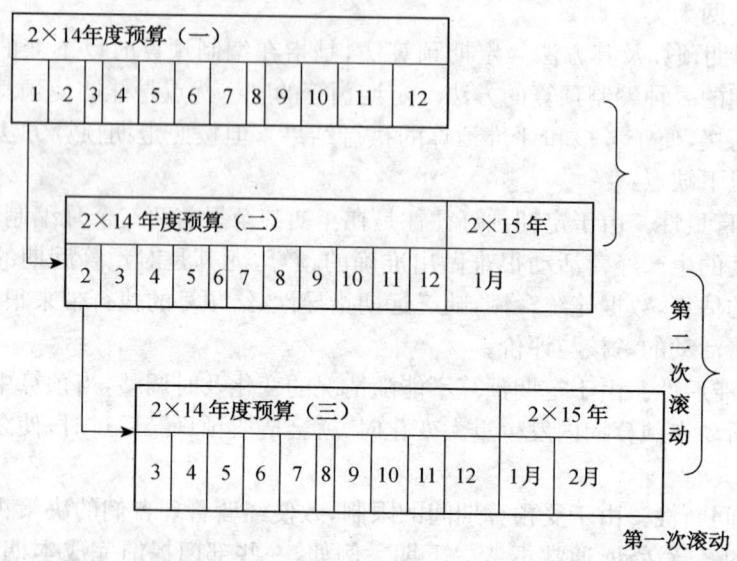

图 6-3 逐月滚动预算方式示意图

第二种:逐季滚动方式

逐季滚动是指在预算编制过程中,以季度为预算的编制和滚动单位,每个季度调整一次预算的方法。如在 2×14 年第一季度至第四季度的预算执行过程中,需要在第一季度末根据当季预算的执行情况,修订第二季度至第四季度的预算,同时补充 2×15 年第一季度的预算;第二季度末根据当季预算的执行情况,修订第三季度至 2×15 年第一季度的预算,同时补充 2×15 年第二季度的预算,以此类推。

逐季滚动编制的预算比逐月滚动的工作量小,但预算精度较差。

第三种:混合滚动方式

混合滚动方式是指在预算编制过程中,同时使用月份和季度作为预算的编制和滚动单位的方法。它是滚动预算的一种变通方式。这种方式的理论根据是:人们对未来的了解程度具有对近期的预计把握较大,对远期的预计把握较小的特征。为了做到长计划短安排、远略近详,在预算编制的过程中,可以对近期预算提出较高的精度要求,使预算的内容相对详细;对远期预算提出较低的精度要求,使预算的内容相对简单。这样可以减少预算工作量。

如对 2×14 年 1~3 月的头 3 个月逐月编制详细预算,其余 4~12 月分别按季度编制粗略预算;3 月末根据第一季度预算的执行情况,编制 4 月至 6 月的详细预算,并修订第三季度至第四季度的预算,同时补充 2×15 年第一季度的预算;6 月末根据当季预算的执行情况,编制 7~9 月的详细预算,并修订第四季度至 2×15 年第一季度的预算,同时补充 2×14 年第二季度的预算,以此类推。如图 6-4

所示。

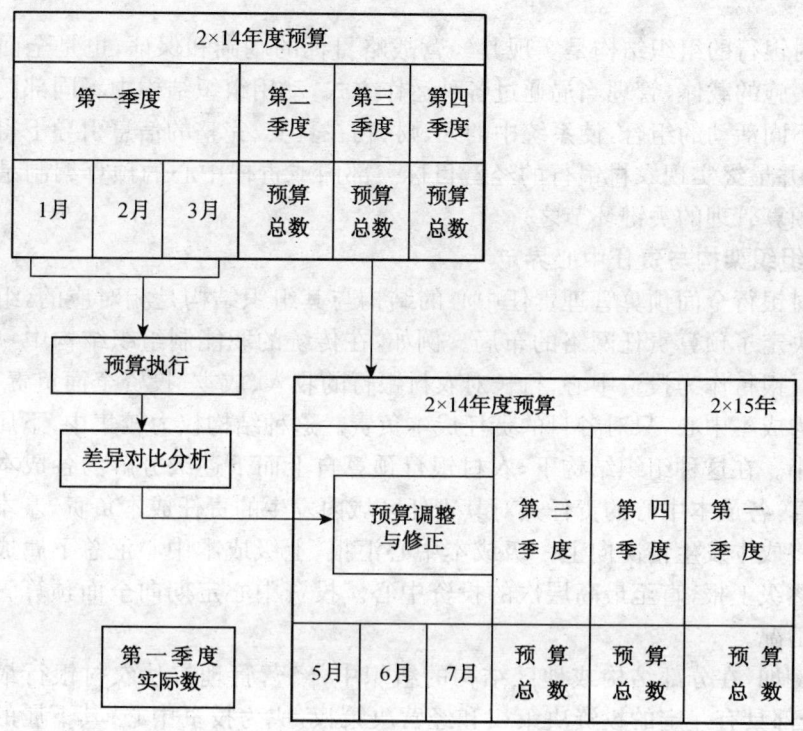

图6-4 混合滚动预算方式示意图

(3) 滚动预算的优缺点。与传统的定期预算相比,按滚动预算方法编制的预算具有以下优点:

第一,透明度高。由于编制预算不再是预算年度开始之前几个月的事情,而是实现了与日常经营管理的紧密衔接,可以使管理人员始终能够从动态的角度把握住农村银行近期的规划目标和远期的战略布局,使预算具有较高的透明度。

第二,及时性强。由于滚动预算能根据前期预算的执行情况,结合各种因素的变动影响,及时调整和修订近期预算,从而使预算更加切合实际,能够充分发挥预算的指导和控制作用。

第三,连续性、完整性和稳定性突出。由于滚动预算在时间上不再受日历年度的限制,能够连续不断地规划未来的生产经营活动,不会造成预算的人为间断,同时可以使管理人员了解未来12个月内农村银行的总体规划与近期预算目标,能够确保农村银行管理工作的完整性与稳定性。

采用滚动预算的方法编制预算的唯一缺点就是预算工作量较大。

6.1.4 责任中心与预算目标

农村银行的组织结构是实现其经营战略目标的基础和保证,也是全面预算管理得以实施的载体,管理当局通过各种运作方式,动用组织结构中不同部门或责任中心的不同活动的组合,使系统中的人、财、物在真实、完整的信息引导下得到有效的配置,并最终实现农村银行的经营目标。部门或责任中心的预算编制是农村银行全面预算管理的关键环节之一。

1. 组织架构与责任中心界定

农村银行全面预算管理责任中心的结构与其组织结构是相对应的,组织结构的类型决定了预算责任网络的布局。例如,在传统的职能制组织结构中一般是以整个农村银行作为投资中心,行长对农村银行的收入、成本、投资全面负责,下属各部门均为成本中心,只对各自的责任成本负责。这种结构权力较集中,下属部门自主权较小。在这种组织结构下,农村银行预算自上而下逐级分解为各成本中心的责任预算,各成本中心的责任人对其责任区域内发生的责任成本负责,基本成本中心定期将成本发生情况向上一级成本中心汇报,上级成本中心汇总下属成本中心情况后逐级上报,直至最高层次的投资中心。投资中心定期向全面预算管理委员会汇报情况。

又例如,在分部结构或地区结构的组织中,经营管理权从农村银行最高层下放,各分部具有一定的投资决策权和经营决策权,成为投资中心;其下属的分支行对成本费用及收入负责,成为利润中心;分支行下属的各种作业组均为成本中心,对各自的责任成本负责。在这种组织结构下,农村银行预算也是逐级分解为各责任中心的责任预算,基本责任中心定期将实际成本发生情况向上级成本中心汇报,该级成本中心汇总上报给上级利润中心,利润中心则将本中心责任成本与收入汇总上报至上级投资中心,各投资中心将本中心责任预算完成情况汇总报告最高投资中心,即总行。总行将管理情况经全面预算管理专门办事机构处理后,向全面预算管理委员会汇报。

我国农村银行内部组织机构基本上按业务种类和产品来划分,除此之外其内部组织机构设置还带有鲜明的机关模式特征。农村银行的组织结构应遵循流程银行理念进行战略整合,整合后的农村银行组织分为战略层、经营层和作业层三级。以高层管理者(董事会和 CEO 行长组成)为主的战略层,主要负责战略规划和对经营过程的协调、监督;由各个面向顾客的流程的工作组成的经营层主要负责流程的设计、优化和经营;第三层则是由各流程内部执行不同任务的作业层。根据各层级的权责,可以将战略层界定为一个投资中心,由流程小组组成的经营层为各个利润中心,流程中的作业中心为成本费用中心,战略层中提供战略规划、财务支持、控制协调和监督保障的职能部门可以确认为费用中心。下面以某农村银行为例,说明农村银行的组织结构与责任中心的对应关系如图6-5所示。

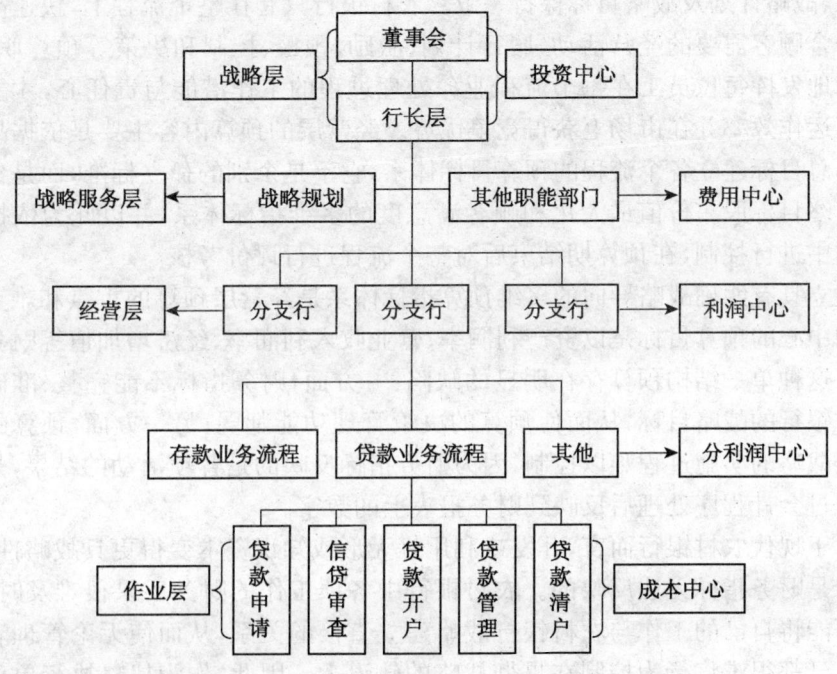

图6-5 农村银行组织结构与责任中心的对应关系

各责任中心预算的内容均应包括财务与非财务两个方面,财务方面以预算科目和财务预算指标表达,非财务方面包括顾客、内部业务流程、学习与成长,主要以非财务预算指标表达。

(1) 战略层投资中心的预算内容。根据农村银行三层结构,处于战略层次的农村银行高层管理者的工作是进行战略计划的制订,战略计划就是对那些影响着农村银行任务能否实现、却不在商业银行控制能力之内的因素进行分析并制定中长期对策计划的活动。通常,战略计划在充分考虑了农村银行核心能力、可用资源、市场机会的基础上,将农村银行使命与外部因素结合起来,认清农村银行当前所在的位置,综合分析各种有利于和有碍于实现目标的因素的可能变化及其影响力。战略层的预算工作相对简单,其核心任务就是提出农村银行的预算总目标,即将明确了的战略意图量化为几个可分解、可操作、可衡量的关键绩效指标,如市场占有率、净资产报酬率,包括底线报酬率和目标报酬率,并设定应达到的标准等;同时,还将审核、批准下两个层级的流程预算和作业预算,保证农村银行战略目标的一致性。

(2) 经营层利润中心的预算内容。经营预算就是以战略规划为导向,对以流程为中心的分支行进行分权、确定目标、衡量绩效、实施奖惩。流程预算必须与战略定位、战略计划及战略目标保持一致。农村银行只有在整个流程上,快速高效地组织符合顾客需要的经营活动,履行计划、激励、预警、控制和决策等预算职能,最大限度地发挥每位员工在每个流程业务处理过程的工作潜能与责任心,才能有效地提高运作效率并在市场上获得竞争优势。经营层的预算内容主要是依据战略层的预算总目标建立各个流程的预算目标体系,它不是个别的孤立标准,而是致力于体现最终目标股东价值最大化和顾客满意度的多维指标体系,并以此为依据在执行过程中进行控制,在预算期结束后对整个流程进行评价考核。

建立具有明确战略导向的多维预算指标体系是经营层预算的重点和难点。传统利润中心的预算目标是以资产利润率、营业收入利润率、经济增加值等财务指标为主。这种单一结构预算存在明显的缺陷:一方面,财务指标不能完整、准确地诠释农村银行的战略目标,从而使预算的决策管理功能削弱;另一方面,预算的财务特性使战略的实施过程难以控制,因为财务指标反映的是各项活动的结果,是战略目标经过会计程序处理后反映到财务报表上的数字。

对于现代农村银行而言,开发或利用好无形或知识资本变得更具战略性,而这些恰恰是财务指标无法反映的。农村银行中各项工作的财务后果很难及时计量,员工不能将自己的工作与农村银行战略建立直接的关系,从而使无论管理者还是员工自己都很难将行为控制在贯彻战略的轨道上。因此,作为战略执行单位的经营层需要改进描述战略、控制战略执行和评价效果的单一财务预算指标结构,将顾客、内部业务流程、学习与成长等非财务指标融入预算目标体系。

(3) 作业层成本中心的预算内容。作业预算是指针对作业中心进行的全面计划、控制、评价工具。其内容包括确定预算目标前的针对全面预算管理的作业分析及作业标准的确定。为实施全面预算管理而进行的作业分析可以遵循两种思路,或者说可以分为两个层次:

一是,通过作业分析确定工作岗位,根据岗位作业量的需求大小确定岗位人员,根据岗位作业性质确定岗位职责,使之成为预算执行主体。

二是,根据对现有的岗位及其人员的分析,确定其应承担的作业及作业量,使之成为预算执行主体。

第一种思路是较彻底的作业分析,从理论上讲它能更彻底地消除岗位、职责、目标确定中的不合理因素,从而使预算执行主体更为精练、高效、合理,在我国农村银行改制过程中也具有非常重要的现实意义,但其实施成本较高。需要特别注意的是,通过作业分析完善整个农村银行业务流程的系统设计,要尽可能彻底消除不增值作业。将同质作业合并为作业中心,并根据各作业中心之间的相互关系和层次设立各级预算执行组织,从而真正实现功能可控。第二种思路是在第一种思路的基础上进行的,是属于第二层次的作业分析,即只有在岗位、部门整合好的基础上,明确其作业量并据以确定其预算才有意义。

作业层预算目标和标准的设计,由于作业层次受农村银行信息处理系统等技术因素的影响较大,其技术性特征明显,因此,对它的目标设定和业绩评价往往很少设计或不设计财务指标,而更多地采用非财务业绩计量,如客户满意度等。另外,还要对作业实施控制和评价。

2. 不同层级预算目标的确定机制

全面预算管理作为现代农村银行管理机制之一,具有机制性、战略性、全员性等一系列其他管理手段无法替代的作用特征,建立与完善农村银行的治理结构,就必须建立科学化的全面预算管理体系。预算管理的最高境界是将预算作为一种意识,内置于农村银行所有行为活动之中,使之成为"沉默的农村银行宪法。"预算管理的首要任务是预算编制,编制过程中最重要的前置工作是如何确定预算目标。预算目标确定及其分解作为预算管理工作的起点,是预算机制作用发挥的关键。

预算目标是农村银行目标或战略意图的体现,农村银行内部不同层级组织的战略重点存在着明显的差异。按照现代商业银行公司制度的要求,任何预算目标的确定,从根本上说都是商业银行的股东、董事会、经营者、执行层和员工等利益相互协调的过程。一般地,不同层级的权责不同,具体管理控制职能不同,其预算目标的定位也就不同。

(1) 股东期望"底线"与农村银行预算目标。股东是农村银行的所有者,拥有对农村银行的剩余索取权或部分剩余控制权。在股东没有成为农村银行的实际投资者之前,他只是潜在的资本提供者,他可以将其所拥有的资本投资于自己创办的企业,从而成为业主;也可以投资于债权,成为食利者以取得固定的利息收益;还可以投资于其他企业或公司,成为被投资公司的股东并由此分享剩余收益。

作为潜在的资本提供者,选择不同的角色(如业主、债权人、股东)取决于多种变量。从主观上看,主要取决于投资者的资本实力(即自然禀赋)、经营管理能力、对投资风险的态度等;从客观上看,则取决于不同的被投资企业间的制度成本与规模效益间的比较优势。具体地说,业主之所以成为业主,是因为他具有承担投资风险的能力;从收益或成本角度看,业主充分享有业主制的制度优势(无代理成本),但以失去规模收益为代价。而潜在投资者之所以选择债权投资,要么是因为投资者没有能力来经营管理公司,要么是因为这类投资者相对而言更惧怕风险。

在公司制下的股东,可以充分享受公司规模所带来的规模经济效益优势,但却以高昂的制度资本为代价。一旦资本提供者成为公司股东,他事实上已经完成了业主、债权人或股东三者的利弊权衡。通常认为,股东期望从被投资公司中所分得的收益总是要大于业主制下的所得或债权固定收益,这就是股东之所以成为股东的理由,是股东投资于企业的最基本的经济逻辑和法则,它构成了股东预算目标的"底线"。

(2)股东、董事会期望与农村银行预算目标。股东与董事会之间的关系,在我们看来是另一种类型的委托代理关系,同样存在代理成本。股东期望与董事会期望并不完全一致,这是因为(理论上认为),董事会成员一般由控股大股东组成,董事会与股东之间的利益矛盾直接表现为控股大股东与众多中小股东间的利益冲突,在利益导向与管理目标上,大股东可能更多地会考虑农村银行战略和未来生存与可持续发展,以期从投资中取得长期回报,而中小股东则更具短期化。

如果说股东期望是以量化方式表达的预算目标(它直接体现为预算目标的最低要求,我们称之为基础预算目标或"底线"预算目标),那么,董事会对战略导向的考虑则直接表现为对基础预算目标的调整。在进行战略导向及对目标调整时,所要重点考虑的因素包括:银行业特征、银行的生命周期、发展速度、市场规划与导向等,这些因素从不同角度会对预算目标进行不同程度的调整。尽管董事会并不具体从事预算编制,但负责预算的审批与下达,因此,董事会历来被认为是预算目标确定的主导力量。

(3)行长层期望与农村银行预算目标。农村银行的行长层(高级管理人员的代表)在确定预算目标时,更多的是考虑其实现的可行性及客观限制,包括市场潜力、现有各种可利用资源以及预算行为的经济后果等,它从目标的现实性、可操作性方面对预算目标的主观性提出修正,并从个人利益与个人行为角度来看待预算目标。行长层行为预期可以概括为:在尽可能多地占有各种资源的条件下,完成其预期尽可能低的目标,"宽打窄用"即为其预算行为的最好体现。

行长层的上述行为与预算约束软硬程度及预算经济后果有关,具体而言,若农村银行的预算约束较硬,则经理人(行长)会在目标确定之前夸大费用预算、收紧收入或利润预算,宽打窄用心理动机更为强烈;反之,若预算约束较软、预算调整程序不严,则经理人(行长)在确定预算目标时不会过于保守,因为他们有机会在事中或事后通过各种方法弥补对自身的不利影响。从对预算执行的预算经济后果看,已确定的预算目标事实上成为经理人(行长)的受托责任,因此在确定预算目标之前,经理人(行长)会自觉不自觉地考虑目标实现程度对自身预期后果的影响(如任期的长短等时间性考虑、经理人员报酬计划、个人提升或降职或解聘等),并将这种行为预期后果反映到预算目标确定中。

从上述分析不难看出,预算目标是股东、董事会、行长层三者协调与讨价还价的结果:

第一,股东及股东大会对预算目标确定合理性与否的关注,主要借助于两种机制:一是,董事会机制,这是一种内部治理机制;二是,外部市场机制,即股东通过市场反映形式来表达对预算目标的肯定或否定,合理的预算目标会被当作好消息而被市场消化,反之,不合理的预算目标会被作为坏消息而引起市场不良反应。在外部市场并不完全有效的情况下,董事会机制被认为是最有效的股东代理机制。

第二,董事会被认为是预算目标的决策机构,尽管它并不具体从事预算编制,但负责预算的审批与下达,因此,它历来被认为是预算目标确定的主导力量。

第三,行长层出于主观与客观等多方面条件与因素的考虑,在预算目标形成中起着重要作用,它从目标的现实性、可操作性方面对预算目标的主观性提出修正,并从个人利益与个人行为角度来看待预算目标。

可见,预算目标的确定事实上是一个讨价还价的过程,是涉及各方面权利和利益调整的博弈过程。

6.1.5 责任中心的预算编制技术

在编制各责任中心的预算时,首先要在预算目标的引导下确定选择预算指标。预算指标的选择要考虑可操作性和导向性或战略性,统筹兼顾效益指标与规模指标、财务指标与非财务指标。战略层投资中心预算编制的重点是战略计划的编制与按年度分解。在此,重点介绍经营层利润中心和战略服务层(业务管理部门)的预算编制技术。

1. 业务管理部门确定为费用中心时预算的编制[①]

下面以某农村银行为例,该农村银行的公司治理实行董事会、监事会和行长层"三权分离"的制衡机制,并设有预算财务部、信息科技部、内控稽核部、授信管理部、综合办公室等职能部门,这些职能部门主要为实现该行的战略目标服务,并确定为费用中心。该农村银行下属有32个支行,属于经营层,确定为利润中心。该行从实际情况出发,根据预算管理的成本效益原则,决定不编制预计资产负债表和预计现金流量表,只编制预计内部利润表和相关的明细表与预算控制指标。

(1) 综合管理部门的费用预算及预算指标体系。农村银行综合管理职能部门在管理工作中发生的各项费用,均反映在营业费用的明细科目中,包括固定资产折旧、业务宣传费、业务招待费、电子设备运转费、安全防卫费、企业财产保险费、邮电费、劳动保护费、外事费、印刷费、公杂费、低值易耗品摊销、职工工资、差旅费、水电费、租赁费、修理费、职工福利费、职工教育经费、工会经费、房产税、车船使用税、土地使用税、印花税、会议费、诉讼费、公证费、咨询费、无形资产摊销、长期待摊费用

---

① 本套预算编制技术在浙江某农商银行已经成功应用,基于 EVA 导向的内部利润预算表来自作者在该农商银行主持的《某农村商业银行全面预算控制体系构建》。

摊销、劳动保险费、审计费、研究开发费、绿化费、董事会费、广告费、银行结算费等。这些营业费用明细项目在相关范围内基本上都是固定成本,按照责任会计的要求,必须根据部门是否可控区分为可控固定成本和不可控固定成本两类。对可控固定成本实行总量控制,一般应采用弹性预算的方法编制;对不可控固定成本则一般只需关注其发生的合理性、合法性,可以采用增量预算的方法编制。综合管理部门的费用预算格式及科目如表6-7所示。

表6-7　　　　　　　　　　费用预算表

编制部门：　　　　　　　　　____年度　　　　　　　　　　　　单位:元

项目	行次	代码	预算数额	项目构成
一、可控固定成本	1			
业务招待费	2	532101		
业务广告费	3	532102		
差旅费	4	532103		
……	5	……		
二、不可控固定成本	12			
固定资产折旧费	13	532120		
劳动保险费	14	532121		
待业保险费	15	532122		
……		……		
合计				

综合管理部门应以农村银行的战略计划为导向,以平衡计分卡为依据,从财务、客户、内部流程和学习与成长四个方面确定预算指标,一般只需设置两层指标就能满足预算控制的需要,如表6-8所示。

表6-8　　　　　　　　　　预算指标体系

编制部门：　　　　　　　　　____年度

第一层指标	第二层指标及计算公式	分值	评分说明
财务指标 （30%）	可控固定成本预算完成水平＝实际数额／预算数额	10	
	……	10	
	……	10	

（续表）

第一层指标	第二层指标及计算公式	分值	评分说明
顾客指标（15%）	管理规范化服务执行情况	5	
	每年被投诉次数	5	
	……	5	
内部流程指标（35%）	制度执行能力	10	
	业务差错率	10	
	……	15	
学习与成长指标（20%）	员工每年业务培训时数	5	
	员工受教育程度	5	
	中级职称及以上员工占比	5	
	……	5	
合计（100%）		100	

预算指标体系是农村银行的员工预期要求达到的目标的程度，是评价某部门（或支行）或员工的工作质量的标准。所以，预算指标的选择依据是工作目标，即达到目标的工作内容和标准。另外，从考评的操作角度，预算指标的选择还应考虑信息的取得。为此，选择预算评价指标时应遵循以下原则，这些原则对投资中心、利润中心和成本（费用）中心选择预算指标时都是适用的。

第一，少而精原则。只要预算指标能够反映出工作目标的概况即可，也就是说，一切不必要的复杂化都应该避免。结构简单可以使预算与考核信息处理和评估过程缩短，提高预算管理效率。同时，预算管理人员能够比较容易地掌握预算管理系统的方法和技术。因而，这种管理系统也比较容易被接受，工作之间的沟通交流问题也容易解决。所以，预算指标的选择要从众多的"候选内容"中选取最有代表性和最有特征的项目。

第二，微分化原则。预算指标是对工作目标的分解过程，要使表达的意思具有较高的清晰度，必须微分化，直至指标内容可以直接评定的程度。预算指标有综合指标和单项指标之分，综合指标是由几种单项指标构成。

第三，界限清楚原则。预算指标的措词要讲究，使每一个指标的内容界限清楚，避免歧义性，而且指标之间不可重复。如"筹划工作"中的"筹"可以理解为"决策"（运筹），"划"可以理解为"计划"。这样，有的人会偏重于决策方面的工作衡量，而有的人会偏重于计划工作的衡量。

第四,全面性原则。预算指标既要考虑正效益的指标,也必须考虑负效益的指标。只有这些全方位的指标,才能科学地反映预算评价对象的整体效果。在经营过程中往往一个正效益的结果出现,可能会附带负效益的结果。因此,需要加以综合评定和平衡,才能得到客观的评价。

第五,定量指标为主,定性指标为辅原则。预算指标应尽可能以定量为主,对于定性指标运用一些数学工具进行恰当处理,从而使得定性指标得以量化,结果更精确。

第六,差异性原则。预算指标之间的内容可以比较,能明确分清它们的不同之处,在内涵上有明显的差异。

(2) 经营层利润中心的利润预算及预算指标体系。利润中心是对利润指标负责的责任中心。由于利润中心对收入与成本的差额利润负责,所以其对收入和成本都要承担责任。根据责任会计为利润中心编制的利润预算主要是为农村银行内部考核和控制服务的,因此通常又称为"内部利润"预算。在编制预算时,首先要选择一个利润指标(边际贡献、可控边际贡献、部门边际贡献、部门税前利润、部门税后利润、经济利润或经济增加值等),还包括如何分配成本到每个利润中心。综合股东期望"底线"、董事会和经营管理层期望对预算目标的影响,考虑到农村银行的分支行对资本金(或净资产)机会成本的分担责任比较清晰,利润中心内部利润预算的格式及科目如表 6-9 所示。

表 6-9　　　　　　　　内部利润预算表

编制支行:　　　　　　　　____年度　　　　　　　　单位:元

项　　目	行次	代码	底线预算			目标预算		
			预算数	项目构成	占营业收入%	预算数	项目构成	占营业收入%
一、营业收入								
利息收入		501100						
金融机构往来收入		502100						
手续费收入		511100						
……		……						
二、变动成本								
利息支出		521100						
……		……						

(续表)

项目	行次	代码	底线预算			目标预算		
			预算数	项目构成	占营业收入%	预算数	项目构成	占营业收入%
三、边际贡献								
四、可控固定成本								
手续费支出		531100						
03 其他业务手续费支出		531103						
营业费用		532100						
02 广告费		532102						
03 印刷费		532103						
05 电子设备运转费		532105						
06 钞币运送费		532106						
09 邮电费		532109						
……		……						
五、可控边际贡献								
六、不可控固定成本								
营业费用		532100						
07 安全防卫费		532107						
08 保险费		532108						
17 职工工资		532117						
……		……						
七、支行边际贡献								

（续表）

项目	行次	代码	底线预算			目标预算		
			预算数	项目构成	占营业收入%	预算数	项目构成	占营业收入%
八、总行管理费用分配								
预算财务服务费								
信息支持服务费								
……		……						
九、支行营业利润								
十、非营业调整事项								
加:投资收益		514100						
加:营业外收入		515100						
减:营业外支出		536100						
加:以前年度损益调整		560100						
十一、支行利润总额								
减:所得税		550100						
十二、支行净利润								
十三、机会成本分配								
存款准备金机会成本		000002						
资本金机会成本		000003						
十四、支行经济增加值								
减:内部利润分成								
十五、支行对股东贡献								
减:股东分红								
十六、支行贡献留成								

在表 6-9 中,底线预算应根据最终控制的综合指标(如边际贡献、可控边际贡献、支行边际贡献、支行营业利润、支行经济增加值等)来定义。例如,全面预算管理处在初级阶段的农村银行,控制的综合指标一般定位在"可控边际贡献"水平。于是,可以把底线预算定义为:可控边际贡献正好能够补偿不可控固定成本、总行管理费用分配、资本金机会成本和完成基本预算的所得税。在底线预算水平上,支行的经济增加值为零。平衡公式为:营业收入－变动成本－可控固定成本＝底线可控边际贡献＝不可控固定成本＋总行管理费用分配＋资本金等机会成本分配＋资本金等机会成本×所得税率。底线预算的编制可以从经济增加值为零倒轧出来。

在底线预算水平上,资本金机会成本正好等于财务会计计算出的营业利润(接近应纳税所得额),因此还要考虑所得税成本。底线预算体现了经济资本管理的思想,同时底线预算也是财务资本单方面雇佣劳动的极限。实际工作业绩超过底线预算时,员工应享受内部利润分成,而不是只获取工资报酬。

目标预算是在战略计划的引导下,在业务量预测与预算(如存款预算、贷款预算)和充分考虑各预算科目合理构成结构的基础上编制的。在预算编制时,可以以营业收入为起点。营业收入的预算一般是在业务预算的基础上采用弹性预算。由于变动成本与营业收入在相关范围内呈现出线性关系,一般应采用弹性预算。而可控固定成本采用零基预算;不可控固定成本各个细目采用增量预算;总行管理费用分配在总行各综合管理部门预算的基本上按相关标准分配;资本金机会成本分配按各支行分配的应负担的资本金(支行独立核算时为年初资本金余额)乘以机会成本率。值得注意的是,从理论上讲,由于不同支行的财务结构、资产质量和目前面临的风险水平不同,所采用的资本金机会成本率应有所区别。

表 6-9 中的边际贡献、可控边际贡献、支行边际贡献、支行营业利润等指标是考核利润中心业绩的重要依据。

第一,以边际贡献作为业绩评价依据不够全面,因为支行行长或部门经理至少可以控制某些固定成本,并且在固定成本和变动成本的划分上有一定选择余地。以边际贡献为评价依据,可能导致支行行长或部门经理尽可能多支出固定成本以减少变动成本支出,尽管这样做并不能降低总成本。因此,业绩评价时至少应包括可控的固定成本。

第二,以可控边际贡献作为业绩评价依据可能是最好的,它反映了支行行长或部门经理在其权限和控制范围内有效使用资源的能力。支行行长或部门经理可以控制收入,以及变动成本和部分固定成本,因而可以对可控边际贡献承担责任。这一衡量标准的主要问题是可控固定成本和不可控固定成本的区分比较困难。例如,折旧费、财产保险费等,如果支行行长或部门经理有权处理这些有关的资产,那么,它们就是可控的;反之,则是不可控的。又如,员工的工资水平通常是由农村银行总行集中决定的,如果支行行长或部门经理有权决定本支行或部门雇佣多少员工,那么,工资成本是他的可控成本;如果支行行长或部门经理既不能决定工资水平,又不能决定雇员人数,则工资成本是不可控成本。

第三,以支行(或部门)边际贡献作为业绩评价依据,可能更适合评价该支行(或部门)对农村银行利润和管理营业费用的贡献,而不适合于支行行长或部门经理的评价。如果要决定该支行(或部门)的取舍,支行(或部门)边际贡献是有重要意义的信息。如果要评价支行行长或部门经理的业绩,由于有一部分固定成本是过去最高管理阶层投资决策的结果,现在的支行行长或部门经理已很难改变,支行(或部门)边际贡献则超出了支行行长或部门经理的控制范围。

第四,以支行(或部门)利润总额作为业绩评价的依据通常是不合适的。农村银行总部的管理费用是支行行长或部门经理无法控制的成本,由于分配公司管理费用而引起支行(或部门)利润的不利变化,不能由支行行长或部门经理负责。不仅如此,有时分配给各支行(或部门)的管理费用的计算方法常常是任意的,支行(或部门)本身的活动和分配来的管理费用高低并不一定有因果关系。有些农村银行把所有的总部管理费用分配给下属支行(或部门),其目的是提醒支行行长或部门经理注意各支行(或部门)提供的边际贡献必须抵补总部的管理费用,否则农村银行作为一个整体就不会盈利。其实,通过给每个支行(或部门)建立一个期望能达到的可控边际贡献标准,可以更好地达到上述目的。这样,支行行长或部门经理可集中精力增加收入并降低可控成本,而不必在分析那些他们不可控的分配来的管理费用上花费精力。

第五,在对业务数据的统计、归集、分配等方面还未实施精细化管理时,以经济增加值(EVA)作为业绩评价的依据通常也是不合适的。因为精确的业绩考核与激励必须以业务的各项收入、资金占用、费用分摊、计提准备金、经济资本成本抵扣等指标的精确计算为基础。例如,根据《新巴塞尔协议》规定,非预期损失应采用内部评级法进行评价,对债项逐笔计算风险。由于目前我国农村银行有效数据积累、数据准确性检验及银行系统对该系统设计原理不够科学及生成信息的接受程度还不到位,银行系统普遍还不具备这些信息基础和认知基础,这说明银行系统尚缺乏这方面的实现条件,从而制约了经济资本预算管理的推行和经济增加值(EVA)计算的精确性。尽管如此,经济增加值(EVA)在预算中的体现使支行行长或部门经理明白,支行(或部门)税后净利润要弥补资本金机会成本和非预期风险成本后,才能为农村银行的整体价值增值作出贡献。

与综合管理部门相比,根据平衡计分卡设计预算控制指标时,利润中心应适当加大财务指标的比重,减少非财务指标的比重。表6-10是某农村银行为利润中心设计的预算控制指标。

第6章 战略导向的资源配置机制建设

表 6-10　　　　　　　　　预算指标体系

编制支行：　　　　　　　　　　____年度

第一层指标	第二层指标	第三层指标及计算公式	分值	评分说明
财务指标（60%）	安全性（30%）	中长期贷款占比	2	
		最大十户贷款占比	1	
		……	27	
	效益性（20%）	不生息资产占比	3	
		人均可控边际贡献	5	
		……	12	
	流动性（10%）	存贷款比率	2	
		利息回收率	3	
		……	5	
顾客指标（20%）	顾客忠诚度（8%）	顾客回头率	2	
		重要客户增加数	2	
		……	4	
	顾客满意度（7%）	顾客投诉次数	2	
		市场占有率	2	
		……	3	
	顾客成本（5%）	新顾客取得成本	1	
		老顾客维护成本	1	
		……	3	
内部业务流程指标（13%）	内部控制遵循性（8%）	业务操作的规范性	2	
		报表的准确性与及时性	2	
		案件发生次数	2	
		……	2	
	业务流程有效性（5%）	营业费用占营业收入比率	1	
		顾客服务差错率	2	
		业务流程顺畅	1	
		……	1	

(续表)

第一层指标	第二层指标	第三层指标及计算公式	分值	评分说明
学习与成长指标（7%）	员工学习与素质（4%）	员工的知识结构	1	
		人均脱产培训费用	1	
		人均在岗培训费用	1	
		……	1	
	员工生产能力（3%）	人均存(贷)款额	1	
		员工被顾客认知度	1	
		……	1	
合　计			100	

（3）内部资金转移定价。内部资金转移定价是责任预算与业绩考评最常见的问题之一，它是一种向资金使用方收取利息并支付给资金提供方的内部定价机制。在某些商业银行，这种系统被称为资金估价，通常被用来确定盈利能力和激励员工采取某种期望行为。内部资金转移定价方法通常有以下几种：

一是，单一资金库定价法。在这种方法下，资金借入方和贷出方使用相同的内部资金转让利率。利率可以相当于该商业银行的实际资金成本利率，也可以相当于外部的某一市场利率(如期限1年的国债利率)。此外，还需要在以下两种方案中作出选择：即内部资金转让定价要么仅适用于资金出现余缺的分支行之间进行资金调剂；要么适用于所有的资金都由总部资金库购入，然后再回售给分支行的情况。单一资金库定价法的优点是：①简单易懂；②比较易于操作，不需要花费大量资源；③为吸收存款提供了一定的动力。它最适合于规模较小的或资金相对稳定（如具有大量的核心存款）的商业银行，但下列情形不宜使用此法：较大的、有许多资金提供方和使用方的商业银行；资金状况不稳定，比较严重地依赖拆入资金的商业银行。单一资金库定价法也存在以下缺点：①资金使用方可能会面临利率风险（如以1年的国债利率为依据，就会面临利率波动风险）；②若以市场利率为内部资金转让价格的定价依据，在高利率时期会刺激资金提供方吸收额外的存款，资金的使用方则会因利差较小而缺乏积极性。

二是，多重资金库定价法。在这种方法下，同时使用两种或两种以上的利率，通常资金提供方和使用方的利润水平是不同的。同时，利率水平也可能因总的到期情况分为不同的档次。由于使用了两种或两种以上的利率，在多重资金库定价法下，资金库收取的利息与付出的利息是很难调节一致的。这种方法的优点是：①由于有两种或两种以上的利率从而使内部资金定价更加接近市场实际；②在利

第6章 战略导向的资源配置机制建设

率上比单一资金库定价法更有灵活性。其缺点是有时比较复杂和难于理解,可能导致调节差异,操作上比单一资金库定价法需要更多的人员和其他资源。这种方法最适合以下情形:①有多个资金提供方和使用方的商业银行;②资产负债表上核心存款与拆入资金的期限相互混合的商业银行。

另外,还有配比筹资定价法和合同利差定价法两种。配比筹资定价法是根据市场利率向使用方收费,利率与贷款期限相联系。资金转让定价系统通常是多重资金库定价法和配比筹资定价法的结合运用,主要适用于为贷款筹资,且有大量资源和计算机系统的较大商业银行。合同利差定价法,贷款则按资金柜台报出的合同利差发放,它适用于国际信贷和国内批发性贷款。

2. 业务管理部门视为利润中心时预算的编制

处在战略服务层的综合管理职能部门如果视为费用中心,则片面地把这些部门当做"花钱"的单位,似乎不太公平。其实,综合管理部门的管理服务是创造价值的,他们不但提供结算、信息技术支持等有形服务,还通过内部控制制度的执行与监管降低农村银行的风险,因而创造风险价值。如果为综合管理部门的管理服务计价,则应把他们视为利润中心,其内部利润预算的格式及科目如表 6-11 所示。

表 6-11　　　　　　　　内部利润预算表
编制部门:　　　　　　　　　____年度　　　　　　　　单位:元

项　　目	行次	代码	预算数	项目构成	占营业收入%
一、服务收入					
结算服务收入					
信息技术服务收入					
……					
二、变动成本					
……					
三、边际贡献					
四、可控固定成本					
会议费					
邮电费					

（续表）

项目	行次	代码	预算数	项目构成	占营业收入%
……					
五、可控边际贡献					
六、不可控固定成本					
劳动保护费					
职工福利费					
……					
七、部门边际贡献					
八、其他部门管理费用分配					
人事培训费					
信息技术费					
……					
九、部门利润总额					
减：所得税					
十、部门净利润					
减：内部利润分成					
十一、部门贡献					

综合管理部门视为利润中心时，战略服务层综合管理部门和经营层利润中心的预算指标体系分别与表 6-8 和表 6-10 基本相同，但经营层利润中心的内部利润预算表中总行管理费用分配所属的各明细预算科目是根据综合管理部门提供的服务定价填列的。内部服务定价是责任会计研究的一个重点和难点问题，目前常见的定价方法有以下几种：

（1）市场价格。在服务存在完全竞争市场的情况下，市场价格减去对外的服务营销费用，是理想的内部服务转移价格。

服务（产品）内在经济价值计量的最好方法是把它们投入市场，在市场竞争中判断社会所承认的服务（产品）价格。在此，完全竞争市场是一个假设条件，意味着商业银行外部存在管理服务的公平市场。其实,商业银行的管理服务很特殊,在一个有限的区域内不可能形成一个完全竞争的市场,甚至银行的内部管理服务也不可能市场化。显然,市场价格法不适合商业银行的内部服务转移定价。

(2) 以市场为基础的协商价格。如果服务(产品)存在非完全竞争的外部市场,可以采用协商的办法确定转移价格,即双方支行(部门)的行长或经理就提供内部管理服务的数量、质量、时间和价格进行协商并设法取得一致意见。

协商价格往往浪费时间和精力,可能会导致支行(部门)之间的矛盾,支行(部门)获利能力的大小与谈判人员的谈判技巧有很大关系,是这种转移价格的缺陷。尽管存在这些不足,协商转移价格仍被广泛采用,它的好处是有一定弹性、可以照顾双方利益并得到双方认可。当然,成功的协商转移价格也有赖于一个某种形式的外部市场,这个市场不应该是垄断市场,否则协商价格就成为垄断价格,而非公平价。

(3) 变动成本加固定费转移价格。这种方法要求内部服务的提供用单位服务的变动成本来定价,如每小时服务的变动成本,与此同时,还应向接受服务的支行(部门)收取一定的固定费,作为长期以低价获得管理服务的一种补偿。这样做,提供服务的部门就有机会通过收取固定费来补偿其固定成本并获得内部利润;接受服务的支行(部门)每期支付特定数额的固定费后,对于获取的服务只需支付变动成本,通过边际成本等于边际收入的原则来选择接受服务的水平,可以使其内部利润达到最优水平。

按照这种方法,提供管理服务的部门收取的固定费总额为期间(如年度)固定成本预算与必要的报酬之和,它按照各接受服务的支行(部门)的正常需要量比例分配给接受支行(部门)。此外,为单位服务确定标准的变动成本,按接受服务的支行(部门)的实际接受服务量计算变动成本总额。在管理服务市场化程度还很低的情况下,变动成本加固定费转移定价法比较适合于我国商业银行内部服务的转移定价。

(4) 全部成本转移价格。以全部成本或者以全部成本加上一定利润作为内部转移价格,可能是最差的选择。它既不是业绩评价的良好尺度,也不能引导支行(部门)的行长或经理作出有利于责任中心的明智决策。其唯一优点是简单。它以目前各部门的成本为基础,再加上一定百分比作为利润,在理论上缺乏说服力。以目前的成本为基础,会鼓励支行(部门)的行长或经理维持比较高的成本水平,并据此取得更多的利润。越是节约成本的责任中心,越会有可能在下一期被降低服务提供价格,使内部利润减少。成本加成百分率的确定也是个困难问题,很难说清楚它为什么是8%,而不是7%或9%等。因此,只有在无法采用其他形式转移定价时,才考虑使用这种方法。

我们知道,商业银行实行责任会计管理,重要的一点就是要在商业银行内部建立责任中心,在各责任中心之间(主要是指利润中心或投资中心之间)模拟外部竞争性市场的环境,充分利用价值规律,实行市场经济的管理方法,建立内部结算中心。各责任中心之间进行的"资金借贷"或"服务买卖",要利用前段介绍的内部资金转移定价和本段介绍的内部服务定价进行内部结算。制定内部结算价格是商业银行实施全面责任预算管理必不可少的一环,是责任会计的重要组成部分,是利润中心得以存在和发挥功效的基础。可见,内部结算价格是否科学合理,直接影响到责任中心的业绩评价和决策,进而对整个组织产生影响,这是分权化管理中极为敏感和重要的问题。良好的内部结算价格机制应当能够激励责任中心在实现自身目标的同时实现组织整体的目标。

3. 预算指标体系的设计原则及指标权重的确定

预算指标体系的设计和各个指标权重的确定是全面预算编制的主要问题之一,必须遵循一定的原则。一组既独立又相互关联并能较完整地表达预算目标要求的指标,就组成了预算指标体系。在设计预算指标体系时应坚持以下原则:

(1) 科学性原则。主要体现在理论与实践相结合,以及所采用的科学方法等方面。在设计预算指标体系时,首先要有科学的理论作指导,如系统评价理论、目标一致理论、硬评价与软评价理论和层次结构分析理论等。使预算指标体系能够在基本概念和逻辑结构上严谨、合理,抓住预算评价对象的实质,并具有针对性。同时,预算指标体系是理论与实际相结合的产物,无论是采用什么样的定性、定量方法,还是建立什么样的模型,都必须是客观的抽象描述,要抓住最重要的、最本质的和最有代表性的东西。对商业银行的客观实际抽象描述得越清楚、越简练、越符合实际,科学性就越强。

(2) 系统优化原则。预算描述的对象必须用若干指标进行衡量,这些指标是互相联系和互相制约的。有的指标之间有横向联系,反映不同侧面的相互制约关系;有的指标之间有纵向关系,反映不同层次之间的包含关系。同时,同层次指标之间尽可能界限分明,避免相互包含,减少对同一内容的重复评价。这些预算评价指标构成互有内在联系的若干组、若干层次的指标体系,体现出很强的系统性。总之,在设计预算指标体系时要以较少的指标(数量较少、层次较少)较全面、系统地反映预算评价对象的内容,既要避免指标体系过于庞杂,又要避免单因素选择,追求的是预算指标体系的总体最优或满意。

(3) 通用可比原则。包括纵向可比和横向可比两个方面。纵向可比,即同一对象在不同时期进行比较,预算指标体系和各项指标、各种参数的内涵和外延要保持相对稳定,用以计算各指标相对值的各个参照值(标准值)也要相对不变。横向可比,即不同预算描述对象之间的比较,要找出共同点,按共同点设计预算指标体系。对于各种具体情况,采取调整权重的办法,综合评价各预算描述对象的状况再加以比较。对于相同性质的支行或部门,往往很容易取得可比较的指标。

(4) 实用性原则。首先,指标要简化,方法要简便,即预算指标体系不可设计得太烦琐,在能基本保证评价结果的客观性、全面性的条件下,指标体系应尽可能简化,减少或去掉一些对预算评价结果影响甚微的指标。其次,数据要易于获取,无论是定量评价指标还是定性评价指标,其信息来源渠道必须可靠,并且容易取得。再次,各项预算指标及其相应的计算方法,各项数据都要标准化、规范化。最后,要严格控制数据的准确性,实行预算过程中的质量控制,即对数据的准确性和可靠性加以控制。

(5) 目标导向原则。预算不单是控制的手段,更重要的是引导和激励各责任中心的员工向正确的方向和目标发展。业绩考评是预算管理工作中的重要内容,通过实际成果与预算目标的比较,引导员工的行为向目标靠近。

系统论认为,结构决定功能,预算指标体系中各项构成指标的重要性是用"权重"表示的。所谓"权重"是一个相对的概念,是针对某一指标而言。某一指标的权重是指该指标在整体评价中的相对重要程度。权重表示在预算指标编制过程中,是对预算描述对象的不同侧面的重要程度的定量分配,对各预算指标在预算指标体系中的作用进行区别对待。权重具有突出重点指标和确定单项指标评分值的作用,在确定权重时要坚持以下原则:

(1) 系统优化原则。在预算指标体系中,每个指标对系统都有它的作用和贡献,对系统而言都有它的重要性。所以,在确定它们的权重时,不能只从单个指标出发,而是要处理好各个指标之间的关系,合理分配它们的权重。应遵循系统优化原则,把整体最优化作为出发点和追求的目标。在这一原则指导下,对预算指标体系中各个指标进行分析对比,权衡它们各自对整体的作用和效果,然后对它们的相对重要性作出判断。在确定各自的权重时,既不能平均分配,也不能片面地强调某个指标、单个指标的重要性,而忽略其他方面的发展。在实际工作中,应该使每个指标发挥其应有的作用。

(2) 主观意图与客观情况相结合的原则。预算指标权重反映了商业银行管理当局对员工行为的引导意图和价值观念。当他们觉得某项指标很重要,需要突出它的作用时,就必然给该指标以较大的权数。但现实情况往往与人们的主观意愿不完全一致,例如,确定权重时要考虑这样几个问题:①历史的指标与现实的指标;②社会公认的指标与商业银行的特殊性;③同行业、各分支行(部门)间的平衡。因此,必须同时考虑现实情况,把引导意图与现实情况结合起来。

(3) 民主与集中相结合的决策原则。权重是人们对预算指标重要性的认识,是定性判断的量化,往往受个人主观因素的影响。不同的人对同一件事情都有各自的看法，而且经常是不相同的，其中有合理的成分，也有受个人价值观、能力和态度造成的偏见。这就需要实行群体决策的原则，集中相关人员的意见互相补充，形成统一的方案。这样做的优点是：①考虑问题比较全面，使权重分配比较合理，防止个别人认识和处理问题的片面性；②比较客观地协调了利益相关者各方之间意见不统一的矛盾，经过讨论、协商、考察各种具体情况而确定的方案，具有很强的说服力，预先消除了许多不必要的纠纷；③全面预算管理是一种全员的管理方式，需要全员的参与，在预算指标设计方案讨论过程中，各方都提出了自己的意见，而且对预算考评的目的和系统目标都有进一步的体会和了解，在预算执行过程中可以更好地按预定目标进行工作。

6.1.6　全面预算的汇总分析与评价

各责任中心的预算编制完成后要合并汇总，进行综合平衡与分析，并对是否满足外部监管要求和农村银行的战略目标进行评估。符合外部监管要求和农村银行的战略目标，是农村银行全面预算管理的最基本要求，在设计预算科目和预算指标时要"鼓励价值增值，控制短期行为"，一切服从农村银行价值最大化目标。下面主要介绍预计资产负债表、预计利润表和预计现金流量表及表现出的相关预算指标的分析与评价。

1. 预计财务报表分析及评价的实质

预计财务报表的分析及评价，其实质是从财务角度对农村银行预算年度的预计工作业绩和经营状况进行分析与评估。对预计财务报表的分析主要从盈利和风险两方面入手，根据预计财务报表的数据，进行分析和计算，目的是评价农村银行的预算是否科学、合理、有效，是否能够达到激励、预警和控制的效果，为农村银行进一步改善预算管理，提高预算管理的效率与效果提出合理化建议。

对农村银行预计财务报表进行分析评价时，应当运用分析性复核的方法，实施的程序一般有：

（1）比较预算期的预计财务报表与上期的实际财务报表，发现预计财务报表数额变化异常的项目，分析产生的原因；

（2）分析预计财务报表的结构及重要项目之间的关系；

（3）比较预计财务报表信息与相关的业务预算表（如贷款预算表、存款预算表及其他业务预算表）的信息并分析它们之间的关系；

（4）计算重要的预计财务指标，与上期相应指标或行业标准进行比较。

2. 预计财务报告的一般性分析

（1）资产质量分析。农村银行的资产质量是通过资产结构表现出来的。对农村银行资产质量的分析，就是对资产各个组成部分及其相互关系的分析。质量分析的标准是,预计的资产结构是否能在确保安全性、流动性的基础上,获得较好的收益性。

农村银行资产质量分析,首先应对其资产种类结构进行分析,以反映农村银行资产质量总体状况;其次,应重点对贷款质量进行评析,揭示农村银行的内在风险;最后,可以进行预计数与历史数据的比较,同行业相关数据的比较和预计资产投向结构分析,以此预测农村银行资产质量的可能发展趋势,发现与同行业之间的差距,分析不良资产在行业、种类等方面的分布。资产质量分析的具体内容如下:

第一,预计资产结构的分析。农村银行的资产按类别一般可分为流动性资产、长期资产、长期待摊费用、无形资产和其他资产。一般地,经营保守型的农村银行可能流动资产比例较高,风险激进型的农村银行长期资产比例可能相对较高。如果将农村银行的资产分为盈利资产和非盈利资产,现金、应收账款(含表内应收利息和其他应收款)、固定资产、无形资产、长期待摊费用以及待处理、待清理的各类资产等属于非盈利资产,而投资、贷款等属于盈利资产。银行在运用资金时,通常在盈利资产与非盈利资产之间保持合理的结构,在盈利资产中,尽量在风险相同的情况下,增加高收益资产的比重,减少低收益资产比重,以获得更大收益。

第二,预计贷款资产质量分析。因为贷款在农村银行资产中的特殊地位,贷款收益对整个农村银行收益有举足轻重的影响,所以,对贷款种类结构及形式的分析就成为资产质量分析的重要部分。在实行分业经营的情况下,我国农村银行资产结构较为单一,收益渠道相对狭窄,贷款的质量就决定了农村银行整个资产的质量。通常情况下,可以按照五级分类标准,分别对正常类、关注类、次级类、可疑类、损失类贷款进行预计,分析预计贷款资产的质量。

(2) 预计资本结构分析。对预计资本结构的分析,应当从农村银行资金的来源,即负债与所有者权益两方面进行。

第一,预计负债结构分析。农村银行的负债按期限可以分为短期负债和长期负债,按种类大致可划分为单位存款、储蓄存款、同业存放、拆入资金、发行债券、各种应付款项等。我们可以通过不同期限、种类的负债相互间的比例关系,分析整个负债的成本及稳定性。负债的稳定性可以用存款稳定率指标衡量。存款稳定率即各项存款中相对稳定的部分与存款总额的比率,计算公式为:

$$存款稳定率 = (定期储蓄存款 + 定期存款 + 活期存款 \times 70\%)/各项存款总额$$

公式中的70%,指农村银行活期存款的沉淀率,该比率应根据不同区域的分支机构存款的稳定性分布及时进行适当的调整。

一般来说,农村银行应当在平均成本最低的基础上获得最为稳定的负债。从整体而言,短期负债的比重越大,整体稳定性就越差,但成本也越低;而定期存款、金融债券的比重越大,整体稳定性越高,成本也越高。

第二,预计所有者权益分析。通过预计所有者权益分析,评价农村银行资本的流动性、安全性和收益性。分析的指标有:①资本固化率,即被固化的资产占所有者权益的比重。被固化的资产指固定资产净值、在建工程、无形资产及递延资产等项目。②资本风险比率,即股东权益占风险资产总额的比率。③资本利润率,即预算期利润总额占预算期末资本总额的比率。

(3) 预计利润结构及利润分配政策执行情况分析。预计利润结构的分析,包括预计收入结构与预计支出结构。通过分析农村银行的预计利息收入、金融企业往来收入、手续费收入、投资收益等营业收入的构成情况,评价该行预计的经营风险和盈利能力。如果农村银行预计利息收入在全部营业收入中占比很大,反映出该行收入来源单一、市场风险较大;如果预计投资收益占营业收入的较大比重,说明该行的收入来源不稳定,经营风险比较大。同样,分析预计营业支出的构成情况,并针对预算年度变动较大的项目重点审查。总之,我们应当根据具体情况具体分析,确定审查的重点,以事先发现可能存在的风险点。

预计利润分配政策执行情况分析主要是评价农村银行预计的利润在各投资者之间的分配是否符合国家的方针政策和有关制度。农村银行的利润分配必须严格执行公司法的规定。

(4) 预计项目配比分析。农村银行的预计资产负债表、预计损益表、预计现金流量表及预计业务状况表不是孤立存在的,相关项目之间存在着一些固定的联系和因果关系,在审阅预计报表时,应当从报表中找出一些相关项目,分析其金额配比的合理性,为预算评价提供依据。

由于农村银行业务的特殊性,要求其资产与收入之间、负债与支出之间存在合理的配比关系。农村银行拥有资产是为了获得收益,因而盈利资产价值的高低与它们取得的收入密切相关,盈利资产越多,质量越高,则收入越多。可以用资产收益率和生息资产盈利率指标衡量,公式如下:

$$资产收益率 = 净利润 / 资产总额 \times 100\%$$

$$生息资产盈利率 = 利息收入 / 平均生息资产 \times 100\%$$

具体到报表项目,贷款与利息收入、存款与利息支出之间,存放同业款项与金融企业往来利息收入、同业存放款项与金融企业往来利息支出之间,长期投资与投资收益之间也存在着因果配比关系,我们可以运用专业判断进行分析对比。

除了进行以上的一般性预计财务分析外,农村银行还应进行预计财务比率分析,可以从流动性、安全性和盈利性三方面考虑,根据预算管理的需要,从中选取重要的预计财务指标进行计算以及横向和纵向的比较分析。分析时可以进行同行业间的比较,评价农村银行相对的预计财务状况;也可以进行预算期与历史不同时期的比较,了解该行盈利能力的变化趋势。

3. 预算目标的符合性测试

预算目标作为一种目标导向,是否能够真正如我们所预想的那样引导各预算执行主体朝农村银行设定的预算目标努力,是否会出现事与愿违的情形,这些都是我们应该预先考虑的问题。为了稳妥起见,有必要进行符合性测试。所谓符合性测试,即采用几个代表性支行(部门)的实际数据,代入预算目标及其考评进行模拟计算,检验结果与目标导向是否相符。如果我们欲激励的行为结果反而导致低得分,或我们欲控制的行为结果却导致高得分,则说明其与我们真实的目标导向有偏差,应修订目标及其评价方法。

6.2 风险限额管理

限额管理作为一种涵盖范围广、精确度高、可操作性强的风险管理手段,正在被越来越多的先进银行所重视和推行。这些银行通过风险计量和组合分析,设定各类产品的最高规模上限,各种限额之间相互联系和制约,在风险管理中发挥着制约、分散和预警作用,形成一个有机的限额管理体系,实现资源的有效配置。

6.2.1 限额管理的基本理念

风险限额是根据风险调整后资本收益率(RAROC)的最大化原则,应用资产组合分析模型设定的风险敞口(EAD)或风险价值(VaR)的最高上限。风险限额代表了银行在某一项业务中所能容忍的最大风险,凡在限额以内发生的损失,都可以通过银行自有资本金来抵御,超出限额则意味着损失会超过承受能力,银行必须采取减少风险暴露、分散资产组合、增强抵押品以及运用衍生工具等方式进行风险缓释。限额管理是一种基于风险计量的管理方式,它综合体现了银行的经营战略、政策导向以及资本配置,代表了当今风险管理的专业化、精细化和系统化发展方向。与传统风险管理方式相比,它具有如下特征:

(1)限额管理是对风险的事前管理。在风险管理体系中,各类敞口的限额都是根据对风险变化的预测提前设定的。当某类风险敞口(例如行业信贷规模、区域信贷规模或集团授信额度)保持在限额以下,说明业务发展稳健,风险基本可控;当风险敞口逼近限额时,监测系统将发出预警信息,提示风险经理采取防范措施;而风险敞口一旦突破限额,就预示着风险正在显著上升,风险经理应启动紧急处理程序,在爆发大规模损失前,将敞口压缩到可控范围内。可见,限额管理应发生在资产损失形成之前,属于"防患于未然"的事前管理。

(2) 限额管理是对风险的实时动态管理。限额管理强调实时动态监控,即在每个时点上,系统都可以根据最新市场变化和业务数据,计算调整各项限额,并监测所有限额的执行状态。客户经理和风险经理通过客户终端,随时从限额管理系统获取最新数据,了解所辖业务的风险状态,做出及时、准确的决策。这种实时监测不仅避免了因信息滞后造成的风险,同时也能够防止金融交易中瞬时超限额现象的发生。从这个意义上讲,限额管理必须依托一个有效的管理信息系统,在畅通发达的网络环境下实现全行范围的连续监控。

(3) 限额管理是对风险和收益的综合管理。风险限额是对业务经营规模施加的一种硬性约束。从短期看,限额管理可能会对业务拓展形成一定的制约,但长期而言它有利于银行的持续、健康发展。因为限额是根据 RAROC 最大化原则设定的,本身就是风险和收益平衡作用的结果。某项业务的开展在初始阶段会给银行带来较大的收益增加,但随着业务不断扩张,就会出现边际收益递减的现象;而如果业务规模突破风险限额,就会使 RAROC 降到较低水平,甚至出现负值,反而不利于银行增加实际收益。因此,风险限额不单纯是对业务发展的约束,更为重要的,它是银行经营策略和风险承受能力的综合体现。

(4) 限额管理是基于资产组合分析的全面风险管理。商业银行的限额管理体系建立在风险计量和组合分析的基础上,不仅涵盖了信用风险、市场风险、操作风险和流动性风险,同时也贯穿了宏观、中观和微观等各个层面。该体系不仅包括对单笔业务或某一客户的交易限额,也包括国家、行业、区域、产品、客户等资产组合层面的额度限制。它基于对违约概率(PD)、违约损失率(LGD)、风险敞口(EAD)的准确计算,也通盘考虑了资产风险之间的相关度以及整个银行的实际资本状况。从这个意义上讲,限额管理体系具有全方位、全流程和全要素的管理功能,是银行真正实现全面风险管理的重要手段。

6.2.2 限额管理的整体架构

风险限额管理通常包括风险限额设定、风险限额监测和风险限额控制三个环节,如图 6-6 所示①。其中,风险限额设定是整个限额管理流程的重要基础,其本身就构成了一项庞大的系统工程。风险限额的设定分成四个阶段:

第一,全面风险计量,即银行对各类业务所包含的信用风险、市场风险和操作风险分别进行量化分析,以确定各类敞口的预期损失(EL)和非预期损失(UL)。根据《巴塞尔新资本协议》(巴Ⅱ)的要求,信用风险可通过银行内部评级系统进行计量,市场风险则通过内部模型法加以界定;而计算操作风险的难度较大,有条件

---

① 武剑.论风险限额管理体系的构建和应用[J].浙江金融,2007,(1):7-9.

的银行可以采用高级计量法(AMA),而农村银行如果基础不足,可先采用单一指标法或标准法。

第二,利用会计信息系统,对各业务敞口的收益和成本进行量化分析,其中制定一套合理的成本分摊方案是亟待完成的一项重要任务。

第三,运用资产组合分析模型,对各业务敞口确定经济资本的增量和存量。

第四,综合考虑监管部门的政策要求以及银行战略管理层的风险偏好,最终确定各业务敞口的风险限额。

农村银行总部应定期发布风险限额,其后对限额执行情况实施连续监测。通常,根据经济资本配置要求,对各类敞口设定理想额度和限制额度(即风险限额),并建立监测预警机制。当实际交易额超过理想额度时,系统发出蓝色预警信号;当实际交易额超过风险限额时,系统发出红色预警信号。对风险限额的执行情况,总行应定期进行反馈检验,并对限额进行调整或重新设定。

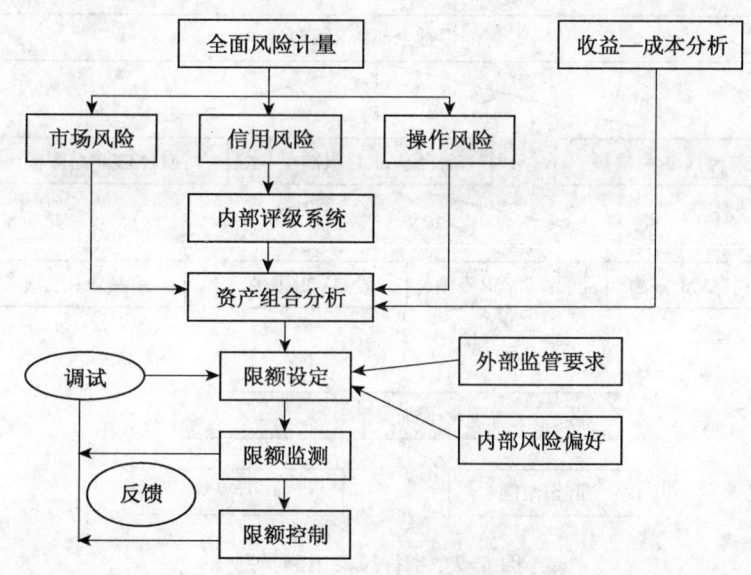

图 6-6　限额管理的整体架构

6.2.3　风险限额的设定方法

1. 风险限额的主要类别

从国际银行经验看,风险限额主要包括集中度限额、VaR 限额和止损限额三种形式,如图 6-7 所示。

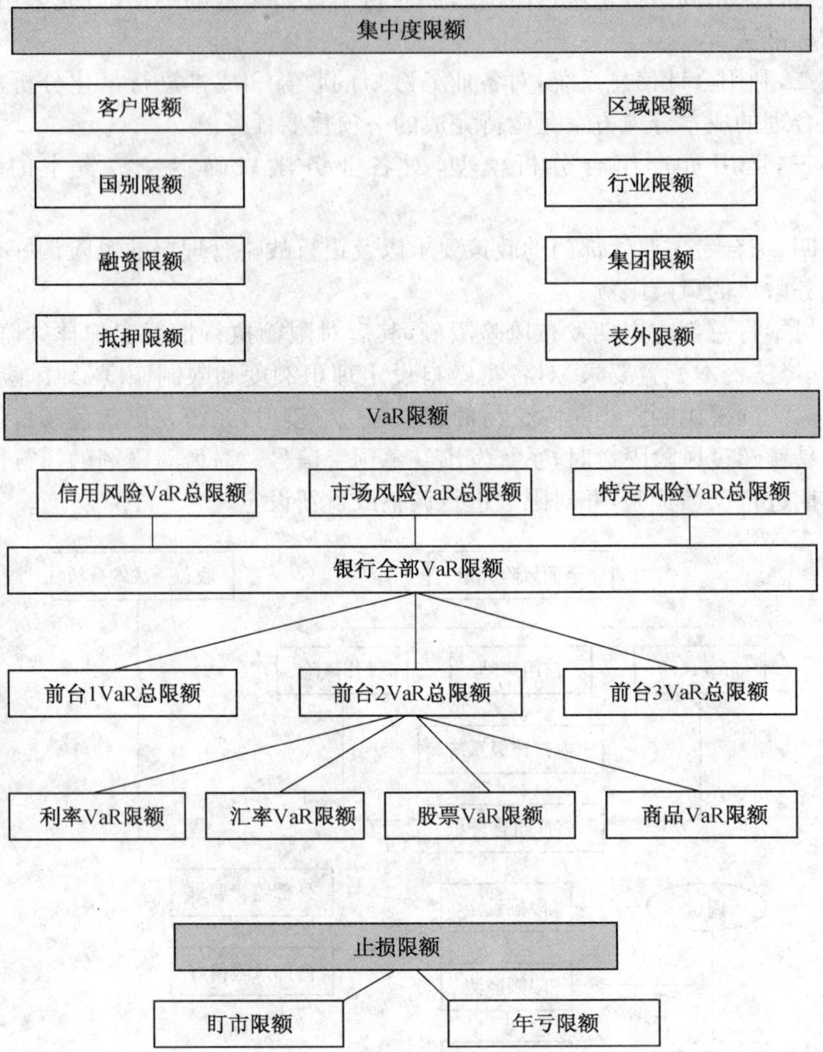

图 6-7　银行风险限额类别

（1）集中度限额是直接设定于单个敞口（如国家、行业、区域、客户、产品等）的规模上限，其目的是保证投资组合的多样性，避免风险过度集中于某类敞口。

（2）VaR 限额是对业务敞口的风险价值进行额度限制，这是一种比较科学的限额设定方式，可广泛应用于信贷业务、资金业务、国际业务等领域，并且在使用中具有较高的灵活性，易于在各条业务线上进行加总和分拆计算；同时，也可以根据股指、利率、汇率和商品价格等风险要素产生设定的 VaR 限额，对业务进行多角度风险控制。但 VaR 限额高度依赖模型和数据,目前国内银行很难达到建模要求。

(3) 止损限额以实际损失而非可能损失为监测对象,它是集中度限额和 VaR 限额的重要补充,主要用于控制市场风险,多采取"盯市"方式,即一旦银行所持资产的市值跌破某一临界点,银行立即采取交割、斩仓等措施,以防止损失进一步扩大。当然,根据业务特点不同,止损限额有时也可以盯住年度亏损额,即当某项业务全年损失额超过某临界点时,银行就停止该业务。

2. 不同方法的比较选择

银行在选择限额设定方法时,要根据管理基础、数据质量以及风险计量能力综合决策,并且应充分考虑后续的限额管理模式。目前,国内多数银行没有完全达到数据要求,暂无法实现 VaR 限额计算,可以用集中度限额对单笔交易风险进行管理。在设定敞口集中度限额时,可先将表内、外各类敞口转换为贷款等价物,然后再统一设定风险限额。但集中度限额的局限性在于假定了风险和授信量之间的刚性联系,这种假设在很多情况下并不成立。另外,当市场发生变化或受客户因素影响导致风险发生变化时,集中度限额往往无法及时体现现实风险。从风险管理的趋势看,VaR 限额比集中度限额更具实用意义和发展潜力。

3. 需考虑的其他因素

限额设定需要考虑银行自身业务的特点,根据银行业务发展方向和风险偏好来确定不同敞口的限额。银行可以根据贷款占核心资本的一定百分比确定对某些产业的最大贷款投入限额。例如,农业贷款不得超过核心资本的 10%,建筑业不得超过 15%,制造业贷款不超过 150%,零售业不得超过 75%,房地产不超过 50% 等。银行还可以针对国家、区域、集团等维度做出类似的限额规定。

单笔交易限额通常是国家限额、行业限额、区域限额、产品限额等众多限额共同形成的交叉限额。在发生或即将发生一笔交易时,应测算该笔交易对相关限额的影响。

6.2.4 风险限额的管理方式

1. 风险限额的执行力度

要实施限额管理,就必须明确风险限额的执行力度。不同银行对风险限额的执行力度是不同的。有的银行进行严格的限额管理,要求限额不可突破;而有的银行则更多地把限额管理看做一种预警机制。这种理念上的差别形成了对经营活动的不同导向。限额管理系统可以设立一些预警指标,这些指标会在逼近限额的时候及时发出预警信号,提示管理者采取防范措施。风险限额的执行力度通常取决于两个因素:一是董事会的风险偏好,如果战略管理者倾向于稳健经营,则风险限额的刚性就比较强;二是风险限额计算结果的可靠性,这主要受计量模型和数据质量的影响。一般而言,国际先进银行更强调风险限额的刚性,但同时也保留必要的弹性,如果确实需要突破限额,必须得到银行高管层的批准。

2. 风险限额的敏感度和稳定性

在限额监控过程中,不仅要对风险敞口和当前限额进行比较,以观察限额是否被突破或是否被充分利用,而且要根据最新数据对限额进行持续计算,以确定当前限额是否仍然适合管理需要。尽管限额计算在不断进行,但公布的限额在一定时期内应保持稳定,因为频繁的限额变动将使经营政策不连续,从而增加管理成本。在实际操作中,常常将新算出的限额和当前限额做比较,如果变幅在一定范围(如10%)内,则维持当前限额,否则就考虑调整。通过持续监测,管理者可掌握风险敞口的分布和限额利用情况,并由此做出调整,将未利用的限额重新分配到其他业务单元中以创造利润。

3. 风险限额的切入点

银行需要明确在业务流程中何时启动限额管理。以信贷业务为例,一般有两种方式:一种是根据交易的收益能力来决定是否接受该笔信贷申请,在做出授信决定后,再进行限额监测和管理。这种贷后监测方式意味着在信贷审批过程中并不考虑限额因素。信贷审批仅从借款人的信用立场和抵押物角度考虑,而不考虑组合风险。这种贷后限额管理常常导致超限额现象,从而降低了风险管理的有效性。另一种方式是在授信业务初始就进行限额介入,在做出是否授信决定之前,先测算该笔业务对限额的影响,如果接受业务将导致限额突破,那么银行不会批准授信。这种贷前监测方式可减少限额突破,降低组合调整而带来的管理成本。然而,这种方法要求银行能准确估计单笔交易的风险损失及其对限额组合的影响。这不仅需要IT系统支持,还要求业务经营和限额监测在审批中有机结合。对目前还不能实施第二种方式的银行,可采用折衷方法,即仅对大额信贷业务进行贷前限额监测,当单个交易对手的授信总量超过预先设定的规模时,由风险管理部门在审批前分析业务所带来的风险和突破限额的可能性,审批人根据风险分析结论做出审批决策。而对其他小额信贷业务则采用贷后监测方式,在监测管理中,可将小额信贷业务打包后再观测其对组合限额的影响。但长远来看,银行应逐步采取贷前限额的管理方式。

6.2.5 风险限额的控制流程[1][2]

1. 风险限额制定

风险限额管理模式的机理就是在一定资本约束的条件下,按照组合的风险调

---

[1] 周凯. 现代商业银行风险限额管理研究[J]. 金融纵横,2008,(10):33—36.

[2] 杨晓奇,刘絮. 经济资本在行业风险限额管理中的应用研究[J]. 金融发展研究,2010,(10):21—25.

整后收益率(RAROC)最大的规则将风险限额总量分配到限额控制维度。在制定限额时,先由各业务经营部门提交上一期资金使用和收益数据,并提出新一期经营计划。风险管理部门和业务管理部门联合对各业务单元的风险收益情况做出评价,确定各部门的风险权重和利润贡献度,以此测算出新一期各部门所需分配的经济资本和风险限额,并与部门所提经营计划做比较。然后,将上述信息汇成报告提交董事会。董事会对报告进行审议,确定新一期风险限额方案,并将结果反馈风险管理部门。由风险管理部门根据该方案测算风险限额的详细设置方案。业务部门则根据详细限额方案制定具体的经营计划。限额管理系统的日常维护由风险管理部门承担,定期对限额模型进行检验、优化和升级。参数系统应年度更新,并提交董事会审定。

2. 风险限额监测

限额监测是为了检查银行的经营活动是否服从于限额,是否存在突破限额的现象。限额监测的范围应该是全面的,包括银行的整体限额、组合分类的限额乃至单笔业务的限额。一般来说,限额监测作为风险监测的一部分,由风险管理部门负责,并定期发布监测报告。如果经营部门认为限额已不能满足业务发展而需要调整,应正式提出申请,风险管理部门对申请做出评估,如确需调整,则重新测算限额和经济资本,并在所授权限内对限额进行修正,超出授权的要提交上一级风险管理部门。

3. 超限额处理

对于超限额的处置,应由风险管理部门负责组织落实。对于限额执行情况,应定期在风险报告中加以分析描述。对超限额的处置程序和管理职责必须做出明确规定,并根据超限额的程度决定是否上报更高的决策者;风险管理部门要结合业务特点,制定超限额后的风险缓释措施;对因违规超限额造成损失的,应进行严格的责任认定;对超限额处置的实际效果要定期进行返回检测,以持续改进风险控制能力。

4. 限额管理考核

在考核业务部门的经营绩效时,应当将限额执行情况作为一项重要的考核指标。如果业务规模远远低于设定的限额,说明经营保守、资金闲置,造成资源浪费,增加了机会成本;如果超过限额,则意味着将占用过多的经济资本,应从业务部门创造的利润中减去。

6.2.6 客户授信控制量与客户风险限额的比较

对客户风险限额进行分析,有必要对客户授信控制量和客户风险限额进行比较评判。

1. 两者测算的出发点相同,但基础财务指标不同

(1) 衡量客户偿债能力的方法有两种:一种是比较债务和可偿债资产的存量;另一种是比较偿债所需现金和经营活动产生的现金流量。客户授信控制量和客户风险限额的测算都是从净资产这个资产存量入手进行测算,具有一定的合理性。

(2) 客户授信控制量以相对量指标和绝对量指标相结合作为测算基础,客户风险限额以绝对量指标为主要测算基础,相对来说授信控制量的测算较为合理。

(3) 客户授信控制量的测算体现了行业差别,但行业目标杠杆比率指标的设置过于简单落后。

(4) 客户风险限额部分引入流量指标作为测算依据,起到了有益的补充作用。

(5) 风险限额的测算以客户资产的平均值为基础,相对于以时点数为基础更具合理性。

2. 两者测算时,都通过调整系数对预期限额进行了调整,但两者的系数设定不完全相同,对信贷政策的传导作用也不尽相同

(1) 两者都设立了客户信用等级调节系数,反映了银行对客户信用等级的统一风险偏好。

(2) 客户授信控制量的测算系数设定比较谨慎,体现了"控制"为主的信贷理念;客户风险限额的测算系数设定比较宽松,体现了风险控制下注重营销的信贷经营理念。

(3) 小型企业客户风险限额的测算引入销售收入归行率作为调节指标,反映了银行在实施风险控制的同时开始注意综合营销,有效传导了风险与收益并重的风险管理和信贷经营理念。

3. 测算公式存在差异

客户授信控制量的测算,公式单一,较为明确和稳定;客户风险限额的测算,区分客户规模、客户性质等采取不同的测算公式,公式的设置较为繁杂多变。

以下是某银行大中型客户风险限额的测算公式:

$$CL = L + (K \times V \times I - P) \times E$$

CL 为客户风险限额。

L 为客户目前在本行全部本外币表内外信用的余额。

K 为行业目标产权比率,为最近年度行业产权比率均值。

V 为客户信用等级调节系数。

I 为行业调整系数。

P 为客户的负债与权益之比,即财务杠杆。

E =(上年末净资产−可认定的其他已损耗的资产),即为客户上年末有效净资产。

第6章 战略导向的资源配置机制建设

4. 测算的侧重点不同

客户风险限额以绝对量指标为测算基础,侧重于绝对量的测算,测算简单直接,因此可以直接作为保证限额的计算依据,数据的通用性较高;授信控制量以相对量指标为测算基础,侧重于增量的测算,调节系数的调节力度较大,不适合作为保证限额的计算依据。

【案例 6-1】
某农村银行风险限额管理体系的构建

根据《农村中小金融机构风险管理机制建设指引》、《商业银行资本管理办法(试行)》等监管文件,结合某农村银行的实际,形成了本方案。

某农村银行限额管理的功能定位:对风险的事前管理;对风险的实时动态管理;对风险和收益的平衡管理;是基于资产组合分析的全面风险管理。

一、风险限额管理的组织框架

风险限额管理工作由总行风险管理部门牵头,总行计划财务部、授信管理部、公司业务部、个私业务部等经营和管理部门分工负责。

(一)风险管理部门职责

(1) 负责组织设计、优化行业风险评级和风险限额管理模型;

(2) 负责风险评级和风险限额的计量;

(3) 负责组织各相关部门对系统计算的评级结果和风险限额进行论证和调整,并上报有权审批机构审批;

(4) 负责拟定贷款风险限额管理的有关政策和制度;

(5) 负责将审定后的风险限额录入内部评级系统;

(6) 负责行业经济资本占用比例变化的监测;

(7) 负责对信贷经营管理部门调整风险限额的需求进行审核并报有权审批机构审批;

(8) 负责对风险限额的监测和预警,并及时发布预警信号。

(二)公司业务部、个私业务部职责

(1) 负责参与风险评级及风险限额计量模型的优化,提供风险评级及风险限额计量所需要的相关资料;

(2) 负责参与风险限额管理的研究和讨论,提出对评级结果、风险限额及相关配套政策的意见和建议;

(3) 负责落实指令性风险限额管理的有关政策和调控措施;

(4) 负责根据市场变化和业务发展的需要提出指令性风险限额调整的意见;

(5) 负责指导和督促支行执行风险限额管理,在行业限额内优化信贷资源配置。

(三) 授信管理部门职责

(1) 负责参与风险评级及风险限额计量模型的优化,提供风险评级及风险限额计量所需要的相关资料;

(2) 负责参与风险限额管理的研究和讨论,根据审批情况提出对评级结果、风险限额及相关配套政策的意见和建议;

(3) 负责落实风险限额管理的相关风险政策和预控措施。

(四) 计划财务部门职责

(1) 负责参与风险评级及风险限额计量模型的优化,提供风险评级及风险限额计量所需要的相关资料;

(2) 负责参与风险限额管理的研究和讨论;

(3) 负责综合经营计划与风险限额的衔接。

二、风险限额制定

风险限额管理模式的基本原理是:在一定资本约束的条件下,按照组合的风险调整后收益率(RAROC)最大的规则将风险限额总量分配到限额控制维度。

在制定限额时,先由各业务经营部门提交上一期资金使用和收益数据,并提出新一期经营计划。风险管理部门和业务管理部门联合对各业务单元的风险收益情况做出评价,确定各部门的风险权重和利润贡献度,以此测算出新一期各部门所需分配的经济资本和风险限额,并与部门所提经营计划做比较。然后,将上述信息汇成报告提交董事会。董事会对报告进行审议,确定新一期风险限额方案,并将结果反馈风险管理部门。由风险管理部门根据该方案测算风险限额的详细设置方案。业务部门则根据详细限额方案制定具体的经营计划。限额管理系统的日常维护由风险管理部门承担,定期对限额模型进行检验、优化和升级。参数系统应年度更新,并提交董事会审定。

(一) 总风险限额的核定(体现资本约束)

根据《商业银行资本管理办法(试行)》测算计划年度加权风险资产总额:

(1) 计划风险加权资产(A)=(计划总资本-计划对应资本扣除项)/目标资本充足率

(2) 计划风险加权资产(B)=(计划一级资本-计划对应资本扣除项)/目标一级资本充足率

(3) 计划风险加权资产(C)=(计划核心一级资本-计划对应资本扣除项)/目标核心一级资本充足率

其中:

① 目标资本充足率≥8%、目标一级资本充足率≥6%、目标核心一级资本充足率≥5%；目标资本充足率、目标一级资本充足率、目标核心一级资本充足率的具体参数根据本行的风险偏好和总体风险容忍度确定。

② 计划总资本、计划一级资本、计划核心一级资本、计划对应资本扣除项四个指标，由计划财务部门根据年度资本预算提供。

③ 计划风险加权资产（即总风险限额）的确定：根据稳健原则，总风险限额=MIN[计划风险加权资产(A)、计划风险加权资产(B)、计划风险加权资产(C)]，即从三者中取最小值，以同时符合三个监管指标的要求。

2. 风险限额总量的分配

按照组合的风险调整后收益率（RAROC）最大的规则将风险限额总量分配到限额控制维度（行业、区域、客户、产品等），下表是以行业维度为例。

表　　　　　　　　　风险限额总量分配—以行业维度为例

单位：亿元

行业		金融同业	工业	商业	房地产	其他	合计
风险限额	绝对额						
	权重						
资本占用	绝对额						
	权重						
预计 EVA							
预计 RAROC							

注：风险限额分配的原则是"组合 RAROC 最大化，同时遵循不要把所有的鸡蛋都放在同一个篮子里"，具体参数的确定还要考虑风险偏好等因素。

三、风险限额监测

限额监测是为了检查本行的经营活动是否服从于限额，是否存在突破限额的现象。限额监测的范围应该是全面的，包括本行的整体限额、组合分类的限额乃至单笔业务的限额。一般来说，限额监测作为风险监测的一部分，由风险管理部门负责，并定期发布监测报告。如果经营部门认为限额已不能满足业务发展而需要调整，应正式提出申请，风险管理部门对申请做出评估，如确需调整，则重新测算限额和经济资本，并在所授权限内对限额进行修正，超出授权的要提交主管行长批准。

四、超限额处理

对于超限额的处置，应由风险管理部门负责组织落实。对于限额执行情况，应定期在风险报告中加以分析描述。对超限额的处置程序和管理职责必须做出明确规定,并根据超限额的程度决定是否上报更高的决策者;风险管理部门要结合业务特点,制定超限额后的风险缓释措施;对因违规超限额造成损失的,应进行严格的责任认定;对超限额处置的实际效果要定期进行返回检测,以持续改进风险控制能力。

五、限额管理考核

在考核业务部门的经营绩效时,应当将限额执行情况作为一项重要的考核指标。如果业务规模远远低于设定的限额,说明经营保守、资金闲置,造成资源浪费,增加了机会成本;如果超过限额,则意味着将占用过多的经济资本,应从业务部门创造的模拟利润中减去。

6.3 经济资本管理[①]

经济资本是指在一定的风险容忍度和确定的时间段内,商业银行用于应对非预期损失的资本,数量上等于非预期损失。经济资本管理是指在明确经济资本计量范围和方法的基础上,以风险、收益和成本相匹配为原则,通过经济资本计量、分配、配置、考核和运用,有效提升资本运营效率,以经济增加值最大化促进机构实现可持续增长。

6.3.1 经济资本管理遵循的原则

经济资本管理应遵循战略引导、增量控制、分类管理和回报约束的原则:

(1)战略引导是指根据发展战略、风险偏好和风险程度确定不同类型风险和不同业务的经济资本系数,引导经济资本重点向低风险业务和优先发展地区配置,促进资产、产品和客户结构调整,实现经济发展方式转变。

(2)增量控制是指通过预算编制、计划分配、限额控制的方式控制经济资本的增长,将增量资产的经济资本和风险资产总量控制在计划目标内,促使经济资本的增长与监管资本的增长相协调和平衡。

(3)分类管理是指针对不同类型风险的特征,对信用风险经济资本、市场风险经济资本、操作风险经济资本等采取不同的管理方式。

(4)回报约束是指经济资本占用必须产生相应的资本回报,引导经济资本配

---

① 王家华,孙清.资产风险结构、经济资本动态配置与银行价值最大化[J].经济学动态,2011,(7):35-38.

置在经济资本系数低、实际回报高的业务,促进业务有效发展,提高经营效益。

6.3.2　经济资本计量范围与计量方法

银监会《商业银行资本管理办法(试行)》第十九条指出,商业银行应当按照以下公式计算资本充足率:

$$资本充足率 = \frac{总资本 - 对应资本扣减项}{风险加权资产} \times 100\%$$

$$一级资本充足率 = \frac{一级资本 - 对应资本扣减项}{风险加权资产} \times 100\%$$

$$核心一级资本充足率 = \frac{核心一级资本 - 对应资本扣减项}{风险加权资产} \times 100\%$$

其中:《商业银行资本管理办法(试行)》第二十一条指出,商业银行风险加权资产包括信用风险加权资产、市场风险加权资产和操作风险加权资产。

根据《商业银行资本管理办法(试行)》,农村银行经济资本计量范围至少应包括信用风险、市场风险、操作风险三个方面,并根据巴塞尔新资本协议实施进程和自身风险状况,可以将其他重大风险纳入计量范围。

1. 信用风险经济资本计量

银监会《商业银行资本管理办法(试行)》第五十一条指出,权重法下信用风险加权资产为银行账户表内资产信用风险加权资产与表外项目信用风险加权资产之和。据此,信用风险经济资本计量范围应涵盖农村银行表内外业务的资产,主要包括贷款、贴现、银行卡透支、资金业务、债券投资、无息资产、表外资产等类别,以及为对外资本性投资、固定资产、待处理类资产、无形资产与递延资产等资本性占用资产。

考虑到目前农村银行资本管理的水平,采用内部系数法计量信用风险经济资本比较合适,信用风险经济资本计量公式为:经济资本 $= \sum$ 日均各项风险资产净额 $\times$ 经济资本系数。其中:

(1) 各项风险资产净额为各项资产的风险敞口,是各项资产账面余额扣除减值准备、折旧以及相应的保证金后的余额。业务部门的风险资产按照业务条线划分,机构层面风险资产按照资产负债表划分。

(2) 农村银行可以参照巴塞尔新资本协议信用风险标准法的风险权重和《商业银行资本管理办法(试行)》附件2"表内资产风险权重、表外项目信用转换系数及合格信用风险缓释工具",对资产进行风险分类,结合本行战略导向和风险状况,制定每类业务(资产)的经济资本系数。

① 经济资本系数=风险权重参考系数×监管资本转换系数×内部调节系数。

② 风险权重参考系数依据巴塞尔新资本协议和银监会《商业银行资本管理办法(试行)》附件2"表内资产风险权重、表外项目信用转换系数及合格信用风险缓释工具"的风险权重参照确定。

③ 监管资本转换系数参照资本充足率确定,具体比例依据经济资本与监管资本的实际计算结果作等比例调整。

④ 内部调节系数依据各项业务风险水平、风险偏好和经营策略,按照业务种类、信用等级、担保方式等状况而设定的调节性参数,主要分为信用等级调节系数、担保方式调节系数、授信期限调节系数、贷款质量调节系数、产品调节系数等多维度的调节系数。内部调节系数是多维度调节系数的累积。

(3) 根据《商业银行资本管理办法(试行)》第二十三条,商业银行各级资本充足率不得低于如下最低要求:①核心一级资本充足率不得低于5%;②一级资本充足率不得低于6%;③资本充足率不得低于8%。

从理论上讲,在确定监管资本转换系数时,参照的资本充足率可能高于或低于监管资本充足率的最低要求,但考虑到农村银行的风险管理能力一般次于大型商业银行,在此,参照的资本充足率取值应大于8%,参照的资本充足率取值应等于资本充足率容忍度的理想值>8%;如果参照的资本充足率=8%,则风险资本管理正好达到合规标准,仍停留在合规管理阶段,而不是全面风险管理。

2. 市场风险经济资本计量

市场风险经济资本计量的范围可以参照银监会《商业银行资本管理办法(试行)》第八十二条的内容,该条款指出:市场风险资本计量应覆盖商业银行交易账户中的利率风险和股票风险,以及全部汇率风险和商品风险。

农村银行采用标准法计量市场风险经济资本比较合适。由于市场风险属于系统性风险范畴,各家商业银行面临同样的市场,各家银行计量的差异主要由不同的风险偏好产生。

在标准法下,市场风险经济资本计量公式应为:经济资本=市场风险最低监管资本要求×内部调节系数。

其中:市场风险最低监管资本要求根据银监会《商业银行资本管理办法(试行)》附件10"市场风险标准法计量规则"确定;内部调节系数根据市场风险偏好和容忍度确定,市场风险内部调节系数应$\geqslant 1$。

3. 操作风险经济资本计量

操作风险是指由不完善或有问题的内部程序、员工和信息科技系统,以及外部事件所造成损失的风险,包括法律风险,但不包括策略风险和声誉风险。

农村银行采用基本指标法计量操作风险经济资本,计量公式应为:经济资本=操作风险最低监管资本要求×内控调节系数。

(1) 操作风险最低监管资本要求。银监会《商业银行资本管理办法(试行)》第九十八条指出,商业银行采用基本指标法,应当按照以下公式计量操作风险资本要求：

$$K_{BIA} = \frac{\sum_{i=1}^{n}(GI_i \times \alpha)}{n}$$

其中：K_{BIA} 为按基本指标法计量的操作风险资本要求。GI 为过去三年中每年正的总收入。n 为过去三年中总收入为正的年数。α 为15％。

总收入的定义见《商业银行资本管理办法(试行)》附件12"操作风险资本计量监管要求"。

(2) 内控调节系数。农村银行应通过建立违规行为积分制度,计算违规行为积分,以及内控评价(法律、内控、监察、保卫、科技和会计等部门)得分等内容综合设定。内控调节系数可以设定若干个等级,综合得分高的设定较低系数,反之设定较高系数。

6.3.3 经济资本分配

经济资本分配应将资本要求与风险度量直接挂钩,农村银行应建立内部各项业务、部门和分支机构的经济资本竞争机制,确保经济资本被分配到最能发挥作用的领域。

农村银行应建立经济资本预算管理制度,在全面评估经济资本总体水平的基础上,综合考虑发展战略、信用评级、监管规定、股东收益和风险状况,通过对经济资本总量和结构科学预算,实行差别化的分配方案,使业务条线(分支机构)的收益水平与风险水平相匹配,实现本行价值最大化。

经济资本预算指标应包括经济资本限额、经济资本回报率和经济增加值。经济资本限额是控制指标,不得擅自突破；经济资本回报率是效率指标,参照确定业务发展重点；经济增加值是规模指标,衡量在价值创造上的贡献度。

经济资本配置应坚持"锁定存量、管理增量"的总原则,预算和配置以经济资本增量为主,经济资本存量为辅。

经济资本供给量应与经济资本需求量保持动态平衡,并预留一定比例的经济资本作为缓冲。

(1) 经济资本供给量是指用于覆盖农村银行非预期损失所需要的资本,由账面资本按照风险配比原则进行调整后构成。经济资本供给总量＝股本＋资本公积计入部分＋盈余公积＋一般准备＋未分配利润计入部分＋外币报表折算差额＋当年经济资本增加额。

(2) 经济资本需求量是指农村银行非预期损失总量与资本性投资所产生的经济资本占用,由信用风险经济资本、市场风险经济资本、操作风险经济资本和资本性占用之和组成。

农村银行应制定经济资本管理应急预案,当经济资本供给量小于经济资本需求量,出现经济资本缺口时,及时采取措施补充资本和调整风险资产结构。

6.3.4 经济资本配置

农村银行业务条线(分支机构)应在分配的经济资本增量限额内,制定经济资本配置计划,将经济资本配置到各项产品、客户和交易上。各业务条线(分支机构)在配置经济资本时,应综合考虑不同产品、客户和交易的经济资本回报率和经济增加值,以及风险程度的情况,优先将资本配置到经济资本系数较低、经济资本回报率和经济增加值较高的产品、客户和交易上。

由于市场环境、经营条件、发展战略、国家政策和自然灾害等因素,造成经济资本预算执行出现偏差的,各业务条线(分支机构)可以向总行计划财务部门提出调整经济资本预算申请。

对需要增加经济资本的业务条线(分支机构),当业务条线(分支机构)的经济资本回报率高于全行平均水平,应按照经济利润增长幅度核定经济资本计划;当经济资本回报率低于全行平均水平时,应按照全行平均经济资本回报率核定经济资本计划。

各业务条线(分支机构)在增量分配额度内使用经济资本,如果经济资本增量运用不足,应及时收回经济资本额度,并视情况对业务条线(分支机构)收取经济资本闲置费。

6.3.5 经济资本考核与运用

农村银行应定期对各业务条线(分支机构)的经济资本占用情况、经济资本回报率和经济增加值进行考核,评估成本、收益、风险相匹配程度。经济资本考核指标,主要包括经济增加值、经济资本回报率和人均经济增加值。

对业务条线(分支机构)绩效考核,主要依据业务条线(分支机构)经济资本考核指标结果,结合经营目标责任制实施考核。按照经济增加值和人均经济增加值的一定比例进行奖励,按照经济资本回报率与经济资本成本率的差额进行奖罚。

农村银行应发挥经济资本管理对资源配置的导向性作用,通过经济资本配置和系数设置等方式,促进农村银行科学制定发展战略,加快转变经济发展方式,引导支持经济资本回报率和经济增加值较高的业务条线、客户和交易,退出效益、质量和前景较差的业务领域。

第 7 章

"风险—收益"平衡的绩效考核与薪酬激励体系建设

- "风险—收益"平衡的绩效薪酬体系概述
- 岗位职责体系与岗位价值评估
- "风险—收益"平衡考核的薪酬制度设计

美国次贷危机的经验告诉我们,有激励无约束的绩效薪酬制度不利于商业银行的可持续发展,为此在薪酬体系层面,2010年10月推出的巴塞尔协议Ⅲ强调薪酬与风险的平衡,试图推动金融机构长期激励机制的建设。中国银监会在《关于中国银行业实施新监管标准的指导意见》(银监发〔2011〕44号)也指出:改进激励考核机制,建立"风险—收益"平衡的绩效考核和薪酬制度。

7.1 "风险—收益"平衡的绩效薪酬体系概述

为充分调动农村银行员工的工作积极性,建立长效的激励约束机制,整体提升经营管理和服务水平,促进各项业务持续健康发展,很有必要通过导入"风险—收益"平衡的绩效理念,优化农村银行现有的绩效考核与薪酬管理体系。

7.1.1 "风险—收益"平衡的绩效薪酬体系建设的意义与目标

建设"科学、高效、实用"的绩效考核体系和"对外具有竞争性、对内具有公平性"的薪酬管理体系,是提升农村银行内部管理水平的一个重要方面和促进业务持续稳健发展、银行整体价值提高的重要保障。同时,充分发挥绩效考核的"指挥棒"作用也是调整业务结构、优化盈利模式、规范员工行为、控制各类风险,促进业务优化和战略转型的关键措施。

绩效考核与薪酬管理具有极强的"个性"特征,不同区域、不同类别、不同客户定位的农村银行,在绩效考核上具有很大差异,不存在"普适性"的绩效考核与薪酬管理制度。因此,建设农村银行的绩效考核与薪酬管理体系,必须从其金融服务区域的社会经济环境、监管法规许可、农村银行自身的市场定位等实际出发,才能做到"科学、高效、实用"。

薪酬与绩效之间存在着密切的关联,在绩效与薪酬之间寻找一个合适的度对于发挥薪酬的激励约束作用尤其重要。"风险—收益"平衡的绩效薪酬体系建设的总体目标是:在系统分析、准确把握农村银行的企业整体绩效、部门绩效、团队绩效、个人绩效等与薪酬之间的关联度基础上,建设"科学、高效、实用"的绩效考核体系,遵循"对外具有竞争性、对内具有公平性"原则,根据岗位价值、工作绩效、能力素质优化、设计薪酬体系,形成长效的正向激励与逆向激励相结合的激励约束机制,实现农村银行利益相关者价值最大化。

可以合理地预见,通过实施"风险—收益"平衡的绩效薪酬制度体系,将进一步促进农村银行业务持续、健康、科学发展,市场占有率和客户质量将明显提高,业务结构与盈利模式得到优化,员工行为更加规范。薪酬体系的优化,在稳定农村银行员工心态,保持员工的斗志和士气的同时,通过提供关键动力机制,将更加能够吸引、留用和激励农村银行发展所需人才,实现员工的职业生涯、增强员工的团队意识,充分体现岗位价值和贡献度,从而实现农村银行的和谐发展。

7.1.2 "风险—收益"平衡的绩效薪酬体系建设的准备工作

农村银行管理是由诸多子系统组成的复杂系统,绩效考核与薪酬管理是其中的一个子系统,在优化、设计该子系统时必须综合考虑、系统评估农村银行所处的发展阶段、组织结构、岗位设置与岗位类别等因素的影响,为"风险—收益"平衡的绩效薪酬体系建设做好充分准备。

1. 识别发展阶段,把握考核特征

农村银行从小变大,从弱变强,一般要顺序经历规模增长、价值提升、全面风险管理等阶段。在不同的发展阶段,绩效考核的内容存在较大差异,但平衡好风险与收益之间的关系是始终必须遵循的原则。

(1) 规模增长阶段。在规模增长阶段,农村银行主要是促进业务发展,提高市场占有率,以获得生存和发展的基础,因此,在这个阶段绩效考核的主要目标是引导业务发展,规模扩张。绩效考核可以归纳为:①以 KPI 为主,在总行业务战略指导下,通过规模指标考核,加大营销奖励力度,鼓励业务发展,提升市场占有率。这一阶段重点激励的人群是客户经理和支行行长。使得这类岗位人员的薪酬总额增长快于其他岗位人员;②实行员工的专业职务序列管理,特别是强化客户经理制建设;③调整固定薪酬与浮动薪酬比例,加大营销岗位人员浮动薪酬占比,实现"用业绩打造金饭碗"的导向;④实行支行行长目标管理(MBO)下的年薪制,"定目标、包实现、拿年薪";⑤对客户经理实施"折效"考核,激励客户经理拓展符合农村银行自身客户定位的优质客户;⑥考核以机构(支行或业务部门)为主,个人考核为辅。

(2) 价值提升阶段。在价值提升阶段,农村银行主要是在获得一定规模的基础上,提升盈利能力。特别是要通过业务结构的优化、特色业务的培育和目标客户的精准定位,优化自身的盈利模式,提升盈利能力,并提高机构的整体估值。因此,这一阶段的绩效考核可以归纳为:①建立资金转移价格体系(FTP),通过资金转移价格体系,接轨全国市场资金成本,并以此引导支行和客户经理拓展业务;②设立事业部,重点激励特色业务发展,并培养忠实于自己的客户群体。例如,设立小额贷款事业部、供应链金融事业部、资金业务事业部等;③通过绩效考核优化产品结构和客户结构,确定"重点发展、维持现状、逐步退出"的产品体系和客户体系;④丰富和完善产品和客户定价体系,将规模考核为主转变为产品和客户考核为主;⑤平衡计分卡(BSC)成为考核的重要手段;⑥这一阶段的考核以分产品、分客户的个人考核为主。

(3) 全面风险管理阶段。在全面风险管理阶段,农村银行主要是在获得较高盈利能力的基础上,完善风险管理体系,提升风险管理能力,打造"百年老店",实现可持续发展。因此,在该阶段绩效考核的特征表现为:①在整个考核体系中,风险管理考核占据主要地位;②巴塞尔系列协议等监管要求成为考核的重要内容;③经济资本、经济增加值(EVA)等成为考核的重要方式。

2. 优化组织结构,合理设置岗位

良好的组织结构和合理的岗位设置是清晰界定部门(支行)、岗位权、责、利的前提,也是准确核算农村银行整体绩效、部门绩效、团队绩效、个人绩效以及准确分析绩效与薪酬之间关联度的基础。因此,在优化、设计绩效考核与薪酬管理体系之前,有必要按照"精简、效能"和"科学合理,职责清晰,决策、经营、监督分离"的原则进行机构整合和相应的岗位配置。

遵循流程银行的理念,按照前、中、后台相分离的原则设置内部机构,将内设机构细分为包括公司条线、个人条线、资金条线、授信条线、风险条线、营运条线、综合保障条线、审计监督条线等八大条线,形成"前台接单、中台审单、后台下单",迅速响应市场需求、满足客户需要的流程运行机制;结合"一级法人"经营管理模式转型,按照"前台前移、中台上收、后台集中"的思路,围绕"架构合理、流程清晰、内控严密、管理科学、服务优质、运转高效、竞争有力"的目标,逐步将农村银行总部打造成为"决策管理中心、营销策划中心、风险控制中心、服务保障中心、后台运营中心和资源调配中心"。

与此同时,优化支行组织架构,强化营销功能和服务支撑功能,将支行(网点)打造成市场敏感性强、反应迅速、与客户互动、拓展型开放式的专业营销平台和面向客户需求的优质服务支撑平台。

3. 准确分类岗位,评估岗位价值

在优化组织架构,合理设置部门(支行)和岗位的基础上,调整部门(支行)职责,编制岗位(职位)说明书,明确职位目的、职责描述和任职资格。按照以岗定员原则,精官简政,优化人力资源配置。通过加强岗位分析和岗位评估,科学确定岗位职责、任职资格条件和考核指标,建立管理类、专业类、营销类、操作类等岗位分类体系。在此基础上,按照管理幅度、机构数量、经营情况和业务量等因素合理确定岗位数量和人员编制。

根据岗位所需的知识与技能、影响与责任、解决问题的难度、工作强度与环境等评估因素实施岗位评估,建立岗位价值评估模型,评估各岗位的价值,为各类岗位职级设定、每个职级的薪档划分,实行宽带薪酬、矩阵式管理提供依据。

做好以上准备工作,是薪酬总额核定、绩效考核与薪酬制度体系设计的前提。

7.1.3 薪酬激励导向的优化

目前,许多农村银行的薪酬激励导向主要是强调规模最大化,兼顾会计利润,这种激励导向的优势是易于操作、薪酬核算难度不大,但存在员工对规模成长中的成本增长、潜在风险的积累等因素主动重视不够,没有考虑资本金的机会成本,容易引发经营短期行为等缺陷。

在农村银行,不同发展阶段的绩效考核内容存在较大差异,但合理平衡规模、利润、风险、可持续发展之间的关系,实现农村银行整体价值最大化的薪酬激励导向是相同的。价值最大化导向的本质是:在风险可承受范围内实现风险、收益与发展的合理匹配。经济增加值是评价农村银行价值的关键指标。农村银行确立价值最大化薪酬激励导向的主要参考依据有:

(1) 银监会《商业银行稳健薪酬监管指引》第四条指出,商业银行应制定有利于本行战略目标实施和竞争力提升与人才培养、风险控制相适应的薪酬机制,并作为公司治理的主要组成部分之一。薪酬机制一般应坚持以下原则:薪酬机制与银行公司治理要求相统一;薪酬激励与银行竞争能力及银行持续能力建设相兼顾;薪酬水平与风险成本调整后的经营业绩相适应;短期激励与长期激励相协调。

(2) 财政部《金融企业财务规则》第三条指出,金融企业应当防范和化解财务风险,实现持续经营和价值最大化。

(3) 银监会办公厅《农村商业银行和农村合作银行推进流程银行建设的指导意见》中指出,农村银行应建立健全以价值为导向的业绩评价体系,健全以价值为核心、兼顾短期利益与长期利益、公正透明的绩效考核体系,逐步推行经济增加值、经济资本回报率等关键业绩指标,合理平衡风险和收益。

(4) 银监会《农村中小金融机构风险管理机制建设指引》第五章"考核问责"第三十七条指出,农村中小金融机构应当建立包含收益和风险在内的风险绩效评价体系,合理设置评价指标,逐步开展经济资本管理,提高风险管理绩效,提升经营管理水平。

(5) 银监会《中国银行业实施新监管标准的指导意见》(银监发〔2011〕44号)第五部分也指出,各银行业金融机构要结合自身经营特点,强化风险管理基础设施,提升风险管理能力,改进激励考核机制,建立"风险—收益"平衡的绩效考核和薪酬制度。

另外,国家国有资产监督管理委员会在《中央企业负责人经营业绩考核暂行办法》中也导入了经济增加值作为核心考核指标,有关做法值得借鉴。

7.2 岗位职责体系与岗位价值评估

资料7-1

中国银监会办公厅
《农村商业银行和农村合作银行推进
流程银行建设的指导意见》摘录

六、优化再造支持流程和架构
……

(二)建设科学的岗位职责体系。农村银行应合理评估岗位价值,设置与优化岗位体系,逐步建立管理、专业、营销和操作等序列职务通道,健全权责对等、操作规范的岗位职级体系,采用竞聘上岗、岗位轮换、工作团队等多种方式合理配置人力资源。要基于流程和岗位职责要求,结合内外规映射,建立数字化、规范化的岗位职责文件体系。

(三)健全以岗位价值为基础的薪酬体系。农村银行应基于岗位价值、内部公平性和外部竞争性,建立科学合理的薪酬体系。合理确定固定薪酬和浮动薪酬比例,正确处理短期激励与中长期激励的关系,确保整体薪酬水平与业务发展相适应,薪酬延期支付与风险暴露相一致。农村银行应提高"三农"和小微企业业务的绩效考核权重或者分值,实行适当向"三农"和小微企业部门倾斜的薪酬分配制度。

7.2.1 岗位职责描述[①]

岗位职责描述是通过简单的岗位职务元素分析,概括为不同岗位的个性化界

---

① 田松柏.岗位职务描述的原则和作用[J].中国培训,2010,(12):50-51.

定,即按照职业、工种属性要求,并结合一定的相对独立活动组织所承担活动内容的要求,描述出某个特定岗位所应具备的综合素质元素的图表。岗位职责描述既要求对具体的岗位因素进行分析描述,也要求对具体的上岗人的条件进行分析描述,两者有机结合,才是完整的岗位职务描述。通俗的说,岗位职责描述就是对工作性质、任务、责任、环境、绩效考核、岗位晋升、人才储备、问题的处理方法以及对岗位人员的资格条件的要求所做的书面要求。它是对企业期望员工要做什么、应做什么、怎么做、履行怎样的职责、取得理想的成绩后相对应的激励机制和职务晋升条件的汇总。

1. 岗位职责描述的基本原则

(1) 实用性原则。实用性和可操作性是岗位职责描述的最基本原则。因为岗位职责描述的重点是解决运行中或准备运行中的问题。在进行岗位职责描述时,必须突出一个"实"字。

(2) 专家行为原则。在进行岗位职务描述时,要具备相应的专家队伍支持,不能外行去为内行设计岗位职务。为此,要求从事岗位职务描述的人员必须要加强了解基层的管理制度、人员素质的结构情况、金融产品特性、工作岗位的操作流程,甚至对管理漏洞、安全隐患、企业文化、产品市场等方面都需要不断地学习与交流和观察总结。否则,就会闭门造车,更不能够出具一份切实可行、符合岗位需求、提高工作绩效的岗位职务描述文本,也就无法很好地从事岗位职务描述工作。

(3) 科学操作原则。对于在进行岗位职务描述时,必须要具有科学的工作态度、科学的工作方法、规范的操作制度、严谨的工作程序和监控手段,采用先进的设备和方式,才能完成某个岗位的职责描述。

(4) 动态管理。变化是任何事物的发展必然规律,岗位职务也是不断的发展和变化,或说由量变到质变。对社会、经济、技术、管理等因素的变化所导致的岗位职务的素质变化要跟上时代发展的脚步,思维要更新,要与时俱进,随时了解金融市场、金融产品、人的素质的变化,特别是所在农村银行的发展情况,才能保证岗位职责描述的质量与效果得到持续性进步。

2. 岗位职责描述的作用

通过岗位职责描述的理论及功能和运行的过程体现,从不同角度方面,不同的理解,有以下六方面的作用:

(1) 提高经济效益与工作效益。劳动定额与岗位人员定编,是核算劳动效果的有效方法,岗位的工作指标和岗位工作责任都需要明确。岗位职责描述清楚,有利于工作岗位的成本核算,控制成本投入,增加劳动效益和经济效益,又可以保护劳动者的合法权益。

(2) 使科技投入更加合理。随着科技的进步,技术对岗位的支持越来越明显,岗位职责描述对岗位技术的需求进行详细描述定位后,可对岗位工作有针对性地提供科技支持。

(3) 双向选择的依据。现行的劳动用工制度是双向选择,择优定位,岗位职责描述可以成为双方择优选择的参照依据,用人单位根据岗位职务描述提出从业者的素质条件、学历、技术水平、兴趣、价值取向。

(4) 统一组织内部用人的标准。每家农村银行都必须按其自身的运行需要设置岗位,招聘员工,但其岗位内在因素都会不断发生变化。岗位职责描述可对每个岗位的从业提出新的要求,农村银行在用人时可按照岗位职务描述进行人员调配或更替。

(5) 培训大纲的功能。培训是人力资源开发、提高劳动者素质的重要方法和手段。同时也可提升用人单位或组织的活力。岗位职务描述同时具备了培训大纲的功能,主要体现在培训的针对性、适用性和岗位的个性特色,把岗位和员工通过科学的岗位职责描述手段有机地结为一体,可以大大提高培训的有效性、贴切性、效益性。

(6) 绩效评估的尺度。对员工而言,上岗前的条件、标准,应该是工作过程中的行为原则和标准,同时也应该是岗位工作任务终结时要达到的标准。检查工作效果、员工表现、经济效益等成果的有效方法。

3. 岗位说明书

岗位说明书,是表明农村银行期望员工做些什么、员工应该做些什么、应该怎么做和在什么样的情况下履行职责的总汇,其作用主要包括:①为招聘、录用员工提供依据;②对员工进行目标管理;③为绩效考核提供基本依据;④为评估岗位价值、制定薪酬政策提供依据;⑤为员工教育与培训提供依据;⑥为员工晋升与开发提供依据。

岗位说明书是农村银行人力资源管理的一个基础性文件,必须作为一种档案长期保存起来,并在应用中动态地改进岗位说明书的内容,每隔适当时间进行一次修订,修订必须与所在农村银行的人力资源规划结合在一起,确保与农村银行的实际发展状况保持同步。

在被描述岗位的岗位说明书中明确了直接上级岗位、直接下级岗位、管理协调相关机构、具体工作职责、完成工作所需时间(估算)、工作质量标准、工作评价计分规则、准入条件及任职要求等。根据不同岗位绩效表现特征将农村银行的岗位区分为管理类、操作类、营销类和专业技术类,编制一整套标准化的岗位说明书,则构成了一套岗位职责体系。

【案例 7-1】 某农商银行岗位说明书举例[①]

董事会办公室岗位说明书
（部门编号：ZB01）
（2015年1月第1版）
岗位说明书

1. 基本信息

岗位名称	董事会秘书	岗位编号	ZB0101	岗位性质	一岗一人	所属部门	董事会办公室
工作地点	总行	岗位类别	■管理类	□操作类	□营销类	□专业技术类	
直接上级岗位名称	董事长、董事			直接下级岗位名称			
管理协调相关机构	监事会办公室、综合管理部等						

2. 岗位职责、质量标准与评价规则

职责编号	具体工作职责	完成工作所需时间（估算）			质量标准	单项满分（百分制）	扣分规则
		单次工作（小时）	发生频率（次/年）	全年合计（天）			
ZB010101	负责股东代表大会和董事会及下设的财务审批委员会、提名及薪酬委员会、风险管理委员会等三个专门委员会会议的筹备和组织工作，各专门委员会的议案和审议事项的督查工作。	7	10	9	及时召开会议；严格会议程序；充分准备相关议题；全面落实会议，形成决议；负责日常组织与管理。	10	完成得满分；未完成依次扣减分值，每次扣1分，该项扣完为止。
ZB010102	负责制定本行战略发展目标规划、经营计划、利润分配、亏损弥补、对外投资发展以及分支机构总体规划战略；落实董事会制定的发展战略规划、风险管理及重大关联交易决策。	7	45	40	准确分析业务经营数据；科学合理制定目标计划；全面贯彻落实董事会决议；有效防范经营风险及重大关联交易。	20	完成得满分；未完成依次扣减分值，每次扣2分，该项扣完为止。

---

① 本案例来自作者2013年在内蒙古自治区某农商银行研发的课题《某农商银行绩效考核与薪酬制度优化》，因受合约限制，个别内容做了适当的技术处理。

(续表)

职责编号	具体工作职责	完成工作所需时间（估算）			质量标准	单项满分（百分制）	扣分规则
		单次工作（小时）	发生频率（次/年）	全年合计（天）			
ZB010103	负责本行股权管理和股东关系管理工作，负责股东准入、资料管理、股权调整、股金分红、增资扩股等相关事宜，与股东保持联系，提高股东对本行的参与度。	7	60	52.5	规范股本金日常管理；审查股东资格准入；保持与股东业务联络。	20	完成得满分；未完成依次扣减分值，每次扣2分，该项扣完为止。
ZB010104	负责制定公司法人治理的基本制度和规章，促进董事会、股东代表大会规范运作。	7	20	17.5	判定全行法人治理制度；健全三会一层运行机制。	10	完成得满分；未完成每次扣减2分。
ZB010105	负责董事会会议和股东代表大会各类报告、相关文件和材料、法律文书以及决议的起草和管理工作；负责督促检查董事会决议、股东代表大会决议事项的落实情况；负责协助董事长办理董事会、股东代表大会闭会期间的日常事务及董事会印章的管理工作。	7	30	27	按要求及时起草文件；全面监督各项决议；落实负责董事会日常事务运行与管理。	20	完成得满分；未完成依次扣减分值，每次扣2分，该项扣完为止。
ZB010106	负责本行法定信息披露事务，保证信息披露及时、准确、合法、真实和完整。	7	6	6	及时、准确、合法、真实和完整地进行信息披露。	4	完成得满分；未完成每次扣减1分。
ZB010107	负责本行高管人员的绩效考核、薪酬激励工作。	7	30	27	科学制定本行高管绩效考核与薪酬激励。	6	完成得满分；未完成每次扣减2分。

(续表)

职责编号	具体工作职责	完成工作所需时间(估算)			质量标准	单项满分(百分制)	扣分规则
		单次工作(小时)	发生频率(次/年)	全年合计(天)			
ZB010108	承担股东代表大会、董事会赋予的其他职责，完成董事会或董事长交办的其他事项。	7	60	52.5	按时、保质保量地完成领导交办事项。	10	完成得满分；未完成每次扣减0.5分。
	合计			231.5	—	100	—

3. 准入条件及任职要求

(1) 学历	大学本科以上学历
(2) 岗位经历	基层及总行管理相关经历
(3) 专业资格	中级以上职称
(4) 工作态度	勤勉、认真、务实、创新
(5) 知识储备	精通公司治理相关知识和政策，了解相关部门业务知识和行业政策
(6) 语言文字能力	一定的语言组织能力
(7) 计算机操作能力	掌握基本操作技能
(8) 决策能力	客观、公正
(9) 业务处理能力	务实、开拓
(10) 组织与协调能力	较高的组织与协调能力
(11) 独立开展工作能力	独立或协调其他负责人处理复杂问题
(12) 创造性开展工作能力	发现工作中的重大问题并能妥善解决；适时创新经营管理的手段和方法
(13) 其他	本岗位要求的其他条件

本岗位说明书自<u>2015</u>年<u>1</u>月<u>1</u>日起开始实施。

拟定人(编制人)签字： 岗位审批人签字： 岗位任职人签字：

7.2.2 岗位价值评估

岗位价值评估是指在工作分析的基础上,采取一定的方法,对岗位在组织中的影响范围、职责大小、工作强度、工作难度、任职条件、岗位工作条件等特性进行评价,以确定岗位在组织中的相对价值(并非绝对价值),并据此建立岗位价值序列的过程,旨在为薪酬分配提供客观基础。

1. 岗位价值评估的原则

岗位价值评估是一项技术性非常强、涉及面广、工作量大的活动,岗位价值评估是现代人力资源管理薪酬体系设计的关键,为了保证岗位价值评估工作的顺利开展,提高评估的科学性和合理性,并获得内部绝大多数员工的认同,在实施岗位价值评估的过程中应遵循以下原则:

(1)对岗不对人的原则。岗位价值评估的对象是农村银行中所有的岗位,而不是从事某个岗位的具体某一个人。

(2)适宜性原则。即选择适合农村银行实际的评价模型、评估方法和评估技术、评估程序。

(3)评估方法、评估标准统一的原则。即必须采用统一的评估方法和评估标准,在规定范围内,作为评估工作中共同遵守的准则和依据,以确保岗位价值评估工作的规范化和评估结果的可比性,提高评估工作的科学性。

(4)过程参与原则。即适当地让员工参与到岗位价值评估工作中来,让员工对岗位价值评估的结果产生认同感,有利于增强岗位价值评估结果的合理性。

(5)结果公开原则。岗位价值评估结果应该向员工公开,透明化的岗位价值评估标准和评价程序、评价结果有利于员工对农村银行的价值取向达成理解和认同,明确自己的努力方向,并可降低薪酬管理中可能出现的随意性大等风险,同时提高员工对薪酬的满意度,减少员工对薪酬的抱怨。

2. 岗位价值评估的标准

岗位价值评估标准可以从胜任某个岗位必需的知识与技能、该岗位的影响与责任、解决问题难度、工作强度与环境等维度进行设计。例如,某农村银行岗位价值评估实行 1 000 分制模型,最高评估分为 980 分(因为没有十全十美的人)。评分均以某个岗位适任人员(并非目前在岗人员)实现合格业绩为评估基准。各等级采用等距计算,等级划分为五档,总分数以 10 计,分别以 1,3,5,7,10 分档,在最高 A 等级与次高 B 等级适当扩大级差。

【案例 7-2】
某农商银行岗位价值评估标准①

下表是某农商银行岗位价值评估标准概要,各评估要素子因素分级释义见后附表 1~4 所示。

岗位价值评估模型设计一览表

一级评估要素	一级分数分配	二级评估 子因素	占比	分数	子因素占总分比例	分级定位及计分 E 1	D 3	C 5	B 7	A 10
知识与技能(20%)	200 分	匹配学历	20%	40	4%	4	12	20	28	40
		专业技术任职资格	10%	20	2%	2	6	10	14	20
		专业能力经验阶段	20%	40	4%	4	12	20	28	40
		人际沟通技能	10%	20	2%	2	6	10	14	20
		管理诀窍	20%	40	4%	4	12	20	28	40
		企划文书能力	20%	40	4%	4	12	20	28	40
影响与责任(50%)	500 分	经营收入	20%	100	10%	10	30	50	70	100
		费用控制	10%	50	5%	5	15	25	35	50
		风险控制	20%	100	10%	10	30	50	70	100
		监管指导	10%	50	5%	5	15	25	35	50
		责任范围	10%	50	5%	5	15	25	35	50
		法律责任	10%	50	5%	5	15	25	35	50
		决策影响	20%	100	10%	10	30	50	70	100
解决问题难度(20%)	200 分	工作复杂性	50%	100	10%	10	30	50	70	100
		工作创新性	50%	100	10%	10	30	50	70	100
工作强度与环境(10%)	100 分	工作压力	30%	30	3%	3	9	15	21	30
		工作紧张度	20%	20	2%	2	6	10	14	20
		环境条件与人身安全	20%	20	2%	2	6	10	无	
		工作风险	30%	30	3%	3	9	15		

① 承案例 7-1,因受合约限制,个别内容做了适当的技术处理。

表1　知识与技能

要素一：知识与技能

子因素	因素释义	级别	等级依据	得分
匹配学历	指胜任该岗位需具备的基本学历水平	E	初中及以下	4
		D	高中及中专	12
		C	大专	20
		B	大学	28
		A	硕士及以上	40
专业技术任职资格及等级	指履行岗位职责所必需的岗位就业准入证、专业技术任职资格或技能等级。需从行业、劳动监察及银行业务出发认为必须通过就业资格准入，或某种专业技术任职资格或职业技能等级要求来界定其专业能力符合岗位要求。	E	无专业技术任职资格及职业准入资格限制	2
		D	初级专业技术任职资格（职业准入证、职业技能资格二级及以上）	6
		C	中级专业技术任职资格（职业技能资格证一级、高管资格证）	10
		B	高级专业技术任职资格（或二项中级专业任职资格要求）	14
		A	二项高级专业技术任职资格以上	20
专业能力经验阶段	任职人员所须掌握的职业领域专业理论、实际经验的深度和广度水平	E	基本不需要专业理论技术。相关工作经验要求一年以内。	4
		D	初导阶段：常识性的专业技术知识，很容易掌握，相关工作经验要求二年以内。	12
		C	成长阶段：专业技术有一定难度要求，但内容不复杂，要求不具有全面性。相关工作经验要求至少二年以上。	20
		B	稳定阶段：专业理论和技术均要求一定全面性，较难掌握。相关工作经验要求至少五年以上。	28
		A	精深阶段：专业理论和技术要求深度和广度非常高，需要长期的知识和经验积累才能掌握和运用。相关工作经验要求达八年以上。	40

(续表)

要素一：知识与技能

子因素	因素释义	级别	等级依据	得分
人际沟通技能	任职所需具备的人际关系处理技能。包括评估该岗位与企业内、外的其他人员进行交往时所需的协调与社交技巧的程度。着重评估履行工作职责与任务所需的沟通水准。	E	基本的口头与书面技能：需具备一般性礼节，即基本限度的人际交流。	2
		D	传达基本事实：以标准形式传达详细的日常信息。	6
		C	诠释信息：能答复详细的质询信息。信息复杂，需要谨慎斟酌，以维持良好合作关系。	10
		B	针对复杂问题提供建议和解释：经常性地提出行动计划方案，需进行相当的诠释。并向众多人员进行公开介绍和沟通。需要较高的思辩能力和一定技巧来实现沟通及一定程度的劝服。	14
		A	技能高超：需要促使冲突矛盾各方达成共识。运用精深的斡旋手段进行协调，解决争端。需要高度游说、沟通、协调、思辩与谈判技能。	20
管理诀窍	为履行工作职责所须具备的管理知识素质和能力的要求（包括计划、组织、指挥、控制、协调职能）	E	工作简单，基本不需要管理能力	4
		D	工作规范化，需要基本的管理知识和能力，承担五种基本职能中一种职能。	12
		C	需要较强的管理知识和能力来协调三方以上关系。承担五种基本职能中两种职能以上。	20
		B	工作多样化，但环境相对稳定，需要较强的管理能力和决断能力。需综合运用多种管理职能。	28
		A	非常规性工作，需在复杂多变的环境中履行职责，需要高度的综合管理和决断能力。	40
企划文书能力	为履行工作职责所必须进行文书策划、起草，具备系统性地准确表达概括能力。	E	无须起草文件	4
		D	一般工作记录、统计、信函、简报、通知	12
		C	日常部门计划管理、总结分析文件	20
		B	部门规章、专业工作程序文件、法律文书起草	28
		A	总行系统性、战略性、规划性文件	40

表 2　　　　　　　　　　影响与责任范围

要素二：影响与责任范围

子因素	因素释义	级别	作用	等级依据	得分
经营收入	履行岗位职责的正常结果对企业经营收入的影响程度。	E	主要	轻微影响	10
		D	主要	少量影响	30
		C	主要	局部影响	50
		B	主要	系统性高额影响	70
		A	主要	全局性巨额影响	100
费用控制	在履行职责过程中，因工作疏忽而可能造成的成本费用增加等额外损失责任	E	主要	轻微损失	5
		D	主要	造成少量损失	15
		C	主要	造成较大损失	25
		B	主要	造成重大损失	35
		A	主要	造成巨额损失	50
风险控制	在履行职责过程中，因工作疏忽而可能造成的投资、资产损失等责任。（次要作用计分标准按主要作用同级计分的60%计算）	E0	次要	风险轻微，可忽略	6
		E1	主要		10
		D0	次要	有小风险。不会给企业造成多大影响	18
		D1	主要		30
		C0	次要	有一定风险。一旦发生问题，给企业造成明显影响和损失	30
		C1	主要		50
		B0	次要	有较大风险。一旦发生问题，会给企业造成较严重的损害	42
		B1	主要		70
		A0	次要	有极大风险。一旦发生问题，对企业造成的影响可能无法挽回，可能导致企业经营危机	60
		A1	主要		100
指导监管	评估相关工作"层次"、行动自由度以及实施或接受监管的性质。应注意该职位中所需进行规划、组织、人员配置与指导的力度，以及下属的类型/级别及其工作性质。	E		处于紧密日常监管；受到主管人员或既定规程的明确的、详细的定期监管。工作结果常由他人审核	5
		D		监管他人：领导某个工作单元团队的工作。或独立工作：主持对实现部门重要目标而言至关重要的项目或计划，遵照一般指导原则制定相应方案。	15

(续表)

要素二:影响与责任范围					
子因素	因素释义	级别	作用	等级依据	得分
指导监管	评估相关工作"层次"、行动自由度以及实施或接受监管的性质。应注意该职位中所需进行规划、组织、人员配置与指导的力度,以及下属的类型/级别及其工作性质。	C		指导主要职能部门的工作:作为部门(一级部门)经理确定标准,以确保遵照既定政策。协调相关活动,其中包括预算管理工作。或极其独立工作:主持项目或方案对总体政策及公司总体目标的实现产生深远影响。	25
		B		协调两个或多个主要部门的运作:跨职能领域,整合各部门目标。为有效地实现这些目标,与其他职能领域相互影响。	35
		A		全面指导银行各部门:组织跨经营单元及职能部门的方案论证。设计并诠释政策。制定全行总体政策与发展方向。	50
责任范围	对工作结果承担多大的责任范围。以工作结果对企业的影响作为判断责任范围的依据	E		只对自己的工作结果负责	5
		D		需对自己及所直接监督的工作结果负责	15
		C		对整个工作组或一个部门的工作结果负责	25
		B		对全行几个部门的工作结果负责	35
		A		对全行的工作结果负责	50
法律责任	指在正常工作中需要拟定和签署具有法律效力的合同,并对合同的结果负有相应的责任。其责任的大小视签约、拟定合同的重要性及后果的严重性作为判断基准	E		不参与有关法律合同(技术协议)的制定和签约	5
		D		需要偶尔拟定具有法律效力的合同条文,并对结果负部分责任	15
		C		需要经常拟定具有法律效力的合同条文,并对结果负部分责任	25
		B		需要经常审核各种具有法律效力常规业务合同,并对结果负有主要责任。	35
		A		需要审核非常规重大投资或业务合同,并对结果负主要责任。	50

(续表)

要素二：影响与责任范围

子因素	因素释义	级别	作用	等级依据	得分
决策影响	指在正常的工作中需要参与决策，其责任的大小根据所参与决策的层次高低作为判断基准。（参与：指对决策方案的制定、批准有较大影响）		E	工作中常做一些小的决定，一般不影响他人	10
			D	工作中需要参与对本部门人员有影响的决策	30
			C	工作中需要参与对全行有战术性影响的决策	50
			B	工作中经常参与对全行整体有战略性影响的决策	70
			A	工作中需要作出对全行战略性决策	100

表3　　　　　　　　　　解决问题难度

要素三：解决问题难度

子因素	因素释义	级别	等级依据	得分
工作复杂性	岗位职责要解决问题的本身的专业性质、影响面、系统性等所决定的基本工作内容、工作过程和方法的复杂程度	E	工作内容或问题已经确定（很少有其他选择），基本属于个别、具体环节的操作，工作步骤和过程是例行的，即该岗位在工作中经常面临问题的解决，具备明确的操作步骤及方式。	10
		D	问题需要一定的方法判断。工作内容或问题比较确定，但涉及若干方面的操作，可以有对工作步骤、过程、方法的选择，基本上相对独立地工作，即问题需要依据常规的方法判断后解决。	30
		C	方案需要研究确定。工作内容或问题有一定的不确定性，涉及较复杂的专业业务问题，通常要从与其他问题的相关性中加以解决。拟订工作步骤和方法及实施过程可在他人指导下或参考有关资料和借鉴他人经验，独立地完成，即通过大量信息数据的搜集进一步分析、讨论后判断，例如：市场策划、技术开发。	50

(续表)

要素三:解决问题难度				
子因素	因素释义	级别	等级依据	得分
工作复杂性	岗位职责要解决问题的本身的专业性质、影响面、系统性等所决定的基本工作内容、工作过程和方法的复杂程度	B	专业性问题,但原因及解决方案需要深入系统研究。 工作内容或问题有不确定性,较多涉及复杂专业业务问题,需要将多个相互独立的问题联系起来与若干个部门协调加以解决。拟订工作步骤、方案和实施过程中要独立地参考多种资料和掌握有关因素的动态,并吸收运用多种管理技术和方法。 如:营销策划	70
		A	综合系统性工作内容和问题。 工作内容或问题解决目标有较大的不确定性,工作任务包括承担企业重要业务项目、管理课题、拟订发展战略、工作标准、解决行业专业系统性的疑难业务问题,要跨越多个部门之间、专业之间的统筹考虑相关管理目标,整体性上要掌握企业经营管理的现状和动态。系统的吸收、运用、创造性借鉴国内外先进管理技术方法。 例如:企业发展战略规划的制定,如银行整体风险控制体系制定等。	100
工作创新性	岗位职责履行必须融合各种信息而作出的有关判断和创新的程度。包括技术创新和管理创新。	E	按程序制度解决。 无需或较少需要判断,发生例外事件希务必请。例如,记账作业。	10
		D	按政策规定解决。 要根据有关环境的要求和限制进行简单判断,确定工作步骤和过程。例如,结算薪资、招聘考核、信贷项目合同签订等。	30
		C	需要寻求新的解决方法。 要通过深入调研和思考,在涉及复杂概念的工作分析中,作出有效的判断和必要的创新,即在现有政策规定之外寻找更合理的解决方法,例如,市场策划、对管理体制的改进。	50

(续表)

要素三:解决问题难度

子因素	因素释义	级别	等级依据	得分
工作创新性	岗位职责履行必须融合各种信息而作出的有关判断和创新的程度。包括技术创新和管理创新。	B	需要进行预测判断解决。要通过全盘分析和思考,在涉及大量复杂概念和相关因素的重新组合与协调工作中,作出正确的判断和较大的创新。例如,年度经营计划、人力资源规划等。	70
		A	需要进行风险性决策解决。需要通过较为艰巨的研究和探索,在解决重大实际问题中,作出有价值的判断和重大的创新。例如,投资决策、战略发展规划、全行薪酬方案制定等。	100

表4　　　　　　　工作强度与环境

要素四:工作强度与环境

子因素	因素释义	级别	等级依据	得分
工作压力	指工作本身给任职人员带来的压力。根据决策迅速性、工作常规性、任务多样性、工作是否被时常打断进行判断	E	工作内容单一,工作节奏均衡,极少作出决策,工作很少被打断或者干扰	3
		D	工作节奏均衡,工作速度没有特定要求,工作内容常规化,手头的工作有时被临时性工作打断,工作需作出一定决策	9
		C	工作忙闲不均,工作经常做出决策,任务多样化,手头的工作常被打断,不确定性任务多	15
		B	工作负荷高,经常打破正常作息时间,需经常地迅速做出决定,任务多样化,不确定性任务多	21
		A	工作负荷高,经常打破正常作息时间,需经常地迅速做出决定,任务多样化,不确定性任务多,目标多元且有冲突,需要高度的综合处理能力	30
工作紧张度	指工作的速度、时限、工作量、注意力转移程度和工作所需对细节的重视所引起的工作紧迫感	E	工作的速度、时限自己可灵活掌握,没有紧迫感	2
		D	大部分时间的工作速度、时限自己掌握,有时比较紧张,但时间持续不长	6

(续表)

要素四：工作强度与环境				
子因素	因素释义	级别	等级依据	得分
工作紧张度	指工作的速度、时限、工作量、注意力转移程度和工作所需对细节的重视所引起的工作紧迫感	C	工作的速度、时限经常受客观环境所迫的潜在压力，感到一定工作紧张	10
		B	工作的速度、时限明确受到一定指示和约束，明显感到工作紧张和疲劳	14
		A	常规工作要求明确的工作速度和工作目标保证，需要持续保持注意力的高度集中，工作感到高度紧张和疲劳	20
环境条件与人身安全	指岗位工作所处环境对人员生理健康及人身安全的影响	E	工作环境良好，没有可能对身体造成危害的因素，不需要特别的安全预防措施	2
		D	工作环境存在一定不舒适因素，或存在一定人身安全风险。要求有一定的安全预防措施或间断性工作。	6
		C	工作环境对人员身体存在一定危害性（如有毒、粉尘环境），或者工作存在较大的人身安全风险，需要特别的安全措施。	10
工作风险	履行正常职责过程中岗位的责任风险及面临的企业内部关系风险和法律责任风险。	E	无明显的工作风险，无直接冲突性工作内容及法律后果风险。	3
		D	有一定工作风险，工作中经常面临内、外部矛盾性工作。	9
		C	有明显的工作风险，工作矛盾冲突大，工作内容要求高系统性、全面协调性的工作岗位，正常职责面临法律责任风险。	15

3. 岗位价值系数

确定岗位价值系数旨在通过建立岗位价值序列，为薪酬分配提供一个相对可比的客观标准。农村银行应组成由总行高级管理人员、各部室负责人、管理骨干、支行网点负责人、客户经理代表、柜员代表等参加的岗位价值评估组，必要时可以聘请外部专业人士参加。确定岗位价值系数时一般应遵循以下步骤：

（1）填写岗位价值评分表。岗位价值评估组成员在对岗位价值进行评分前，必须首先阅读岗位所在的《部门职责与岗位说明书》，熟悉部门职责和该部门各个岗位的具体工作职责、完成工作所需时间（全年）、工作质量标准、扣分标准、准入条件及任职要求等信息；在给岗位价值评分表中各子因素打分时，必须在对岗位工作特征充分了解的基础上,根据岗位价值评价标准为各个评价子因素提供的标准进行评分;必须恪守独立、科学、客观、公平、公正的原则,评分人之间不得相互讨论,也不得相互参考。

【案例7-3】

某农商银行岗位价值评分表[①]

某农村银行岗位价值评分表

岗位所属部门_____

(注:请根据《岗位价值评价标准及评价释义手册》提供的依据为每个岗位的各个评价子因素确定一个等级:即 E、D、C、B、A 五个中的一个等级,等级确定后查找对应的得分,最后把得分填入下表对应的空格。)

评价级别得分\子因素\岗位	知识与技能 20%						影响与责任 50%							解决问题难度 20%		工作强度与环境 10%			
	匹配学历	专业任职资格	专业经验阶段	人际沟通技能	管理诀窍	企划文书能力	经营收入	费用控制	风险控制	监管指导	责任范围	法律责任	决策影响	工作复杂性	工作创新性	工作压力	工作紧张度	环境与安全	工作风险
子因素占总比	4%	2%	4%	2%	4%	4%	10%	5%	10%	5%	5%	5%	10%	10%	10%	3%	2%	2%	3%
1																			
2																			
3																			
4																			
……																			

评价时间:20____年____月____日　　　　评分人姓名:_____

评分人所在部门:_____　　　　　　　　评分人所在岗位:_____

(2) 设计岗位价值系数表。岗位价值系数是根据岗位价值评估标准,运用分段函数计算得出的。分段函数的设计必须综合考虑农村银行计划重点激励的岗位、激励幅度、激励偏好等因素。下面是某农村银行设计的三段式函数:

第一,为了满足基层岗位工资增长比较快的偏好,设置第一段的区间[1,20],两个关键的点设置为(1, 1),(20, 13)。第一段增长率函数采用抛物线形式,利用 matlab 求解:$y = ax^2 + b$,求解过程显示如下:

---

① 承案例7-2,因受合约限制,个别内容做了适当的技术处理。

```
>>[a, b]=solve('a+b=1', '400*a+b=13')
a=
    4/133

b=
    129/133
```

第二,该农村银行中间层的岗位占总体的百分比为60%,根据激励偏好,中间层的岗位工资增长相对第一段增长速度应有所下降。第二段的岗位区间[20, 80],该段设置的关键值为(20, 13),(80, 38)。该段运用的函数为海氏函数,基本形式为:$y = a\log_{10}x + b$,运用 Matlab 计算过程和结果显示如下:

```
>>[b, c]=solve('c*log(20)/log(10)+b=13', 'c*log(80)/log(10)+b=38')
b=
    (38*log(20)-13*log(80)/(log(20)-log(80))

c=
    -(25*log(10))/(log(20)-log(80))
```

第三,为满足高级别的岗位工资增长比较快的激励偏好,第三段函数的区间设置为[80, 100],设置关键值为[80, 38],[100, 50]。该段运用了增长率较第二段较快的函数,与第一段计算过程类似,采用抛物线形式:$y = 0.0033x^2 + 16.67$。

综合上述三段函数,绘制如图7-1所示的曲线。

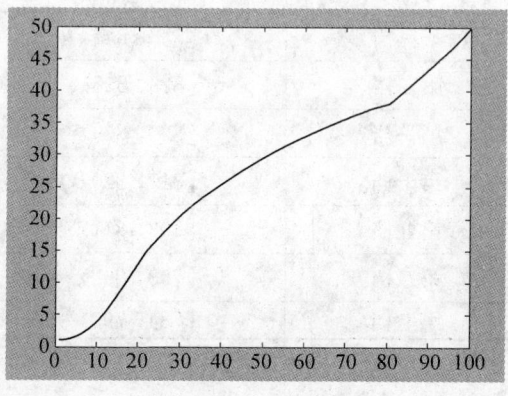

图7-1 岗位价值系数曲线

【案例 7-4】

某农商银行岗位价值系数表①

岗位级别	级别细分档	岗位平均分值区间	岗位价值系数
第十级	第十档	[991, 1 000)	49.67
	第九档	[982, 991)	49.01
	第八档	[973, 982)	48.36
	第七档	[964, 973)	47.72
	第六档	[955, 964)	47.08
	第五档	[946, 955)	46.45
	第四档	[937, 946)	45.83
	第三档	[928, 937)	45.21
	第二档	[919, 928)	44.60
	第一档	[910, 919)	44.00
第九级	第十档	[901, 910)	43.40
	第九档	[892, 901)	42.81
	第八档	[883, 892)	42.23
	第七档	[874, 883)	41.65
	第六档	[865, 874)	41.08
	第五档	[856, 865)	40.51
	第四档	[847, 856)	39.95
	第三档	[838, 847)	39.40
	第二档	[829, 838)	38.86
	第一档	[820, 829)	38.32
第八级	第十档	[811, 820)	37.79
	第九档	[802, 811)	37.77
	第八档	[793, 802)	37.54
	第七档	[784, 793)	37.31

① 承案例 7-3,因受合约限制,个别内容做了适当的技术处理。

(续表)

岗位级别	级别细分档	岗位平均分值区间	岗位价值系数
第八级	第六档	[775,784)	37.07
	第五档	[766,775)	36.84
	第四档	[757,766)	36.59
	第三档	[748,757)	36.35
	第二档	[739,748)	36.10
	第一档	[730,739)	35.85
第七级	第十档	[721,730)	35.59
	第九档	[712,721)	35.33
	第八档	[703,712)	35.07
	第七档	[694,703)	34.80
	第六档	[685,694)	34.53
	第五档	[676,685)	34.26
	第四档	[667,676)	33.98
	第三档	[658,667)	33.69
	第二档	[649,658)	33.40
	第一档	[640,649)	33.11
第六级	第十档	[631,640)	32.81
	第九档	[622,631)	32.51
	第八档	[613,622)	32.20
	第七档	[604,613)	31.89
	第六档	[595,604)	31.57
	第五档	[586,595)	31.24
	第四档	[577,586)	30.91
	第三档	[568,577)	30.57
	第二档	[559,568)	30.23
	第一档	[550,559)	29.88
第五级	第十档	[541,550)	29.52

(续表)

岗位级别	级别细分档	岗位平均分值区间	岗位价值系数
第五级	第九档	[532, 541)	29.16
	第八档	[523, 532)	28.79
	第七档	[514, 523)	28.41
	第六档	[505, 514)	28.02
	第五档	[496, 505)	27.62
	第四档	[487, 496)	27.22
	第三档	[478, 487)	26.80
	第二档	[469, 478)	26.38
	第一档	[460, 469)	25.95
第四级	第十档	[451, 460)	25.50
	第九档	[442, 451)	25.04
	第八档	[433, 442)	24.58
	第七档	[424, 433)	24.09
	第六档	[415, 424)	23.60
	第五档	[406, 415)	23.09
	第四档	[397, 406)	22.57
	第三档	[388, 397)	22.03
	第二档	[397, 388)	21.48
	第一档	[370, 379)	20.90
第三级	第十档	[361, 370)	20.31
	第九档	[352, 361)	19.70
	第八档	[343, 352)	19.07
	第七档	[334, 343)	18.41
	第六档	[325, 334)	17.73
	第五档	[316, 325)	17.02
	第四档	[307, 316)	16.29
	第三档	[298, 307)	15.52
	第二档	[289, 298)	14.72
	第一档	[280, 289)	13.88

(续表)

岗位级别	级别细分档	岗位平均分值区间	岗位价值系数
第二级	第十档	[271, 280)	13.00
	第九档	[262, 271)	11.83
	第八档	[253, 262)	10.71
	第七档	[244, 253)	9.66
	第六档	[235, 244)	8.67
	第五档	[226, 235)	7.74
	第四档	[217, 226)	6.86
	第三档	[208, 217)	6.05
	第二档	[199, 208)	5.30
	第一档	[190, 199)	4.61
第一级	第十档	[181, 190)	3.98
	第九档	[172, 181)	3.41
	第八档	[163, 172)	2.89
	第七档	[154, 163)	2.44
	第六档	[145, 154)	2.05
	第五档	[136, 145)	1.72
	第四档	[127, 136)	1.45
	第三档	[118, 127)	1.24
	第二档	[109, 118)	1.09
	第一档	[100, 109)	1.00

（3）形成岗位与岗位价值系数对应表。某岗位的价值系数是根据岗位价值评估组各成员评价分数的平均值所在岗位平均分值区间对应的岗位价值系数。例如，在案例7-4中，某岗位评价分数的平均值为900分，所在区间是[892, 901)，则其价值系数为42.81。这样，每个岗位对应一个价值系数，则形成了一个岗位与岗位价值系数对应表，为在农村银行逐步推行一个岗位使用一个岗位价值系数，最终

实现"一个岗位,一个考核办法"奠定了基础。

7.3 "风险—收益"平衡考核的薪酬制度设计

现代农村银行的战略目标是实现银行整体价值最大化,其核心是通过实现"风险—收益"的动态平衡促进银行持续健康发展,绩效考核与薪酬激励导向必须服从、服务于这个战略核心。

7.3.1 "风险—收益"平衡的薪酬核定机制

农村银行很有必要进一步完善薪酬管理,建立健全薪酬调控机制,建立薪酬总额与经济效益、经营管理、风险防范和价值成长相联系的"风险—收益"动态平衡的增减机制。

1. "风险—收益"平衡的薪酬核定依据

"风险—收益"平衡的薪酬核定依据是:经济利润(EVA)和风险管理绩效系数。

(1) 经济利润。经济利润=税后净营业利润-资本成本=税后净营业利润-调整后资本×资本成本率,其中:

税后净营业利润 = 净利润+(研究开发费用调整项-营业外收入+营业外支出)×(1-所得税率)

调整后资本 = 平均所有者权益-平均在建工程

资本成本率,可以参考贷款基准利率或同业拆借利率,在此基础上进行上下浮动,也可以运用FTP系统测算并考虑股东期望后确定。

(2) 风险管理绩效系数。风险管理绩效考核的依据是农村银行关键风险指标的容忍度执行情况,通过设计一套科学的计分卡,将风险容忍度的实际执行结果进行评分,然后换算为风险管理绩效系数。风险管理绩效考核标准参考如表7-1所示的模式。

表7-1　　　　　　　　　风险管理绩效考核模式

风险指标	容忍度区间	分值权重	扣分标准	考核得分
一、信用风险				
不良贷款比率				
集团客户授信集中度				
单一客户贷款集中度				

(续表)

风险指标	容忍度区间	分值权重	扣分标准	考核得分
利息回收率				
……				
二、流动性风险				
流动性比率				
日均存贷比				
……				
三、市场风险				
利率风险敏感度				
投资潜在损失率				
……				
四、……				
……				
合　　计		100	—	

在表 7-1 中，纳入考核的"风险指标"应涵盖信用风险、市场风险、操作风险、流动性风险、声誉风险等种类和总体风险、集中度风险等综合性风险管理指标；"容忍度区间"根据风险指标的属性（正向指标、负向指标、适度指标）有"[　　)"、"(　　]"和"[　　]"三种形式；"分值权重"、"扣分标准"根据各项指标的重要性和风险偏好确定；"考核得分"对照分值权重、扣分标准，根据各项风险指标的实际值确定。

$$风险管理绩效系数 = \sum 各项风险指标考核得分 \div 100$$

【案例 7-5】
某农商银行某会计年度风险管理绩效考核标准[①]

以下每项扣分均不超过该项的基本分数。
一、风险水平
（一）信用风险
（1）不良贷款比率（12 分）。不良贷款比率小于等于 3% 得基本分（12 分），

---

① 承案例 7-4，因受合约限制，个别内容做了适当的技术处理。

每增加 0.1 个百分点,扣减 0.6 分。

不良贷款比率＝[(次级类贷款＋可疑类贷款＋损失类贷款)/各项贷款]×100%

(2) 集团客户授信集中度(6 分)。集团客户授信集中度小于等于 15% 得基本分(6 分),每增加 0.5 个百分点,扣减 0.6 分。

集团客户授信集中度＝(最大集团客户授信总额/资本净额)×100%

(3) 单一客户贷款集中度(6 分)。单一客户贷款集中度小于等于 10% 得基本分(6 分),每增加 0.5 个百分点,扣减 0.6 分。

单一客户贷款集中度＝(最大一家客户贷款总额/资本净额)×100%

(4) 利息回收率(10 分)。利息回收率大于等于 99% 得基本分(10 分),每减少 0.6 个百分点,扣减 1 分。

利息回收率＝(本期实收利息总额/到期应收利息总额)×100%

(二) 流动性风险

(5) 流动性比率(6 分)。流动性比率大于等于 25% 得基本分(6 分),每减少 1 个百分点,扣减 1 分。

流动性比率＝(流动性资产/流动性负债)×100%

(6) 日均存贷比(6 分)。日均存贷比小于等于 75% 得基本分(6 分),每增加 1 个百分点,扣减 0.6 分。

日均存贷比＝(日均贷款余额/日均存款余额)×100%

(三) 市场风险

(7) 利率风险敏感度(4 分)。利率风险敏感度小于等于 20% 得基本分(4 分),每增加 0.5 个百分点,扣减 0.4 分。

利率风险敏感度＝(利率上升 200 个基点对银行净值影响/资本净额)×100%

(8) 投资潜在损失率(2 分)。投资潜在损失率小于等于 5% 得基本分(2 分),每增加 1 个百分点,扣减 0.5 分。

投资潜在损失率＝[(各项投资市场价值－各项投资账面余额)/资本净额]×100%

二、风险迁徙

(9) 正常贷款迁徙率(4 分)。小于等于 4% 得基本分(4 分),每增加 1 个百分点,扣减 0.4 分。

正常贷款迁徙率＝(期初正常类贷款中转为不良贷款的金额＋期初关注类贷款中转为不良贷款的金额)/(期初正常类贷款余额－期初正常类贷款期间减少金额＋期初关注类贷款余额－期初关注类贷款期间减少金额)×100%

三、风险抵补

(10) 资产利润率(6分)。资产利润率大于等于0.6%得基本分(6分),每减少0.1个百分点,扣减1分。

资产利润率=(净利润/平均资产总额)×100%

(11) 贷款拨备覆盖率或贷款拨备率(6分)。按两者孰高的方法确定选取其中一项指标。

贷款拨备覆盖率大于等于150%得基本分(6分),每减少5个百分点,扣减1分。贷款拨备率大于等于2.5%得基本分(6分),每减少0.1个百分点扣减1分。

贷款拨备覆盖率=(贷款损失准备/不良贷款)×100%

贷款拨备率=(贷款损失准备/贷款余额)×100%

(12) 资本充足率(6分)。资本充足率大于等于10.5%得基本分(6分),每减少1个百分点,扣减1分。

资本充足率=[资本净额/(风险加权资产+12.5倍的市场风险资本)]×100%

(13) 核心一级资本充足率(3分)。核心一级资本充足率大于等于6.5%得基本分(3分),每减少0.5个百分点,扣减1分。

核心一级资本充足率=[核心一级资本净额/(风险加权资产总额+12.5倍的市场风险资本)]×100%

(14) 杠杆率(4分)。杠杆率大于等于4%得基本分(4分),每减少0.2个百分点,扣减1分。

杠杆率=(一级资本/调整后表内外资产余额)×100%

四、案件

(15) 案件(22分)。未发生案件得基本分22分,如在考核年度发生可究责性风险事件,涉及金额重大或造成较大损失,或造成较大不良影响,根据案件认定的严重性程度扣减相应分数。

五、风险管理绩效薪酬调控系数

风险管理绩效系数 = $\sum$ 各项风险指标考核得分 ÷ 100

2. "风险—收益"平衡的薪酬核定原则

全面风险管理的目标导向是通过实现"业务发展与风险控制"的平衡、"风险、收益、发展"的平衡,促进农村银行可持续发展和价值最大目标的实现,薪酬核定应坚持这个导向,并遵循以下基本原则:

(1) 绩效挂钩原则。薪酬总额主要与本行的规模成长、营运质量、收入状况、价值增值、风险水平等要素挂钩,随着经营业绩、质量、效益等变化合理增减。

(2)依法合规原则。薪酬总额核定遵循国家对银行业金融机构薪酬管理的宏观调控政策,参考本地区同业的薪酬水平,有效地将薪酬总额的增减幅度控制在合理范围之内。

(3)利益均衡原则。薪酬总额核定必须兼顾股东、员工、客户等农村银行利益相关者的利益,促进农村银行利益相关者的利益均衡,实现农村银行整体价值最大化。

(4)结构最优原则。薪酬结构的确定和调整既要有利于稳定、留住优秀员工,又要给予员工最大的激励。

3. "风险—收益"平衡的薪酬总额核定与构成

薪酬实行年度总额控制,并根据薪酬总额不同组成项目的性质分项确定与支付。薪酬年度控制总额应与农村银行的年度价值增值挂钩。薪酬总额构成一般应区分为基本薪酬、绩效薪酬、专项激励薪酬和福利性收入。

(1)薪酬总额核定。假设年度薪酬总额控制在年度不含薪酬经济利润的 $Z\%$,计算公式如下:

年度不含薪酬经济利润 = 年度经济利润 + 年度内已发生薪酬总额 = (年度税后净营业利润 − 调整后资本 × 资本成本率) + 年度内已发生薪酬总额,其中:

$$\text{年度税后净营业利润} = \text{年度净利润} + \left(\text{研究开发费用调整项} - \text{营业外收入} + \text{营业外支出}\right) \times (1 - \text{所得税率})$$

$$\text{调整后资本} = \text{年度平均所有者权益} - \text{平均在建工程}$$

资本成本率,参照前文所述。

$$\text{年度内已发生薪酬总额} = \text{年度内已发生的基本薪酬总额} + \text{年度内已发生的绩效薪酬总额} + \text{专项激励薪酬总额年度内已发生的} + \text{年度内已发生的福利性收入总额}$$

$$\text{全年薪酬控制总额} = \text{不含薪酬经济利润} \times Z\%$$

(2)基本薪酬的确定与支付。基本薪酬是农村银行为保障员工基本生活而支付的基本报酬,主要根据员工在本行经营中的劳动投入、业务技能、服务年限、所承担的经营责任及风险等因素确定,包括岗位固定薪酬、职称附加薪酬、学历附加薪酬、工龄附加薪酬和奖励附加薪酬。

基本薪酬总额应根据农村银行的岗位设置、人员编制、岗位价值系数和在岗员工的职称附加系数、学历附加系数、工龄附加系数、奖励附加系数确定。

全行基本薪酬总额 = 基本薪酬基数 × (全行在岗员工岗位价值系数之和 + 职称附加系数之和 + 学历附加系数之和 + 工龄附加系数之和 + 奖励附加系数之和)。

根据每三年一个战略周期的惯例,基本薪酬基数每三年核定调整一次,核定公式如下:

$$\text{本三年的月基本薪酬基数} = \text{前三年第一年的月基本薪酬基数} \times \text{前三年全行经济利润平均增长比例}$$

其中:前三年全行经济利润平均增长比例=(前三年第三年经济利润/前三年第二年经济利润+前三年第二年经济利润/前三年第一年经济利润+前三年第一年经济利润/前三年第一年前一年经济利润)÷3

基本薪酬总额占薪酬控制总额的比例一般应控制在30%以内,基本薪酬实行月薪制,按月支付结清。

(3)福利性收入的确定与支付。福利性收入包括为员工缴纳的"五金"和其他福利项目收入。

"五金"包括:住房公积金、养老保险金、医疗保险金、失业保险金、年金。

其他福利项目收入包括:防暑降温费、交通补贴费、职工健康体检费、节假日实物补贴、书刊杂志费、独生子女费、妇女卫生费等。

福利性收入的确定与支付标准、支付时间,根据国家和农村银行所在地方政府的职工福利政策和本行的福利分配方案执行。

(4)绩效薪酬控制总额的确定与支付。绩效薪酬是农村银行支付给员工的业绩报酬,主要根据考核年度各项业绩考核结果确定。

绩效薪酬控制总额的计算公式如下:

$$\text{全行全年绩效薪酬控制总额} = (\text{全行全年薪酬控制总额} - \text{全行全年基本薪酬总额} - \text{全行全年福利性收入总额}) \times \text{风险管理绩效系数} \times Y\%$$

$Y\%$一般应控制在85%~90%。

绩效薪酬可以按月度预付,每季度监测一次,确保预付绩效薪酬金额在绩效薪酬控制总额范围内。

考核年度累计实际支付的绩效薪酬额与核定绩效薪酬控制总额之间的差异,原则上以每个岗位实际支付的绩效薪酬按差异率分摊到每个岗位。

(5)专项激励薪酬控制总额的确定与支付。专项激励薪酬是农村银行根据市场环境、内部经营条件等因素的重要变化,专门用于临时集中组织资产业务、负债业务、中间业务营销等经营活动和重要风险处置、化解,重点业务拓展、新金融产品开发、关键绩效目标实现等活动的激励薪酬。

专项激励薪酬的激励对象主要应集中在承担经营责任大、风险高的岗位和业务能力强的员工。

专项激励薪酬控制总额的计算公式如下:

$$\begin{aligned}\text{全行全年专项激励} \\ \text{薪酬控制总额}\end{aligned} = \left(\begin{aligned}\text{全行全年薪酬} \\ \text{控制总额}\end{aligned} - \begin{aligned}\text{全行全年基本} \\ \text{薪酬总额}\end{aligned} - \begin{aligned}\text{全行全年福利性} \\ \text{收入总额}\end{aligned}\right) \\ \times \begin{aligned}\text{风险管理} \\ \text{绩效系数}\end{aligned} \times (1-Y\%)$$

专项激励薪酬根据总行在会计年度内开展的专项激励活动确定的支付标准、支付时间区分专项活动兑现。

全年专项激励薪酬的实际支付总额不应突破全行全年专项激励薪酬控制总额的核定数。

7.3.2 "风险—收益"平衡的绩效薪酬制度体系建设

在"风险—收益"平衡框架下,农村银行应根据不同类型岗位价值创造特征、风险实际承担水平等因素分类制定绩效薪酬制度,形成一套完整的绩效薪酬制度体系,一般应包括:《农村银行薪酬管理办法》及其配套的《农村银行高级管理层绩效考核与薪酬管理办法》、《农村银行职能部门及员工(中后台)绩效考核与薪酬管理办法》、《农村银行支行及支行行长绩效考核与薪酬管理办法》、《农村银行客户经理绩效考核与薪酬管理办法》、《农村银行柜员绩效考核与薪酬管理办法》和《农村银行支行管理服务人员绩效考核与薪酬管理办法》等。绩效考核与薪酬管理办法体系,为农村银行的薪酬管理提供了基本的制度依据。

【案例 7-6】

某农商银行支行行长绩效考核与薪酬管理办法[①]

第一章 总则

第一条 适用范围

本办法适用于某农村银行(以下简称本行)的支行行长。

第二条 目的

充分激励支行行长全面提升支行经营管理水平的带头人作用,促进支行营销能力、服务水平、盈利能力和风险控制能力的持续提高。

第三条 原则

(一)经营、管理与运营相平衡原则。支行工作主要包括经营工作、管理工作和运营工作,这三方面的工作是支行行长考核与激励的主要方面。

(二)业务发展与风险控制相匹配原则。支行是全行营销与服务的前台,是

---

① 承案例 7-5,因受合约限制,个别内容做了适当的技术处理。

业务拓展、收入与利润实现的源头,同时又是风险管理的第一道防线,支行行长的考核与激励必须突出风险控制促进业务持续健康发展的主题。

(三)激励战略性业务原则。本行在维持传统竞争优势,积极满足中小微金融服务需求的前提下,积极优化业务结构,将资本消耗低、风险小、附加值高的业务确立为战略性业务,并通过绩效考核激励战略性业务的持续快速发展。

(四)团结和谐原则。支行行长的考核与激励必须充分激励相互之间的配合与支持,打造团结和谐团队,充分发挥支行行长承上启下的作用,对上向总行负责,对下向一线员工负责,为本行各项事业的又好又快发展营造团结和谐的氛围。

第二章 薪酬结构

第四条 支行行长薪酬总额由基本薪酬、绩效薪酬、专项激励薪酬、福利性收入构成,公式为:薪酬总额＝基本薪酬＋绩效薪酬＋专项激励薪酬＋福利性收入。

第五条 基本薪酬、福利性收入根据《某农村银行薪酬管理办法》计算。

其中:岗位价值系数采用浮动系数,根据《某农村银行支行等级评定管理办法》每年评定一次,见附件一。

第六条 专项激励薪酬根据本行因市场环境、内部经营条件等因素的重要变化,为确保经营目标的全面实现和重点工作的顺利完成,临时确定的薪酬奖励办法计算。

第三章 绩效考核主体与实施

第七条 绩效考核主体

考核第一主体:总行成立绩效考核领导小组(行长为组长、监事长、副行长为成员),负责最终审定绩效考核结果。

考核第二主体:总行相关部室,根据与支行的业务指导、管理相关性程度确定参加考核的部室。

第八条 考核实施

支行及支行行长绩效考核,由总行绩效考核领导小组领导,人力资源部牵头,其他相关部室配合实施。支行及支行行长绩效考核的数据和有关资料,由总行相关部室负责提供,人力资源部负责收集、整理、汇总和保存。

第四章 绩效考核评价内容及标准

第九条 绩效考核评价内容及标准

绩效考核评价采取直接计价薪酬方式，关键考核指标上不封顶、下不保底。评价指标包括存贷款规模指标、营运指标、收入指标、模拟内部经济利润指标、风险指标等。

总行人力资源部每季度对支行行长、副行长、行长助理根据岗位说明书的履职要求实施履职考核评价，核定履职系数。

评价指标及其薪酬计价标准根据本行市场环境、经营条件、战略目标、经营计划、工作重点、管理基础等因素的变化在考核年度适当调整。详见附件二。

第五章 考核周期与结果

第十条 考核周期

考核指标按会计年度下达，关键指标分解到季度下达；绩效考核周期为每年度考核一次，关键绩效指标按季度实施监测并进行预考核。

第十一条 考核结果

支行行长绩效考核结果每年初由支行向总行人力资源部提交上年度的绩效评价完成指标，并由评价指标归口的总行职能部门核定为准。

第六章 绩效薪酬的计算

第十二条 绩效薪酬的计算

支行行长的绩效薪酬采取直接计价方式，计算公式为：

$$绩效薪酬额 = \sum 各项绩效评价指标完成程度对应的薪酬计价额$$

支行副行长、行长助理的绩效薪酬根据支行行长的标准按照一定比例浮动，并引入履职系数。

绩效薪酬的计价标准和计算方式，详见附件二。

第七章 绩效薪酬的发放、风险保证金与反馈机制

第十三条 绩效薪酬每月15日前按照考核年度绩效薪酬预算额月平均数的80%预付(如对关键绩效指标实施监测和预考核时发现实际绩效明显不佳，将从发现次月起降低绩效薪酬的预付百分比)，年底根据实际考核结果结清，多退少补。

第十四条 风险保证金

支行正、副行长实行风险保证金与薪酬延期支付制度，风险保证金每年在绩效薪酬内按10%提取，风险保证金的返还根据《某农村银行薪酬管理办法》的规定执行。

第十五条 将月度和年度绩效考核结果及时进行反馈沟通,发扬成绩,改进不足,持续促进工作质量和管理水平的提高,为实现全行年度目标和战略目标提供保证。

第八章　附则

第十六条 本办法的修订、解释、实施

本办法由某农村银行负责修订和解释,本办法自201×年×月×日起执行。

附件一:各等级支行行长岗位价值系数(略)
附件二:201×年度支行行长绩效考核评价内容及薪酬计价标准(略)
附件三:201×年度支行绩效薪酬考核指标计算方法及核定依据说明(略)
附件四:201×年度各支行目标考核基准任务(略)

第 8 章

信息科技支撑体系建设

- 农村银行信息科技的现状与发展趋势
- 农村银行集成管理信息系统框架
- 农村银行 GRC 管控平台

一般而言，流程银行具有以下几个方面的特征：在指导思想上遵循以客户为中心的原则，在业务设计上以垂直运作和管理为主，并且前中后台分离，相互制约，以流程强化内部控制；考核方式以业务单元的纵向式为主；在流程设计上突出简单化、信息化、自动化、标准化、智能化的特点①。可见，流程银行的建设是基于信息化平台之上，通过流程优化达到降低风险、提升服务的最终目的，因此，搭建高效的信息化平台是农村银行建设流程银行的重点课题之一，对农村银行实现可持续发展将发挥重要的科技支撑作用。

8.1 农村银行信息科技的现状与发展趋势

美国著名管理信息专家诺兰（Nolan）创建的"诺兰模型"认为，某一领域的计算机应用发展必然经过初装阶段、普及阶段、控制阶段、整合阶段、数据管理阶段、成熟阶段六个阶段。从国内银行业信息化建设进程看，目前国内大中型商业银行进入第四阶段晚期或第五阶段初中期；而中小银行信息化整体水平大部分还处于第三阶段，即控制阶段，少部分处于第四阶段整合阶段的初中期②。农村银行绝大多数属于中小银行系列，与大型商业银行相比，科技研发、系统运维、资金投入等方面还相对落后。

> **资料 8-1**
>
> **中国银监会办公厅**
> **《农村商业银行和农村合作银行推进流程银行建设的指导意见》摘录**
>
> **七、建设强有力的信息科技支撑**
>
> 农村银行应根据发展战略和业务需求，建立健全信息科技治理架构，制定信息科技发展规划，加大信息科技投入，提高信息科技水平，利用信息技术手段，推动流程银行建设，促进业务创新和改善内部管理。
>
> （一）建设面向客户的核心业务系统。农村银行应逐步建立面向客户和营销的核心业务系统。核心业务系统应在有效整合客户信息基础上形成统一的客户视图，支持客户贡献度和风险状况分析及差别定价；支持产品参数化配置及业务创新；支持为管理信息系统建设提供充分数据；支持农村银行多层级经营需要。

---

① 陶艳艳. 以 IT 推动流程银行建设：评 SOA 系统在商业银行的应用[J]. 银行家, 2010, (1): 86-87.

② 张保军. 中小银行如何加快发展科技应用[J]. 中国金融电脑, 2010, (7): 78-81.

（二）建设全面风险管理信息系统。农村银行应根据全面风险管理体系建设要求，加快推进风险管理信息系统建设。风险管理信息系统应逐步覆盖信用风险、市场风险、操作风险和流动性风险等所有风险管理要求，能够实时监测风险指标和动态把握风险变化态势。

（三）建设有效的管理会计系统。农村银行应建立管理会计系统，开发内部资金转移定价体系，实现以账户为基础的收入和成本分摊，支持对条线、机构、产品、客户经理进行多维度盈利分析和考核，确保绩效考核的公平性、合理性和科学性。

（四）建设集中运营处理系统。农村银行应根据业务前后台分离和后台运营集中需要，逐步建设统一集中的运营处理平台，实现前台业务销售、服务与后台运营、核算适当分离，提高服务效率，降低操作风险。

（五）建设灾难备份系统。农村银行应逐步建立灾难备份系统和业务连续性系统，定期实施演练，保障在灾难发生时不间断运行。有独立管理信息系统的农村银行应建立或委托省联社建立异地灾难备份系统。

（六）建设个性化管理信息系统。农村银行可以委托省联社统一负责信息科技建设。省联社应在充分考虑农村银行个性化需求的基础上，科学规划信息科技建设，统一建设核心业务系统，合理界定与农村银行系统和数据的接口，为农村银行开发个性化的管理信息系统提供数据、技术支持。

（七）固化流程组织内控要求。农村银行应以信息技术为支撑，以完善流程为抓手，运用信息技术改造各个流程，优化组织架构，通过前中后台相互分离、相互制约，把岗位制约、责任制约、程序制约等控制机制与信息技术有机结合起来，全面落实内控要求和风险防控目标。

8.1.1 农村银行信息科技现状

农村银行历经近10年的改革发展，随着省级农村信用联社数据大集中工程的稳步实施，信息化建设取得了快速发展，一是机构设置、科技组织体系比较健全；二是业务经营基本实现了信息化；三是初步实现了管理手段信息化。但是基于各种因素，农村金融机构的信息化建设目前仍存在诸多问题。

1. 流程银行与业务集中运营等的金融创新需求

构建流程银行、建立总行业务集中运营是国际银行业流行的一种银行经营管理模式。目前，国内商业银行正在大力运营该种模式，农村银行也正在由"部门银行"向"流程银行"转变。与大型商业银行相比，农村银行网点少、业务量少、人员少，实行业务集中运营管理投入的成本相对低、难度相对小，特别是在分支机构刚刚开始扩张时，推行流程银行和业务集中运营更加容易实现，也最合时宜。要完成基于流程银行下的业务集中运营模式，必须有一个支持该模式的信息系统。这就需要对现行信息系统进行升级改造，面对不断增长的业务创新需求，必须提高软件产品研发速度，提高软件产品质量，农村银行在这一方面准备并不充分。

2. 信息系统整体运营效率不高

农村银行的信息系统一般通过外包方式购进不同软硬件外包商的应用系统和操作系统，不同厂家、不同机型、不同数据库、不同应用系统并存运行，业务功能分散，良莠不齐，相同业务功能没有整合；系统也缺乏统一规划，不同应用之间通过数据总线的信息交流没有形成一个标准化规范，可用数据信息分散在不同的应用系统之中，信息"孤岛"现象严重，业务及管理数据很多需要手工处理，基于数据仓库的 PCRM 和 CCRM 系统建设缓慢，业务数据缺乏有效的信息整合等，这都需要提高农村银行信息系统整体运营效率。

3. 灾难备份系统功能不完备

调查显示，一般公司如果在灾难发生后两周内无法恢复信息系统的使用，将有 75% 的公司业务完全停顿，并直接使 43% 的公司倒闭，而金融业在此期间所遭受的损失将为日营业额的 50%。农村银行虽然建立了灾难备份机制，但灾难备份中心建设不完备，灾难备份级别比较低，信息系统发生宕机等事故后不能很好地切换到灾难备份系统处理。因此，把灾难备份系统建设纳入到信息系统发展规划中，逐步建立完善同城和异地灾难备份中心，根据不同的系统安全级别，做好数据和应用系统灾难备份与恢复，也是农村银行信息系统建设过程中面临的重要问题。

4. 科技队伍建设滞后

银行科技人员技术水平和业务水平的高低，决定了本行科技发展的速度和信息系统研发和运营水平。从目前国内银行业看，农村银行科技队伍的人员配备、整体业务技术和管理水平都不尽如人意。原因主要在于农村银行信息系统外包，营业网点、业务产品种类、业务量及科技投入等相对较少，科技人员自主研发软件项目少，造成对信息系统整体架构及外包应用系统缺乏全面了解。很多技术人员来自于项目外包公司，不熟悉银行业务和银行科技管理特点，造成农村银行信息系统性能不高，没有形成良好的科技服务理念和管理体系，科技发展落后于业务发展速度。这需要加强科技队伍建设，培养和招聘一些银行科技管理经验丰富、高水平的科技人才，提高科技管理水平。

5. 员工科技培训滞后，缺乏复合型人才[①]

从调查情况看，农村银行缺乏复合型人才，员工计算机知识和综合业务系统操

---

① 张勇，李琼. 农村金融机构信息化现状调查与分析[J]. 中国金融电脑，2012，(2)：82-84.

作安全防范培训工作明显滞后,大部分情况是科技人员每年参加1~2次上级行(社)组织的专业培训,而针对一线操作人员或是全员的培训几乎没有。基层金融机构对于人才培养机制重视程度较低,复合型人才培养工作任重道远。

6. 管理理念落后,支付体系不完善

随着新农村建设的全面发展,农村经济日益繁荣,但是农村支付体系建设步伐依然滞后,边远乡镇的大小额支付系统开通率不高,造成结算渠道不畅、资金流动速度减缓,金融产品较为单一,农村金融信息化程度不高。

8.1.2 农村银行信息科技的发展趋势

银行业金融机构的发展过程是不断利用信息技术提升自身服务质量与竞争力的过程。随着信息化建设逐步深入和农村银行业务逐步向精细化方向发展,农村银行业务和信息技术的融合程度越来越高,信息化手段将更广泛和深入地渗透到各个业务环节中,在发挥传统支撑作用的同时,逐步成为农村银行创新驱动的重要组成部分。从未来发展趋势看,农村银行信息化建设将逐渐从后台走向前台,在农村银行经营管理中的作用和地位将显著提高。

1. IT技术和应用标准化

同其他商业银行一样,农村银行在数据大集中之后,IT系统面临应用整合和快速满足业务需求等问题,技术和应用的标准化是有效的解决之道。技术和应用的标准化是金融信息化的发展趋势,也是快速发展的农村银行的必然选择。技术和应用的标准化不仅能灵活的满足农村银行不同时点的应用需求,减少系统冗余,节省资源,同时还可以降低系统的复杂性和管理难度,简化操作,并能在市场突变时快速应对,提升农村银行IT应用的前瞻性和主动性。

2. IT战略规划重要性凸现

农村银行的转型及全新的发展战略的实施,要求IT统筹规划所有资源,落实支撑能力,建立核心竞争力。因此,全面的IT战略规划是支持农村银行战略发展和构建IT运营平台的基础和重要保障。全面的IT战略规划不仅能使农村银行的信息化事半功倍,最大限度地节省和优化资源配置,加强IT应用的规范性,更能将农村银行潜在的IT竞争力加速形成现实的业务竞争力,降低业务风险和IT系统自身的风险,促进IT和业务目标的同步。

3. IT风险管理受到更多重视

农村银行的安全性关系到整个农村经济的发展,与此紧密相关的IT系统安全是农村银行不可忽视的重要组成部分。信息技术与银行业务高度融合,已成为银行业打造核心竞争力的重要手段,银行的服务渠道正在发生着根本的变化,传统的以营业网点为主的服务模式逐渐被新型服务渠道模式所代替。银行业对信息技术的高度依赖,使得信息技术风险成为影响银行业稳健运行的关键因素。因此,对信息科技风险进行有效管控使信息科技更好地服务于银行业的发展,成为各个金融机构和监管部门面对的重要课题。

4. IT治理机制更加健全

农村银行的业务运营和管理会越来越多地依赖于信息技术。信息技术是一把双刃剑,在支撑业务和管理发展的同时,也带来了风险。当IT成为银行业务发展和管理不可或缺的组成部分,并在提供收益的同时带来风险,银行对IT应从管理走向治理。IT治理是公司治理的一部分,其本质就是要明确有关IT决策权的归属机制和有关IT责任的承担机制,以鼓励IT应用的期望行为的产生,以连接战略目标、业务目标和IT目标,从而使企业从IT中获得最大的价值。

5. IT建设的一体化[①]

当前,农村银行信息系统一般分为前中后台。未来农村银行IT建设的重点,从架构层面来看,是前、中、后台系统建设的一体化,即通过从技术、应用层面整合前、中、后台,形成相互支撑的农村银行IT体系架构。也就是,前台系统为后台系统提供准确、完整的市场、客户信息,后台系统进行分析处理,产生针对市场需求和监管、风险管理需要的信息,并反馈到前台系统,为客户提供个性化、定制化的服务,为监管和风险管理提供支持。

前、中、后台系统建设的一体化强调前、中、后台系统的协调、一致:前台为客户提供使用功能,不仅要满足客户服务的要求,包括便利性、安全性等,还要满足后台监管和管理分析的需要;后台的分析系统可提供客户分类、营销支持、绩效考核等方面的分析结果,并反馈到前台,前台系统快速响应,提供个性化、差异化、安全化的服务。新一代农村银行信息系统建设只有打通前、中、后台,才能更好地适应未来业务发展的需要,以及真正实现"以客户为中心"。

8.2 农村银行集成管理信息系统框架

集成从一般意义上可以理解为两个或两个以上的要素(单元、子系统)集合成为一个有机整体,这种集成不是要素之间的简单叠加,而是要素之间的有机结合,即按照某一(些)集成规则进行的有机组合和构造,其目的在于提高有机整体(系统)的整体功能。因此,集成可以理解为构造系统的一种理念,同时集成也是解决系统复杂问题,提高系统整体功能的方法。

---

① 邓波.重塑银行信息系统[J].中国金融电脑,2011,(11):27-31.

8.2.1 信息资源集成管理的特征

信息资源集成管理是借助计算机技术和网络技术将信息资源管理中各种有关的信息资源、信息技术和用户集成起来,进而提高信息的竞争能力和适应能力。基本点是:①系统观,即信息处理各个环节是不可分割的,需要统一安排与组织;②信息观,即信息库形成过程实质上是信息的采集、传递和加工处理过程;③知识观,即信息利用过程是知识生产、传播和应用。信息集成管理的核心是信息和知识。

信息资源集成管理的任务是通过网络的控制,收集内外部网上信息,规范网上的信息格式,管理网上信息流动,分析复杂的信息,理顺信息关系,提供和传递信息。信息集成管理的特征如下[①]:

(1) 耦合性。耦合是信息资源集成管理的基本特征。在集成管理之中原先各个独立的管理单元融合成一个有机的整体,不可分割,如将金融市场分析、金融产品开发、金融产品销售和服务等融合成一个不可分割的有机整体,不再是各个独立的管理单元,以实现全局的集成优化。

(2) 倍增性。信息资源集成管理将各个独立的单元融合在一起,不仅充分发挥了各个管理单元的功能,而且使整体功能远远大于各个独立单元功能之和。

(3) 低耗性。信息资源集成管理无一例外地具有资源节约的效果,实现了以较少的投入达到较大的产出的目的。

(4) 应变性。信息资源集成管理具有较强的适应能力和应变能力,能根据信息市场的变化,及时调整信息产品生产。如个性化、定制性信息产品本身强调的就是信息产品生产的柔性,实现多品种、小批量生产,达到提高应变能力的目的。

8.2.2 农村银行集成管理信息系统界面设计要求

从广义上说,农村银行集成管理信息系统(以下简称 IMIS)的用户包括农村银行的全体员工。由于每个人与计算机之间的信息交流能力存在较大的差异性,因此面向全体员工的 IMIS 人机界面设计将面临来自各个层面用户的挑战。一般来说,界面设计要遵循"用户操纵控制,减少用户的记忆负担,保持界面一致"这三条"黄金规则"。

界面设计是人与计算机之间传递和交换信息的媒介,包括硬件界面和软件界面,是计算机科学与心理学、设计艺术学、认知科学和人机工程学的交叉研究领域。集成管理信息系统在辅助银行员工履行各自的管理职责时,是通过界面来完成信息交换的,因此,界面的易用性和美观性就非常重要。一个优秀的 IMIS 界面是一

---

① 王梅,王桃珍,鄢路青.信息资源集成管理模式的探讨[J].情报杂志,2001,(11):2-4.

个直观的、对用户透明的、有吸引力的界面,使用户在首次接触了这个IMIS后,就觉得一目了然,无须严格培训就可以掌握使用方法,并产生使用IMIS的兴趣。农村银行要求IMIS面向全体员工,在授予的权限范围内通过界面与IMIS友好交流,以满足履行各自管理职责的需求为导向,其界面保持"简单、自然、友好、方便、一致"。为此,对IMIS界面设计提出了以下基本要求:

(1)用户导向原则。IMIS界面要站在银行全员的管理观点和立场来设计。要做到这一点,必须要与银行各个层面参与管理的人员充分沟通,了解他们的需求、目标、期望和偏好等。设计者必须清楚,不同层面用户之间需求差别很大,他们的能力各有不同。IMIS主界面、人力资源管理系统、全面风险管理系统、流程体系管理系统等子系统界面因实现的功能、面向的用户不同,界面要求存在较大差异。

(2)简洁和易于操作原则。这是IMIS界面最重要的原则。IMIS的操作设计要尽量简单,并且有明确的操作提示,尽量使用文本链接,让用户便于使用、便于了解,能减少用户发生错误选择的可能性;IMIS的所有内容和服务都应在显眼处向用户予以说明。没有必要在网页上设置过多的操作,堆集上很多复杂和花哨的图片。

(3)布局控制要求。关于网页界面排版布局方面,要避免因大量信息堆集在页面上出现布局凌乱,干扰浏览者阅读,要坚持"用户操纵控制"原则。

一是,遵循心理学原理。根据心理学家George A. Miller的研究表明,人一次性接受的信息量在7个比特左右为宜。总结一个被称为Miller公式:一个人一次所接受的信息量为7 ± 2比特。这一原理被广泛应用于软件建设中,一般网页上面的栏目选择最佳在5~9个之间,如果软件所提供给浏览者选择的内容链接超过这个区间,人在心理上就会烦躁、压抑,会让人感觉到信息太密集,看不过来、很累。尤其是商业银行管理这类专业性比较强,又很枯燥的工作,此类问题会更加突出。

二是,分组处理。根据Miller公式,对于界面信息的分类,一般不能超过9个栏目。但IMIS的内容比较多,超出了9个,这样就需要进行分组处理。

三是,用户操纵控制。即以不强迫用户进入不必要的或不希望的动作的方式来定义交互模式(即界面的当前状态)。由于不同的用户有不同的交互偏好,IMIS界面应提供灵活、可供选择的交互机会,并允许用户交互被中断和撤销。例如,当陷入到一系列动作之中时,用户可以能够中断动作序列去做某些其他事情,而不会失去已经做过的工作。

(4)视觉平衡要求。IMIS网页界面设计时,要充分考虑各种元素(如图形、文字、空白)发挥的视觉作用。根据视觉原理,图形与一块文字相比较,图形的视觉作用要大一些。因此,为了达到视觉平衡,在设计网页界面时需要以更多的文字来平衡一幅图片。

一是，尊重中国人的阅读习惯。按照中国人的阅读习惯是从左到右，从上到下，因此视觉平衡也要遵循这个道理。IMIS 网页界面的文字采用左对齐，并需要在网页的右面加一些图片或一些较明亮、较醒目的颜色。

二是，页眉与页脚的视觉平衡。一般情况下，IMIS 每张网页都会设置一个页眉部分和一个页脚部分，页眉部分常放置一些导航条，而页脚部分通常放置联系方式和版权信息等，页眉和页脚在设计上也要注重视觉平衡。

三是，发挥网页界面空白的视觉平衡作用。当 IMIS 的某些网页上所显示的信息非常密集，不利于用户阅读，甚至会引起用户反感，破坏 IMIS 形象时，在网页界面设计上就要适当增加一些空白，精炼网页界面，使得界面变得简洁，此时也就决不能低估空白的价值。

(5) 色彩的搭配和文字的可阅读性。颜色是影响网页界面的重要因素，不同的颜色对人的感觉有不同的影响。例如，红色和橙色使人兴奋并使得心跳加速；黄色使人联想到阳光，是一种快活的颜色；黑颜色显得比较庄重。因此，IMIS 界面的色彩搭配要从系统输入、输出信息希望对用户产生什么样的影响，选择合适的颜色（包括背景色、元素颜色、文字颜色、链节颜色等）。

为方便阅读 IMIS 上的信息，可以参考报纸的编排方式将网页的内容分栏设计。另一种能够提高文字可读性的因素是所选择的字体，通用的字体最易阅读，特殊字体用于标题效果较好，但是不适合正文。如果在整个页面使用一些特殊字体（如华文彩云、华文行楷），这样读者阅读起来感觉一定很糟糕，用户的眼睛很快就会疲劳。

(6) 和谐与一致性，减少用户的记忆负担。通过对 IMIS 界面的各种元素（颜色、字体、图形、空白等）使用一定的规格，使得设计良好的网页界面看起来应该是和谐的。或者说，IMIS 的众多单独网页界面应该看起来像一个整体。

IMIS 界面在设计上要保持一致性。一致的结构设计，可以让用户对软件的形象有深刻的记忆；一致的导航设计，可以让用户迅速而又有效的进入在软件中自己所需要的部分；一致的操作设计，可以让用户快速学会在整个软件的各种功能操作。可见，界面设计的一致性是很重要的一点，当然这并不意味着刻板和一成不变。

用户必须记住的东西越多，与系统交互时出错的可能性也就越大。因此，IMIS 界面设计应尽可能减少用户记忆负担。例如，当用户陷于复杂的任务时，短期记忆的要求将会很大，这就要求 IMIS 界面通过提供可视提示，使得用户能够识别过去的动作，而不是必须去记住它们。

另外，IMIS 界面设计在安全性、灵活性、个性化和人性化等方面也有特殊要求。用户能够自由进行选择，且所有选择都是可逆的，在用户进行危险的选择时有信息介入系统的提示。IMIS 界面应注重互动多重性，不局限于单一的工具（包括鼠标、键盘或手柄等），体现银行的管理文化，用户可依据自己的习惯定制界面，并能保存设置。

8.2.3 农村银行集成管理信息系统主界面的内容

根据农村银行管理的对象和内部管理模式，参照农村银行价值驱动平衡计分卡（BSC），IMIS 包括战略管理序列、人力资源管理序列、流程与内部控制序列、客户管理序列、业务管理序列、财务管理序列等，主界面包括：IMIS 首页界面（第一层界面）、与以上管理序列各个管理子系统对应的主界面（第二层界面）。

1. IMIS 首页界面（第一层界面）区域划分规则

农村银行 IMIS 的整体设计坚持管理的功能需求导向，根据不同的管理序列划分区域。IMIS 首页界面（第一层界面）的设计应服从、服务于农村银行 IMIS 的功能模块分类，因此首页界面设计应遵循"相近、相似、封闭、简单"的格式塔心理学理论完形法则，展示农村银行管理的公共基本信息（面向全体员工）。

（1）相近，即距离相近的各部分趋于组成整体。

（2）相似，即在某一方面相似的各部分趋于组成整体。

（3）封闭，即彼此相属、构成封闭实体的各部分趋于组成整体。

（4）简单，即具有对称、规则、平滑的简单图形特征的各部分趋于组成整体。

2. IMIS 主界面的主要功能

设计主界面，确定 IMIS 基本风格，是概要设计中的工作之一。首页主界面的主要实现功能为导航，它要达到的目的，是尽可能使用户仅通过首页面板就可以完成所有常规任务。该主界面包含以下部分：

一是，用户信息区域。显示当前用户信息。

二是，用户导航区域。包括：①用户页面导航，收藏功能可以将当前功能页面收藏到快捷功能面板；②用户导航功能树，功能树隐藏，可水平扩展页面空间；③桌面面板用户帮助导航，用户登录时可根据用户类型，自动加载相关使用帮助或导航。

三是，主要任务通知区域。通知用户系统业务流程中的待办事宜；通知用户办公系统相关信息等。

四是，用户快捷面板。为了能方便快捷的访问系统功能，避免每次访问树形菜单较深级次的繁琐操作，用户可将通过导航栏中的收藏按钮，将当前页面收藏到该面板中；该面板出现在所有业务页面，用户可以随时访问自己定义的功能页面。该导航在首页以面板形式出现，在其他页面以下拉菜单形式出现。

五是，用户自定义功能区域。用户可将相关查询搜索等功能定义到首页面板，例如最新完成报告察看、报告搜索、检验流程察看等。

第8章 信息科技支撑体系建设

3．IMIS首页界面（第一层界面）功能分布图

基于以上认识，农村银行IMIS首页界面（第一层界面）按照图8-1所示提供的架构设计[①]，当然在IMIS开发过程中会持续完善。

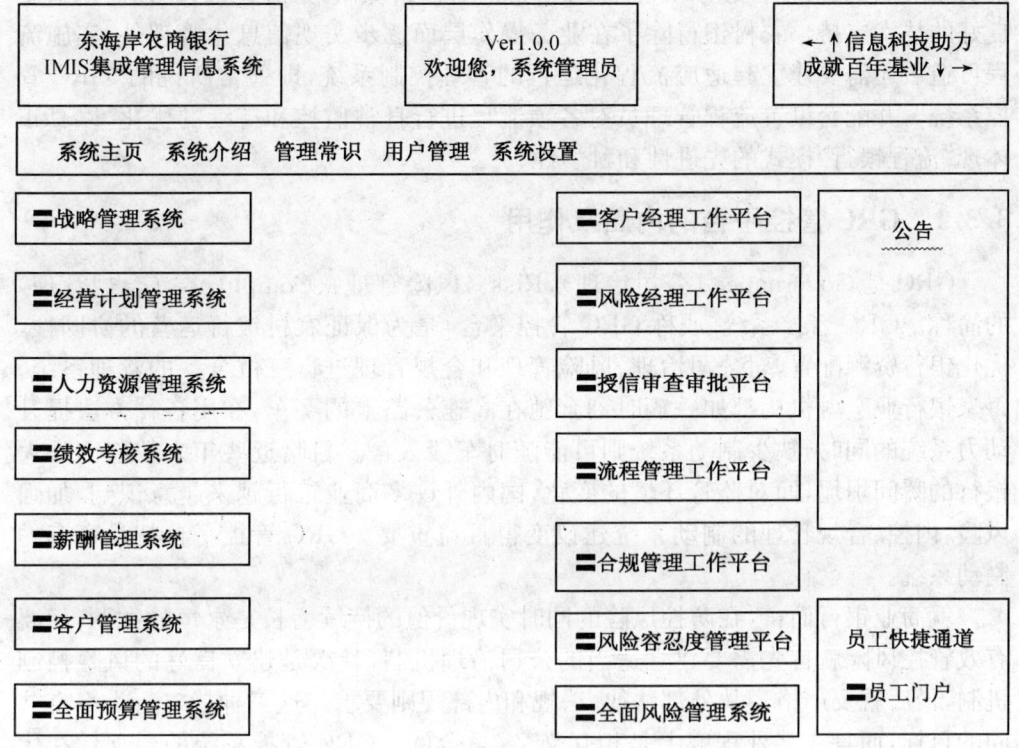

图8-1 农村银行集成管理信息系统主界面

8.3 农村银行GRC管控平台

"流程银行"运作强调在农村银行总部层面区分业务条线的垂直经营与管理，并对所辖各经营单位的核算、结算、监督、客户关系管理等大量中后台业务进行集中处理，浩繁的业务处理需要通过依托强大IT信息技术平台支持的信息流传递来

---

① 该系统的需求是作者在浙江、湖南、安徽、江西、河北、河南、陕西、内蒙古、新疆、青海等省（自治区）农村银行调研的基础上提出的，目前IMIS的主要子系统已经在浙江、湖南、安徽、江西、青海等地的农村银行投入使用。

完成，而贷后监控、客户关系管理以及绩效考核等需要功能强大的数据仓库支持。因此，没有功能完善而强大的 IT 信息系统的支持就不可能有"流程银行"的运行模式。目前，大部分农村银行通过各方努力逐步实现了数据集中并对核心业务系统、信贷管理系统、财务管理系统等不断进行优化升级，从而为"流程银行"建设创造了良好的技术支持。农村银行除了在业务操作层面逐步实现信息化管理外，实施流程再造后还需要建立起适应流程化运行的管理控制系统，即通常所说的"GRC 管控系统"，并配套设置流程管理员对各项流程进行日常监控和持续的优化，以真正体现"流程银行"模式的先进性和科学性。

8.3.1 GRC 管控平台的内涵及作用

GRC 是 Governance（公司治理）、Risk（风险管理）、Compliance（合规管理）的简称。GRC 管控系统（或称 GRC 管控平台）是为保证农村银行运营的协同性，优化银行资源配置，对公司治理、风险管理和合规管理进行三位合一的管理系统。每家银行业金融机构都如一辆时刻奔驰在高速公路上的赛车，在用各种方法提升动力系统的同时，缺少制动系统则可能随时车毁人亡。目睹近些年来数起国外大银行的瞬间坍塌，面对监管环境的变化，国内外许多商业银行越来越意识到，加强风险、内控、合规管理的制动系统建设变得日益重要。GRC 管控平台就是赛车的制动系统。

就商业银行而言，在防控风险的同时实现价值的持续增长是永恒的主题，而要有效管控风险就首先需要建立适当的公司治理机制，其次是建立良好的风险控制机制，最后就要严格遵从外部法律、法规和内部规则要求。这三种战略行为都有共同的目标，而且在某种程度上是相互交叉、重合的。GRC 管控系统的建立旨在优化公司治理、风险管理和合规管理，并建立起三位合一的管理体系，帮助银行克服诸如经营剧烈波动、管理分散等管理难题，最终解决董事会和高级管理层所面临的综合性管理的挑战，并朝着整合管理的方向迈进。事实证明，GRC 管控系统保证了商业银行运营的协同性，优化了商业银行资源，加快了附加价值的创造和成本削减的步伐，并驱动了商业银行竞争力和管理效率的有效提升。

8.3.2 IMIS 主要的 GRC 管控平台功能

在农村银行集成管理信息系统（IMIS）中 GRC 管控平台功能除部分体现在战略管理系统外，主要体现在流程管理工作平台和合规管理工作平台。

1. 流程管理工作平台功能简介

流程管理工作平台是辅助流程主管部门流程设计、修改、完善，定期检查流程、评估流程风险点等级和流程安全情况，方便流程执行者查询、遵循流程规定的操作

第8章 信息科技支撑体系建设

要求,提高工作质量与工作效率,实现内外部合规管理目标,为操作风险管理、合规管理提供基础信息的自维护,自扩展应用平台。合法用户点击图 8-1 中的"≡流程管理工作平台"按钮,则弹出图 8-2 所示的界面。

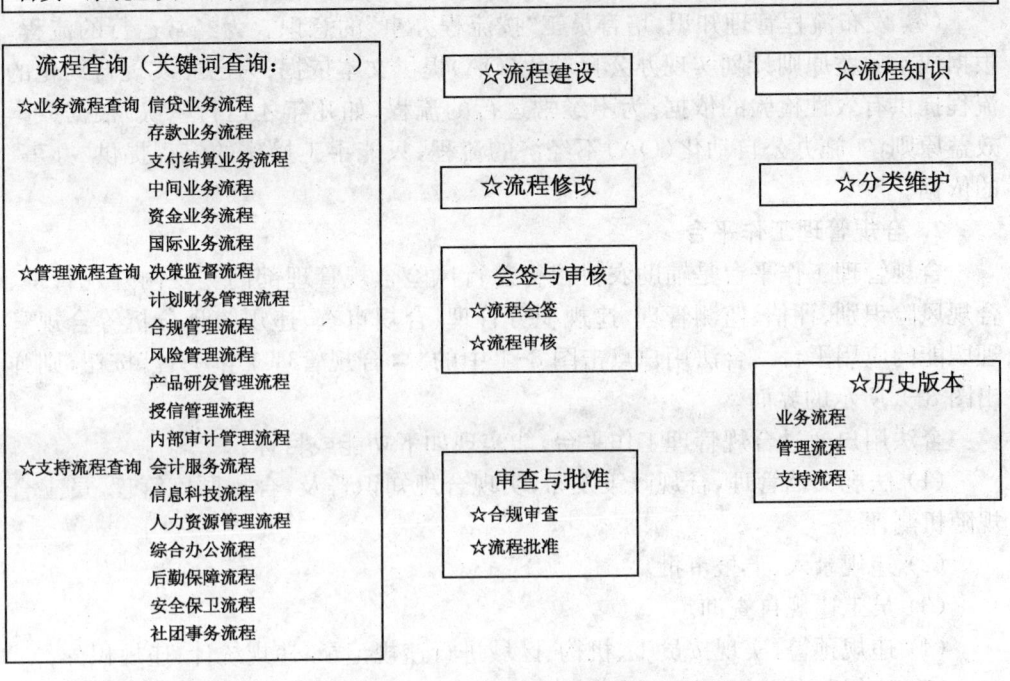

图 8-2 流程管理工作平台(第二层界面)功能分布图

合法用户通过流程管理工作平台,应实现如下功能或目标:

(1)出现新业务、新管理活动、新支持活动时,流程主管部门根据本行流程管理体系文件的要求设计、录入新业务流程或新管理流程或新支持流程。

(2)流程日常检查发现不合理、低效率、副作用环节时,方便流程主管部门修改、完善,自动更新流程,系统自保留原版流程(隐藏),并留下修改、完善记录,实时更新流程手册,在用户面前始终展示最新版本的流程手册。

(3)针对流程上每个风险点分别设置业务(或活动)发生的频次分数值、风险发生的可能性分数值、可能导致的后果分数值"点击式选项"打分卡,自动计算每个风险点的 D 值和风险等级,更新流程上每个风险点的风险等级,自动生成流程风险评估结论,综合评价流程安全情况。

(4) 为总行各部室在履行合规检查时提供每个操作环节违规扣分的统一标准(根据流程重要性、风险点等级等因素,定义扣分值)、记录每个操作环节违规的部室或支行、违规人(含工号)、违规动机(有意或无意)、违规日期等信息,统计流程上每个风险点的年度操作频次、年度违规次数、年度损伤记录,为风险评估积累数据。

(5) 及时向流程主管部门反馈流程监督、审计中发现的问题,并督促改进,方便流程主管部门根据发现的问题修改、完善流程手册。

(6) 发布流程管理知识,培育员工"按流程办事"的意识。为经常运行的流程,根据成本效益原则计划实现办公自动化(OA)提供文本依据;为已经实现自动化的流程提供有效性检验的依据;为不经常运行的流程(如几年才运行一次)根据成本效益原则,实施办公自动化(OA)不经济的流程,只能手工操作的流程提供"办事"的依据。

2. 合规管理工作平台

合规管理工作平台是辅助农村银行总行风险合规管理部门实现内外规管理、合规风险识别、评估、监测管理,违规积分管理、合规审查、违规统计分析等合规管理职能的应用平台。合法用户点击图 8-1 中的"≡合规管理工作平台"按钮,则弹出图 8-3 所示的界面。

合法用户通过合规管理工作平台,能实现如下功能或目标:

(1) 法规文档管理,合规政策发布,实现合规知识普及,合规题库管理,员工合规随机测评。

(2) 违规录入、上报审批。

(3) 员工违规自查询。

(4) 违规预警,实现按员工、机构、区域进行违规记录、违规统计、违规积分。

(5) 违规分布分析、违规监测。

(6) 合规报告素材生成等。

8.3.3 流程主管制度

农村银行完成流程再造的基本工作和搭建相应的管控平台以后,须要考虑进一步引进和建立"流程经理/主管"制。

流程主管是指组织本业务条线或部门对相关流程进行优化、再造并对流程有效运行进行监督、管理的人员。流程主管是流程的设计者、统筹者、指导者、促进者和协调者,他与流程化管理的牵头部门(如合规与风险管理部)共同对流程设计、推行和过程记录的有效性负责,并在流程运行过程中及时更新和优化相关流程,通过合规性测试监督流程的执行状况。对于规模较大的农村银行,可在各业务条线的

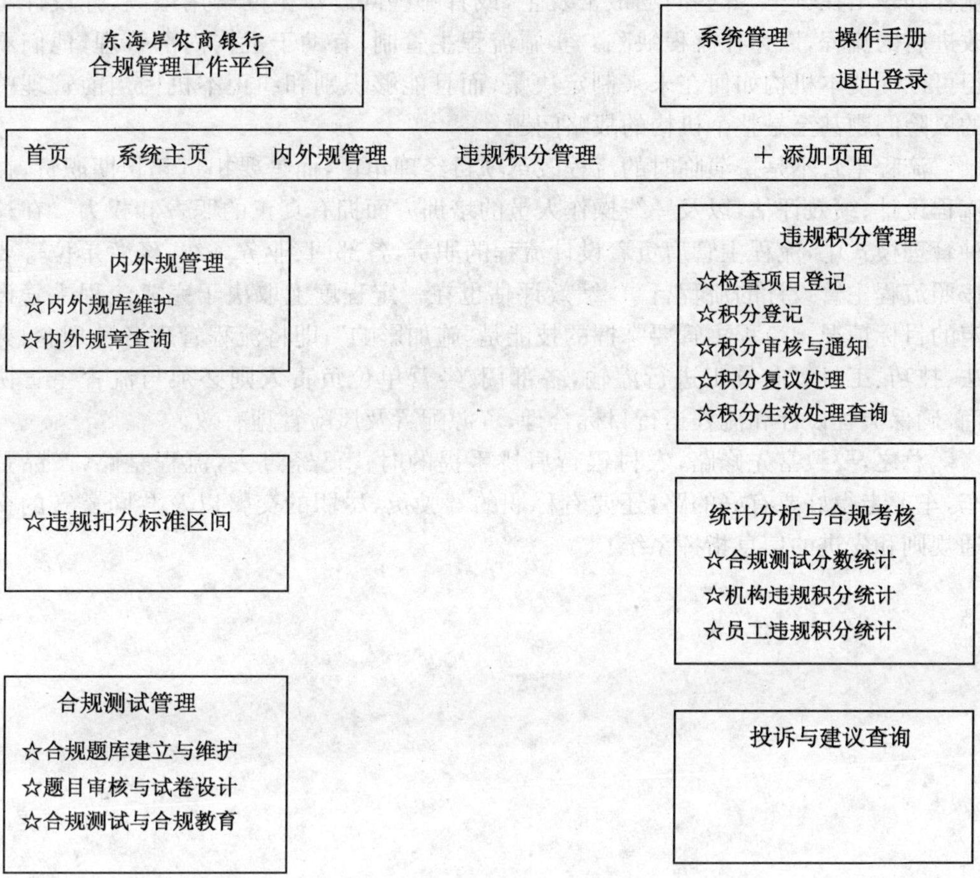

第8章　信息科技支撑体系建设

```
┌─────────────────────────┐          ┌──────────────────────────┐
│   东海岸农商银行         │          │  系统管理    操作手册    │
│   合规管理工作平台       │          │              退出登录    │
└─────────────────────────┘          └──────────────────────────┘

 首页    系统主页    内外规管理    违规积分管理    ＋添加页面
```

┌─────────────────────────┐   ┌──────────────────────────┐
│   内外规管理   │   │   违规积分管理   │
│ ☆内外规库维护   │   │ ☆检查项目登记   │
│ ☆内外规章查询   │   │ ☆积分登记   │
└─────────────────────────┘   │ ☆积分审核与通知   │
                                      │ ☆积分复议处理   │
                                      │ ☆积分生效处理查询   │
                                      └──────────────────────────┘

┌─────────────────────────┐   ┌──────────────────────────┐
│ ☆违规扣分标准区间   │   │   统计分析与合规考核   │
└─────────────────────────┘   │ ☆合规测试分数统计   │
                                      │ ☆机构违规积分统计   │
                                      │ ☆员工违规积分统计   │
                                      └──────────────────────────┘

┌─────────────────────────┐   ┌──────────────────────────┐
│   合规测试管理   │   │   │
│ ☆合规题库建立与维护   │   │   投诉与建议查询   │
│ ☆题目审核与试卷设计   │   │   │
│ ☆合规测试与合规教育   │   │   │
└─────────────────────────┘   └──────────────────────────┘

图 8-3　合规管理工作平台（第二层界面）功能分布图

主管部门（如公司业务部、个人业务部、授信管理部等）设置负责本业务条线的流程主管，并在职能履行上接受本部门和风险管理职能部门的双重领导；对于规模较小的机构，则可以在风险管理职能部门或合规部门等设置专职流程主管，统一负责整个机构的流程管理工作。

以流程为核心是对现有业务流程、管理流程、支持流程进行根本性的再思考和再设计，可以使农村银行将分散在各个部门/经营单位的流程改为系统联系性强的流程，使其在成本、质量、反应速度等绩效方面获得巨大改变，而促使这项改革取得成功的重要因素就是引入流程主管的概念，为流程主管制定基本的任务和职责，来引导、主持、跟踪和监督流程改进、流程优化的实施；有效识别流程中的缺陷。通过流程主管对流程的监控，组织各个条线或职能部门的员工进行讨论，可以及时发现流程问题出在哪里,哪些问题最常发生,或者哪些问题产生的费用最高,并设计出改进后的流程,以弥补流程缺陷。实施流程主管制,有助于机构内部管理,他们不但可以促使本机构如何在未来制定决策,而且能够识别和纠正本机构当前管理中的风险问题甚至是整个机构的战略问题。

流程主管不是扮演临时的流程改革项目经理角色,而是要担负起长期职责,在流程设计、绩效评估,以及一线操作人员的培训方面拥有真正的职责和权力。在这种管理模式中,流程主管肩负着设计流程的职责,各部门、业务条线、经营单位等要按照流程主管设计的流程行事,绩效评估也在一定程度上取决于完成流程主管设定的目标情况。流程主管要掌握的技能是"施加影响",即将流程管理各种理念、方法、技巧、工具等向员工进行灌输,各部门/经营单位负责人则必须与流程主管协商,确保流程设计和流程运行目标合理,资源配置及风险管理有效。

总之,要致富先修路,农村银行肩挑手提的时代已经过去,流程是路,产品是车,车要走得好要有好的路,还要有称职的驾驶员,尽职的交警以及共同遵守的交通规则和先进的信息指挥系统!

参考文献

[1] 赫国胜.中国商业银行可持续发展探索[M].北京:中国金融出版社,2012.
[2] 冯守尊.赤道原则:银行业可持续发展的最佳实践[M].上海:上海交通大学出版社,2011.
[3] 尹晨,凌峰.中国村镇银行可持续发展研究[M].上海:复旦大学出版社,2013.
[4] 江西省农村信用社联合社.大道无虚:农村信用社改革探索与实践[M].南昌:江西人民出版社,2014.
[5] 陈时兴.中国农村金融发展绩效与制度创新研究[M].北京:中国社会科学出版社,2010.
[6] 杨小玲.中国农村金融改革的制度变迁[M].北京:中国金融出版社,2011.
[7] 江能.中国农村金融改革与发展问题研究[M].北京:经济科学出版社,2012.
[8] 彭建刚.中国地方中小金融机构发展研究[M].北京:中国金融出版社,2010.
[9] 王曙光.告别贫困:中国农村金融创新与反贫困[M].北京:中国发展出版社,2012.
[10] [美]C·W·L·希尔,G·R·琼斯.战略管理[M].孙忠,译,北京:中国市场出版社,2008.
[11] 王琳,林鸿,郑孝和.西方银行战略计划[M].北京:企业管理出版社,2003.
[12] 金成哲.战略运营管理咨询工具箱[M].北京:人民邮电出版社,2010.
[13] 石真语.管理就是走流程:没有规范流程,管理一切为零[M].北京:人民邮电出版社,2013.
[14] 嵇国光,赵菁.ISO 9001 ISO 14001 OHSAS 18001 整合管理体系内部审核培训教程[M].北京:中国标准出版社,2009.
[15] 邢增福.ISO 标准知识与商业银行内控合规管理体系[M].北京:中国经济出版社,2007.
[16] 王贵彬.ISO 9001、OHSAS 18001 与商业银行内控体系[M].北京:中国经济出版社,2006.
[17] 彭志军.我国农村信用社流程再造研究:基于资源与能力理论的视角[M].北京:中国金融出版社,2013.
[18] 徐振东.银行家的全面风险管理:基于巴塞尔Ⅱ追求银行股东价值增值[M].北京:北京大学出版社,2010.
[19] 李文.从利润管理到价值管理:商业银行资本管理探析[M].北京:中国金融出版社,2007.
[20] 罗继东.农村中小金融机构全面风险管理机制建设[M].北京:中国金融出版社,2011.
[21] 陶能虹.商业银行预算管理研究[M].北京:经济科学出版社,2009.
[22] 潘爱香,高晨.全面预算管理[M].杭州:浙江人民出版社,2001.
[23] 宋良荣.银行业金融机构内部控制[M].上海:立信会计出版社,2010.
[24] 中国银行业协会.解读商业银行资本管理办法[M].北京:中国金融出版社,2012.
[25] 彭建刚.商业银行经济资本管理研究[M].北京:中国金融出版社,2011.

[26] 潘光伟.银行业流程再造、绩效薪酬管理及人力资源开发[M].北京:中国金融出版社,2012.
[27] 用友银行客户事业部.银行全面绩效管理[M].北京:企业管理出版社,2011.
[28] 庄玉良,贺超.管理信息系统[M].北京:机械工业出版社,2011.